KB089990

띠·혈액형
별자리로 보는

사주팔자

띠·혈액형·별자리로 보는 사주팔자 〈개정판〉

초판발행 2009년 07월 20일
3 쇄 인 쇄 2015년 05월 01일
개정판1쇄 2019년 07월 01일

지 은 이 청암 淸岩
펴 낸 이 김 민 철
펴 낸 곳 문 원 북
디 자 인 정 한 얼 (haneol0426@gmail.com)
등록번호 제 4-197호
등록일자 1992년 12월 5일
주   소 서울시 마포구 토정로 222 한국출판콘텐츠센터 422
대표전화 02-2634-9846   팩 스 02-2365-9846
이 메 일 wellpine@hanmail.net
홈페이지 http://cafe.daum.net/samjai

ISBN 978-89-7461-407-2

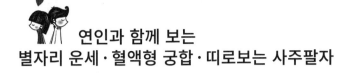

연인과 함께 보는
별자리 운세 · 혈액형 궁합 · 띠로보는 사주팔자

띠 · 혈액형
별자리로 보는

사주팔자

지은이 **청암**淸岩

문원북
BOOK

● 이 책은 과거에 출판된 12지간(十二支)에 대한 서적보다
   그 조합면에서 약간의 견해들을 추가하였다.

● 과거에 출판된 12지에 대한 서적들은
   일찍이 3천여 년 전에 탄생한 12지 관념에 대하여
   깊이 사고하고 연구하지 않은 채 편찬한 것들이다.

● 그러나 이 책은 현대사회에 알맞게 배합하여
   현대인들의 사회 및 생활에 초점을 두고
   12지와 12띠를 설명하고 해석하였다.

머리말

● ● ● 고대 중국인들은 시간의 질과 양에 대해 자세히 관찰한 결과 그 시간의 질이 인간에게 어떤 영향을 미치는지 알게 되었다. 그들은 과거로 거슬러 올라가 수백 년, 수천 년 전에 발생한 전쟁과 풍수, 기근, 지진, 수재 등의 천재지변(天災地變)이 일어났던 시기를 살펴보는 과정에서 이러한 일들은 일정한 주기를 바탕으로 하여 반복적으로 나타나고 있다는 사실을 발견했던 것이다. 그리고 연구를 거듭하면서 이러한 현상은 자연현상에 국한되는 것이 아니라 같은 해에 출생한 사람들에게도 어떤 유사한 개성(個性)이 있다는 것도 알게 되었다.

이처럼 지구상에 존재하는 모든 생물들은 천체(天體)의 영향을 받고 있을 뿐만 아니라 같은 해에 출생한 사람들의 유사한 개성을 밝혀낼 수도 있다. 이런 사실들은 통계학이 발달된 오늘날에 이르러 이미 과학적으로 증명되고 있다.

●●● 고대의 중국인들은 이러한 현상을 천간지지(天干地支)의 역법(歷法)에 따라 자(子)년에 출생한 사람은 쥐띠라 하고, 축(丑)년에 출생한 사람은 소띠……라고 하는 식으로 12지(十二支)와 12개의 띠를 만들었다.

12가지 동물에게 12지(十二支)를 이름 지어준 것은 명상(命想)을 '교육'에 응용하여 인생을 더욱 풍요롭게 하고 또한 다양한 지혜를 전달하기 위함이었다. 다시 말하면 출생년월일을 알면 그 어린이의 개성을 알 수 있고, 이에 따라 합리적인 교육을 진행하여 재능과 능력을 충분히 발휘할 수 있게 도와줄 수 있다.

●●● 어느 시대이건 부모들의 자식에 대한 사랑은 영원히 변하지 않는 진리라고 하겠다. 그리고 사람의 운명은 인간관계에서 매우 큰 영향을 받기 때문에 어린이들의 행복한 인생을 위해서 그의 성격에 적합한 상대(친구, 선생님, 이성)를 찾아주는 것이 매우 중요하다고 말할 수 있다.

그러나 고대 중국에서 나타난 점성술(占星術)은 역대 왕조에서 통치수단으로 이용하였기에 당시 황제의 어용천문학자들은 성상(星像)을 관찰하고 천지의 변화 혹은 길흉화복을 예측하는 데만 신경을 썼다. 그리하여 천문학 지식을 갖고 있지 못한 일반인들은 이에 대해 알 수가 없었다. 그럼에도 불구하고 전문적인 천문학자들은 자신들의 권위를 높이기 위해 너무 복잡하고 알아보기 힘든 '비방'들을 만들어 내어 점성술을 자신들만의 것으로 독점하였다.

그리하여 중국의 고대인들은 천문학적 지식을 갖고 있지 못한 일반 백성들도 쉽게 익히고 또한 응용할 수 있게 가장 기본적인 12지(十二支)를 이용하여 땅에서 사는 동물로써 천체의 성좌(星宿)를 대표하여 인간의 인생을 예측하게 했다.

● ● ● 사람이라면 누구든지 행복하기를 원한다. 점(点)을 치는 목적도 아름답고 행복한 인생을 얻으려는 데 있다. 자기의 성격을 알고 어떤 사람들과 인연을 맺어야 하며, 언제쯤 행복해질 수 있는지를 사전에 알게 되면 능히 임기응변할 수 있고 보다 훌륭한 반려자와 상대를 선택할 수 있으며 행복한 인생을 추구할 수 있다.

사람마다 각자 지향하는 것이 다르며 사람들의 성격, 생각과 취미는 서로 일치하지 않는다. 이에 따라 개개인의 행복관도 모두 다르다.

사람이 출생한 성좌(星座)를 12개의 큰 유형으로 나누며 그에 따른 각자의 성격과 특성도 다르다. 사람의 성격은 대체적으로 밝은 것(明)과 어두운 것(暗), 두 가지의 큰 유형으로 나눌 수 있다. 성격이 밝은 것과 어두운 것이 구분되는 것은 12지 명상술(命想術)이, 사람이 출생한 시간으로 인간의 일생의 비밀을 밝혀내고 있기 때문이다.

● ● ● 아침과 낮에 태어난 사람은 늘 쾌활한 성격이지만 반대로 저녁 무렵과 밤에 태어난 사람들은 어두운 성격을 쉽게 노출시킨다. 하지만 이는 원칙적인 것에 지나지 않으며 더욱 자세한 점들을 관찰하고 이해하려면 이 책의 구체적인 띠에 대한 서술을 참고하기 바란다.

머리말 · 13

첫 번째 간지 · 쥐띠 · 子

1. 쥐띠의 전체적인 성격과 운세 · 20
2. 쥐띠에게 적합한 직업 · 21
3. 쥐띠에게 적합한 결혼 상대 · 22
4. 쥐띠에게 적합한 연애 상대 · 24
5. 쥐띠가 피해야 할 상대 · 25
6. 혈액형에 따른 쥐띠의 운세 · 28
7. 별자리에 따른 쥐띠의 운세 · 32
8. 태어난 시에 따른 쥐띠의 운세 · 47
9. 쥐띠 해에 대하여 · 50
10. 해에 따른 쥐띠의 운세 · 51
11. 쥐에 대한 이야기 · 54

두 번째 간지 · 소띠 · 丑

1. 소띠의 전체적인 성격과 운세 · 58
2. 소띠에게 적합한 직업 · 59
3. 소띠에게 적합한 결혼 상대 · 60
4. 소띠에게 적합한 연애 상대 · 63
5. 소띠가 피해야 할 상대 · 64
6. 혈액형에 따른 소띠의 운세 · 66
7. 별자리에 따른 소띠의 운세 · 69
8. 태어난 시에 따른 소띠의 운세 · 81
9. 소띠 해에 대하여 · 84
10. 해에 따른 소띠의 운세 · 85
11. 소에 대한 이야기 · 89

세 번째 간지

호랑이띠

寅

1. 호랑이띠의 전체적인 성격과 운세 · 94

2. 호랑이띠에게 적합한 직업 · 96

3. 호랑이띠에게 적합한 결혼 상대 · 97

4. 호랑이띠에게 적합한 연애 상대 · 99

5. 호랑이띠가 피해야 할 상대 · 100

6. 혈액형에 따른 호랑이띠의 운세 · 102

7. 별자리에 따른 호랑이띠의 운세 · 105

8. 태어난 시에 따른 호랑이띠의 운세 · 115

9. 호랑이띠 해에 대하여 · 117

10. 해에 따른 호랑이띠의 운세 · 119

11. 호랑이에 대한 이야기 · 122

네 번째 간지

토끼띠

卯

1. 토끼띠의 전체적인 성격과 운세 · 130

2. 토끼띠에게 적합한 직업 · 132

3. 토끼띠에게 적합한 결혼 상대 · 133

4. 토끼띠에게 적합한 연애 상대 · 135

5. 토끼띠가 피해야 할 상대 · 136

6. 혈액형에 따른 토끼띠의 운세 · 138

7. 별자리에 따른 토끼띠의 운세 · 142

8. 태어난 시에 따른 토끼띠의 운세 · 154

9. 토끼띠 해에 대하여 · 157

10. 해에 따른 토끼띠의 운세 · 158

11. 토끼에 대한 이야기 · 161

다섯 번째 간지

龍 용띠
辰

1. 용띠의 전체적인 성격과 운세 • 168
2. 용띠에게 적합한 직업 • 169
3. 용띠에게 적합한 결혼 상대 • 170
4. 용띠에게 적합한 연애 상대 • 172
5. 용띠가 피해야 할 상대 • 173
6. 혈액형에 따른 용띠의 운세 • 175
7. 별자리에 따른 용띠의 운세 • 178
8. 태어난 시에 따른 용띠의 운세 • 187
9. 용띠 해에 대하여 • 189
10. 해에 따른 용띠의 운세 • 190
11. 용에 대한 이야기 • 194

여섯 번째 간지

蛇 뱀띠
巳

1. 뱀띠의 전체적인 성격과 운세 • 202
2. 뱀띠에게 적합한 직업 • 203
3. 뱀띠에게 적합한 결혼 상대 • 204
4. 뱀띠에게 적합한 연애 상대 • 206
5. 뱀띠가 피해야 할 상대 • 207
6. 혈액형에 따른 뱀띠의 운세 • 210
7. 별자리에 따른 뱀띠의 운세 • 213
8. 태어난 시에 따른 뱀띠의 운세 • 225
9. 뱀띠 해에 대하여 • 227
10. 해에 따른 뱀띠의 운세 • 229
11. 뱀에 대한 이야기 • 232

말띠

1. 말띠의 전체적인 성격과 운세 • 240

2. 말띠에게 적합한 직업 • 242

3. 말띠에게 적합한 결혼 상대 • 242

4. 말띠에게 적합한 연애 상대 • 244

5. 말띠가 피해야 할 상대 • 245

6. 혈액형에 따른 말띠의 운세 • 247

7. 별자리에 따른 말띠의 운세 • 250

8. 태어난 시에 따른 말띠의 운세 • 261

9. 말띠 해에 대하여 • 263

10. 해에 따른 말띠의 운세 • 264

11. 말에 대한 이야기 • 268

양띠

1. 양띠의 전체적인 성격과 운세 • 276

2. 양띠에게 적합한 직업 • 277

3. 양띠에게 적합한 결혼 상대 • 277

4. 양띠에게 적합한 연애 상대 • 279

5. 양띠가 피해야 할 상대 • 280

6. 혈액형에 따른 양띠의 운세 • 282

7. 별자리에 따른 양띠의 운세 • 286

8. 태어난 시에 따른 양띠의 운세 • 297

9. 양띠 해에 대하여 • 300

10. 해에 따른 양띠의 운세 • 301

11. 양에 대한 이야기 • 304

여덟 번째 간지

원숭이띠

申

1. 원숭이띠의 전체적인 성격과 운세 · 308

2. 원숭이띠에게 적합한 직업 · 309

3. 원숭이띠에게 적합한 결혼 상대 · 310

4. 원숭이띠에게 적합한 연애 상대 · 313

5. 원숭이띠가 피해야 할 상대 · 314

6. 혈액형에 따른 원숭이띠의 운세 · 316

7. 별자리에 따른 원숭이띠의 운세 · 319

8. 태어난 시에 따른 원숭이띠의 운세 · 331

9. 원숭이띠 해에 대하여 · 333

10. 해에 따른 원숭이띠의 운세 · 334

11. 원숭이에 대한 이야기 · 338

아홉 번째 간지

닭띠

酉

1. 닭띠의 전체적인 성격과 운세 · 344

2. 닭띠에게 적합한 직업 · 345

3. 닭띠에게 적합한 결혼 상대 · 346

4. 닭띠에게 적합한 연애 상대 · 348

5. 닭띠가 피해야 할 상대 · 349

6. 혈액형에 따른 닭띠의 운세 · 351

7. 별자리에 따른 닭띠의 운세 · 354

8. 태어난 시에 따른 닭띠의 운세 · 366

9. 닭띠 해에 대하여 · 369

10. 해에 따른 닭띠의 운세 · 370

11. 닭에 대한 이야기 · 374

열한 번째 간지

개띠

戌

1. 개띠의 전체적인 성격과 운세 • 380

2. 개띠에게 적합한 직업 • 382

3. 개띠에게 적합한 결혼 상대 • 382

4. 개띠에게 적합한 연애 상대 • 384

5. 개띠가 피해야 할 상대 • 385

6. 혈액형에 따른 개띠의 운세 • 387

7. 별자리에 따른 개띠의 운세 • 390

8. 태어난 시에 따른 개띠의 운세 • 403

9. 개띠 해에 대하여 • 406

10. 해에 따른 개띠의 운세 • 407

11. 개에 대한 이야기 • 410

열두 번째 간지

돼지띠

亥

1. 돼지띠의 전체적인 성격과 운세 • 418

2. 돼지띠에게 적합한 직업 • 420

3. 돼지띠에게 적합한 결혼 상대 • 421

4. 돼지띠에게 적합한 연애 상대 • 423

5. 돼지띠가 피해야 할 상대 • 424

6. 혈액형에 따른 돼지띠의 운세 • 426

7. 별자리에 따른 돼지띠의 운세 • 429

8. 태어난 시에 따른 돼지띠의 운세 • 441

9. 돼지띠 해에 대하여 • 444

10. 해에 따른 돼지띠의 운세 • 445

11. 돼지에 대한 이야기 • 448

1924년부터 2043년까지의 간지

띠	연도	간지	연도	간지	연도	간지	연도	간지	연도	간지
쥐띠	1924	甲子	1936	丙子	1948	戊子	1960	庚子	1972	壬子
소띠	1925	乙丑	1937	丁丑	1949	己丑	1961	辛丑	1973	癸丑
호랑이띠	1926	戊寅	1938	戊寅	1950	庚寅	1962	壬寅	1974	甲寅
토끼띠	1927	丁卯	1939	己卯	1951	辛卯	1963	癸卯	1975	乙卯
용띠	1928	戊辰	1940	庚辰	1952	壬辰	1964	甲辰	1976	丙辰
뱀띠	1929	己巳	1941	辛巳	1953	癸巳	1965	乙巳	1977	丁巳
말띠	1930	庚午	1942	壬午	1954	甲午	1966	丙午	1978	戊午
양띠	1931	辛未	1943	癸未	1955	乙未	1967	丁未	1979	己未
원숭이띠	1932	壬申	1944	甲申	1956	丙申	1968	戊申	1980	庚申
닭띠	1933	癸酉	1945	乙酉	1957	丁酉	1969	己酉	1981	辛酉
개띠	1934	甲戌	1946	丙戌	1958	戊戌	1970	庚戌	1982	壬戌
돼지띠	1935	乙亥	1947	丁亥	1959	己亥	1971	辛亥	1983	癸亥

띠	연도	간지	연도	간지	연도	간지	연도	간지	연도	간지
쥐띠	1984	甲子	1996	丙子	2008	戊子	2020	庚子	2032	壬子
소띠	1985	乙丑	1997	丁丑	2009	己丑	2021	辛丑	2033	癸丑
호랑이띠	1986	戊寅	1998	戊寅	2010	庚寅	2022	壬寅	2034	甲寅
토끼띠	1987	丁卯	1999	己卯	2011	辛卯	2023	癸卯	2035	乙卯
용띠	1988	戊辰	2000	庚辰	2012	壬辰	2024	甲辰	2036	丙辰
뱀띠	1989	己巳	2001	辛巳	2013	癸巳	2025	乙巳	2037	丁巳
말띠	1990	庚午	2002	壬午	2014	甲午	2026	丙午	2038	戊午
양띠	1991	辛未	2003	癸未	2015	乙未	2027	丁未	2039	己未
원숭이띠	1992	壬申	2004	甲申	2016	丙申	2028	戊申	2040	庚申
닭띠	1993	癸酉	2005	乙酉	2017	丁酉	2029	己酉	2041	辛酉
개띠	1994	甲戌	2006	丙戌	2018	戊戌	2030	庚戌	2042	壬戌
돼지띠	1995	乙亥	2007	丁亥	2019	己亥	2031	辛亥	2043	癸亥

월별 탄생석, 탄생화, 별자리

탄생월	탄생석	탄생화	서양의 별자리
1월	가넷	매화	물병자리 (1월 20일~2월 18일)
2월	자수정	살구꽃	물고기자리 (2월 19일~3월 20일)
3월	산호, 아쿠아마린	복숭아꽃	양자리 (3월 21일~4월 20일)
4월	다이아몬드	장미	황소자리 (4월 21일~5월 21일)
5월	비취, 에메랄드	석류화	쌍둥이자리 (5월 22일~6월 21일)
6월	진주, 알렉산드라이트	연꽃	게자리 (6월 22일~7월 22일)
7월	루비	수선화	사자자리 (7월 23일~8월 22일)
8월	홍호마노	계화	처녀자리 (8월 23일~9월 22일)
9월	사파이어	국화	천칭자리 (9월 23일~10월 22일)
10월	오팔	목단화	전갈자리 (10월 23일~11월 22일)
11월	토파즈	부용화	사수자리 (11월 23일~12월 21일)
12월	터키석	동매화	염소자리 (12월 22일~1월 19일)

첫번째 간지
쥐띠

유머가 풍부하고 날카로운 직관력(直觀力)과 민첩한 행동력을 갖고 있다.

사업을 할 때나 이성(異性)을 대할 때 모두 충실하고 부지런하다.

이는 쥐띠의 가장 큰 특징이다.

어떤 때는 작은 성공에 도취되어 다른 사람을 경악하게 하지만 스스로 자신의 뛰어난 직관력에 너무 집착하기 때문에 계통적이고 이론적으로 어느 한 가지 일에 합리적으로 매달리지 못한다.

이들은 직관력, 환경 적응력이 뛰어나고 재능이 있다.

성격이 낙천적이어서 언제 어디에서나 환영을 받는다.

1

🕸 쥐띠의 전체적인 성격과 운세 🕸

우리는 평상시 어떤 일을 하든지 항상 정직하고, 적극적이며, 진취적이고, 사업 능력이 뛰어난 사람을 볼 수 있는데 이러한 성격의 사람은 대부분 쥐띠에 속한다. 다른 사람의 생각을 쉽게 이해하고 창조적이며, 기민하고, 영리하고, 승부욕이 강해 주변 사람들의 환영을 받는 것이 쥐띠의 가장 큰 특징이다.

어떤 환경이든 적응을 잘하고, 임기응변이 뛰어나 사막에 홀로 떨구어진다 해도 쥐띠들은 의연히 생존해 나갈 수 있다. 쥐띠에 속하는 사람들은 생명력이 강할 뿐만 아니라 무척 탐욕스러워서 먹을 수 있는 거라면 가리지 않고 모두 먹어치울 정도로 생존력도 상당히 강하다. 동시에 낙천적이고, 진취심이 강하며, 화애로운 성격으로 어디에서나 사람들의 환심을 사게 된다.

또한 선견지명이 있어 사람들이 무엇을 추구하고 무엇을 좋아하는지 사전에 알고 있다. 여러 사람의 심리를 꿰뚫는 이런 선견지명은 영감(靈感) 혹은 직관력으로 표현되기도 한다.

그러나 직관력이 너무 빨라 지나치게 영감에 의존하는 경향이 있으며 그로 인해 이성적인 사고를 중시하지 않게 되기도 한다. 쥐띠에 속하는 사람들은 스스로를 너무 맹신하여 일을 처리하고, 심지어는 첫눈에 반해 결혼을 하지만 결혼 후에는 자신의 이같은 행동을 후회하기도 한다. 동시에 재능과 재주가 뛰어나 어느 한 가지 일에 모든 정력을 집중하지 못하는 경우도 있다.

쥐띠의 가장 큰 결점은 어떤 집단을 이끌고 나갈 수 있는 지도자적 운을 지니지 못한 것이다. 쥐는 12띠 중에서 가장 작은 동물이며, '담이 쥐보다도 작다'는 속담이 말해주듯이 사람들은 담이 작은 사람을 쥐에 비유하기도 한다. 이처럼 쥐는 다른 동물들을 리드해 나갈 능력을 갖고 있지 못하며 집단이나 조직에서 지도력을 발휘하지 못하고 통솔력이 부족하다.

2

🏵 쥐띠에게 적합한 직업 🏵

쥐띠 남자는 직장생활은 가능할지 몰라도 시간이나 조직의 예속을 받지 않는 개인 사업은 힘들다. 예를 들어 요식업이나 프리랜서, 연구만 하는 학자, 소설가, 음악가, 예술인, 평론가, 의사, 발명가 등의 직업은 택하지 않는 것이 바람직하다.

쥐띠 여성은 전업주부가 될지언정 가수나 연예인 같은 직업은 피하는 것이 좋다.

일생의 운수를 볼 때 능력이 출중하여 어떠한 고난과 역경도 이겨 나갈수 있다. 일생에서 자그만한 우여곡절들은 겪게 되지만 비교적 부유한 생활을 할 수 있다.

남녀 모두가 섬세하고 주도면밀한 성격이지만 그 중에서도 여성이 더욱 섬세하여 천성적으로 여성적인 선량한 마음과 동정심을 갖고 있다. 남성들은 대부분이 사회에 나가 교제를 즐기고, 여성은 깨끗한 것을 좋아해서 늘 집안을 깨끗이 청소하고 시간을 합리적으로 사용하여 일을 처리하므로 현명한 가정주부로서 전혀 손색이 없다.

그러나 쥐띠에 속하는 여성은 두 가지 유형으로 나눌 수 있는데 한 가지
는 가정과 사업을 고루 돌보는 현명한 주부이고, 다른 하나는 완전히 독립
되고 경영 능력을 충분히 발휘하는 재능을 가지고 있다.

3

🦋 쥐띠에게 적합한 결혼 상대 🦋

누구나 사랑스러운 당신을 좋아하기 때문에 당신은 어떤 일을 하든지
진실하고 절도 있게 행동해야 하고 주변 사람들을 잘 돌봐주어야 한다. 애
정에 대하여 낭만적인 생각을 가지고 있는가 하면 성(性)에 대한 호기심도
상당히 크다. 그러나 당신은 절대로 상대방에게 혐오감을 주는 사람이 아
니다.

만약 몇 마디 말로 쥐띠에 속하는 당신을 표현해야 한다면 독신으로 있
을 때는 자유연애를 원하고, 결혼하여 가정을 이룬 후에는 남편을 섬기고,
자식을 교육시키는 전형적인 현모양처가 될 수 있다.

이런 면으로 보면 당신은 남성들이 바라는 가장 이상적인 결혼 상대라
고 할 수 있다. 현실에서도 당신은 절대 다수의 사람들과 인연이 있고 오
랫동안 좋은 사이로 지낼 수도 있다. 그러나 그 중에서도 가장 인연이 좋
은 사람들은 아래의 세 가지 부류이다.

♣ 소띠

소띠 남성들은 매우 큰 포용력을 갖고 있으며 사업에도 열중할 뿐만 아니라 가정도 잘 돌본다. 또한 쥐띠 여성은 조심성이 많고 신중하여 두 사람이 서로 돕는다면 일생을 행복하게 지낼 수 있다. 당신의 일생을 이처럼 믿음직한 소띠 남자에게 기탁한다는 것은 상당히 이상적이다.

그러나 소띠 남자들에게는 좀 영리하지 못한 부분들이 있는데 당신이 명심할 것은 이로 인하여 지나치게 잔소리를 하지 말아야 한다는 것이다.

♣ 개띠

개띠에 속하는 사람들은 정서가 온화하거나 안정되지 않고 조급하며 난폭하다. 또한 쉽게 노하기도 하지만 쥐띠의 민감하고 불안정한 정서를 가라앉히는 능력이 있다.

개띠에 속하는 사람들에게는 스스로를 희생해서 남을 돕는 봉사정신이 있어 아내와 자식들에게 매우 충실하다. 일상생활 중 매사에 긴장하는 당신을 볼 때 개띠 남성의 보살핌은 큰 위안이 될 것이다.

그러므로 개띠 남자와 쥐띠 여성의 결합은 서로의 결점을 보완하는 좋은 인연이라 할 수 있다.

♣ 돼지띠

작은 일에 구애받지 않고, 마음이 넓고, 낙천적이며, 무슨 일이든 끈질기고, 어떤 장소에서든 지도자적 위신을 잃지 않는다. 돼지띠 남성은 개띠 남성처럼 쥐띠 여성들과 서로의 결점을 보완할 수 있는 좋은 인연이다.

쥐띠 여성은 위의 소띠, 개띠, 돼지띠, 이 세 부류의 남성과 함께 있으면 아름답고 화목한 가정을 이룰 수 있다.

소띠, 개띠, 돼지띠 남성들의 공통점은 바로 자기의 보금자리인 가정을 소중히 여긴다는 것이다. 쥐띠 여성은 가정을 깨끗하게 유지하고 남편을 맞이하거나 아이들이 돌아오기를 기다리는 극히 전형적인 가정주부가 될 수 있으므로 위에서 말한 세 띠의 남성이 아주 이상적인 결혼 상대이다.

4

❀ 쥐띠에게 적합한 연애 상대 ❀

비록 결혼 상대로는 적합하지 않지만 결혼을 목적으로 하지 않는 연애나 친구로 지내기에 적합한 띠도 있다.

우선 용(龍)띠에 속하는 남성을 살펴보자. 용띠에 속하는 사람들은 가정을 돌보지 않는 경향이 있다. 그리하여 자기 굴로 돌아가는 본능이 강한 쥐띠의 결혼 상대로는 절대로 적합하지 않다.

그러나 용띠에 속하는 사람들은 호탕하고 정력과 남성적 패기가 충만하기 때문에 남자 친구로 사귀면 둘도 없는 훌륭한 친구가 되어 줄 수 있다.

더구나 용띠들은 항상 큰 환상을 품고 살기 때문에 현실을 이탈한 몽상가들이다. 그러므로 현실적인 당신과 비교해 볼 때 거리가 너무 동떨어져서 둘이 결혼한다면 분쟁이 끊이지 않게 된다. 그러나 연애할 때는 더욱 로맨틱해서 다채로운 연애생활을 즐길 수 있다.

다음으로, 짧은 기간 동안 연분이 좋은 사람은 양(羊)띠에 속하는 남성이다.

양띠들은 자주성이 부족해서 스스로 알아서 행동하기보다 늘 다른 사람의 지휘를 받고 행동하려는 경향이 있다. 이들은 심지어 다른 사람의 부추

김으로 가출을 하기도 하고 또 다시는 돌아오지 않을 수도 있다.

그렇기 때문에 쥐띠인 당신이 강한 리더십으로 이끌지 않으면 결혼생활을 오래 유지할 수 없을 뿐만 아니라 너무 잔소리를 많이 하면 집을 나가 버리는 경우도 있다. 결과적으로 그를 리드하는 방법에 혼란이 오고 괴로움이 따를 것이다.

그러나 다른 한 면으로는 사람이 충실하고 고분고분해서 친구로 사귀기에는 좋다. 양띠에 속하는 사람은 절대 당신에게 손색이 없을 것이다.

그 다음으로는 뱀띠 남자를 들 수 있다.

뱀띠 상대를 사귀게 되면 결혼에 대하여 논하지 않아도 자연스럽게 헤어질 가능성이 대단히 높다. 그것은 서로 성(性)적인 면에 너무 치중하기 때문이다. 뱀띠 남자는 건강하고 기술이 좋으며, 쥐띠에 속하는 당신은 비록 기교는 부족하다 할지라도 성적으로 매우 탐욕스러워 남자에 비해 전혀 손색이 없다. 이처럼 일단 두 사람이 육체적으로 관계를 갖게 되면 정신적으로는 애정이 식어도 색욕을 잊지 못하고 관계를 지속하려 한다.

여기에서 논하지 않은 띠에 대해 서로의 인연이 어떠한지를 알려면 제시한 표를 참조하기 바란다.

5

✿ 쥐띠가 피해야 할 상대 ✿

피해야 할 결혼 상대로 가장 먼저 떠오르는 것은 용띠와 쥐띠에 속하는 남자들이다. 이들은 본질적으로 인연으로는 적합하지 않다. 그러나 쥐띠에 속하는 당신이 잘 대해주기만 하면 당신에 대한 호감을 능히 받아들일 수 있다. 오랫동안 교제하기는 적합하지 않지만 아주 짧은 기간 내의 연애나 일반적인 친구로 사귀는 것은 가능하다.

그러나 당신이 어떤 호감을 갖고 있든지 처음부터 끝까지 자기의 표정을 드러내지 않는 사람이 있는데 그가 바로 말띠에 속하는 남자이다. 비록 큰 동물과 작은 동물은 좋은 연분이라고는 하지만 여기에서만은 예외이다. 말띠에 속하는 남자는 무슨 일을 하든지 혼자 하는 것을 좋아한다. 쥐띠인 당신이 그에게 호감이 있으면 있을수록 그와는 더욱 껄끄러워질 것이다. 이런 사람을 사랑하게 되면 스스로 번뇌의 불길 속으로 뛰어드는 것과 같은 꼴이 된다.

어쨌든 말띠 남자와 친구로 사귀거나 연애를 하고 있다면 좀 멀리하는 것이 그에게 방해가 되지 않는 길이고 너무 지나치게 정을 쏟지 말아야 한다.

쥐 띠

결혼, 연애 상대 - 쥐띠 여성

12간지	쥐	소	범	토끼	용	뱀
결혼 상대	△	◉	◎	◎	✖	✖
연애 상대	◎	◎	◎	△	◉	◉
12간지	말	양	원숭이	닭	개	돼지
결혼 상대	✖	△	◎	△	◉	◉
연애 상대	◎	◉	◎	◎	△	◎

결혼, 연애 상대 - 쥐띠 남성

12간지	쥐	소	범	토끼	용	뱀
결혼 상대	△	◉	◎	◎	◉	✖
연애 상대	◎	◎	◉	◉	△	◉
12간지	말	양	원숭이	닭	개	돼지
결혼 상대	△	△	◉	✖	◉	△
연애 상대	◉	◉	◎	◎	◎	△

아주 좋음 ◉   좋음 ◎   주의할 것 △   피하는 것이 좋음 ✖

6

✿ 혈액형에 따른 쥐띠의 운세 ✿

혈액형은 사람의 성격에 영향을 주는 중요한 요소 가운데 하나이다. 혈액형이 같은 사람들은 일반적으로 성격이 매우 일치하며, 반대로 같은 성격적 특징을 갖는 사람들은 그 절대 다수가 같은 혈액형에 속한다. 예를 들어 A형은 일반적으로 강인하고 집착이 강한 특징을 갖고 있으며, B형은 활발하고 활동적이다.

아시아에서는 B형인 사람들이 많은 비율을 차지하고 있는데 이 혈액형을 '대중형'이라고도 한다. AB형은 일반적으로 총명하고 괴팍하며, O형은 교제에 능숙하고 마음이 비교적 넓다. 또한 장수하는 사람 중에 O형인 사람이 많아 '장수형'으로 불리기도 한다. 만약 띠도 같고 혈액형도 같다면 성격도 비슷한 점이 더욱 많게 된다.

예를 들어 A형이면서 쥐띠인 사람들은 온화하며 안정적이고 겉으로 보여지는 것을 중요시하면서도 동시에 보수적이고 소극적인 면을 갖고 있다.

♣ A형

A형에 속하는 쥐띠 생은 전형적으로 단체에 복종하는 사람들이다. 대의를 중히 여기고 국가, 그리고 타인의 이익을 첫째로 여긴다. 이들은 현재에 만족을 느끼고 다른 사람과 하나되는 것을 즐거움으로 삼기 때문에 어떤 회사나 단체에서도 환영을 받게 된다.

사물에 대한 이해력이 매우 뛰어나고 두뇌 회전이 빠르며 일을 깨끗하게 처리하고 부지런해서 오늘 할 일을 내일로 미루는 법이 없다.

청결하고 조용한 것을 좋아하며 일을 즐기기 때문에 늘 자신의 집과 일터를 아름답게 꾸미고 자기의 사업과 가사를 조리 있게 안배하며 질서가

정연하게 한다.

다른 사람의 생각을 잘 이해하고 주위에서 일어나는 작은 변화에 민감하므로 다른 사람의 고통을 잘 이해해 주고 그들의 고통을 덜어준다. 그리고 사람과 사람간의 다툼을 화해시켜 주고, 격해 있는 사람은 냉정해질 수 있도록 기분을 잘 조절해 준다.

단점이라면 우유부단해서 늘 좋은 기회를 놓쳐 일을 그르치게 되며 결단력 있게 일을 처리해야 할 때도 태도가 애매모호하여 결국에는 후회해도 소용이 없게 된다. 또한 늘 다른 사람에 대해 생각하고 근심한다. 이러한 성격이 오래 지속되는 가운데서 정신적인 스트레스를 받아 히스테릭하게 될 수도 있다.

♣ B형

혈액형이 B형이며 쥐띠인 사람들은 괴팍하고, 어떤 일이든 혼자 하는 것을 좋아한다. 타인을 너무 쉽게 믿고, 자기의 생각이나 기분을 감출 줄 모르며, 주위의 어떠한 견해나 평가에 대해서도 신경을 쓰지 않으며 천마(天馬)처럼 마냥 푸른 하늘을 자유자재로 날아다닌다.

일을 하거나 사람을 대함에 있어서 자기 중심적이고 자신만의 독특한 방법으로 처리하지만 음모나 계략을 꾸미는 법이 없다. 정직하고 거짓말을 할 줄 모르기 때문에 다른 사람들의 환심을 사고 윗사람으로부터 편애를 받는다.

세속적인 일에 구애되지 않고, 낙천적이며, 유쾌하고, 현재의 고뇌와 고통을 내일로 가져가지 않으며, 다른 사람의 번뇌와 고통을 이해하려 하지 않는다. 그러나 다른 사람에게 일단 고난이 생기면 그것이 해결될 때까지 모든 힘을 다해 도와준다.

세속적인 일에 너무 구애받지 않으므로 처음 만났을 때에는 인상이 매우 차가워서 오해를 받기도 한다. 그러나 시간이 지날수록 처음에 받았던 나쁜 인상이 사라지면서 우정을 나눌 수 있다.

그러나 자기 중심적이어서 다른 사람과 쉽게 논쟁하고 사이가 벌어지게 된다. 심지어는 친구와도 크게 싸워 많은 사람들의 놀라움을 자아내게 한다.

♣ AB형

혈액형이 AB형이고 쥐띠인 사람들은 겉보기에는 화애롭고 온순하고 마음이 넓은 듯하지만 내심으로는 냉담하고 엄숙하여 일을 처리함에 있어서 겉과 속이 다르고 어떤 일이나 스스로의 판단에 따라 처리한다.

친구들과 논쟁할 때에는 온화한 태도로 그들의 의견을 경청하는 듯하지만 그 친구가 자리를 비우거나 없을 때는 자기의 관점과 견해를 내세우며 냉혹하게 친구를 비평하기도 한다. 그러므로 사람들에게서 교활하다는 말도 듣게 된다.

낙천적이고 유머가 풍부해 화술에 능하며 상대방의 환심을 사고 속마음을 잘 드러내지 않기 때문에 일을 효율적으로 처리하고 상사로부터 칭찬을 받게 된다.

천성적으로 총명하고 지혜가 있으며 임기응변 능력과 적응력이 뛰어나 조리 있게 일을 처리하기 때문에 조그마한 실수도 저지르지 않는다. 또한 환상을 즐기는 환상가로써 자기가 그려내는 환상 속에서 사색하기를 즐긴다.

인색하고 이기주의자로서 매사를 저울질하고 자신에게 불리한 일은 하지 않거나 될 수 있는 한 피한다. 그러나 친척이나 친구들에게 고난이 있을 때에는 늘 힘써 도와주며 심지어는 자기 일을 젖혀두고 도와준다.

비록 사람들에게 냉정하고 엄숙한 인상을 줄지라도 그러한 성격으로 인하여 주위 사람들과 조화를 이루게 된다. 사람과 사람 사이에는 본래부터 일정한 거리가 있기 때문이다.

♣ O형

혈액형이 O형이고 쥐띠인 사람들은 성격이 쾌활하고 낙관적이다.

이들은 자신의 감정을 능숙하게 표현할 뿐만 아니라 자신의 경험과 느낌까지도 잘 표현하여 주변 사람들에게 화애롭고 친근감을 주게 된다. 교제에 능하고 친구들이 많다. 다른 사람들을 잘 도와주며 곤경에 처한 사람이 있다면 지원의 손길을 보내준다.

성격이 쾌활하고 자기의 생각을 돌려 말하지 않으며 음모나 계략을 꾸밀 줄 모른다. 공명정대할 뿐만 아니라 자신의 말에 책임을 질 줄 알고 매우 성실하며 정직하다. 반면에 자존심이 매우 강하다. 그리하여 다른 사람의 존중을 받기 위해서는 그 자신이 먼저 그들을 존중해 주어야 된다는 사실을 알기 때문에 항상 먼저 실천하는 사람이 바로 O형이다.

일을 처리함에 있어 능숙하게 모순을 해결하고 다른 사람과 논쟁하지 않으며 쾌활하게 생활한다.

희생 정신이 있고 사업에 열심이며 세심하게 일을 계획하고 실행에 옮기므로 상사의 칭찬을 받으며 사업 능력도 출중하게 된다. 동시에 경제적으로도 재능이 있어 적은 돈으로 큰 재산을 모을 수 있다. 근면하고 성실하여 젊었을 때에는 자신의 힘으로 부유한 생활을 할 수 있으며 중년 이후에는 더욱 부유해져서 큰 부자가 될 수도 있다.

성격이 선천적으로 낙천적이어서 유희를 좋아한다. 늘 동료들이나 친구들과 함께 즐기며 웃음을 잃지 않는다. 선배를 존경하고 상급자와 지도자에 대해서는 예절을 갖춘다.

7

❀별자리에 따른 쥐띠의 운세❀

유럽의 성상학(星相學)은 고대 바빌론에서 시작되었는데, 보통 사람들의 화와 복을 성신(聖辰)의 운행 변화에 따라 해석하고 있다. 유럽의 성상학은 황도 12궁(黃道十二宮)으로 운명(운수)을 해석하고 예측한다. 황도 12궁이란 태양이 일 년 내에 경과할 수 있는 지구의 구역과 그 위치에 자리하는 성좌를 말한다.

이 학설에 의하면 매년 3월 21일부터 4월 20일 사이에 출생한 사람은 양자리(白羊座)이고, 4월 21일부터 5월 21일 사이에 출생한 사람은 황소자리(金牛座)이며, 5월 22일부터 6월 21일까지는 쌍둥이자리(雙子座), 6월 22일부터 7월 22일까지는 게자리(巨蟹座), 7월 23일부터 8월 22일까지는 사자자리(獅子座), 8월 23일부터 9월 22일까지는 처녀자리(室女座), 9월 23일부터 10월 22일까지는 천칭자리(天平座), 10월 23일부터 11월 22일까지는 전갈자리(天蝎座), 11월 23일부터 12월 21일까지는 사수자리(人馬座), 12월 22일부터 1월 19일까지는 염소자리(摩羯座), 1월 20일부터 2월 18일까지는 물병자리(寶瓶座), 2월 19일부터 3월 20일까지는 물고기자리(雙魚座)에 속한다고 규정하고 있다. 뿐만 아니라 사람들은 모두 자기가 속한 성좌의 동물이나 신령의 특징을 가지고 있다고 주장하고 있다. 매번 일(日), 월(月) 및 오대 행성이 자기가 해당되는 성좌까지 운행되어 오면 그 성좌에 속하는 사람들에게 강한 영향을 미치게 된다. 유럽의 성상학은 개인의 운수를 예언하는데 중점을 두고 있는데 고대부터 현대까지 광범위한 영향력을 가지고 있다. 신(新) 성상학은 서양의 성좌학설과 중국의 띠를 서로 결합시켜 새로운 속좌(屬座)를 만들어 냈고 동시에 서양의 월상(月象)과 동방의 띠를 참고하여 더욱 정확하게 개인의 성격에 대한 자료들을 제공해 준다.

쥐 띠

별자리에 따른 성격

12간지		내 용
양자리 3/21~4/20	장점	용기가 있고 화애로우며 내밀하고 천재적이며 성실하고 진취적이다.
	단점	너무 순진하고 무엇이든 지나치게 하길 좋아하지만 허위적이며 다른 사람을 지배하려 한다.
황소자리 4/21~5/21	장점	열정적이고 결심한 것은 인내심 있게 추진하고 논리적이며, 근면하고 사람을 끄는 매력이 있다.
	단점	권태적이고 탐욕스러우며 편견이 있어 자만하며 굽힐 줄 모르고 시기심이 많다.
쌍둥이자리 5/22~6/21	장점	기민하고, 다재다능하며, 총명하고, 융통성이 있고 영민하고, 표현력이 뛰어나다.
	단점	인내심이 부족하고 자만하며 쉽게 변하고, 허영심과 의심이 많다.
게자리 6/22~7/22	장점	상상력과 통찰력이 있고 남을 사랑하고 관심을 두며, 끈기가 있고 겸손하다.
	단점	감정적이고 소유욕이 있으며, 쉽게 노하고, 재물을 탐하며, 의기소침하고 극단적으로 민감하다.
사자자리 7/23~8/22	장점	성품이 고귀하고 자선적이다. 힘차면서 온화하며, 충성스럽고, 보호 능력이 있다.
	단점	자부심이 강하고 전제주의이며 쉽게 자만한다. 난잡하고, 교만하며, 허영심에 들떠 있다.
처녀자리 8/23~9/22	장점	현실적이고 봉사적이며 예절바르고, 겸손하며, 변별력이 좋다.
	단점	정확성 부족, 너무 세심하여 쉽게 노하고, 권세와 재물에 대한 욕심이 많고, 생각이 부정적이다.

별자리에 따른 성격

12간지		내 용
천칭자리 9/23~10/22	장점	공정, 온화, 아름다운 것을 즐기며, 평형적이지만, 사람을 미혹시키는 이상주의자들이다.
	단점	매사를 질질 끌고, 말이 많으며, 잘 싸우며, 방종하며, 신경이 안정되지 못한다.
전갈자리 10/23~11/22	장점	헌신적이고 영감이 뛰어나며 권위가 있으며 온순하고 매력적이며 스스로를 항상 훈련한다.
	단점	냉혹하고, 맹목적이며 의심과 복수심이 많고 고집이 세며 남을 학대하려는 경향이 있다.
사수자리 11/23~12/21	장점	강경하고 용기가 있으며 영광과 명예를 바라며 이지적이다.
	단점	너무 솔직하지만 세심하지 못하고 예절이 없으며 우유부단하다.
염소자리 12/22~1/19	장점	결단력이 있고 강경하고 지혜로우며 사랑하는 마음이 많고, 믿음직스럽다.
	단점	고지식하고 고독하며, 둔하고 욕심이 많으며, 위장적이고 의심이 많다.
물병자리 1/20~2/18	장점	통찰력과 독창성이 강하고, 인내심과 독립성이 있으며, 선량하고 개성이 강하다.
	단점	성격이 괴팍하고 공정하지 못하며, 조급하고 신경질적이며 일에 있어 깨끗하지 못하다.
물고기자리 2/19~3/20	장점	이해심과 포용력이 있고, 투철하며 깨달음이 빠르고, 창조력이 뛰어나고 영리하다.
	단점	자만하고 쉽게 노하며 겁이 많고, 자신감이 없으며, 의지가 약하다.

♣ 양자리 (3월 21일~4월 20일)

쥐띠에 속하는 사람들은 사교에 능하고, 양자리에 속하는 사람은 화애롭고 친근하다. 이 두 가지 성격이 서로 결합하여 사람을 끄는 매력이 매우 강하다. 그들은 쥐띠들이 갖고 있는 특별한 매력과 양자리들이 갖고 있는 무적의 자신감을 동시에 갖추고 있기 때문에 이들은 활력의 상징이 된다.

여러 가지 설계와 계획들은 항상 양자리 쥐띠들에게서 나온다. 그들의 책상과 사무실에는 여러 가지 계획서들이 쌓여 있으며, 침대 곁에도 두툼한 필기구와 노트가 놓여져 있다. 이처럼 매사가 미리 준비가 되어 있기 때문에 이런 사람을 따라잡기란 정말로 힘이 든다.

이들은 한가하게 시간 보내는 것을 싫어하며 다른 사람들이 편안하게 지내는 것도 그리 달갑게 여기지 않는다. 그들은 매우 인자하고 자기가 좋아하는 사람들에게 도움 주는 것을 즐겁게 여기지만 침대나 소파에 누워서 아무것도 하지 않은 채 시간을 보내려는 사람들에게는 일체 투자를 꺼린다.

양자리 쥐띠들은 도전을 좋아하고 모험심이 강하다. 그들은 항상 자신감에 차 있어 정식 판매원이 아닐지라도 판매나 영업에 모두 열심이다.

양자리 쥐띠들은 적당히 긴장한 채 살아가는 사람들로서 그들이 편안하게 지내고 있다면 그것은 완전히 꾸며낸 것이며 생활은 늘 자기가 바라는 대로 되지 않는다. 양자리와 쥐띠는 인내심이 부족하기 때문에 늘 앞으로만 나아가려고 하며 늑장부리는 것을 꺼려할 뿐만 아니라 시간을 낭비하는 법이 없다.

♣ 황소자리 (4월 21일~5월 21일)

황소자리 쥐띠는 가장 바람직한 혼합형이다. 즉 쥐띠는 과도하게 극단적인 경향을 갖고 있으며, 황소자리는 쥐띠들의 팽팽하게 조여 있는 신경을 느슨하게 하는 힘을 가지고 있다. 황소자리 쥐띠는 충실하고 총명하며 강철과 같은 의지와 천성적인 우월감을 갖고 있다.

자신의 높은 지위를 보존하려 하고, 권력을 좋아하지만 특별히 다른 사람을 이끌려고는 하지 않는다. 상당히 열정적이지만 사랑을 권력이나 명예보다 중요하게 여기지는 않는다. 그러므로 감정적으로 일을 처리하여 곤경에 빠지는 황소자리 쥐띠들을 만나기는 매우 힘들 것이다.

황소자리 쥐띠들은 다른 사람들과 전혀 다른 방식으로 일을 도모할 뿐만 아니라 의지가 확실하다. 그러나 그들은 신경을 쓰면서까지 다른 사람을 이기려 하지 않으며, 아주 신사적으로 그것도 천천히 흐트러지지 않는 태도로 자신의 관점을 피력하여 상대방을 제압하는데 그리 긴 시간을 낭비하지 않는다.

황소자리 쥐띠는 사람들이 두려워하는 대상이다. 그들은 자신의 감정을 나타내지 않는다. 여러 사람 앞에서 자신의 보복심을 나타내지 않으므로 그들의 속내를 알기 어렵다. 당신이 알 수 있는 것은 다만 그들의 사고가 신속하고 효과적이라는 것뿐이다.

그들은 기억력이 매우 좋다. 일반 사람들이 사소하게 여기는 것조차도 그들의 기억 속에는 오래 보관된다. 또한 아무리 오래 전에 만났던 사람이라도 마치 어제 만난 듯 생생한 느낌을 주어 그는 살아 있는 자료 보관소 같은 느낌이 든다.

그들은 상사의 의사에 따라 무작정 행동하는 그런 노비형의 성격은 아니지만 자신이 목적한 바를 이루기 위해서는 비굴해지는 것도 마다하지 않으며 때로는 잔인무도한 사람이 되기도 한다. 그들은 자기가 관심 있어 하는 사람들을 보호할 줄 알며 자기가 도와주려고 하는 사람에 대해서는 아낌없는 지원을 제공하지만 자립할 수 있는 사람들한테는 원조의 손길을 내민다.

♣ 쌍둥이자리 (5월 22일~6월 21일)

천부적으로 말을 잘 하는 쌍둥이자리 쥐띠는 늘 여러 집회나 모임에서 천재적인 말재주로 사람들의 시선을 끌 뿐만 아니라 호기심을 자극한다.

쌍둥이자리 쥐띠들은 지나치게 신경질적이고 행동적이다. 그들은 매우 강개하며 타인을 즐겨 도와주고 상대방을 웃기거나 울리려 하며, 다른 사람들이 자기에게 주목하기를 바라고 숭배하길 원한다. 그들은 천성적인 행동가들일 뿐만 아니라 자기가 창조해 낸 것과 얻은 것에 대하여 언제나 정확하게 꿰뚫고 있다. 또한 직감적으로 자기가 무엇을 하려 하든지 일을 어떻게 처리할지도 잘 알고 있다.

그들은 의지가 강하다. 만약 어떤 이익을 얻을 수만 있다면 그들은 장기적으로 한 가지 사업만에만 몰두한다. 돈을 위해서라면 매일밤 한 곳에서 싫증을 느끼지 않고 사업을 하지만 자신의 이상적인 대우에 대해서는 잊지 않는다. 합리적인 보수가 주어진다면 의연히 한 곳에 머물러서 그 일이 끝날 때까지 계속한다.

그들이 갖고 있는 가벼운 성격은 쥐띠들의 온화함을 잃게 한다. 대개의 쌍둥이자리들은 자기를 과장하기 좋아하는데 쌍둥이자리 쥐띠들도 예외가 아니다. 그들에게는 풍부한 활력이 있으면서도 충동적이어서 일을 처리함에 있어 지극히 희극적인 표현을 하게 된다.

비록 쌍둥이자리 쥐띠들은 장기적으로 찬란한 빛을 뿜고 있지만 그들

은 어떤 일에 있어서나 단호하게 결정을 내리지 못한다. 이러한 행동이 타
인들에게는 우유부단함으로 비춰지는 것이다.

이 결점을 해결하는 방법은 적당한 파트너나 배우자를 찾아 그들을 보
조하도록 하는 것이다. 즉 쌍둥이자리 쥐띠들에게 매일 어떤 일을 해야 하
는지 가르쳐주는 것이다. 이때 비로소 쌍둥이자리 쥐띠들은 모든 일에 두
서가 잡히게 된다.

♣ 게자리 (6월 22일~7월 22일)

게자리에 속하며 쥐띠인 사람들은 총명하고 영리하지만 제비족이라고
할 수 있다. 정서 변화가 많고 늘 떠돌아다니기를 좋아한다.

게자리 쥐띠들은 어떤 면에서는 매우 내향적이다. 그들은 어떤 일에 있
어서나 참다우며 내재적인 창작에 힘을 기울인다. 그들이 어떤 직업을 갖
든지 이러한 개성의 사람들에게는 언제나 구체적인 재산으로 돌아오게
된다. 공예품이나 골동품들은 항상 그들의 가까이에 있으며 책꽂이에는
진귀한 책들과 화보와 논평에 관한 책들이 꽂혀 있고 문학을 즐긴다.

그들에게는 우아하고 아름다운 옷을 선택하는 습관이 있다. 유행의 물
결에 동참하며 다른 사람과 달리 독특한 옷을 즐겨 입는다.

게자리 쥐띠들은 사회생활을 즐기지만 평범한 생활은 참지 못한다. 친
구나 애인, 집과 자가용, 여행을 막론하고 그 중의 한 가지를 선택함에 있
어서 중용의 태도를 취하지 않고 그 자리에서 결단을 내린다. 그들은 세속
의 지배에서 벗어나 자신의 이상적인 수준에 따라 일을 처리하며 일단 갖
고 싶은 것에 대해서는 절대로 쉽게 흘려버리지 않는다.

이러한 사람들에겐 풍부한 창조력이 있다. 게자리의 정감의 깊이는 쥐
띠들의 부단히 탐색하려는 성격과 밀접히 배합되어 있기 때문에 이야기

를 훌륭히 이끌어가는 천재적인 기질이 있다. 그리고 게자리 쥐띠들은 강렬하게 정감을 표현하고 영감적인 욕망을 다시 조직하는 능력을 갖고 있으며 서법이나 시편, 그리고 작곡 등은 그들에 대한 가장 좋은 치료 방법이다.

♣ 사자자리 (7월 23일~8월 22일)

사자자리에 속하며 쥐띠인 사람들은 한 분야에서 빛을 발하는 잠재력을 갖고 있으며 상상외로 폭풍우가 몰아치는 상황에서도 환락을 만들어 낸다. 늘 사회에 공헌하는 것이 많고 실수를 저지르는 경우는 드물다. 생활에 절도가 있으며 매사를 어떻게 처신해야 하는지 잘 알고 있다.

사자자리 쥐띠들의 빈곤한 생활은 그리 오래가지 않는다. 그들은 어떻게 하면 돈을 벌 수 있는지 알고 있으며 사치하면서도 또한 합리적이다. 재산이 있는 사자자리 쥐띠들은 상당히 강개하며, 자선가로도 이름을 날릴 수 있지만 자선의 이름으로 쓸데없는 일에 돈을 허비하는 그런 사람들은 아니다. 그들은 비교적 젊고 가능성이 있는 음악가나 화가들을 도와주기를 좋아한다.

사자자리 쥐띠들의 가장 중요한 천부적인 재능은 일을 도모하는데 있으며 일을 어떻게 안배해야 하는지 잘 알고 있다. 그들은 다가오는 장애에 대처할 줄 알며, 그 장애에 도전하여 더욱 높은 곳으로 발전하게 된다. 그들은 늘 새로 유행하는 스포츠나 춤, 음악을 훌륭히 소화한다. 또한 다른 사람에게 낙타를 선물하면서 그 낙타를 타는 방법까지 자세히 알려주는 자상한 성격의 소유자이다. 그들은 천성적으로 선생님이고 매사에 성과가 뛰어난 사람들이다.

♣ 처녀자리 (8월 23일~9월 22일)

처녀자리 쥐띠들은 정신력과 사물에 대한 분석 능력도 뛰어나다. 쥐띠의 진취성에 처녀자리들의 경영력을 더하여 어떤 일에나 광적이거나 우매하게 빠져들어 가지 않는다. 그러나 사랑만은 예외이다.

이들이 다른 사람들과 구분되는 점은 외부에서 가해지는 압력의 간섭을 받지 않는다는 것이다. 즉 자기가 해야 할 일은 반드시 해내고야 말지만 동료들이나 타인의 핍박에 굴복해서 일을 처리하는 경우는 없다. 이러한 성격 때문에 개인 사업이 가장 적합하다.

처녀자리 쥐띠들은 모든 사물에 대해 연구하기를 즐기고 지식 쌓기를 좋아한다. 때로는 매우 독단적이어서 다른 사람들이 의견을 말할 때 그들의 견해를 신중하게 듣는 듯하지만 결과적으로 그들이 제시하는 의견은 절대 받아들이지 않는다.

지나치게 정서적이거나 쉽게 충동을 느끼는 사람들은 처녀자리 쥐띠들에게서 협조를 얻을 수 있다. 그들은 항상 똑같은 차원으로 문제를 사색한다. 만약 당신이 해결할 수 없는 고통과 번민을 말한다면 처녀자리 쥐띠들은 결론적으로 "앉으십시오. 마음을 넓게 가지고 잘 생각해 봅시다. 무슨 일이 있었는지요?"라고 물을 것이다. 그리고는 당신의 고통에 대해 힘껏 도와줄 것이다.

처녀자리 쥐띠들은 친척이나 친구들과의 관계에 있어서 매우 진지하다. 그들은 언제나 옛 친구들을 잊지 않으며 도움을 원하는 친구가 있다면 언제나 힘껏 도와주려고 한다.

♣ 천칭자리 (9월 23일~10월 22일)

천칭자리 쥐띠들은 모두 다 자아훼멸적인 야심을 갖고 있으며 어떤 일이든 원만하고 아름답게 끝맺지 못한다. 그들의 진정한 천재적인 재능은 상상 속에 있기 때문에 늘 말이 많고 말이 늘어지며 언제나 무슨 말이든 하려고 준비되어 있다. 그러나 일단 말을 꺼내면 너무 지루하여 사람들의 미움을 산다.

사람들은 천칭자리 쥐띠들과 쉽게 상대할 수 있다. 천칭자리 쥐띠들은 화애롭고 친근하고 개방적인 성격이기 때문이다. 이들은 다른 사람들에게 호기심을 갖고 있을 뿐만 아니라 상대방이 문제에 대해 말할 때 신속히 반응을 나타낸다. 천칭자리 쥐띠는 무슨 일을 획책하거나 계교를 꾸미거나 말을 많이 하는 것으로 일생을 보내게 된다. 그들은 탐욕스러우면서 또한 강개하여 자기에게 돈이 있으면 무척 기뻐한다. 그것은 자기에게 돈이 있어야만 다른 사람들을 도와줄 수 있기 때문이다. 그들은 자신의 이상과 극단적인 성격으로 똘똘 뭉친 사람들이다.

천칭자리 쥐띠는 다른 사람들을 제어하기를 좋아하지만 절대 마음이 악하거나 악의가 없으며 권세욕이 강하지도 않다. 그들이 다른 사람들을 제어하는 방법은 매우 회유적이다. 그들은 성실하고도 견실함을 바탕으로 자기가 존경하는 사람에게 접근한다. 그리하여 자기를 없어서는 안 될 친구라고 내세운다. 당신에게 천칭자리 쥐띠에 속하는 친구가 있다면 당신은 영원히 근심을 모르는 사람과 친구가 된 것이다.

천칭자리 쥐띠들은 정감으로 문제를 해결하려 한다. 그들은 폭력을 쓰지 않으며 속되지 않다. 늘 경쾌하고 친절하며 천진한 성격을 갖고 있다.

천칭자리 쥐띠들은 극단적으로 민감하며 관중들을 고상한 이상으로 이끌 수 있는 능력을 갖고 있다. 사람을 놀라게 하는 기억력과 무궁무진한 창조력이 있다. 그리고 전통과 관습 및 종교에 대하여 고정적인 관념을 가지고 있으며 이 관념은 그들의 마음속에서 쉽게 사라지지 않는다.

♣ 전갈자리 (10월 23일~11월 22일)

전갈자리 쥐띠들은 돌려 말하기를 즐기며 말이 많을 뿐만 아니라 정곡을 찌르는 듯한 느낌을 준다. 사색이 민첩하고 동작이 경쾌하다. 우아한 운동을 즐기며 능력이 있어 여러 가지 경기에도 참여한다.

전갈자리 쥐띠들은 사랑스러운 사람들이다. 사람들은 시간이 지날수록 그를 좋아하며 그들이 갖고 있는 야심을 쉽게 알아채지 못한다. 그들은 다른 사람을 억압하지 않는다. 그들이 희망하는 것은 단지 자기가 선택한 직업에서 중요한 지위를 얻는 것뿐이다.

전갈자리 쥐띠들은 튀는 개성이 있으며 절대 우유부단하지 않다. 그리고 자신이 무엇을 해야 하는지 정확히 알고 있다. 그들은 손님 접대를 소홀히 하지 않고 자신의 이익을 위하여 사교활동에 열심히 참여한다.

그들이 가지고 있는 개성 중에서 사람을 감탄시키는 것은 미래에 대한 통찰력이다. 그들은 예술과 정치 방면에 있어서 훌륭한 비평가들이며 뛰어난 육감을 갖고 있기에 사람들의 환영과 사랑을 받는다. 또한 일반 사람들을 능가하는 뛰어난 지혜를 갖고 있다. 만약 그들이 이 능력을 제대로 발휘한다면 일생을 행복하게 지낼 수 있으며 인류를 위해 복을 마련해 줄수도 있을 것이다. 그러나 기로에 들어서게 되면 재난은 꼬리를 물고 나타나게 될 것이다.

그들의 고귀한 본성은 어느 누구에게도 나쁜 일이 일어나지 않기를 바란다. 그들은 마음 한구석에 긴장감과 의심이 항상 도사리고 있기에 늘 근심과 그로 인한 고통을 느끼게 된다. 그들은 사람을 끄는 능력과 외모를 갖고 있지만 다른 사람들에게 쓸데없는 일에 잘 삐친다는 책망을 듣기도 한다.

전갈자리 쥐띠들은 다른 사람을 평론하기를 즐기는데 이는 이들이 반대자들에게 이해를 구하지 않으려는 심리에서 오는 행위이다.

♣ 사수자리 (11월 23일~12월 21일)

사수자리 쥐띠는 활력이 넘쳐 생동감 있고 활발하며 여러 가지 활동으로 바쁘게 보낸다. 그들은 잠시도 조용히 앉아 있지 못하는 성격의 소유자들이다. 이들은 여러 단체에 가입하는 것을 좋아하며 그 주위에는 언제나 손님이나 친구와 가족들이 북적거린다. 사수자리 쥐띠들은 비록 큰 성과와 성공을 얻을 수는 있지만 다른 사람들의 견해는 무시해 버리는 경향이 있다.

그들이 어떤 단체의 집회에서는 뛰어난 주인이지만 실제로는 마음을 예측하기 어려우며 상당히 보수적이다. 그들은 절대로 마음이 너그러운 인물이 아니며 유머 감각도 없다. 그들은 어떤 모임이든 많은 사람들이 자기를 중심으로 이루어지는 것을 원하지 않는다. 다만 다른 사람들이 유쾌하게 즐기는 것을 원할 뿐 아니라 사람들의 반응에 대해 관찰하기를 즐긴다.

사수자리 쥐띠는 자기가 아끼고 사랑하는 사람들에게 기회를 잘 주며 그들은 어떤 정황의 가치나 새로운 사람이나 사물에 대한 이용 상황을 재빨리 파악하는 능력을 가지고 있다. 긴급한 상황에서도 신속하고 기민하게 반응을 보이며 불 같은 성격으로 행동해도 머리는 늘 냉정하다.

사수자리 쥐띠들은 투기자가 많다. 기회가 무르익었을 때 그들은 이것을 재빨리 낚아채 버린다. 그들에게는 민감한 육감이 있기 때문에 언제나 거대한 이익을 얻을 수 있다. 또한 여행을 즐기는 습관이 있어 젊었을 때에는 집을 떠나서 생활하는 것을 좋아한다. 사수자리 쥐띠는 상당히 민첩한 마음가짐과 예술적인 형식으로 인간의 희극을 표현하는 능력을 갖고 있다.

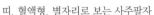
♣ 염소자리 (12월 22일~1월 19일)

염소자리 쥐띠는 성공에 대한 욕망이 있다. 쥐띠는 권력에 흥미가 있으며 염소자리 사람들은 여러 사람들을 통치하는 것을 좋아하는데 이 두 가지 성격은 쉽게 배합된다. 염소자리 쥐띠는 범띠와 마찬가지로 언제나 끊임없는 재난과 위험 속에서 지내게 된다. 그 경험에서 우러나온 그들의 연설은 정확하고 쉽게 알아들을 수 있어 설득력이 강하다. 그렇기 때문에 다른 사람에게 신뢰감을 주게 된다. 염소자리 쥐띠들이 추구하는 목표는 인류의 행복을 구하는 데에 있다.

대다수 염소자리 쥐띠들은 자신의 능력을 발휘할 수 있는 사업에서 일정한 지위를 갖고 있다. 세심하고 효율적으로 인간관계를 잘 처리하고 근면하다. 겸손하면서도 조심성이 있어 보수적이지만 강개하고도 사랑하는 마음을 간직하고 있다.

염소자리 쥐띠는 태어날 때부터 예술적 창작활동에 종사할 수 있는 천재적인 조건들을 갖추고 있다. 그들은 어떤 일이건 질책하거나 거짓말을 하지 않고, 어떤 사람도 겁내지 않으며 어떤 어려움이 닥쳐도 웃음을 머금고 모든 일에 끊임없이 도전해 나간다. 여러 가지 구상과 새로운 계획들이 끝없이 그들의 머리에서 나오며 자신의 새로운 아이디어를 누가 훔칠까봐 겁내지 않으며 자신의 창조력은 무한하다고 믿는다.

일단 한번 마음먹은 생각은 자신의 능력을 모두 발휘하여 구체적인 성과를 얻기 위해 노력한다. 그들은 실체(實體)를 중히 여기는 현실주의자들이며 몽상은 거의 하지 않는다.

♣ 물병자리 (1월 20일~2월 18일)

"끊임없이 앞으로!"

이것은 이상주의와 과감하게 실천하는 자들의 좌우명이다. 물병자리의 이기주의와 쥐띠들의 사람을 현혹시키는 성격이 잘 결합되어 무한한 개인적 매력을 간직한 사람으로 만들어 낸다. 또한 재산 모으기를 즐기며 자유를 갈망하고 있지만 반면에 혼자서 고독하게 지내는 것을 참지 못한다.

물병자리 사람들은 다른 사람들과 달리 넓은 시야와 포용력을 갖고 있다. 쥐띠는 매우 큰 매력을 발산하여 권력을 장악하려 한다. 이러한 상황에서 쥐띠들의 성격, 즉 권력욕은 물병자리의 영향으로 작거나 없어지게 되며 인류가 서로 사랑하면서 살아가기를 원한다.

물병자리 쥐띠는 유람을 즐기며 비교적 좋은 환경을 꾸미려는 성향을 갖고 있어서 진리를 추구하는 탐색 속에서 일생을 보내게 된다. 물병자리에 속하는 사람들은 사상가이고 쥐띠의 사람들도 상당히 탁월한 사람들이다. 그러나 이들은 모두 신경질적이기 때문에 우주의 초감각이나 초자연적인 심령의 영향을 받아 그것에 쉽게 빠져들어 간다. 하지만 쥐띠의 영향력을 많이 받는 게 사실이다.

쥐띠들은 안정적이며 사물에 대한 투시력이 있다. 물병자리 성향으로 그들을 어느 정도는 변화시킬 수 있지만 그렇다고 하여 완전히 변화시킬 수는 없다. 이러한 기본적인 차이로 인하여 그들을 더욱 불안정하게 만든다.

♣ 물고기자리 (2월 19일~3월 20일)

물고기자리 쥐띠들은 예리함과 포용력 또는 '과감히 행동하' 는 두 가지 성격이 극단적으로 합쳐지며 다른 사람들과 서로 협조해서 일을 처리할 때 가장 아름답다. 물고기자리 혹은 쥐띠들은 절대로 은사(隱士)가 아니다. 극단적인 민감성을 갖고 있는 물고기자리와 권세욕이 왕성한 쥐띠들이 서로 결합하여 어떠한 시경(視境)을 만들어 그들로 하여금 특수한 능력과 지혜를 나타내게 한다. 기본적으로 물고기자리의 심각한 성정(性情)과 쥐띠의 성향으로 능히 일의 목표와 기한을 결정한다.

물고기자리 쥐띠들은 남에게 의지하려는 마음이 있어 독자적으로 일을 처리할 수 없다. 사사로이 친한 벗이나 잘 아는 사람들에게 자기의 근심을 털어놓아 그들로부터 자문을 받는다. 그러나 대중 앞에서는 자기를 드러내지 않아 대중의 초점을 자기의 상사에게로 돌릴 줄 안다.

물고기자리 쥐띠들의 말은 예리하고 논리 정연하며 상대방의 공격을 받기 전에 먼저 신속하게 상대방을 제압해 버린다. 이들은 세력과 이익에 신경을 쓰고 직위를 중히 여기며 일신의 안녕을 고려하지만 마음이 선량한 사람들이다.

그들은 사랑스럽거나 연약한 사람들의 행운에 대해 시기심을 느낀다. 그들은 자기가 좋아하지 않는 사람들의 천재적인 기질을 비방하거나 상대방의 도덕감에 대한 질타로 자신의 시기심을 표현한다. 물고기자리 쥐띠들은 자기에게만 정의감이 있다고 자처할 뿐만 아니라 비교적 신선한 태도로 자기에게 위협을 주는 자를 억제하려 한다. 이들은 천재적인 기질을 갖고 있기에 좋은 기회를 만나면 예술 분야나 문학, 음악 분야 혹은 사업에 성공할 수가 있다.

8

✤태어난 시에 따른 쥐띠의 운세✤

♣ 자시생 (子時生 : 오후 11시~오전 1시)

굉장히 매력적이지만 자만심이 좀 강한 편이다. 무척 가정적인 사람으로 훌륭한 작가가 될 소질도 가지고 있다.

♣ 축시생 (丑時生 : 오전 1시~오전 3시)

진지한 관점을 가지고 꾸준히 노력하는 형이다. 쥐띠의 저돌적인 태도가 남아 있지만 그의 도박꾼적인 본능은 소띠의 경고에 의해 억제된다.

♣ 인시생 (寅時生 : 오전 3시~오전 5시)

공격적이고 기질이 강한 성과주의자이다. 돈 관리만 잘하면 매사가 무난하나 내부의 호랑이 기질이 수시로 터져나온다.

♣ 묘시생 (卯時生 : 오전 5시~오전 7시)

온순하고 상냥한 성품이지만 계산속은 매우 밝다. 쥐의 매력에 토끼의 기민함이 첨가되어 별로 실패가 없다.

♣ 진시생 (辰時生 : 오전 7시~오전 9시)

통이 커서 일을 크게 벌이는 형이다. 그래서 가끔 주머니가 텅텅 비게 된다. 그는 돈을 빌려주었다가도 곧 후회한다. 용의 강한 의지와 쥐의 돈 버는 재주가 잘 결합되면 사업에서 크게 성공할 수 있다.

♣ 사시생 (巳時生 : 오전 9시~오전 11시)

숭배자들이 많으며 남들의 주머니와 마음을 홀딱 빼앗는다. 내부에 있는 뱀 덕분에 눈에 띄지 않는 위험들도 피해가게 된다. 약간은 음흉한 형이다.

♣ 오시생 (午時生 : 오전 11시~오후 1시)

겁없이 돌진을 잘하기 때문에 살아가면서 여러 차례 위험한 고비를 만난다. 말의 변덕스러운 기질 때문에 애정 관계에 풍파가 많다. 매우 크게 성공하거나 파산지경에 고생할 형이다.

♣ 미시생 (未時生 : 오후 1시~오후 3시)

지나친 감상주의자이다. 그러나 돈을 버는 방식이 고상한 취향과 세련에 의해 크게 완화된다. 이 경우 두(양과 쥐) 띠가 모두 기회주의적으로 작용하기 때문에 권력자들의 비위를 아주 잘 맞춘다.

♣ 신시생 (申時生 : 오후 3시~오후 5시)

모험을 매우 좋아할 형이다. 그는 책에 있는 모든 술수를 잘 알고 있을 뿐만 아니라 그것을 쓰는 데에도 전혀 망설임이 없다. 원숭이의 영향으로 감상주의적 기질이 완화된다. 또한 환상적인 유머감각을 지니고 있다.

♣ 유시생 (酉時生 : 오후 5시~오후 7시)

꿩장히 영리하고 유능한 형이다. 그러나 너무 잘난 체해서 탈이다. 쥐는 돈을 모으느라 정신이 없고 내부의 닭은 그렇게 모은 돈을 어떻게 쓸 것인지 원대한 구상에 여념이 없다. 자신의 모든 행정적 능력을 다른 사람의 돈으로 기업을 경영하는 쪽에 돌린다면 운세가 크게 달라진다.

♣ 술시생 (戌時生 : 오후 7시~오후 9시)

내부의 개는 공정성과 불편부당함을 위해 노력하지만 부에 대한 쥐의 타고난 욕심 때문에 개의 고상한 양심을 갉아먹는 형이다. 그러나 이런 조합의 결과 위대한 작가 또는 신랄한 필봉(筆鋒)의 철학자로 대성할 수도 있다.

♣ 해시생 (亥時生 : 오후 9시~오후 11시)

자기 내부에 돼지의 주저하는 성질이 존재한다는 것을 증오한다. 그래서 절호의 기회가 와도 그것을 이용하지 못하고 포기해 버리게 된다. 이 사람은 좋은 일을 하고서도 태도가 나쁘면 고맙다는 소리도 못 듣게 된다.

9

❀ 쥐띠 해에 대하여 ❀

쥐띠 해는 풍요와 기회, 희망의 해이다. 이 해에는 투기가 성행하고 물가 변동이 심하며 주식시장이 붐빈다. 또한 세계경제는 전반적으로 호황을 누리게 된다. 사업은 상승세를 타게 되면 행운이 따르기 때문에 부를 축적하기가 어느 때보다도 수월하다.

이 해에는 이 해에 가져다주는 대성공을 발판으로 장기 투자 계획을 세워서 그 다음의 저조한 시기에 대비해야 한다. 이 해에 시작되는 모험적 사업들은 준비만 잘 되어 있으면 쉽게 성공한다. 그러나 운에만 맡기고 아무 준비 없이 덤벼들거나 불필요한 모험까지 감행하는 것은 절대 금물이다. 왜냐하면 쥐띠 해는 또한 겨울의 냉기와 밤의 어둠에 의해 지배되기 때문이다. 따라서 무분별한 투기를 일삼으면서 과도하게 사업을 확장한다면 슬픈 결말을 맞이하게 된다.

대체로 이 해는 다른 해들보다 평온한 한 해가 될 것이다. 폭발적인 사태나 전쟁 따위는 잘 일어나지 않고 호랑이띠나 용띠 해에 비해 천재지변이 훨씬 적다. 그럼에도 불구하고 이 해에는 짜릿한 일들이 심심치 않게 일어나지만 그런 가운데 거래는 활발하게 진행된다. 한 마디로 우리들 대다수가 서로간의 교제를 넓히면서 스스로를 사회화시키기에 알맞은 해이다.

10

✿ 해에 따른 쥐띠의 운세 ✿

♣ 쥐띠 해

번영의 해로 승진이나 승급을 기대할 수 있다. 이 해에는 고통을 겪는 일이 거의 없으며 예기치 않았던 성과를 올린다거나 금전적인 이득을 얻게 된다.

♣ 소띠 해

아주 좋은 해. 쥐띠 자신에게는 이득이 그리 크지 않지만 그의 가족들에게는 즐겁고 행복한 시기가 된다. 그리고 다른 사람의 행운으로부터 그도 간접적인 이익을 보게 된다. 자신의 업무 영역에서 평소보다 더 많은 책임을 지게 된다.

♣ 호랑이띠 해

비교적 괜찮은 해. 이 해에는 투기를 조심해야 한다. 그리고 어떤 오해에 빠지거나 자기의 판단에 역행하는 행동을 어쩔 수 없이 해야만 될 경우가 생길 수 있다. 가족이나 가까운 친지의 죽음으로 외로움과 슬픔을 느낄 수도 있고 어쩔 수 없이 객지를 떠돌게 된다.

♣ 토끼띠 해

아주 조용한 해. 그러나 쥐띠는 돈 문제를 조심해야 한다. 가족 내부에서 또는 업무 관계에서 어떤 오해가 생길 수도 있다. 그러나 그는 사업에서 새로운 인간관계를 맺으며 이 새로운 구성원들이 자기 사람으로 될 것이다.

♣ 용띠 해

아주 좋은 해. 사업이나 연애에 있어서 전망이 밝은 해. 재정적 이득을 본다거나 승진을 하는 등 좋은 시기이다. 또 이 해에는 업적에 대해서 인정을 받는다. 하지만 자신을 이용하려는 사람들이 나타날지 모르니 각별히 경계해야 한다.

♣ 뱀띠 해

길흉이 뒤섞인 해이다. 투자를 하거나 중요한 결정을 내릴 때 대단히 신중해야 한다. 큰 질병이나 금전의 손실로 먹구름이 낄 것이다. 그러나 연말로 갈수록 다시 운이 터지면서 손실을 만회할 수 있다.

♣ 말띠 해

쥐띠에게는 어려운 시기이다. 재산평가나 매매계약에 있어서 매우 보수적인 태도를 취할 필요가 있다. 왜냐하면 이 해에는 본의 아니게 향락으로 돈을 낭비한다거나 송사에 개입될 수가 있다. 빚더미에 올라앉을지도 모르며 받아야 할 돈을 못 받을 수도 있다. 애정 문제에 있어서도 좋지 않은 해이다.

♣ 양띠 해

이 해가 되면 쥐띠 생의 재정 상태가 회복된다. 그러나 운이 맞아떨어진다거나 모종의 작은 격변이라도 없으면 그의 계획이 모두 실현되지는 않을 것이다. 그는 이 해에 예전에는 보이지 않았던 기회를 포착하여 그것을 잘 이용할 수 있을 것이다.

쥐 띠

♣ 원숭이띠 해

이 해에는 가정 혹은 사업 문제에 이렇다 할 심각한 곤란이 없어 결실을 맺게 될 것이다. 나쁜 소식보다는 좋은 소식을 더 많이 접하게 될 것이지만 이 해에는 장래를 위해서라도 친구와 절교를 한다거나 동업관계를 청산하는 일 등은 삼가야 한다.

♣ 닭띠 해

쥐띠에게는 축하할 일들이 일어날 것이다. 동업을 하거나 가족 중 결혼하는 사람이 있을 것이다. 좋은 일들이 하룻밤 사이에도 일어날 수 있으므로 흥분의 나날이다. 바쁜 속에서 이리저리 뛰어다닐 것이기 때문에 과로나 질병 등에 걸리지 않도록 바짝 경계를 해야 한다.

♣ 개띠 해

쥐띠에게는 별로 즐겁지 못한 해이다. 불행한 일들이 세 차례 정도 닥칠 것이다. 여행 중에 나쁜 소식을 받아서 그 일에 아무런 영향력을 행사하지 못할 수도 있다. 또한 해결되지 않는 문제들이 마음을 사로잡고 있기에 근심이 그치지 않으므로 인내심을 가지고 신중하게 대처해야 할 시기이다.

♣ 돼지띠 해

사업이나 투자에서 별 진척이 없는 해이다. 쥐띠에게는 이 해가 기존의 기반을 공고히 다져야 할 때이다. 친구들이나 가족들이 시간이나 돈을 과다하게 요구하므로 조심하지 않으면 질병이 악화될 수도 있다. 질병이 없을 경우에는 대신 금전이나 가족을 잃을 수도 있다.

11

❀ 쥐에 대한 이야기 ❀

(1) 일등으로 달린 쥐

아득한 먼 옛날, 하느님이 여러 짐승들을 모아놓고 "정월 초하룻날 나한테 세배하러 오라. 빨리 도착하는 순서대로 1등부터 12등까지 상을 줄 것이다"라고 말하였다.

소(牛)는 달리기에 자신이 없었다. 말이나 개, 호랑이는 물론 멧돼지, 토끼도 전혀 이길 가망이 없었다. 궁리 끝에 소는 남보다 일찍 출발해야겠다고 결심했다.

우직한 소는 남들이 모두 잠든 그믐날 밤에 길을 떠났다. 그때 눈치 빠른 쥐가 이를 보고 잽싸게 소 등에 올라탔다. 드디어 동이 틀 무렵 하느님의 궁전 앞에 도착했는데 문이 열리는 순간 쥐가 날쌔게 뛰어내려 소보다 먼저 문 안으로 들어가는 것이 아닌가!

이렇게 하여 쥐는 소를 젖히고 1등이 되었다.

천 리를 쉬지 않고 달린 호랑이가 3등이 되었고, 달리기를 잘하는 토끼는 그만 도중에 낮잠을 자는 바람에 4등이 되었으며, 그 뒤를 이어 용, 뱀, 말, 양, 원숭이, 닭, 개, 돼지의 차례로 들어섰다.

고양이만은 이 속에 끼지 못했는데 쥐가 날짜를 일부러 틀리게 알려주었기 때문에 미처 출발하지도 못했던 것이다.

그때부터 고양이는 쥐를 원수로 여기게 되었다는 얘기가 있다.

(2) 쥐에게 얻어맞은 새

아주 깊고 깊은 숲에 흉년이 들었다. 먹을 것이 없어서 숲에 사는 새들은 배가 고파 견딜 수가 없었다. 그런데 먹이를 넉넉하게 쌓아두고 아무 걱정 없이 지내는 동물이 있었다. 그게 바로 쥐였다.

이 소문을 들은 꿩은 당장 쥐를 찾아갔다. 꿩은 쥐구멍을 들여다보며 말하였다.

"여봐라, 고양이한테 잡혀먹다가 남을 놈아, 먹을 것 좀 가져오너라. 시장해서 못살겠다."

이 소리를 들은 쥐의 마누라는 화가 나서 부엌에서 부지깽이를 들고 나와 꿩의 뺨을 한 대 후려쳤다.

"배가 고프면 고팠지, 누구한테 건방진 소릴 해!"

꿩은 먹이는커녕 뺨만 맞고 돌아갔다. 아마도 불에 벌겋게 단 부지깽이었는지 지금도 꿩의 볼엔 쥐에게 얻어맞은 자국이 벌겋게 남아 있다.

이 이야기는 비둘기의 귀에도 들어갔다. 비둘기는 이 흉년에 저만 배불리 먹고 잘 지내는 쥐가 너무 얄미웠다. 그래서 쥐구멍을 들여다보며 소리쳤다.

"여보게 남의 집 창고만 노리는 좀도둑 친구, 요즘은 잘 지내나? 미안하지만 뭐 먹을 것 좀 주게. 이렇게 어려운 때 같이 살아야 할 게 아닌가?"

쥐가 듣자니 비둘기 역시 건방지기 짝이없었다. 그래서 부엌에서 부지깽이를 들고 나와 비둘기의 머리를 딱 때려 주었다. 그래서 비둘기의 머리에는 지금도 퍼렇게 멍이 들어 있다.

까치는 어른을 공경할 줄 알며 불쌍한 짐승들이나 새들을 보살피는 착한 새였다. 배가 고픈 까치도 쥐를 찾아갔다. 그리고는 공손하게 말했다.

"쥐서방 계신가요? 저……, 미안하지만 먹을 것이 있으면 조금만 나눠주실 수 없으신가요? 올해 흉년으로 사정이 딱하게 돼서 그렇습니다, 부탁드립니다."

그러자 쥐는 가만히 밖을 내다보며,

"오, 까치로군. 자네 누구와 함께 있나? 혹시 꿩이나 비둘기 같은 놈들하고 같은 패거리는 아닌가?"

쥐는 꿩과 비둘기의 건방진 행동에 대해 이야기를 하며 먹거리를 가지고 나와서 까치에게 주었다.

"자네는 생김생김이 예뻐서 그런지 말씨도 훌륭하네그려."

라고 생긋 웃어주었다.

까치는 공손한 말 덕분에 흉년에도 배를 곯지 않고 지낼 수 있었다.

(3) 쥐의 교훈

옛날 어느 마을에 한 소녀가 살고 있었다. 소녀는 어머니가 심부름을 시키면 항상 짜증만 내고 제대로 하는 법이 없었다.

"엄만 손이 없어요, 발이 없어요. 왜 나에게만 일을 시켜요?"

이 소녀의 나쁜 행실은 온 동네와 서당에 알려져 친구가 한 명도 없었다.

어느 날 이 소녀가 방에 앉아 있는데 방 구석에서 새앙쥐 한 마리가 나오더니 쌀알이 흩어져 있는 것을 보고 다시 쥐구멍으로 들어갔다.

조금 후 그 쥐는 눈먼 어미쥐를 데리고 조심조심 나오더니 쌀을 주워 먹게 하고는 자기는 혹시 사람이 오지 않나 근처에서 지켜주었다.

어미쥐가 먹이를 다 먹자 새앙쥐는 다시 어미쥐를 데리고 쥐구멍으로 들어갔다. 목숨을 내놓고 어미쥐를 도와주는 새앙쥐의 효성에 소녀는 자기는 쥐만도 못하다는 생각이 들어 갑자기 부끄럽게 느껴졌다.

이후부터 소녀는 마음을 고쳐먹고 어머니의 말씀을 잘 듣는 착한 어린이가 되었다고 한다.

두번째 간지
소띠

인내심이 많고 근면하며 진실하다.

천성적으로 착하며 다른 사람에게 폐를 끼치지 않는다.

어떤 일을 하기 전에 늘 깊이 생각하고 치밀하게 계획을 세운다.

행동이 굼뜨고 온건하며 인생의 길을 조심조심 걸어가는, 늦게 일을 성공시키는 대기
만성형에 속한다.

일을 할 때 지나치게 진실하므로 전기적이고 파란 많은 인생이다.

그 중 극소수의 사람들은 큰 실패를 하게 되는데 늘 유머가 부족하다는 느낌을 준다.

다른 면으로는 생각 외로 큰 모험을 하게 된다.

그러나 일단 실패하게 되면 수습하기 힘든 큰 손실을 보게 된다.

소(牛) 해에 태어난 사람들은 근면하고 성실하며 자기가 하고 싶은대로 일을 처리한다.

자아본능과 책임감이 상당히 강하다.

1

🎴 소띠의 전체적인 성격과 운세 🎴

우리가 일상생활 중 어렵지 않게 볼 수 있는 사람 중에 어떤 일을 하든 그가 무슨 생각을 하는지 알아내기는 어렵지만 일이 모두 끝난 후에는 논리정연하여 사람들의 눈길을 끄는 사람이 있다. 이런 사람들의 대부분은 소(牛) 해에 태어난 사람일 것이다.

소띠에 속하는 사람들의 제일 큰 특징은 근면하고 진실하며 무엇이든 자기가 하고 싶은 대로 한다는 것이다. 다른 사람들이 어떻게 생각하든 상관하지 않고 자기의 계획을 절대 바꾸지 않으므로 성격 급한 사람들이 볼 때에는 너무 지나치다는 느낌을 주게 된다.

그러나 소띠들은 일을 하기 전에 반드시 모든 것을 깊이 생각하고 세심하게 계획하기 때문에 일단 일을 시작하면 어떤 부담이 있어도 끝까지 참고 견디며 묵묵히 일을 처리한다. 소띠들은 이처럼 강렬한 신념과 정열을 갖고 있다.

중국인들은 소띠에 속하는 사람들의 특성을 늘 조리 있고 난잡하지 않다는 말로 표현한다. 일을 처리함에 있어서 명분이 분명하고 온당하며 착실하다. 사업과 가정을 모두 중요시하며 평화를 사랑하고 형제들과 화목하게 지낸다. 친구들을 평등하게 대하며 전통적인 것을 중시하는 보수주의자들이다.

그러나 한편으로 너무 지나치게 자기 뜻대로 일을 처리하면 고집쟁이나 미치광이로 변하게 된다. 세계를 제패하려 했던 독재자 히틀러와 나폴레옹은 모두 소띠이다. 만약 이들처럼 독재자가 된다면 결과는 망하는 길밖에 없다.

이러한 개성이 있는 사람들을 우리는 소의 성격이라고 한다.

소는 평생 동안 언제나 온순하게 말을 잘 듣지만 그 심연에는 아프리카의 대초원에서 자유로이 뛰어다니던 들소의 야성이 그대로 남아 있다.

그러므로 전체적인 운수는 온당하게 일을 처리하여 시간이 흐름에 따라 느지막이 일을 성공시키는 형에 속한다. 만약 젊어서 성공한다면 이에 만족하여 안주하게 되므로 끝내는 재난을 겪는 것을 쉽게 볼 수 있다.

2

❀ 소띠에게 적합한 직업 ❀

재산운은 노년에 이르러 좋아지며 사업운도 늦게 하나씩 원만히 해결된다. 소띠에게 알맞는 직업은 사상적, 철학적으로 만족감을 느낄 수 있는 사회사업 쪽에 종사하는 것이 비교적 이상적이다.

겉보기에는 온화하지만 자존심과 인내심이 강하고 또한 자기 주장이 강해서 말없이 묵묵히 해나가는 사업은 적합하지 않다.

구체적으로 살펴보면 의사, 변호사, 작가, 사회사업가 등으로 활동하면 크게 성공할 수 있다. 봉급을 받는 공직에 있더라도 너무 조급해 하지 말고 일을 계획적으로 추진해 간다면 노년에는 반드시 높은 자리까지 올라가게 될 것이다.

3

❀ 소띠에게 적합한 결혼 상대 ❀

일반적으로 소띠 남녀는 성실하고 소박하며 착실하고 현실적이다. 하지만 별로 낭만적이지 못하기 때문에 연애 상대로는 재미가 없다. 만약 당신의 애인이 소띠라면 처음부터 결혼 상대로 생각하는 것이 좋다.

특히 소띠 여성은 가사에 능숙하고 남편을 잘 도와주는 이상적인 현모양처가 될 수 있다. 천성적으로 강한 모성애를 갖고 있으며 현명한 어머니가 된다. 이혼을 하거나 남편이 일찍 사망할지라도 혼자서 자녀를 부양할 수 있다. 소띠 여성들은 이러한 기개와 생활력, 강한 인내력을 갖고 있다.

소띠를 한 마디로 표현하면 남녀 모두 애정을 능숙하게 표현할 수 있는 유형에 속하지 못한다. 남성들 중에서 가장 유머가 없는 사람이 바로 소띠들이다. 이들은 낭만적인 기질이 없어서 상대를 잘 유도하지 못하기 때문이다. 소띠 여성들도 유머가 부족하기 때문에 '사랑스런 여인'이라는 느낌이 들지 않는다.

파티에서 '벽에 걸린 꽃'이라는 말을 들을 가능성이 있는 여성들은 대부분 조심성이 많은 토끼띠 여성이나 아니면 자기를 드러낼 줄 모르는 소띠 여성일 것이다. 몇몇 사람들은 소띠 여성들이 성(性)에 냉담하다고 하는데 이는 잘못된 생각이다. 소띠 여성들은 애정을 표현하는 정도가 약간 둔할 뿐이다.

만약 당신이 이성의 눈길을 잡지 못하고 마음에 드는 사람을 항상 다른 사람에게 빼앗긴다면 당신은 좀더 적극적으로 자기 자신을 표현하고 개방적이어야 한다.

소 띠

항상 침묵만 지키고 있다면 상대방은 당신에게 내재되어 있는 미(美)를 영원히 발견할 수 없게 된다. 꽃은 활짝 피어야만 사람들에게 향기를 줄 수 있다. 향기를 발산하지 않는 꽃에는 나비가 앉지 않는다는 이치를 알아야 한다.

지금까지는 소띠에 해당하는 사람들의 전체적인 성격을 살펴보았다.

이제 여성의 입장에서 서로 어울리는 대상이 어떤 사람인지 살펴보도록 하자.

소띠에 속하는 당신은 인내심이 매우 강한 사람이다. 아무리 비통하고 고통스러운 일이 있더라도 언제나 묵묵히 참고 견디며 초인적인 의지로 고통을 이겨나간다. 또한 강한 모성애를 갖고 있으며 생육능력이 뛰어나다.

만약 남편이 외도를 하더라도 그 상황이 그리 심각하지 않다면 당신은 의연히 그 고통을 참아내며 남편이 다시 집으로 돌아오기를 바라는 전형적인 가정주부일 것이다. 그러므로 인연이 좋은 남자들이 대단히 많으며 그 중에서도 가장 이상적인 짝은 당신의 모성애가 만족을 느낄 수 있는 대상인, 언제나 당신에게 호감을 갖고 있는 나약하고 작은 동물(띠)들이다.

♣ 쥐띠

쥐띠에 속하는 남자들은 여행을 좋아하며 '밖에 나가 먹이를 찾는' 습성이 있다. 그러나 이들은 밖에 나가 놀다가도 그곳에서 놀던 유희와 즐거움을 집까지 가지고 들어와서 가정에 즐거움을 안겨준다. 그뿐만 아니라 사업도 열심히 하여 큰돈을 버는데 그 돈을 집에 있는 당신에게 바치므로 당신은 최선을 다해 자녀를 양육할 수 있다.

비록 당신이 황후처럼 행세할지라도 부부간에는 화목하게 지낼 수 있다. 하지만 쥐띠 남자들은 좀 지나치게 가정에 집착하므로 가사나 음식 등에 대해 잔소리를 한다. 이 점에 화를 내지 말고 의연하게 참고 그대로 내버려두어야 한다.

♣ 닭띠

닭띠 남자들은 말이 많고 자중하지 못한다. 그러나 말이 많은 그는 반대로 말재주가 적은 소띠인 당신을 대신하여 일을 처리할 수 있다. 동시에 닭띠에 속하는 사람들은 보수적이고 사회법규를 중시하며 격에 맞는 사람이기 때문에 당신은 안정감을 얻을 수 있다.

♣ 토끼띠

토끼띠에 속하는 남자는 절대로 모험하는 법이 없으며 주도면밀하다. 섬세하며 매우 조심스럽고 사업에 대해서도 늘 긴장하고 있으므로 퇴근하여 집에 돌아와서는 의지할 상대를 찾는다. 그러므로 어머니와 같은 자애로움과 포용력이 있는 소띠인 당신은 가장 이상적인 반려자가 될 수 있다.

위의 쥐띠, 닭띠, 토끼띠에 속하는 남성들 이외에도 개띠와 돼지띠에 속하는 남자도 결혼 상대로 생각할 수 있다. 개띠와 돼지띠에 속하는 사람들은 희생정신과 책임감이 강하며 가정을 잘 돌보고 자녀들을 사랑한다.

다음으로 꼭 말하고 싶은 것은 뱀띠에 속하는 남자이다. 뱀띠에 속하는 남자들은 전형적으로 화류계를 드나드는 사람들이다. 그러므로 소띠인 여성들과 연분은 좋지 않지만 생각 외로 적지 않은 사람들이 화목한 부부로 생활하고 있다.

뱀띠 남편이 가정과 경제적인 면에서 아내에게 의지한다면 서로 융합될 수 있다. 소띠에 속하는 여성은 매우 큰 포용력과 관대한 마음을 갖고 있기 때문에 뱀띠 남성의 강한 성(性)적 능력에 매혹되기도 한다.

4
🎴 소띠에게 적합한 연애 상대 🎴

비록 결혼 상대로는 적합하지 않지만 결혼을 전제로 하지 않는 연애나 친구로 지내기에 좋은 띠는 무엇인지 알아보도록 하자.

소띠인 당신은 항상 진지한 사람이어서 남녀간에 있어서도 순수한 친구 사이인지 애인 사이인지 도저히 구분할 수 없다. 때문에 이러한 면에서 연분이 좋은 상대는 그리 많지 않다. 그러나 그런대로 상대를 찾아본다면 우선 원숭이띠에 속하는 사람이 있을 것이다.

원숭이 해에 태어난 사람은 절제된 생활을 하고 생각이나 복장, 음식 등 여러 면에서 소띠인 당신과 상반된다. 바로 이런 점 때문에 일생을 함께 지낸다면 서로 맞지 않고 힘들게 될 것이다.

그러나 짧은 시간 동안 만나서 사귀기에는 그의 쾌활한 개성이 당신의 구속하는 듯한 면을 바꿔줄 것이다. 그러나 당신은 사전에 충분히 마음의 준비가 되어야만 원숭이띠의 사람과 내왕하면서도 기만당하거나 상심하지 않을 것이다.

다음으로는 말띠이다. 말띠 남자들은 좌충우돌하므로 당신은 언제나 그의 뒤를 쫓아다녀야 한다. 이런 숨바꼭질하는 듯한 연애는 단기간에는 확실히 재미있지만 많은 기운을 소모하므로 사랑에 지나치게 힘을 빼지 말아야 한다. 말띠 남자들과 사귈 때는 휴식시간이 있어야 한다는 점을 명심해야 한다.

마지막으로 용띠에 속하는 남자들이다. 그는 자신이 가지고 있는 큰 몽상의 세계로 당신을 이끌지만 그것은 결국 일시적인 환상에 지나지 않는다. 이러한 몽상은 당신에게 큰 모험이 될 것이다.

5

🎲 소띠가 피해야 할 상대 🎲

소띠인 당신과 가장 인연이 좋지 않은 상대는 범띠 남자와 양띠 남자들이다.

먼저 범띠 남자들은 천성이 자유분방하고 호방하다. 소띠인 당신은 절대로 그의 자유분방한 성격에 적응할 수 없을 뿐만 아니라 범띠 남자들은 평소 생활태도가 진실하지 못하다. 이런 남성들은 야만적이고 도리를 따지지 않으며 강경하고, 항상 남에게 의존하려는 마음이 있으며 무슨 일이든 최선을 다하지 않는다. 이것을 한마디로 표현하면, 초식동물인 당신은 육식동물인 호랑이의 먹이가 되어 버릴 것이다. 이렇게 호방하고 자유분방하며 교만한 사람과 매사에 온건한 당신을 비교해 보면 애정은 둘째치더라도 우선 두 사람의 인생관에 매우 큰 차이가 있다.

그리고 양띠에 속하는 남자는 어떤 일이든 자기 주장이 없다. 반면에 당신은 일단 일을 하게 되면 세밀하기 때문에 만약 당신들이 함께 생활하게 되면 공통의 화제도 없는 부부로서 가정에는 침묵만 흐를 것이다.

소 띠

결혼, 연애 상대 – 소띠 여성

12간지	쥐	소	범	토끼	용	뱀
결혼 상대	◉	◎	✖	◉	◎	△
연애 상대	◎	△	△	◎	◉	◉
12간지	말	양	원숭이	닭	개	돼지
결혼 상대	✖	✖	△	◉	◎	◎
연애 상대	◉	◎	◉	◎	◎	△

결혼, 연애 상대 – 소띠 남성

12간지	쥐	소	범	토끼	용	뱀
결혼 상대	◉	◎	✖	◎	✖	✖
연애 상대	◎	△	◎	△	△	◉
12간지	말	양	원숭이	닭	개	돼지
결혼 상대	◎	◎	◉	◉	◉	◉
연애 상대	△	◎	△	△	◎	◎

아주 좋음 ◉   좋음 ◎   주의할 것 △   피하는 것이 좋음 ✖

6

혈액형에 따른 소띠의 운세

♣ A형

혈액형이 A형에 속하는 소띠생들은 곳곳에서 조심스럽게 일을 처리하고 어떤 일이나 여러 번 심사숙고한 다음에 시작한다. 이처럼 세심하게 고려하고 관찰하며 여러 번 재어본 다음 일을 시작하기 때문에 언제나 성공한다. 비록 시대에 맞게 빨리빨리 일을 처리하는 것은 아니지만 언제나 조리 있고 착실하기 때문에 사람들에게 온건하며 충성스럽다는 인상을 심어준다.

순수하고 착실하며 전혀 거짓이 없고 남보다 성숙하며 작은 일에는 신경을 쓰지 않는다. 굽힐 줄 모르며 집착이 강한 성격이어서 일을 깨끗하게 처리하고 결코 중간에 그만두는 법이 없다. 충동적으로 행동하지 않는다.

A형의 소띠들은 매우 정직하고 정의를 위하여 힘써 분투하고 희생을 두려워하지 않는다. 비록 스스로를 드러내기 싫어하고, 유머는 없지만 자기의 견해를 감추거나 두리뭉실하게 일을 처리하지 않고, 옳고 그름을 정확히 말한다. 이러한 정직한 성격은 여러 사람들로부터 칭찬을 받는다. 단체나 직장에서 적극적으로 활동하며 윗사람의 일을 도와주며 자기의 직무에 충실하므로 상급자에게 환영을 받게 된다.

A형의 소띠는 자신의 굽힐 줄 모르는 고집을 고치기 위해 늘 노력해야 한다. 너무 강직하고 융통성이 부족하게 되면 여러 사람들의 이해와 동의를 얻기가 힘들고 따라서 사업에 있어서 피동적인 위치에 놓이기 쉽다.

♣ B형

혈액형이 B형에 속하는 소띠들은 개성이 특별하고 생각이 독특하여 다른 사람들은 그의 속뜻을 파악하기가 매우 어렵다. 자신의 진실을 쉽게 노출시키지 않아 다른 사람들에게 늘 생소하고 신비감을 주게 된다.

성격이 내성적이고 소극적이어서 자신의 감정이나 체험을 잘 표현하지 못하며, 부끄러움을 잘 타서 사람들에게 이상한 느낌을 주게 된다.

그러나 사업에는 매우 끈질기며 많은 시간을 사업과 학습에 매진한다. 일단 한번 세운 사업 계획은 끝까지 밀고 나간다. 꾸준히 노력하여 중년이 지난 후 자기의 목적을 이루게 된다. 착실하고 꾸준하게 노력하는 유형이며 사업에 실패해도 포기하지 않는다.

교제에는 능하지 않지만 의리를 지키며 의협심이 강하여 친구들과의 우정을 영원히 지키고 발전시킨다.

사람들과 쉽게 접촉하지 않으며 고독하게 지내기 때문에 다른 사람들이 이해를 하지 못한다. 그러므로 친구들의 도움을 받아 다른 사람들과 자주 접촉하고 폐쇄적인 자기만의 작은 세계에서 대담히 뛰쳐나와야 한다.

♣ AB형

혈액형이 AB형이며 소띠에 속하는 사람들은 개성이 강하고 만약 다른 사람들이 자기에게 무례하다면 절대 참지 못하고 매우 분개한다.

고집스럽고 일처리가 느리기 때문에 요즘처럼 빠르게 변화하는 시대에는 좀 뒤떨어진다는 느낌을 주며 그로 인해 적지 않은 손해도 보게 된다. 뛰어나게 영리하지도 못하고 순발력이 부족해 임기응변에도 약하지만 자기가 세운 목표를 실현하기 위해서는 그 어떤 것도 아끼지 않으며 심지어 죽음조차도 두려워하지 않는다. 이런 불굴의 의지가 있기 때문에 결국 성공하게 된다. 다만 그 성공이 시간적으로 매우 늦게 이루어질 뿐이다.

내향적이고 사교적이지 못하며 복잡한 인간관계에 대처하는 방법이 서툴다. 또한 너무 침착하고 조심성이 많아 냉담할 정도이지만 가까운 친구 사이에는 자신의 풍부한 감정을 드러내기도 한다. 친구들은 당신의 끊임없이 노력하는 성실한 면을 좋아하며 당신과 영원한 친구가 되길 원한다.

AB형이며 소띠인 사람은 정직하고 사심이 없다. 절대 음모를 꾸미지 않으며 아첨하지 않는다. 자기의 근면한 노동으로 윗사람과 동료들의 신임을 얻게 된다.

♣ O형

혈액형이 O형이며 소띠에 속하는 사람은 광명정대(光明正大)하고 정직하며 선량하다. 늘 말없이 일을 하며 자신의 모든 것을 헌신한다. 대부분의 사람들이 말재주가 없으며 사교성도 부족하다. 하지만 거짓말을 하거나 사기치는 법이 없고 권력자에게 아첨하는 일도 없다.

우정을 중히 여기며 친구가 곤경에 처하면 힘껏 도와주어 신임을 얻게 된다. 그러나 교제 범위가 좁아 친구가 그리 많지는 않다.

평상시에는 엄숙하여 때로는 분노를 발산하고 심지어는 조급하고 난폭하게 성질을 부리기도 한다. 만약 윗사람이 공정하지 못하게 대한다면 대담하게 정면으로 맞선다.

지극히 겸손하며 무슨 일을 하든 여러 번 생각한 후에 일을 시작한다. 논리정연하고 순서 있게 일을 처리한다. 패기는 부족하지만 일생을 착실하고 진솔하게 산다.

부단한 노력과 분투로 중년이 넘어서면서 그 성과가 나타나기 시작하며 이후로는 늘 여러 사람들의 앞에 서게 된다.

대자연을 사랑하며 안정된 생활을 갈망하고 관광이나 낚시, 화초 재배 등에도 취미가 있다. 아이들을 좋아하며 평소의 엄숙하고 냉담한 성격이 바뀌어 충만한 활력을 나타내며 마치 큰 아이처럼 변한다. 지나간 일에 대하여 회상하기를 즐기며 추억 속에서 산다.

7

❀ 별자리에 따른 소띠의 운세 ❀

♣ 양자리 (3월 21일~4월 20일)

양자리 소띠는 강력한 힘의 소유자이다. 별로 힘들이지 않고서도 산을 옮기고 바다를 뒤엎을 수 있는 괴력의 소유자이다. 그들은 승리자로서 큰 일을 해낼 수 있다.

그러나 이들도 마치 10톤이나 되는 화물차가 진창길에서 헤매는 듯한 괴로움을 느낄 수가 있다. 그들은 많은 일에서 큰 성과를 거둘 수 있지만 친구는 매우 적다. 왜냐하면 수줍은 성격 때문에 사람들과의 교류가 원만하지 않기 때문이다. 또한 보수적이며 퇴보된 느낌을 준다.

그들은 능수능란하게 대화를 이끌 수 있지만 다른 사람들과 시시콜콜한 것까지 이야기하는 것을 싫어한다.

양자리 소띠는 조금 둔하다는 느낌도 준다. 그들은 손을 내밀면 닿을 수 있는 몸동작으로 자신의 능력을 남김없이 발휘할 수 있다.

그러나 현대의 사회는 이런 사람들에게 많은 기회를 제공해 주지 않는다. 이 세상은 수많은 사람들을 잘 다스릴 수 있는 사람을 숭배한다. 현대의 영웅 또한 위험이 항상 도사리고 있는 경주용 자동차를 몰면서도 광고 모델처럼 태연자약한 웃음을 지을 수 있는 사람이다.

때문에 양자리 소띠는 표면화된 생활에서 문득 깨어나서 현대화된 생활을 자각할 때 긴장과 불안감을 느낀다. 그리고 늘 좋은 나날들을 회상하게 된다. 그래서 그들은 현실생활에 고통을 느끼며 세상에서 소외된 느낌을 가진다. 그들은 항상 '나는 시골로 내려가서 아무도 찾을 수 없는 곳에서 생활하고 싶다. 이 허위적인 세상을 마주하고 싶지 않다'는 생각을 한다.

♣ 황소자리 (4월 21일~5월 21일)

황소자리의 과묵한 성격과 소띠의 따뜻함이 결합되어 느릿한 성격이 형성되었다. 그들은 태연자약하게 세월을 보내며 모든 일을 마치 누에가 실을 뽑듯이 매우 조심스럽게 처리한다. 단지 문을 여닫는 행동조차도 조심스럽다. 그들은 먼저 문고리를 잡은 다음 소리나지 않게 조심스레 문을 민다. 그리고는 문이 제대로 닫혔는지를 확인한다. 이때 다른 사람들은 벌써 다섯 개의 문을 통과한 후이다.

황소자리 소띠는 일을 서두르지 않기 때문에 언제나 명철한 결정을 내릴 수 있으며 최소한도로 고려한 결정을 내린다. 그러나 어떤 때에는 그들의 결정에 의심스러운 데가 있다. 그들은 의미가 없다고 생각하는 일에는 시간을 허비하지 않는다.

그들은 발레 같은 것에 흥미를 느낄 수는 있지만 이처럼 중요하지도 않은 일에 자신의 시간을 투자하는 것은 좋지 않다고 생각한다. 하지만 그들도 흥취가 없는 것은 아니다. 그들도 나름대로 즐기는 것을 좋아한다. 그렇지만 그들의 첫째 목표는 성공하여 이름을 날리고 동료들에게 부러움의 대상이 되는 것이다.

이런 사람들은 다른 사람들의 비평을 대수롭게 여기지 않는다. 그들이 어떤 목표를 향해 움직일 때에는 옷도 대충 입고 머리 손질하는 것도 잊을 수 있으며 심지어 여러 날 수염도 깎지 않는다. 왜냐하면 그에게는 목표를 달성하는 것이 제일 중요하기 때문이다. 그들은 겉모습에는 신경을 쓰지 않지만 사람을 끌어들이는 마력이 있어서 사람들은 그들의 내재적인 엄숙함과 능력에 쉽게 빠져들게 된다.

♣ 쌍둥이자리 (5월 22일~6월 21일)

쌍둥이자리 소띠는 따뜻한 마음의 소유자로서 가정을 소중히 여기며 아름다운 생활을 기대한다.

그들은 다른 쌍둥이자리에 비해서 크고 작은 목표를 실현하기 위하여 노력한다. 이 쌍둥이자리는 사고(思考)를 즐기지만 변덕이 심해서 2분 동안에도 수많은 생각을 하지만 결국에는 처음의 생각으로 되돌아온다. 그렇지만 그가 마음을 한 곳으로 집중하도록 할 수도 있거니와 위대한 일을 해낼 수도 있다.

이런 사람들은 겉보기와는 완전히 다르다. 쌍둥이자리 소띠는 다른 모든 소띠와 마찬가지로 보기에는 과묵하고 흥취가 없는 것 같지만 일단 말을 시작하면 그 화제는 끝이 없다.

그들은 또한 유머감각도 있는데 다른 사람처럼 우스갯소리로 남을 웃기는 사람은 아니다. 그렇지만 평소 유머에 주의하지 않으면 유머의 존재를 느끼지 못한다.

소띠는 고독한 사람인데 쌍둥이자리 소띠도 예외가 아니다. 그들은 혼자 있을 때가 제일 즐겁다. 비록 언변이 좋지만 튼튼한 내재적인 힘을 소유하고 있으며 건강하고 단순한 흥취와 적당한 이상을 좋아한다. 그들을

놓고 볼 때 숭고한 이상은 좋지만 실현할 수 없는 것이라면 흥취를 느끼지 않는다.

또한 하는 일이 자신에게 맞으면 기다리는 것도 기꺼이 받아들이지만 난잡하거나 낭비하거나 무료한 것을 싫어한다. 그들은 말이 많고 어리석은 사람에 대해서는 인내심이 없는데 이러한 성격이 다른 사람들에게는 너무 각박하고 세속적이라는 느낌을 준다.

쌍둥이자리 소띠를 한 마디로 표현하면 당신이 누구를 알고 있는가가 당신이 알고 있는 일이 무엇인가처럼 중요한 위치를 차지한다.

♣ 게자리 (6월 22일~7월 22일)

많은 저명한 예술가들이 게자리 소띠인데 이런 사람들은 굳은 신념을 갖고 있다. 게자리 소띠의 민감성과 소띠의 착실함과 추진력이 결합되어 감히 다른 성좌의 사람들이 따르지 못한다. 이런 사람들은 사업을 위하여 노력하려고 하는 사람이다.

이런 소띠 속성은 풍부한 창의력을 갖게 하였으며 게자리는 창조력을 제공해 주었다. 그들은 늘 밑천을 모두 걸고 승부를 다투듯이 갖고 싶은 물건을 추구한다. 게자리 소띠에게 한 가지 사업은 곧 한 가지 일이며 한 개의 지표이며 종교이다. 완성해야 한다고 마음먹은 일은 반드시 완성해야 하며 두 번째 길이나 지름길은 없다. 기회를 엿보고 성공하려는 길도 없다.

게자리 소띠는 실패를 증오하고 타인의 간섭을 싫어하여 일처리를 할 때에는 원칙을 가지고 있다. 그들은 자신이 횡포하고 지나친 소유욕을 갖고 있음을 인정하는데 만약 당신이 이런 점을 이해하지 못한다면 그와 헤어질 수밖에 없다.

소 띠

그들은 자기가 좋아하고 자기에게 충성하는 사람에게는 매우 대범하지만 적에게는 피로써 응징한다. 그리고 아무런 미련도 갖지 않는다. 자신에게 도전하는 것을 절대 용납하지 못하는 강렬한 보복심이 있으며 남에게 이해를 구하려 하지 않는다.

이런 사람을 만나면 별종을 만났다는 느낌이 들 정도로 게자리 소띠는 찬란한 우월성을 나타낸다. 그들은 혼자 있어야 할 때와 일을 언제 어떻게 추진해야 하는지, 그리고 중요한 사건이 발생하기 전날 밤에는 충분히 수면을 취해야 한다는 것을 알고 있다. 그들은 다른 사람들에게 완강하다는 느낌을 주며 자기의 목적을 성공적으로 실현할 수 있는데 그것은 위에서 말한 성격 탓이지 결코 천부적인 재능 때문은 아니다.

게자리 소띠는 용기와 인내력을 갖춘 사람으로서 몸소 체험하고 힘써 실천하며 목표를 향해 달려간다.

♣ 사자자리 (7월 23일~8월 22일)

이런 사람들의 영도력과 제어력은 완고한 성격을 형성한다. 사람들은 사자자리 소띠와 친근한 관계를 유지하기 힘들 뿐만 아니라 그 완고함 속에 따뜻한 심장이 있는지조차 의심하게 된다. 이런 평가는 다소 지나친 듯하지만 사자자리 소띠의 완고한 태도는 정감의 부족을 느끼지 않을 수 없게 만드는 것이 사실이다.

사자자리 소띠는 어떤 일이든 잘 풀리며 여러 가지 장애를 극복하여 목표를 실현한 후 또 다른 목표를 향해 고군분투한다. 사자자리 소띠를 만나면 그들을 존경하게 되며 그 능력에 탄복하지 않을 수 없다. 또한 건강하고 용기가 있으며 일처리 능력이 뛰어나 핵심을 파고들며 계획을 실행할 때에도 성공하기 전에는 절대로 그만두지 않는다. 이런 사람은 불의에 굴하여 물러서지 않으며 오히려 다른 사람과의 경쟁을 좋아한다.

사자자리 소띠는 보통 말수가 적은데 가정에서나 사무실에서 강건하지만 과묵한 자태이기에 무미건조한 느낌을 준다. 그러나 분명한 것은 어느 모임이건 이들이 참여하면 반드시 무대 중심에 앉아서 모든 발언과 유머를 동원하여 단체의 중심이 되려고 한다.

사자자리 소띠는 '나는 다 안다' 는 식의 전형적인 인물로 그들이 말할 때에는 다른 사람에게 발언 기회를 주지 않는다. 그들은 사건의 옳고 그름의 처음이자 마지막 재판자이기에 당신에게 확고한 의견이 있더라도 입 밖에 꺼내지 않는 것이 좋다.

사자자리 소띠는 명령이나 관리하는 표현은 탁월하지만 행동은 자유롭지 못하다. 그들은 계획된 일정과 예정한 파티, 여행 등을 좋아하며 굳어진 안광으로 자기의 형상을 중시한다.

그들은 매우 활동적이고 바쁘게 보내며 활력으로 충만되어 있지만 침중하고 어떤 때에는 매우 느리다는 느낌을 준다.

♣ **처녀자리** (8월 23일~9월 22일)

처녀자리 소띠는 매사에 조심스럽고 세세하다. 그는 총명하고 고전적이며 전통적이지만 재력이나 지위가 동등하거나 자기보다 못한 사람과는 가까이 지내지 않는다.

처녀자리 소띠는 자신의 일은 자기 스스로 처리해야 한다고 여기기에 자기와 친한 사람이나 타인에게 구원을 요청하지 않는다.

처녀자리 소띠의 이런 타고난 결점을 완화시켜 주는 것은 그의 명석한 판단력과 남보다 월등히 뛰어난 표현 능력이다. 그들은 말재주가 뛰어나고 엄격한 규범을 준수하며 결코 흐리멍덩한 방법으로 일을 처리하지 않는다. 그들은 검은 것은 검은 것이고, 흰 것은 흰 것이지, 이 둘 사이에서 결코 방황하지 않는다.

당신은 이 사람에게 집, 생활, 남편, 아내, 자식과 애완동물을 맡길 수 있다. 그들은 믿음직하고 효율적이며 조금 부풀려 말하면 지나친 사랑의 마음을 갖고 있다. 또한 충성스럽고 성실하다. 자신의 마음에 앙금이 남도록 사람을 대하거나 일을 처리하지 않는다. 간단 명료하게 무엇이든 전부가 아니면 제로다. 즉 깨끗하지 못한 자기의 손발을 남이 보았다면 그들은 먼저 자기부터 죽일 가능성이 있다.

처녀자리 소띠는 심혈을 기울여야만 남들보다 조금 먼저 성공한다. 그들은 사업광이라 불릴 정도로 열심이다. 처녀자리 소띠는 칵테일 파티에서 한담하는 것을 싫어하며 늘 사소한 이야기를 피하기에 사교성이 부족하다고 생각하는 사람도 있지만 이것이 바로 그들의 사교 방식이다. 그들은 자신이 흥미를 느끼는 일을 말할 때에만 표현이 다채롭다.

처녀자리 소띠는 변화를 거부하여 똑같은 방식으로 행해지는 일이 많고 또 그들에게 자신만의 일처리 방식이 있다면 그 방식을 전혀 바꿀 필요를 느끼지 못한다. 그들은 어떤 사업이든 처음에는 고전을 하다가 10년 이상 꾸준히 계속하면 좋은 성과를 거둘 수 있다. 그들은 보수적이고 열정으로 충만되어 있으며 정력과 왕성한 견인력, 의지, 지구력 등은 그들을 따를 사람이 거의 없다.

♣ 천칭자리 (9월 23일~10월 22일)

천칭자리 소띠는 각종 모순이 존재하고 있어 깔끔한 예절과 꼿꼿한 성품을 요구하는 한편 모든 결함과 태만한 정서를 감추기 위해 노력한다. 그러나 결점이 없어 보이는 내면에 비밀이 숨겨져 있는데, 표면으로는 효율

과 권위가 있어서 모범적이고 믿음직하다는 느낌을 주지만 마음 깊숙한 곳에는 상호 모순된 감정이 많다.

순결함이 그들의 마음을 끌어당기기에 자신의 주위에 어떤 난잡한 사물이 있는 것을 싫어하며 안일을 추구한다. 자신을 잊어버리고 사는 것 같지만 사실은 여전히 그 속에서 헤매고 있다. 그들은 맹렬한 감각을 찾고 복잡한 사물에 흥미를 느낀다.

사실 천칭자리 소띠는 대체적으로 온화하여 아름다운 사물의 유혹에 빠져 헤어나오지 못한다. 그들의 꿈은 생활에서 완미함을 추구하는데 이를테면 단정하고 사랑스러운 자식과 애완동물, 아늑한 집, 정성스레 차려진 밥상 위에 값비싸고 보기 좋은 음식, 게다가 사람을 흥분시키는 자랑할 만한 연인 등이다.

천칭자리 소띠는 가정에 충실하여 사교장에는 잘 나타나지 않으며 어떤 때에는 사람을 놀라게 하는 유머감각을 발견할 수 있다.

천칭자리의 천성은 말이 많지만 모두가 예술적 기질이 있는 것은 아니다. 반대로 소띠의 천칭자리는 말수가 적지만 그들의 말은 유창하고 사람을 끌어당기기에 충분하므로 간혹 천칭자리 소띠인 사람은 말재주로 이름을 날리기도 한다. 그들은 언어를 지혜롭게 사용하는 방법을 알고 있다.

♣ 전갈자리 (10월 23일~11월 22일)

전갈자리 소띠는 광분한 기질을 가진 총명한 사람이다. 소띠는 조심성이 있고 평범하여 행동이 느리고 빈틈이 없는 반면 전갈자리는 매우 교활하고 열광적이며 의심이 많고 매력이 있다.

전갈자리 소띠는 매우 기이하여 직감적으로 일을 처리하지만 반대자들의 노여움을 피해 자신의 목적을 달성한다. 이런 사람은 어떤 목표를 향해 꾸준한 추진력으로 주위의 경쟁자들을 물리친다. 전갈자리 소띠는 총망히 행동하는 것이 아니라 단지 무정하고 또 고행승처럼 자기가 바라는 것, 다시 말하면 최고의 월급과 최대의 영광을 안을 수 있는 직업과 지위를 원한다.

사람들은 전갈자리 소띠가 나타나면 누가 리드를 할 것인지 금방 알게 된다. 이것이 전갈자리 소띠의 특징이다. 그들은 전갈자리의 타고난 장엄함과 소띠의 끈질긴 추진력을 바탕으로 결정을 내릴 때 감정을 전혀 고려하지 않는다. 전갈자리 소띠는 감정의 필요성을 이해하지만 자신의 사업 발전을 방해하는 것을 결코 허용하지 않는다.

전갈자리 소띠의 권세는 타인을 능가하기에 다른 사람을 통치하는 것은 필연적이다. 그들은 자신에게 상황을 장악하는 능력과 타고난 말재주가 있다는 것을 알기 때문에 언제나 자신감에 차 있다.

그들은 매우 유머러스하며 사람을 웃기는 방법을 잘 알고 있다. 그렇지만 자아를 엄격히 요구하기에 자신을 깔보지 않는다.

전갈자리 소띠는 사람들에게 질투를 자아내는 대상이다. 그리하여 사람들은 폭력이나 비열한 수단으로 전갈자리 소띠의 노력을 감추어 버리려 한다. 그러나 전갈자리 소띠도 역시 대처하기 힘들고 의지가 강한 사람이기에 쉽게 포기하지 않는다.

♣ 사수자리 (11월 23일~12월 21일)

그들은 정력과 말솜씨가 뛰어나고 열정적이면서도 온화하다. 사수자리 소띠는 사람을 대함에 있어서 직접적이고 태연하다. 인정이 있으며 강개하고 또한 의지가 강하다. 그들은 권력에 대한 야심이 있으며 금전을 하찮게 생각하지 않는다.

앞을 내다보는 안목과 이지를 종합하여 보면 사수자리 소띠는 심사숙고형이며 혹은 다른 사람과의 경쟁을 즐기는 인물이다. 그들에게는 사람을 끌어들이는 매력이 있으며 원하는 모든 것을 얻을 수 있기에 성공은 매우 간단한 것이며 실패는 상상할 수조차 없는 것이다. 그들의 머리속에는 항상 성공만이 존재하는데 조그만 일부터 시작하여 꾸준히 하다 보면 자기가 얻고 싶은 것을 얻을 수 있을 것이다.

열정적이고 온정하며 용감하고 아무것도 아랑곳하지 않는 사수자리 소띠는 각종 단체—크게는 하나의 제국, 작게는 하나의 응원단—를 이끌 수 있다.

그들은 성격이 조급하지 않고 선을 즐겨 행하며 다른 사람과 협조하여 인류의 복지를 개선하기 위해 노력한다. 그들은 살육을 증오하지만 고통을 두려워하지 않는다. 사수자리 소띠는 모험을 즐기는데 자기만의 독특한 방식으로 원하는 곳에 도달하기 위하여 전력을 다한다. 그들은 자신의 이상을 실현하기 위하여 태연하게 목숨까지 거는데 이것은 사리사욕을 채우기 위해서가 아니라 오직 자신의 목표나 이상을 실현하기 위해서이다.

♣ 염소자리 (12월 22일~1월 19일)

염소자리 소띠들은 철저한 보수주의자로서 견정불의하고도 아둔하며 완고하면서도 우유부단하다. 매사에 자신의 의견을 최고로 여기며 다른 사람의 의견은 완전히 무시하려 한다. 그들은 조급하게 무력을 사용하는 유형은 아니지만 매우 무례하거나 심지어 잔인한 방법을 사용할 수도 있다.

그들도 역시 결심과 부지런함의 결합체인데 최후에 이를 때까지 계획을 쉽사리 포기하지 않는다.

일반적으로 염소자리 소띠는 꽤 총명하며 상당한 지력을 갖고 있다. 그러나 언변에 능하지 않으며 전통적인 사물에 풍부한 지식을 갖고 있어서 고고학 방면의 난제도 그를 막지는 못한다. 염소자리 소띠는 자신이나 다른 사람을 막론하고 모두 완벽주의자이다.

염소자리 소띠가 흥미를 느끼는 것 중의 하나가 바로 음식이다. 그들의 대부분은 미식가이다.

이들을 겉만 보고는 이해하기 매우 어렵다. 어떤 때는 매우 유쾌한 사람 같지만 금방 우울해지는 등 감정의 기복이 심한 사람들이다. 비록 평온하고 구체적인 듯하지만 사실은 상당히 취약하다. 그들에게는 시인의 생각과 예술가의 영혼이 있는데 겉만 보고 판단할 때 당신은 이 말을 결코 믿지 못할 것이다.

♣ 물병자리 (1월 20일~2월 18일)

물병자리 소띠는 의지가 강하고 또한 사랑의 마음이 충만한 사람이다. 그들은 타협을 싫어하기에 일생을 고군분투하면서 지낸다. 소띠는 쾌락으로 통하는 길을 별로 좋아하지 않는다. 하지만 물병자리는 비교적 친절하고 외향적이며 변통력이 있기에 이 물병자리와 소띠의 결합은 평온하지 않다.

물병자리 소띠는 칼날처럼 예리한 유머감각으로 자신의 성격 중 각박한 면에 빠지지 않는다. 이들은 매우 출중한 이야기꾼이자 연기자이며 항상 기쁨을 주는 친구이다. 그는 자질구레한 것도 매우 잘 기억하는데 이로 인하여 많은 이익을 본다. 재미없는 사건도 그가 말하면 천일야화처럼 무척 재미있는 이야기로 변한다. 소띠의 재치 있는 말재주와 물병자리의 창조력이 결합되면 그 효과는 사람을 놀라게 한다.

물병자리는 소띠의 현실을 중시하는 측면에서 이익을 본다. 어떤 상황에 놓이든지 소띠는 항상 현실적이지만 물병자리는 자유를 갈망하고 끝없는 몽상에서 배회한다. 물병자리 소띠는 사업에 모든 정성을 쏟아붓는다. 그들은 월급이 아무리 작고 날마다 똑같은 일을 되풀이하더라도 최선을 다한다.

그들은 주위의 여론과 평가에 개의치 않고 느릿느릿하면서도 정확한 방식으로 자신의 길을 개척해 나간다. 때로 사람들은 물병자리 소띠의 완강함에 화를 내지만 엄청난 책임감과 작업량으로 인해 결국 물병자리 소띠가 승리자라는 것을 인정하지 않을 수 없다. 그러나 그들이 비록 사업에 천부적인 재능이 있다지만 남들이 이해 못하는 면도 가지고 있다.

또한 놀기를 즐기고 식사를 준비하거나 장식을 하거나 혹은 나뭇가지를 자르는데 시간을 보내기도 한다. 그리고 바로 그런 곳에서 기적을 창조하기도 한다. 그들은 매우 훌륭한 상상력을 갖고 있다.

♣ 물고기자리 (2월 19일~3월 20일)

물고기자리 소띠는 개성이 뚜렷하다. 당신이 그를 헛소리만 하는 허풍쟁이라고 놀릴 때 그들은 그에 대한 반론을 제기하여 당신을 꼼짝 못하게 만들 것이다. '사람을 용모만 보고 평가하지 말라'는 말을 절대로 잊어서는 안 된다. 보기에는 예술가나 전형적인 몽상가 같지만 그들은 되도록이면 적을 만들려고 하지 않는다.

물고기자리의 민감성과 소띠의 무적의 성격이 굳은 신념으로 합해져 이 두 성격을 잘 조절하면 그것은 성공의 보증수표가 될 것이다. 이들은 다른 사람에 대하여 극히 민감하기 때문에 타인을 정확하게 판단한다. 이들은 상대방의 약점을 정확히 알아 소리 없이 상대방의 뒤에 앉아서 곤경에 빠지는 것을 바라본다.

소 띠

물고기자리 소띠는 여러 분야에서 자신만의 뚜렷한 주관이 있어서 사람들은 그에게 쉽게 빠져든다. 그들은 혼자 있기 싫어하고 항상 주위 사람들에게 둘러싸이기를 원하며 자신에게 순종하기를 원한다. 그들은 또한 사랑과 존경을 받기를 원하며 자기와 가까운 사람에 대한 소유욕이 강하고 질투심 또한 강한 반면 가정에 충실하고 상대방에게도 똑같이 그것을 요구한다.

그들은 남들이 자신의 이야기에 귀기울이기를 바라며 또 매우 정감어린 이야기를 할 줄 안다.

물고기자리 소띠의 민첩함은 그들이 성공으로 나아가는 열쇠이다.

8

🎴태어난 시에 따른 소띠의 운세🎴

♣ 자시생 (子時生 : 오후 11시~오전 1시)

현실적인 사고형. 쥐의 매력이 그의 마음을 누그러뜨려 보다 유연하고 사교적으로 행동한다. 그러나 상처받은 일은 절대로 잊지 않으며 마지막 한 푼까지도 세밀히 계산하는 성격이다.

♣ 축시생 (丑時生 : 오전 1시~오전 3시)

특무 상사형. 발가락 하나만 금 밖으로 나와도 그것을 잘라버릴 형. 놀라운 자제심이 있으며 헌신적이다. 유머감각이나 상상력에 대해서는 별로 이야기할 것이 없다.

♣ 인시생 (寅時生 : 오전 3시~오전 5시)

활달하고 매력적인 소띠. 그는 분명 상냥한 사람도 수줍은 사람도 아닐 것이다. 그러나 그의 악명 높은 기질에 대해서는 조심할 필요가 있다.

♣ 묘시생 (卯時生 : 오전 5시~오전 7시)

당신에 대한 이 사람의 견해를 당신은 절대로 바꾸지 못한다. 그러나 그는 적어도 외교적이고 분별 있는 행동을 취할 것이다. 예술품과 골동품을 수집하며 격렬한 일을 좋아하지 않는 점잖은 소띠이다.

♣ 진시생 (辰時生 : 오전 7시~오전 9시)

굉장한 정력을 지닌 야심가. 너무 독단적이라는 것이 흠인데 그렇지 않으면 훨씬 더 많은 것을 소유할 수 있다.

♣ 사시생 (巳時生 : 오전 9시~오전 11시)

비밀을 좋아하는 뱀과 소가 결합하여 충고를 잘 받아들이지 않을 형이다. 꾀 많은 외톨이형이다.

♣ 오시생 (午時生 : 오전 11시~오후 1시)

말(馬)의 자유분방함이 있는 비교적 행복한 소띠. 춤을 좋아할지도 모른다. 그러나 그 내부에 있는 말의 변덕스러운 속성이 그를 확고부동한 목표로부터 벗어나게 만들 수도 있다.

소 띠

♣ 미시생 (未時生 : 오후 1시~오후 3시)

개성이 부드러운 면이 있는 예술가적인 소띠. 비교적 관대하고 감수성이 예민하다. 사업가의 기질이 강한 사람으로서 자신의 재능으로 돈을 벌려고 할 것이다.

♣ 신시생 (申時生 : 오후 3시~오후 5시)

자신의 문제를 그리 심각하게 걱정하지 않을 영리하고 쾌활한 소띠이다. 이는 원숭이의 영향 때문이다. 늘 유사시에 대비해서 계책을 갖고 있다.

♣ 유시생 (酉時生 : 오후 5시~오후 7시)

능동적이고 의무감이 강하다. 행동을 취하기에 앞서 이러저러한 주장부터 하며 주먹을 들이미는 대신에 다채로운 화술을 이용할 것이다. 군인과 목사의 중간쯤에 위치한 사람.

♣ 술시생 (戌時生 : 오후 7시~오후 9시)

개의 속성이 작용하지 않았더라면 굉장히 따분할 뻔한 엄격한 도덕주의자. 그러나 군법회의에서도 피고의 주장을 별 편견 없이 들어줄 사람.

♣ 해시생 (亥時生 : 오후 9시~오후 11시)

요구가 많고 보수적이긴 하지만 따뜻한 마음을 간직한 소띠. 때때로 일을 밀어붙이는데 신념이 부족한 것이 탈이다. 근면한 성격이 돼지의 왕성한 식욕과 잘 어우러진 형.

9

❀ 소띠 해에 대하여 ❀

이 해가 되면 우리는 책임의 멍에가 씌워지는 것을 느낀다. 양심적인 노력 없이는 성공을 전혀 기대할 수 없는 해이기도 하다. 소띠가 주는 고난과 시련은 주로 가정에서부터 생긴다. 따라서 이 해에는 가정 문제를 잘 해결하고 집안 단속을 잘해 둘 필요가 있다.

추상적인 예술 형태, 잡다한 그림 등은 소에 의해 냉담한 시선을 받으며 정치와 외교도 그저 무관심 속에서 처리될 것이다. 따라서 일상적인 방법을 고수하고 보수적인 정책을 따르는 편이 낫다. 한 마디로 경솔한 행동은 절대 금물이다.

의심할 것도 없이 이 해에는 결실을 얻을 것이다. 그러나 '일하지 않으면 하나도 못 얻는다' 는 것이 이 해의 좌우명이다. 시간은 사람을 기다려 주지 않는다. 우리가 게으름 때문에 제때에 씨앗을 뿌리지 않았다면 수확할 시기에 거둬들일 것이 없다고 누구를 탓할 것인가?

이 해에는 우리의 주의를 요구하는 것들이 너무나도 많다. 그리고 미리 해놓아야만 하는 일들이 계속되어 너무 길게만 느껴질 것이다. 소의 위력이 끊임없이 채찍을 휘둘러댈 것이다. 따라서 무게 잡고 이러쿵저러쿵 떠들며 시간을 낭비하기보다는 부지런히 움직이는 편이 훨씬 나은데 이것은 소가 단련을 좋아하기 때문이다.

이 해에 발생하는 분규들은 그 대부분이 의사소통이 잘 안 되는 가운데, 사소한 기술적인 문제들로 인해 다툼을 포기하지 않으려는 태도 때문에 일어난다. 따라서 꾸준한 자세로 참을성 있게 움직이기를 바란다. 기존의 방식으로 일처리를 해나가야 한다는 사실을 명심하면서 끈기 있게 행동한다면 만사가 말끔히 정리되면서 우리의 노력에 대한 보답이 나타날 것이다. 잔꾀를 부려 지름길로 가려 하다가는 오히려 큰코 다치기 쉬운 해이기 때문이다.

지금까지의 이야기에 코웃음을 칠 사람들에게 한 마디하면 금욕적인 소는 무척 유순해 보이지만 늘 커다란 몽둥이를 하나 가지고 다닌다는 사실을 꼭 명심하기 바란다.

10

❀ 해에 따른 소띠의 운세 ❀

♣ 쥐띠 해

소띠에게는 부드럽게 진행되는 가운데 번성할 해. 행운이 따르기 때문에 하는 일마다 잘 되며 이전의 골치아픈 문제들도 모두 사라질 것이다. 능력을 인정받으면서 중요한 직책을 새로 맡을 수도 있다. 가정에서도 경사가 기대된다.

♣ 소띠 해

계획이 지연되기도 하고 사소한 곤란에 부딪히기도 하겠지만 예기치 않은 수확이 기대되는 좋은 해이다. 결혼을 하거나 새로운 동업자를 만날 상서로운 해이다. 이 해에는 자식이 태어나거나 어린 자식들과 지내는 시간이 많아질 것이다. 그리 큰 문제는 예상되지 않지만 달갑지 않은 여행이나 유흥에 시간을 빼앗길 수도 있다.

♣ 호랑이띠 해

어려운 시기. 여기저기에서 반대에 부딪히지만 고생 끝에 헤쳐 나아갈 것이다. 따라서 결과가 빨리 나타나지 않는다 할지라도 끈기를 가지고 실망하지 말아야 한다. 소띠는 자신의 위치를 재평가할 시기. 호랑이가 지배하는 시기이므로 불필요한 모험이나 격렬한 행동은 삼가야 할 시기이다.

♣ 토끼띠 해

많은 일들이 산뜻하게 끝을 맺지 못하고 해결될 문제들이 많이 남겠지만 그래도 비교적 괜찮은 해. 투자에 실패하거나 돈을 떼이기도 할 것이다. 가까운 친지의 죽음으로 상심을 할지도 모르지만 자신의 건강은 무난할 것이다. 그러면서도 꾸준한 발전이 이루어질 해이다.

♣ 용띠 해

많은 변화들과 예기치 않은 문제들로 바쁘게 뛰어다녀야 할 해. 계획은 결국 달성되겠지만 바라는 만큼 빨리 이루어지지 않을 것이다. 도움이 되는 영향력 있는 사람들과 만나게 될지라도 열심히 일하지 않으면 안 될 것이다.

♣ 뱀띠 해

좋은 시기. 돈벌이가 수월하게 이루어질 것이며 모든 일들이 눈앞에 다가온다. 어두운 측면은 동료와의 오해로 속을 썩이거나 어떤 친구가 기대에 어긋나는 일을 할지도 모른다. 허심탄회한 마음으로 이야기를 풀어간다면 만사가 잘 해결될 수 있을 것이다.

소 띠

♣ 말띠 해

불안정한 해. 불행한 사랑이나 재정적인 문제로 괴로움을 당한다. 재정 상태가 나빠지거나 이런저런 사고를 당할지도 모른다. 또한 예기치 못한 병으로 일이 지연되는 수가 있다. 이 어두운 먹구름은 가을쯤 물러갈 것이 니 자신의 보수주의적 경향을 강화시켜야 한다.

♣ 양띠 해

자신감을 부추기는 좋은 소식이 전해지겠지만 이렇다 할 진척이 없을 것이다. 병이나 심각한 다툼 같은 것은 없을 것이므로 가정은 비교적 평화 로울 것이다. 그러나 자신이 얻은 것이나 다름 없다고 생각했던 돈을 잃을 수도 있고 남에게 이야기조차 할 수 없는 물건을 잃을 수도 있으니 지나치 게 낙관적으로 생각해서는 안 된다.

♣ 원숭이띠 해

소띠에게는 행운과 번영의 해. 귀인의 축하나 방문이 있을 것이다. 집안 에 경사가 있거나 새로운 일거리 또는 승진이 있을 것이다. 새로운 사업, 새로운 동업자가 나타날 수도 있다.

♣ 닭띠 해

이상한 사건, 믿기지 않는 사건과 부딪힐지도 모르지만 행복과 성공이 손짓하는 비교적 좋은 해이다. 그러나 친구에게 사기를 당하는 손재수가 있으니 각별히 조심해야 한다.

♣ 개띠 해

잡다한 문제들이 심각하게 보일지 모르지만 생각보다 심각하지는 않을 것이다. 우려했던 복잡한 문제들이 더이상 확대되지 않고 앞길의 장애와 반대가 사라질 것이므로 소띠에게는 좋은 해라 할 수 있다. 어쩔 수 없는 여행이나 유흥 때문에 사랑하는 사람이나 가족들과 일시적으로 떨어져 있어야 할지도 모른다.

♣ 돼지띠 해

소띠에게는 바쁜 나날이 기다리고 있는 해이다. 자신의 노력에 비해 이렇다 할 성과는 거두지 못할 것이다. 그러나 그 성과가 나중에 아주 값지게 나타날 것이므로 절대 초조해 할 필요가 없다. 가정불화나 업무상의 마찰 때문에 속을 썩일지도 모르니까 소띠에게는 길흉이 혼합된 해이다. 그러나 속을 썩이는 많은 문제들은 대개 사소한 것에 불과하다.

11
🎴 소에 대한 이야기 🎴

열두 가지 띠에서 소는 쥐 다음의 두 번째이다. 옥황상제께서는 소가 맨 먼저 달려올 줄로 알았다. 그런데 소의 등뒤에 업혀온 쥐가 도착 지점에서 폴짝 뛰어내리는 바람에 소는 어이없이 쥐에게 1등을 놓쳤다.

이 설화에서 보여주듯이 소는 잔망스럽거나 잔꾀에 밝지 않고 우직하고 겸손하고 대범하다. 소를 주제로 한 속담 중 대표적인 것은 '천천히 걸어도 황소걸음' 이다. 큰 사람이 하는 일은 속도가 더디고 느려도 멀고 큰 것이며 알찬 것이라는 뜻이다.

(1) 누렁소와 검정소

옛날에 한 젊은 선비가 길을 가다가 저만치서 두 마리의 소를 데리고 밭을 가는 농부를 보았다. 선비는 잠시 쉬어갈 겸 농부에게 큰 소리로 물었다.

"여보시오. 두 마리 중 어느 소가 일을 더 잘하오?"

그러자 농부는 일손을 멈추고 일부러 밭머리까지 나와서 선비의 귀에 대고 대답하였다.

"저쪽에 있는 누렁소가 일을 더 잘합니다."

선비는 어리둥절하여 다시 물었다.

"비밀스런 이야기도 아닌데 일부러 여기까지 와서 귓속말을 하다니……. 도대체 이해할 수가 없습니다."

"그렇지 않습니다요. 누렁소가 일을 더 잘한다는 말을 검정소가 들으면

싫어할 것이 아닙니까?"

"아니 그렇다면 소가 사람의 말을 알아듣는단 말이오?"

"물론이지요. 자, 보시지요."

농부는 소를 몰며 말했다.

"이랴이랴하면 앞으로 가지요. 이러이러하면 돌지요. 위— 하면 서지요. 짐승이라도 그가 듣는 곳에서 남과 비교하는 것은 도리에 어긋나는 일입니다."

농부의 말에 자기의 잘못을 크게 깨달은 선비는 그 농부의 말을 일생 동안 잊지 않았다고 한다.

(2) 사자와 소

초원에서 커다란 황소 한 마리가 풀을 뜯고 있었다. 이를 보고 있던 사자가 고개를 갸웃거렸다.

"옳지, 황소를 잡아먹어야겠다."

사자는 좋은 꾀가 생각났는지 어슬렁거리며 황소 곁으로 다가갔다.

"황소님, 안녕하시오? 우리 집에 맛나는 나물 요리를 만들어 놓았는데 같이 가서 먹지 않겠소?"

황소는 사자의 초대를 고맙게 여기며 같이 가기로 하였다. 그러나 사자가 황소를 초대한 것은 황소가 식사하기 위해 엎드려 있을 때를 노려 손쉽게 덮치려는 계획이었다.

황소는 사자와 함께 사자의 집으로 갔다. 식탁 위에는 큰 그릇들이 가득 차려져 있었지만 모두 빈 그릇이었다. 아무리 둘러봐도 나물 요리는 보이지 않았다. 황소는 앉지도 않은 채 뿔을 곤두세우고는 곧장 발길을 돌렸다.

"아니, 황소님, 왜 앉지도 않고 그냥 가십니까?"

사자가 당황해 하며 물었다.

"당신의 꾀에 속을 내가 아니오. 당신은 나물 요리를 만들어 놓았다고 했지만 보아하니 나를 먹고 싶어하는 것 같소. 그러니 내가 안심하고 앉을 수 있겠소?"

황소는 뿔을 휘저으며 밖으로 나가고 말았다.

사자의 위선과 위장의 위험을 지혜롭게 모면한 소 이야기이다.

(3) 의로운 소

옛날에 김기년이라는 농부가 암소 한 마리를 기르며 살았다. 어느 해 여름, 밭을 갈고 있을 때 갑자기 숲속에서 호랑이가 뛰어나와 소를 덮치려 하였다. 이에 농부가 괭이를 들고 호랑이에게 달려들었다. 호랑이와 사람이 뒤엉켜 결투를 벌이자 소가 맹렬히 울부짖으며 거센 뿔로 호랑이의 옆구리를 찔렀다. 호랑이는 피흘리며 달아나다가 이내 고꾸라져 버렸다.

다행히 김기년은 목숨을 건졌지만 이 일로 인하여 20여 일 후에 세상을 떠나고 말았다. 그가 임종할 때 이렇게 유언을 남겼다.

"내가 죽은 뒤에 이 소를 팔지 말고 소가 늙어 죽더라도 고기를 먹지 말고 내 곁에 묻어달라."

김기년이 죽던 날 소가 갑자기 소리지르며 미친 듯 날뛰더니 사흘만에 죽었다.

세번째 간지
범띠

12지(十二支) 중에서 범은 권력과 힘의 상징이다.

위엄과 용기와 모험심을 갖고 있다.

다른 사람 앞에서 절대 굴함이 없고 당당하게 자기의 의견을 주장한다.

그러나 자존심과 자부심이 너무 강하여 다른 사람의 의견을 잘 받아들이려 하지 않는다.

협동심이 부족하고, 친구도 많지만 적수도 많은 성격이다.

인생에 파란곡절이 심하다.

이들은 용감하고 모험심이 강하다.

또한 자기의 의견을 견지하고 권력의 상징이며 땅 위의 왕이다.

1

🏵 호랑이띠의 전체적인 성격과 운세 🏵

많은 사람들이 서로 크게 싸우고 있을 때 유달리 무리에 휩쓸리지 않고 냉정하게 관찰하고 있다가 그들이 평정을 찾으면 당돌한 행동을 취하여 주위 사람들을 곤경에 빠뜨리는 사람이 있다. 대부분의 범띠들은 모두 이런 특성을 갖고 있다.

동물의 왕으로 불리우는 호랑이를 생각해 보면 쉽게 알 수 있다. 누런색 바탕에 검은 줄 무늬가 있는 호랑이는 늘 자유롭게 한가히 거닐다가도 일단 사냥감이 보이면 예리한 눈길로 관찰하다가 소리도 없이 민첩한 동작으로 순식간에 사냥감을 잡아챈다. 그 모양과 동작이 너무 훌륭하여 범은 진정한 권력의 상징으로 비춰진다.

범띠에 속하는 사람들은 독립심이 강하고 혼자서 행동하는 것을 좋아하며 여러 사람들과 함께 휩쓸리는 것을 좋아하지 않는다. 이것이 바로 범띠의 특성이다. 그리고 용기와 모험심이 강해 무슨 일을 하든 늘 적극적으로 도전하며 반드시 승리하려는 신념으로 가득 차 있다.

동시에 의지가 강하고 말보다 행동이 앞서며 절대로 후퇴하거나 양보하는 법이 없다. 호방하고 위엄과 신념이 있으며 좌절을 당해도 웃음으로 대체하는 강한 개성이 있다.

그러나 자기를 너무 높이고 타협할 줄 모르며 배타적인 면도 있다. 늘 자기가 하고 싶은 대로 행동하고 때로는 강압적인 태도 때문에 동료나 선배들의 의견을 고려하지 않고 자기의 의견만 고집한다. 심지어는 자신의 목적을 달성하기 위하여 수단과 방법을 가리지 않는다. 무슨 일을 하기에 앞서 어떤 준비도 하지 않으며 실패를 두려워하지 않는 독불장군의 성격을 갖고 있다.

때문에 사람들에게 호방하다는 느낌을 주며 여러 사람들의 존경을 한몸에 받는 지도자급 인물이 된다. 그러나 한편으로는 적(敵)도 많아서 일생동안 여러 차례 곤경에 처하게 된다.

특히 젊었을 때는 큰 권력을 잡으려는 야심이 있기 때문에 항상 다른 사람들의 공격을 받게 되며, 30세 전후에 큰 실패를 겪는 것을 어렵지 않게 볼 수 있다. 운이 좋으면 정계나 경제계의 거두가 될 수도 있고 조직의 두목도 될 수 있다.

호랑이띠는 언제나 최고가 아니면 절대 포기하지 않을 뿐 아니라 이러한 자질 때문에 호랑이띠 특유의 특징이 만들어지는 것이다. 그러나 봉급을 받는 공직자나 다른 사람과 협력해야 하는 직장에서는 늘 여러 사람들과 잘 어울리지 않는다.

호랑이띠 남녀 모두 연애를 즐기지만 남자들은 사랑을 고백하는 데에는 별 낭만이 없으며 비교적 현실을 중히 여긴다. 이와 대조적으로 여성들은 정조(情調)와 사랑의 감정을 육체적 행위보다 더 중히 여긴다. 간단히 말하여 향수와 향락을 추구하는 쾌락을 즐기는 동시에 본질적으로 범띠의 여성들은 정조 관념이 강하다. 그러나 중년에 이르면 애정관계에서 모험을 즐기며 이에 따라 남녀간의 관계에서 적지 않은 고통도 맛보게 된다.

총체적으로 범띠에 속하는 사람들은 강한 생활운을 갖고 있으며 약간의 우여곡절을 당하더라도 용맹하게 전진하고 꺾이지 않는다면 천하에 이름을 떨칠 가능성이 매우 크다.

역사적으로 보면, 범띠에 속하는 영웅호걸들이 많이 있는데 이는 이들의 강경한 성격과 밀접한 관계가 있다.

범띠는 재물에 대해 별로 관심이 없지만 소비는 대단히 많다. 그러나 어떤 이유인지는 몰라도 자연스럽게 재산이 쌓여서 얼마간의 여유가 생기게 된다. 그러므로 재산운은 괜찮은 편이다.

2

🎴 호랑이띠에게 적합한 직업 🎴

회사의 관리자나 군대의 장성, 사회단체의 단체장 혹은 노동조합의 지도자가 좋다.

그러나 범띠들은 늘 이 산이 저 산보다 낮아 보여 직장을 자주 옮기는데, 직업을 바꾼 다음의 성공 여부는 그가 출생한 시간이나 계절에 따라 달라지게 되므로 한 마디로 말하기 어렵다.

범띠 남자들은 늘 밖으로 돌기 때문에 가정은 거의 돌보지 않는 독재자형에 속한다. 가계를 유지할 수 있을 만큼의 최저 한도의 수입을 아내에게 주고 나머지는 스스로 관리한다.

범띠 여성들도 독립심과 승부욕이 강하여 집에 있기를 좋아하지 않는다. 결혼 후 경제적인 여유가 있음에도 불구하고 자기의 재능을 발휘하기 위해 늘 사회에 나가 일하기를 즐긴다. 위엄이 있고 성취감도 있으며 열정적이기도 하고 격정적이기도 하다. 이들은 집에서 조용히 남편을 기다리는 현모양처형의 여성이 아니다.

3

😵 호랑이띠에게 적합한 결혼 상대 😵

범띠 여성은 천성적으로 고상하고 다른 사람들의 이목을 끄는 능력을 갖고 있기 때문에 이성(異性)이 많다. 그러나 무슨 이유인지는 몰라도 애정운은 그다지 순조롭지 못하다.

그 원인을 따져보면 문제는 바로 본인에게 있다. 자존심이 너무 강하여 어떤 작은 일이라도 모욕이라고 생각되면 절대 용서하지 않는다. 뿐만 아니라 타인에게 속박당하는 것을 싫어하면서도 타인을 구속하는 강한 독점욕을 갖고 있다. 이것이 이 범띠의 애정 표현이다. 그러므로 범띠에게 교묘하게 화해하고 안정감을 줄 수 있는 이성은 실제로 아주 적다.

그러나 아래의 세 띠(범띠, 용띠, 닭띠)에 속하는 이성을 결혼 상대로 맞는다면 능히 화목한 가정을 이룰 수 있을 것이다.

♣ 범띠

옛 속담에 '한 산에 두 범은 용납할 수 없다' 는 말이 있다. 남녀가 모두 범띠라면 연분이 맞지 않지만 상대방의 출생 시간과 계절이 서로 반대라면 화목하게 지낼 수 있다. 그러나 늘 작은 마찰과 의견으로 인한 분쟁이 발생하게 된다. 이러한 일들을 극복하기 위해서는 지나치게 상대방을 간섭하지 말아야 한다.

♣ 용띠

용은 하늘을 지배하는 동물이고 상대적으로 범은 땅을 지배하는 왕이다. 이들이 지배하는 영역은 하늘과 땅이므로 어떠한 일이 있어도 충돌이 없다.

마찬가지로 이들은 둘다 강한 성격을 갖고 있어 크게 싸울 수도 있겠지만 서로의 세계가 다르기 때문에 반대로 화목해질 수 있다. 그러므로 용띠 여자가 상대방의 생각을 잘 이해한다면 용띠 남자와 의기상통한 부부가 될 수 있다.

♣ 닭띠

닭띠들은 범띠와 마찬가지로 천성적으로 고상하다. 그렇기 때문에 자기처럼 고상한 여성을 반려자로 맞으려고 한다.

범띠는 가정에 충실하지 못하지만 닭띠는 가정 일을 절대로 소홀히 하지 않는다. 이렇게 서로의 결점을 보완하게 되므로 범띠와 닭띠는 오랫동안 화목하게 지낼 수 있는 연분이다.

그러나 닭띠들은 항상 말이 많다는 느낌을 주므로 범띠 역시 이 점에 싫증을 느끼게 되어 작은 분쟁이 일어날 수도 있다.

장기적으로 볼 때, 범띠 여성은 반드시 마음 씀씀이를 넓게 가지려고 노력해야 한다. 그리고 말이 많은 닭띠 남자의 성격은 당신에게 지속적인 관심과 사랑을 반영하는 것이므로 개의치 말아야 한다. 이때 범띠는 반드시 자기의 세계를 갖고 사소한 일에는 신경을 쓰지 말아야 한다.

4

❀ 호랑이띠에게 적합한 연애 상대 ❀

비록 배우자로는 적합하지 않지만 연애 상대로 어떤 사람을 선택해야 하는지 살펴보자.

연애 상대를 고려함에 있어서 성(性)적인 부분이 애정이나 현실보다 더 중요시되는데 여기서 말하는 성이란 단순한 성 행위를 말하는 것이 아니라 더욱 심층적이고 본능적으로 당신을 이끌 수 있는 상대를 말한다.

이러한 관점으로 볼 때, 뱀띠에 속하는 남자가 적당하다. 뱀해에 태어난 사람들의 행복관은 다른 사람들과는 완전히 다르다. 이들은 눈앞의 쾌락을 중시하고 그것을 오랫동안 유지하기 원하므로 뱀띠 남자와 장기적인 연분이란 있을 수 없다.

그러나 뱀띠는 성감의 정도와 성의 강도(強度)에서 천성적으로 재능이 있으며 신사적이므로 당신의 자존심을 크게 높여 줄 것이다. 비록 일시적인 연애 상대라 할지라도 그는 최고의 남자 친구가 될 수 있기 때문에 자연히 상대방에게 자신감이 생기게 된다.

다음으로 쥐띠 남자를 들 수 있다. 범띠에 속하는 당신은 위세와 거드름을 잘 피운다. 때문에 당신의 주위에 살뜰하고 사람들을 잘 이해할 줄 아는 쥐띠 이성(異性)이 있다면 실제로 매우 좋다.

범띠에 속하는 당신이 조금만 겸손하다면 서로의 인연이 발전해서 결혼 상대가 될 수도 있다. 다시 말해 범은 쥐를 잡아먹어도 배가 부르지 않다는 것을 알고 있으므로 아예 자기의 곁에 두게 될 것이다.

전체적으로 말해 범띠인 당신은 자신감이 넘치는 사람이기에 무슨 일이든지 주동적으로 처리한다. 이는 당신의 장점이지만 남녀간의 교제에서는 그 무언가가 부족하다는 느낌을 준다.

5

🐾 호랑이띠가 피해야 할 상대 🐾

앞에서 이미 설명한 바와 같이 범띠에 속하는 여자와 같은 범띠에 속하는 남자가 있다고 할 때, 만약 태어난 시간과 계절이 완전히 상반된다면 두 사람의 연분은 매우 좋다.

그러나 태어난 시간이 비슷하면 서로의 연분은 완전히 상극(相克)이어서 작은 문제로부터 시작된 갈등이 점점 커져서 결국에는 헤어질 위험이 항상 도사린다.

속담에 '비슷한 부부간' 이라는 말이 있다. 이러한 부부는 제삼자가 볼 때에는 연분이 매우 좋을 것 같지만 실제로 이들처럼 맺어진 부부는 가장 위험하다. 그 이유는 상대방의 성격과 결점을 손금 보듯 너무 정확히 알고 있기 때문에 상대방에 대해 혐오감을 느끼기 때문이다. 남녀 모두가 범띠이면서 또한 태어난 시간이나 계절이 같다면 두 사람의 인연은 좋지 않다.

만약 당신이 바로 지금 이러한 상대와 연애를 하거나 이미 결혼을 했다면 너무 지나치게 상대방의 결점과 단점을 말하지 말아야 한다. 실생활에서 모든 결점들이 다 드러나더라도 보고도 못 본 척하며 장점만 보도록 노력해야 한다. 그리고 상대방의 결점을 자신의 결점으로 보아야 한다.

소띠 남성들은 소띠 여성과 마찬가지로 범띠 남성의 자유분방한 성격에 적응할 수 없다. 범띠 여성들은 위세 부리기를 즐기는 성격이므로 소띠 남성들은 이런 여성들의 성격에 적응할 수 없다.

더 자세히 말하면 소는 범의 먹이가 될 수 있으므로 기질상으로도 서로 맞지 않는다. 그러므로 되도록이면 이러한 사람은 피해야 하며 만일 불행하게도 소띠 남자와 결혼하여 가정을 이루었다면 상대방의 결점을 이해하

범 띠

도록 노력하고 상대방의 성격에 맞추어 일을 처리해야 한다. 그리고 그에게 실수가 있더라도 지나치게 책망하거나 비위를 거슬리지 말아야 한다.

결혼, 연애 상대 – 범띠 여성

12간지	쥐	소	범	토끼	용	뱀
결혼 상대	◎	✖	✖	✖	⦿	⦿
연애 상대	⦿	◎	△	△	◎	⦿
12간지	말	양	원숭이	닭	개	돼지
결혼 상대	△	◎	◎	⦿	◎	△
연애 상대	△	△	◎	△	◎	◎

결혼, 연애 상대 – 범띠 남성

12간지	쥐	소	범	토끼	용	뱀
결혼 상대	◎	✖	✖	✖	⦿	◎
연애 상대	◎	△	△	⦿	◎	⦿
12간지	말	양	원숭이	닭	개	돼지
결혼 상대	✖	✖	△△	⦿	◎	⦿
연애 상대	◎	⦿	⦿	◎	△	◎

아주 좋음 ⦿   좋음 ◎   주의할 것 △   피하는 것이 좋음 ✖

6

❀ 혈액형에 따른 호랑이띠의 운세 ❀

♣ A형

적극적이면서 소극적인 두 가지 성격이 혼재하는 혈액형이 바로 A형이다. 이러한 성격은 A형인 범띠에게서 더욱 복잡하고 교차적으로 나타난다.

어떤 때에는 적극적이고 쾌활하고 낙천적이며 자유분방하고 생기발랄하여 단체에서 이목을 끄는 핵심 인물이 되기도 한다. 다른 사람을 돕는 것을 낙으로 여겨 여러 사람의 환심을 사지만 속으로는 극히 보수적이고 일반적이다. 쾌활한 성격도 겉보기에만 그런 것이고 속으로는 친구에 대한 친절도 분명한 경계선이 있다. 성격이 쾌활하지만 어떤 때에는 몹시 부끄러워하기도 한다.

한 마디로 범띠의 호방하고 쾌활한 성격도 있으며 또한 A형들의 보수적이고 내성적인 성격도 갖고 있는 것이 특징이다.

마음이 선량하고 친구나 가까운 사람들을 위하여 대담히 칼산에도 오르고 불바다에도 뛰어든다.

다른 사람의 말에 항상 신경을 쓰며 때로는 타인의 비평을 듣고 고민하기도 하고 의기소침해 하기로 한다.

지식과 능력, 인내심 등이 일반 사람들의 그것을 초월하며 체육 등에서 쉽게 성공할 수 있다. 공상계나 은행계에서도 괄목할 만한 성적을 거둘 수 있다.

♣ B형

혈액형이 B형이며 범띠인 사람들은 성격이 명랑하고 개방적이며 비관하는 법이 없다. 그들은 자신의 관점을 남에게 알려줄 줄 알고 공명정대하고 적극적이며 음모를 꾸미지 않는다.

B형인 사람들은 친구 사귀기를 좋아하고 고통과 즐거움을 그 친구와 함께 한다. 천진하고 활발하여 주위 사람들과 잘 어울리며 각계 각층에 친구가 있다.

비록 범띠에 속하는 사람들의 능력과 투지, 행동력은 다른 사람들 못지않지만 이들의 제일 큰 결점은 계획성이 부족하다는 것이다. 이들은 어떤 일을 하든지 아무 계획도 세우지 않고 집중력도 부족해서 성공하기가 무척 힘들다. 하지만 아무리 사기를 당하거나 실패하더라도 매우 강한 의지로 즉시 쾌활함을 회복한다.

한마디로 범띠이며 B형에 속하는 사람들은 사교에 능하고 친구를 잘 사귀며 언제나 쾌활하다. 그러나 계획적인 사교활동과 목적성이 있는 교제가 부족하고 일을 행함에 있어서 정확한 계산을 하지 못하고 지도력과 정책이 부족하다. 맹목적이어서 하늘의 운에 따르는 일면이 있다.

B형이며 범띠인 사람들은 이 점에 특별히 주의를 기울여서 모든 일에 신중히 생각하고 행동해야만 어떠한 일을 하든 좋은 결과를 얻을 수 있다.

♣ AB형

혈액형이 AB형이고 범띠인 사람들은 자신의 직관력으로 친구와 적을 분별한다. 이들은 정직하고 새로운 친구 사귀기를 좋아한다. 그리고 친구가 곤경에 처했을 때 힘껏 도와주며 성심껏 일을 해주지만 다른 사람에게 폐 끼치는 것을 싫어한다.

항상 자신감에 넘치며 다른 사람의 실수에 대해서는 정면으로 비평한다. 말재주가 있어 조리 있게 비판하므로 상대방은 진심으로 그 말을 받아들이며 다른 사람에게도 좋은 인상을 남기게 된다.

생활이 낙천적이고, 항상 근심에 싸여 있거나 하늘을 원망하는 사람을 싫어한다. 자신 역시 비애에 잠겨 있거나 세상을 원망하지 않는다. 세상에 대하여 자신감이 넘치고 주위의 일체에 대하여 즐거움으로 충만되어 있어 생활에 즐거움을 찾고 자신의 삶을 사랑해 모든 사람에게 사랑하는 마음을 주며 이러한 선량한 마음으로 많은 친구들을 얻게 된다.

정력이 왕성하지만 한 가지 일에 집중하지 못하고 수박 겉핥기 식으로 일을 한다. 전문가나 명인들과 경쟁하기를 즐기기 때문에 늘 실패와 좌절을 당하게 된다. 하지만 천성적으로 쾌활하고 근심이 없는 성격이기 때문에 재빨리 원상태로 회복하여 일을 시작한다.

만약 마음을 한 곳으로 집중하여 사업을 하면 오래지 않아 큰 성과를 얻을 수 있다.

♣ O형

혈액형이 O형이며 범띠인 사람들은 성격이 소탈하고 쾌활하다. 소박하고 어린아이들처럼 단순하여 자기를 감출 줄 모른다. 천성적으로 낙천적이어서 자기가 하고 싶은 대로 하고 다른 사람을 고려하지 않기 때문에 많은 곤경에 처하게 된다.

감정을 중요하게 생각하고 친구 사귀기를 즐기며 무슨 일이나 열심히 한다. 단체 여행이나 집회 같은 활동에 참가하기를 대단히 좋아한다.

정서가 불안정하고 변화가 심한 것은 이들의 최대 특징이다. 금방 사귄 친구에 대하여 늦게 사귄 것을 후회하다가도 며칠이 지나지 않아 또 새로운 친구를 사귄다. 이처럼 비록 친구가 많다고는 하지만 지기(知己)를 사귀기는 매우 힘들다.

모험심이 풍부하고 정의감이 강하다. 정의를 위해서라면 가리는 것 없이 분투하지만 때로는 치밀한 생각이 없기 때문에 실패하기도 한다.

명예를 중히 여기고 청렴하기 때문에 자기가 밑지는 것을 두려워하지 않는다. 때로는 자기가 밑지는 것을 뻔히 알면서도 일을 계속해 나간다. 옆사람들이 어떻게 하건 계속 자기의 길로 나아간다. 청렴한 것을 좋아하기 때문에 좋은 기회를 여러 번 잃게 된다.

범 띠

7

❀ 별자리에 따른 호랑이띠의 운세 ❀

♣ 양자리 (3월 21일~4월 20일)

양자리 호랑이띠는 사람들이 좋아하는 대상이다. 그들은 새로운 계획이나 방법으로 자신의 무궁한 재능과 정력을 발휘한다.

일단 무슨 일이든 시작하기만 하면 적극적이고 저돌적으로 몰아부친다. 그러나 몹시 초조해 하고 급격하게 흥미를 잃으며 재빨리 몸을 빼는 다른 호랑이띠에 비해 책임감이 강하다.

양자리는 번뇌를 참을 수 있지만 호랑이띠는 그렇지 않아 분투하거나 끝없이 새로운 것을 추구한다.

양자리 호랑이띠는 매우 다양한 재주를 가지고 있어 어떠한 일이나 척척 해낸다. 정치를 제외하고는 말이다. 정치는 완곡하게 일을 대하며 깊은 모략과 많은 사고(思考)를 필요로 한다. 그러므로 양자리 호랑이띠의 적성과는 거리가 멀다. 그들은 성격이 곧아 헛소리를 하지 않으며 인간의 선량함을 믿는다.

그는 천성적으로 타인의 구속을 싫어하는 독립적이며 자주적인 사람이다. 만약 그가 구속당하고 있다면 그를 주의해야 한다. 자신이 운영하던 과일가게를 정리한다면 과일을 다른 사람에게 아낌없이 퍼주며 아끼던 개도 시골에 있는 친구에게 보낸다.

그가 일단 한번 떠나면 어느 누구도 그의 자취를 알지 못한다. 양자리 호랑이띠는 자주 무료함을 참지 못하겠다고 느낀다. 그리하여 혁명적인 행동을 자주 한다. 그들은 생활의 투사이며 자유와 공정을 믿는다.

♣ 황소자리 (4월 21일~5월 21일)

황소자리 호랑이띠는 매우 현실적이어서 유일하게 네 발을 땅에 붙이고 산다고 하겠다. 우호적이고 안정감이 있으며 이지적이다. 또한 절대로 경계심을 늦추지 않으며 매우 조심스럽다. 지혜와 능력이 있고 리더가 되기를 원한다.

황소자리 호랑이띠는 돌아다니는 것을 좋아한다. 만약 그들에게 내일 여행을 떠나자고 하면 그는 당신이 표를 사기도 전에 짐을 꾸리는 등 모든 준비를 마칠 것이다. 그들은 천성적으로 남들과 잘 어울리기에 어디에서든 적응을 잘한다.

단점이라면 너무 이기적이라는 것이다. 호랑이띠는 일이 자신의 의지대로 되기를 바라며 그렇게 되지 않을 이유가 없다고 느낀다.

♣ 쌍둥이자리 (5월 22일~6월 21일)

충동적인 성격이 강해 자제력이 필요하다. 열정적인 기민성으로 지혜롭고 활력이 있다. 이런 사람은 대단한 정력으로 행동하지만 자기밖에 모르는 오만이 숨어 있기도 하다. 마력과 타고난 권위에 쌍둥이자리의 불온을 더하면 인자한 악마를 만들게 된다.

쌍둥이자리 호랑이띠는 자신이 매력적이고 아름답다고 불리워지기를 바라며 곳곳에서 그에 맞는 행동을 한다. 하지만 그런 행동이 지나쳐 앞뒤 구분 없이 행동해서는 안 된다.

악운은 주위의 일에 신경쓰지 않고 눈앞만 주시하는 사람에게 떨어지기 마련이다. 쌍둥이자리 호랑이띠는 악운지신(惡運之神)들에게 제일 좋은 목표이다. 그들은 어떠한 현실에서도 너무 세세한 일에 눈을 돌리는 흠이 있다.

물론 쌍둥이자리 호랑이띠는 매혹적인 태도와 강렬한 매력에 자주 빠져 들기도 하지만 자신의 저돌성과 열정을 적당히 절제해야 할 것이다.

♣ 게자리 (6월 22일~7월 22일)

호랑이띠는 기본적으로 투지가 왕성하나 게자리는 민감하고 정서적이며 우울한 경향이 있다.

게자리와 호랑이는 기괴하고 희극적인 색채가 짙은 배합이다. 호랑이띠는 활동적이어서 한 곳에 머물러 있는 것을 싫어한다. 그들은 좋은 건의와 지혜, 상식이 필요하다. 게자리는 대체로 총명하고 도리를 아는 성좌이지만 자신의 민감함 속에 빠지기 쉽다.

게자리의 안정을 추구하는 성격은 전통적이고 사랑스러운 가정을 찾지만 호랑이의 모험성은 이에 안주하려 하지 않는다.

모든 이들은 이런 사람과 사귀기를 좋아한다. 그가 게자리가 가지고 있는 우울에 빠지지 않는다면 그는 매우 유쾌하고 재미있다. 그는 낭만적인 꿈의 추종자로서 세계를 변화시켜 모든 사람을 좋은 쪽으로 변화시키려고 노력한다. 그리고 쉽게 감정에 좌우되어 마음의 안녕을 추구하지만 영원히 그렇게 되지는 않는다.

그것은 새로운 생각과 낯선 지역, 낯선 사람들이 그의 시선을 잡아 끌기 때문이다. 그는 금방 안정되어 평온해질 때 훌쩍 일어나 새로운 모험을 향하여 떠난다. 게자리 호랑이띠는 새로운 것을 좋아할 뿐만 아니라 이런 것들로 타인들에게 인정받기를 좋아하여 앞으로 용감히 나아가게 하고 다시 정복의 길에 나서게 한다.

게자리 호랑이띠는 자신의 넓은 활동과 공간을 필요로 하고 행동할 범위와 자유를 요구한다. 그들에게 비록 집을 사랑하는 천성이 있다 하더라도 게자리는 잦은 변화를 요구한다.

♣ 사자자리 (7월 23일~8월 22일)

사자자리 호랑이띠는 자신이 주위 사람들보다 훨씬 뛰어나다고 느낀다. 이런 우월감으로 인해 친구들과 사귀기도 힘들 뿐만 아니라 친분을 유지하기도 어렵다. 일반인들은 그들의 적막을 이해하기 어렵다.

이 우월감이 항상 상대방에게 드러나기 때문에 그들은 애써 허위적으로 소박함을 표현한다. 자애롭고 까불며 심지어 귀엽게 보이려고 애쓰지만 그들의 본심은 금방 탄로난다. 그렇기 때문에 사자자리 호랑이띠가 전혀 성실하지 않다고 느끼는 사람들이 많다. 사실 그는 자기의 우월감 때문에 곤혹스러울 때가 있다.

하지만 그들이 곤경에 빠졌을 때는 대단한 정의감과 용감함으로 그 누구에게도 볼 수 없는 힘을 발휘한다. 그들은 항상 웃음 짓는 얼굴로 고난을 맞이하지만 고난을 겪은 뒤에는 더욱 분발해서 다시 새롭게 출발하며 그 고난을 쉽게 잊어버린다.

그들의 외모는 사람을 끄는 매력이 있다. 복장은 고전적인데 그 옷이 그들의 행동에 장애를 주지 않으면 어떤 것을 입든 신경쓰지 않는다.

♣ 처녀자리 (8월 23일~9월 22일)

처녀자리 호랑이띠는 책임감 있는 노예로서 엄청난 사업을 감당해 낼 수 있으며 아무리 어렵고 번잡하고 시끄러운 문제들도 하나하나 해결해 나갈 수 있다.

비록 처녀자리 호랑이띠를 노예라고 하지만 항상 다른 사람의 요구에 응하지는 않는다. 자신의 생각이 옳다면 그 어떤 제약이나 압박 속에서도 상대방을 원망하지 않고 맡은 바 임무를 성실히 수행한다. 그러나 애석하게도 다른 사람들은 이와 같은 처녀자리 호랑이띠의 신중함을 제대로 느

범 띠

끼지 못한다. 처녀자리 호랑이띠는 매우 좋은 친구이며 동시에 상당히 강한 적수로서 그들은 절대로 양보하지 않는다.

처녀자리 호랑이띠는 다른 사람의 문제를 엿보는 기질이 있다. 그들은 제일 좋은 제안자이다. 그들은 사리가 밝고 도리가 있는 듯 보이지만 남의 일에 끼어들기를 좋아한다. 또한 미식가이고 같이 시간을 보내는 상대에 대해서도 매우 신경을 쓴다.

그들은 일반적으로 박물관 등 보수적인 장소에서 자주 볼 수가 있으며 고고학 발굴에도 열심이다. 여행이나 유랑 등의 고생을 마다하지도 않는다. 그들은 자신에게 맡겨진 어떠한 작업이든 주도면밀하게 마무리를 지며 다른 사람의 영향을 받아도 쉽게 변화되지 않는다.

비록 고전적인 멋진 얼굴의 소유자는 아니지만 어떻게 하면 아름다운 용모로 표현할 수 있는지 그 방법을 알고 있다. 그는 상대를 우롱하지만 자신은 타인에게 우롱당하지 않는다.

♣ 천칭자리(9월 23일~10월 22일)

천칭자리 호랑이띠는 남에게 좋은 인상을 남기고 남을 기쁘게 하는 것을 좋아한다. 그들은 항상 사람을 매료시키는 광채를 뿌린다. 비록 처음에는 냉담하게 대하던 사람일지라도 시간이 지남에 따라 그의 매력에 흠뻑 빠져버린다. 천칭자리 호랑이띠는 허장성세하거나 사기꾼이 아니라 신중하게 계획하고 가치를 알기에 공을 들여 사업을 완성하려 한다. 그러나 그는 자아를 학대하지 않는다.

그들은 공정한 의식이 있으며 지나치게 선행을 베풀기도 하지만 공손하지는 않다. 게다가 제도와 사회규칙, 오랜 전통과 현대의 법에 잘 적응하지도 못한다. 천칭자리 호랑이띠는 자신을 잘 알고 있으며 다른 사람에 비교하여 자신이 많이 부족하다고 생각한다. 그는 일정한 규칙에 따라 행동하는 것에 어려움을 느끼지만 천칭자리의 타고난 평형감각으로 일을 그르치거나 법을 어기는 것을 피할 수 있다.

호랑이는 안전함과 사회 이속(以俗)에 관심이 없으며 허위적인 생활방식에 눈 돌리지 않기 때문에 우아한 천칭자리와 충돌을 빚게 된다. 그러나 이런 분열은 오래 가지 않는다. 천칭자리 호랑이띠는 용감하게 희망과 명성, 재물을 추구하며 명리의 추구에서 뒤떨어지지 않는다. 그들은 자신의 일에서 아주 뛰어난 능력을 보여줄 수 있다. 그러나 열심히 하는 반면 어떤 때에는 우둔하게 보인다.

천칭자리 호랑이띠가 사람을 제일 놀라게 하는 것은 무슨 일이든 능수능란하게 처리할 뿐만 아니라 그의 손을 거치면 모든 일이 절대로 평범하지 않게 변한다는 점이다.

♣ 전갈자리 (10월 23일~11월 22일)

전갈자리 호랑이띠는 무엇이든 극단적으로 이끌어 간다. 그들은 평탄하게 지내는 것이 아니라 생활과 치열하게 싸워서 승리를 거둔다. 그들은 용감하게 일과 맞서지만 산재한 위험들과 자주 부딪친다. 그들은 매사에 준비가 충분하지 못하며 급하고 충동적이며 저돌적이다. 일과 처음 부딪힐 때에 고래고래 소리를 지르며 다음 도전을 언제나 준비하는 그런 사람이다. 전갈자리 호랑이띠는 유쾌하게 생활할 수 있기를 언제나 희망한다.

전갈자리 호랑이띠의 깊은 마력과 호랑이띠의 시대를 따르는 기질은 이 속좌의 사람에게 흡인력을 가지게 하고 동료들에게도 환영을 받게 만든다. 사람들은 그들을 존경하고 전갈자리 호랑이띠도 남에게 존경받는 것을 즐긴다. 이를 위하여 그들은 다채로운 표현으로 계속 주위의 부단한 박수를 얻는다.

범 띠

고집이 센 그는 타고난 영도자감이지만 그들은 영도자가 되는 것에 그다지 열성적이지 않다. 전갈자리 호랑이띠는 여러 가지 사업을 벌이더라도 잘해 낼 수 있는 방법을 알고 있으며 각종 사업 성공의 비결도 깊이 이해한다. 그러나 그들의 이상은 '한가지 일'을 제대로 잘해 내는 것이다.

전갈자리 호랑이띠는 교묘하게 자신을 조절해서 '겸손해야 하며 지나치게 행동하지 말아야 하고 무엇이든 넘치지 않게 중간쯤 표현하면 된다'고 일깨워 준다. 전갈자리 호랑이띠는 천부적인 투사로서 경쟁자의 입장에서 보면 아주 흉악하고 위험한 인물이다. 그들은 증오심을 가지고 있으며 잔인하고 잘 죽인다. 그러나 실제로는 다정다감하길 원한다. 전갈자리 호랑이띠는 자기를 절제해야 한다. 시간이 날 때마다 지혜를 배양하는 것이 유일한 방법이다.

♣ 사수자리 (11월 23일~12월 21일)

사수자리 호랑이띠는 강직하지만 사람을 끄는 매력이 있으며 맑은 영혼의 소유자이다. 이런 사람은 먼 곳으로 여행하는 상상을 즐긴다. 물론 많은 몽상이 모두 실현될 수는 없지만 그들은 경비행기를 운전하거나 수백 미터 깊이의 바다에 들어가는 상상도 즐긴다. 그들은 위대한 많은 탐험을 구상하지만 자신의 울타리 안에서 한 발짝도 나가지 못한다. 비록 그들도 장거리 행보를 하여 산에 들어가고 선사시대의 무덤이나 화석을 발굴하는 일 등을 할 수 있으나 이 사랑스럽고 재미나는 사람은 좀체로 집을 오래 떠나 있지 않는다.

그들은 내향성과 외향성을 모두 가지고 있어서 집을 떠나 사교활동에 참여하기는 하지만 금방 싫증을 느껴 다시 집으로 돌아갈 생각을 하게 된다.

이런 사람은 예민한 관찰가여서 다른 사람을 관찰하기 위하여 집회에 참가하거나 단체활동에 가입한다. 사수자리 호랑이띠는 주위의 모든 일에 신경을 쓴다. 그래서 상대방의 목소리와 동정을 하나도 놓치지 않는다. 그들은 신기하고 특이한 사물에 깊은 관심을 보인다. 만약 사수자리 호랑이띠가 어떤 일에 흥미를 가지면 그들은 끝까지 파고들어 끝을 본다.

♣ 염소자리 (12월 22일~1월 19일)

염소자리 호랑이띠는 사물에 대해 쉽게 권태를 느낀다. 그들은 야심 가득 찬 염소자리일 뿐만 아니라 호랑이의 성질 급하고 동정심이 있는 보수적인 성격도 가지고 있다. 대부분의 염소자리와 마찬가지로 호랑이띠의 염소자리도 다소 우둔함을 보인다.

염소자리 호랑이띠는 언제나 오만하게 사회 조류를 홀시하고 자기의 빠른 발걸음에 따라 일하기 때문에 그들은 두 종류의 생활을 하게 된다. 속마음은 냉혹하지만 의연하게 웃는 얼굴로 상대를 대한다. 그들은 도전을 즐기며 결과를 중시한다. 염소자리 호랑이띠는 힘의 상징으로서 다른 사람의 의견이 그들에겐 아무 쓸모가 없다.

그들은 항상 동시에 여러 방향으로 전진하기 때문에 어느 것이 제일 적당한지를 잘 모르며 씀씀이가 헤프다.

총체적으로 말하면 그들은 도리를 알고 가족을 위하여 훌륭한 주거 환경을 제공할 수 있다. 그들은 믿을 만하고 타인의 부탁을 잘 받는다. 그리고 그들의 요구에 응하여 도움을 준다.

범 띠

♣ 물병자리 (1월 20일~2월 18일)

물병자리 호랑이띠는 사색의 화신이다.

물병자리는 호랑이띠에게 통찰하는 능력과 식견을 주며 호랑이띠는 물병자리 특유의 광적인 사유를 다소 가라앉히고 절제한다. 이 속좌는 세계를 위해 많은 창조적 발명가를 배출한다. 물병자리 호랑이띠는 현대적인 방식에 상당히 미혹된다. 그들은 각종 새로운 방법을 제공하고 또 새로운 방식을 즐겁게 배운다.

물병자리 호랑이띠는 젊음을 보존하기 위해 노력한다. 이 노력의 일환으로 일찍 결혼하여 가정을 꾸리지 않으려 한다. 또한 제한당하는 것을 좋아하지 않는다. 즐거움을 찾는데도 마찬가지다. 자연스런 흐름을 그는 좋아한다.

이런 사람들은 충동이 심하다. 그들은 항상 충동적이어서 많은 정력을 낭비한다. 물병자리 호랑이띠는 어떠한 결과에도 만족하지 않아 자기를 기진맥진하게 만든다. 이런 사람은 반드시 급한 마음을 가다듬어 먼저 많이 생각한 다음에 선택하여야 한다. 많이 사색하고 적게 움직여야지 그렇지 않으면 인생의 대부분을 허무하게 보내게 된다.

물병자리 호랑이띠는 평온하고 안정된 사람이 아니다. 그들은 이상한 종교의 유혹을 받아 마치 미친듯이 빠져들 수도 있는데 다만 그 종교가 가져다주는 자극을 위해서이다. 물병자리 호랑이띠는 이처럼 매우 극단적이다.

♣ 물고기자리 (2월 19일~3월 20일)

물고기자리 호랑이띠는 많은 정력과 시간을 투자하여 자신과 화목하게 지낸다. 물고기자리 호랑이띠는 항상 자기의 음험하고 쉽게 노하는 성격이 제약을 받는다고 느낀다. 그리고 자기의 이런 속성이 없어지기를 원할 때도 있다.

물고기자리는 무한한 시간과 공간에서 제한 없이 자유롭게 드나들기를 원한다. 제한은 물고기자리에게 불필요한 것으로서 아무 구속 없이 자유로이 움직일 수 있기를 희망한다. 그의 목표는 심령의 개척이며 순수한 물고기자리는 군중들의 화를 하나도 겁내지 않는다.

호랑이띠는 자극을 갈망하고 격렬하게 변화하는 일을 추구한다. 그들은 매력과 허영심을 가지고 있다. 그들의 행동은 초조하지만 신속하고 사회 관계를 양호하게 유지하고 있다.

그러나 물고기자리는 자신에게서 호랑이의 성격을 완전히 없애야만 내면의 안정을 이룰 수 있다. 그런 후 편안한 생활 가운데 물고기자리 호랑이띠는 자아각성의 추구를 계속할 수 있다.

이들은 은덕을 잘 베푸는데 자신의 은덕을 다른 사람들과 같이 향수할 때 그들은 즐거움을 느낀다. 자기가 좋아하는 사람을 위하여 음식을 준비하며 도움을 필요로 하는 이웃 혹은 벗들에게 일상적으로 지원의 손길을 보낸다. 또한 다른 사람의 복지에 흥미를 느낀다.

언제나 가슴을 열어놓고 타인을 받아들일 준비가 되어 있어 물고기자리 호랑이띠는 쉽게 상처를 입는다. 하나의 잘못된 글자, 한 마디 가시 돋친 말 혹은 강렬한 비평은 그들의 쉽게 감동되는 마음을 파괴시킬 수 있으며 그로 하여금 절망에 이르게 할 수 있다. 그들은 비평에 대하여 좋지 않게 여길 뿐만 아니라 기이한 공격적인 행동을 취하여 상대방을 놀라게 한다.

그들은 교묘하게 나서고 또한 희극적인 성격도 다소 가지고 있다. 이 사람들에게는 눈물을 지닌 작은 어릿광대의 매력이 있다. 그들은 매우 민감하며 자주 억울함을 나타내고 사람을 끌어들이는 웃는 얼굴에 나약함이 비쳐진다. 기본적으로 물고기자리 호랑이띠는 부끄러움을 느끼지만 담이 작게 보이는 것을 원하지 않는다. 그들의 정감은 매우 깊고 두터울 뿐만 아니라 복잡하기도 하다.

8

🦋 태어난 시에 따른 호랑이띠의 운세 🦋

♣ 자시생 (子時生 : 오후 11시~오전 1시)

애정이 깊고 성질이 급하다. 이 사람은 그저 당신과 사귈 목적으로 당신에게 싸움을 걸지도 모른다. 내부의 쥐가 재정권만 쥔다면 그리 나쁘지 않다.

♣ 축시생 (丑時生 : 오전 1시~오전 3시)

강인한 의지에 급한 성격이 결합된 형. 소의 속성이 그에게 자제력을 심어준다면 바람직하다. 그러면 그는 성급하게 화내지 않으며 보다 더 조용한 성격의 소유자가 될 수 있을 것이다.

♣ 인시생 (寅時生 : 오전 3시~오전 5시)

철두철미한 반항형. 활달하고 기분이 자주 바뀐다. 자극적인 사랑을 원한다면 이 사람을 놓치지 말아야 한다.

♣ 묘시생 (卯時生 : 오전 5시~오전 7시)

침착하지만 그 불길이 다 꺼진 것은 아니다. 내부의 토끼가 그의 격렬함과 날카로움을 제어해 줄지도 모른다. 그 결과 그는 보다 나은 판단을 내리면서 근심에서 벗어날 수 있다.

♣ **진시생** (辰時生 : 오전 7시~오전 9시)

내부의 용이 그의 자아를 더욱 강화시키기 때문에 그는 목표를 더 크게 세우고 더욱 열심히 노력할 것이다. 의심하는 버릇만 고친다면 뛰어난 지도자가 될 수 있다.

♣ **사시생** (巳時生 : 오전 9시~오전 11시)

아마 내부의 뱀이 이 호랑이에게 커다란 입을 꾹 다물도록 가르칠 것이다. 이 뱀의 사고방식을 받아들여 침착한 자세로 협상을 한다면 큰 덕을 볼 것이다.

♣ **오시생** (午時生 : 오전 11시~오후 1시)

내부의 말이 보다 더 실제적인 사람으로 만들면서 심사숙고 끝에 모험에 뛰어드는 습성을 길러준다. 그러나 호랑이나 말이나 모두 자유분방하기 때문에 이 사람은 책임감이 결여되어 있을 수도 있다.

♣ **미시생** (未時生 : 오후 1시~오후 3시)

침착하게 관찰할 줄 알지만 질투심과 소유욕에 눈이 어두워진다. 내부의 양이 호랑이의 공격성을 완화시키고 그의 예술적 측면을 발전시킨다면 아주 좋을 것이다.

♣ **신시생** (申時生 : 오후 3시~오후 5시)

문무 겸비형. 두 요소가 잘 결합된다면 크게 성공할 것이다.

♣ 유시생 (酉時生 : 오후 5시~오후 7시)

매력적인 개성의 소유자. 말썽을 일으켰다가 스스로 수습하는 형. 모든 것을 자신이 책임지고 처리하기를 좋아한다.

♣ 술시생 (戌時生 : 오후 7시~오후 9시)

내부의 개가 본래 가지고 있는 양식 덕분에 비교적 합리적이고 협동적으로 움직인다. 그의 악동 기질이 개의 엄격한 공명정대함에 의해 약화될 것이다. 그러나 그의 어투는 면도날보다도 더 날카롭다.

♣ 해시생 (亥時生 : 오후 9시~오후 11시)

충동적으로 천진난만하게 움직이는 형. 자기가 원하는 것만 얻으면 행복과 만족을 느끼는 유형. 그러나 억압을 당하면 앙심을 품고 덤벼든다. 가족들과 친구들을 기쁘게 하기 위해서 모든 힘을 다한다.

9

❀ 호랑이띠 해에 대하여 ❀

호랑이띠 해는 분명히 폭발적인 해이다. 보통 '꽝' 소리와 함께 시작하여 흐느끼는 소리로 끝이 난다. 전쟁과 분쟁 그리고 갖가지 재해가 버티고 있는 해이다. 그러나 호랑이띠 해 또한 통이 큰 굵직굵직한 해이기도 하다. 시시하게 소규모로 행해지는 일들은 제대로 이루어지지 않는다.

좋은 일이든 나쁜 일이든 모든 일들이 극단적으로 일어난다. 어떤 사람은 큰 재산을 날리고 또 어떤 사람은 큰 재산을 얻는다. 운이 있다고 생각하는 사람이라면 큰 내기에 한번 덤벼보아라. 그러나 승부의 방향이 당신을 외면할지도 모른다는 사실을 깊이 명심하라.

이 해에는 사람들이 너도나도 격렬하고 극적인 일에 덤벼든다. 워터게이트 사건에서 닉슨의 사임에 이르기까지의 일들이 격동의 호랑이띠 해에 절정에 이르렀다는 것은 전혀 놀랄 만한 일이 아니다. 여러 기질들이 여기저기에서 일제히 불을 뿜는다. 따라서 호랑이띠 해는 외교의 시련기가 될 것이다. 연초부터 우리는 마치 호랑이처럼 깊은 생각 없이 이런저런 일에 마구 덤벼들다가 마침내 무모함을 개탄하게 된다.

이 해에 이루어지는 친구관계와 합작관계 그리고 상호 신뢰와 협력이 요구되는 거래들은 덧없이 쉽게 무너진다. 그러나 강력하고 정력적인 이 해를 잘 이용하면 숨을 멈추고 있는 대의, 허물어져 가는 기업, 쇠퇴의 길을 걷고 있는 산업에 새로운 활력을 다시 불어넣을 수 있다. 호랑이띠 해는 또한 대대적인 변화, 새롭고 대담한 이념들의 도입 등이 이루어지는 해이다.

호랑이띠 해의 열기는 모든 사람들의 생활에 영향을 끼친다. 그러나 그러한 부정적인 측면에도 불구하고 호랑이띠 해가 정화 효과를 가질 수 있다는 사실을 우리는 깊이 인식해야 한다. 원석에서 진귀한 보석을 정련해내려면 강렬한 열이 필요한 것과 같이 이 해는 우리 내부로부터 최선의 자질들을 추출해 낼 것이다.

이 예측불허의 해에 한 마디 충고를 하자면 '유머감각을 잃지 않으면서 사태가 지글거리도록 내버려두라' 는 것이다.

10

❀ 해에 따른 호랑이띠의 운세 ❀

♣ 쥐띠 해

호랑이띠에게는 그다지 행운의 해가 아니다. 사업이 힘들고 심한 자금 부족을 느낄 것이다. 그러나 신중과 끈기를 견지한다면 보답이 있을 것이다. 충동적인 행동을 피하고 보수적인 자세를 취하지 않으면 안 된다.

♣ 소띠 해

길흉이 뒤섞인 해. 다툼과 오해가 완고함으로 생긴다. 이 해에 호랑이띠는 권력이 있는 누군가가 그의 길을 방해하기 때문에 좌절감을 맛볼지도 모른다. 따라서 이 시기에는 반항심을 자제하기를 권한다. 성미만 자제한다면 이 해가 끝나기 전에 그 고통들은 스스로 사라져 버릴 것이다.

♣ 호랑이띠 해

비교적 괜찮은 해. 도움이 절실히 필요할 때 다른 사람들이 그를 도와줄 것이다. 이런 의미에서 이 해의 운세는 좋다고 할 수 있다. 그러나 사태가 그에게 불리하게 전환될지도 모르므로 모험적인 행동은 삼가야 한다. 큰 병이나 커다란 변화는 없겠지만 어쩔 수 없이 돈을 써야 하기 때문에 돈을 모으기는 힘들 것이다.

♣ 토끼띠 해

비교적 행복한 해. 희소식이 전해지면서 애정 문제와 사업 문제가 다시 장밋빛으로 변할 것이다. 여러 장애물이 여전히 앞을 가로막겠지만 별 어려움 없이 극복해 나갈 것이다. 대체적으로 그는 자기 성과에 크게 만족할 것이다.

♣ 용띠 해

별로 좋은 것이 없는 해. 돈을 벌기가 어려울 것이며 다른 사람의 영향으로 현명하지 못한 투자를 할지도 모른다. 사랑하는 사람과 헤어진다든가 동업관계가 깨진다든가 하는 불운도 예측된다. 또 사태가 그에게 유리하게 변화된다 할지라도 그 변화에 적응하기가 쉽지 않을 것이다.

♣ 뱀띠 해

좋은 해. 커다란 손실이나 이익은 예측되지 않지만 남의 문제에 끼어들지 않도록 조심한다면 한 해가 평온하게 지나갈 수 있을 것이다. 병치레가 거의 없는 가운데 꾸준한 자기 발전이 이루어질 것이다. 실망스러운 일들이 생긴다면 대개는 이성 문제 때문에 발생하는 것이다.

♣ 말띠 해

아주 좋고 행복한 해. 호랑이띠에게는 만사형통이 될 것이다. 승진과 인정이 준비되어 있다. 돈벌이가 수월하여 저금이 가능하고 수입도 생길 수 있다. 가정의 희소식으로 경사가 있을 것이다.

범 띠

♣ 양띠 해

여러 가지 문제로 시간을 많이 빼앗기기는 하지만 좋은 해이다. 가정에서 사소한 말다툼이나 사업에서의 협상과 긴장 등으로 조금도 쉴 틈이 나지 않을 것이며 여유가 없는데도 휴가를 즐겨야 할 것이다. 개인적으로 아끼는 물건을 잃을 수도 있는데 그러나 이것을 다행으로 생각해야 한다. 심각한 재앙을 피한 대가라고 생각하면 된다.

♣ 원숭이띠 해

시련기. 분노와 좌절이 그의 참을성과 인내심을 시험할 것이다. 따라서 반대 의견도 너무 큰 소리를 내지 말고 송사로 이어질 대결 관계는 피하는 것이 좋다. 평상시보다 유흥이나 여행에 더 많은 시간을 보내면서 어쩔 수 없이 타협을 하게 될 것이다.

♣ 닭띠 해

그저 그런 해. 지나친 걱정은 삼갈 필요가 있다. 어떠한 문제들이 그를 곤경에 빠뜨리면서 아주 크게 보이지만 마지막 순간에 예기치 않았던 곳으로부터 또는 새로 사귄 친구로부터 도움이 생기면서 이 해가 다 지나기 전에 해결될 것이다.

♣ 개띠 해

심각한 위기로부터 보호를 받을 해. 그러나 자신의 성공을 위해 열심히 노력해야 할 것이며 자제에 자제를 거듭하느라 피곤함과 외로움을 느낄 것이다. 결국 행운의 여신이 그에게 미소를 보내므로 자기 일은 계획대로 추진할 수 있을 것이다. 영향력 있는 사람들의 지원이 뒤따를 것이다.

♣ 돼지띠 해

이 해에 호랑이띠는 씀씀이를 크게 자제해야 할 것이다. 연초에 진행되던 번영이 오랫동안 지속되지 못할 것이기 때문이다. 위험이 높은 투자와 새로운 교제는 조심하지 않으면 안 된다.

11

❀ 호랑이에 대한 이야기 ❀

호랑이는 용맹하고, 날쌔고, 사나우며 천하에 대적할 짐승이 없다는 인상이 우리들 머리에 박혀 있다. 그래서 중국이나 우리 나라에서는 호랑이를 백수의 왕으로 여긴다. 또한 호랑이는 어질고 의로운 짐승으로 인식되어져 있다. 사나운 짐승이지만 늑대나 표범처럼 영악한 짐승이 아니라 위엄 있고 친근한 짐승으로 사람들의 사랑을 받고 있는 것이다.

(1) 호랑이의 새끼 사랑

옛날 어느 산골 마을에 한 처녀가 살고 있었다. 어느 해 봄, 처녀는 산으로 나물을 캐러 갔다. 산나물을 한 바구니 가득 캔 처녀가 즐거운 마음으로 집으로 돌아오는 도중 산모퉁이 바위 밑 양지바른 곳에 마치 강아지처럼 생긴 귀여운 다섯 마리의 짐승이 놀고 있는 것을 발견하였다. 그 모습이 하도 귀여워서 가던 걸음을 멈추고 그 곁으로 가서 털을 쓰다듬어 주고 안아주며 함께 놀았다.

처녀는 한참 동안 어린 짐승들과 놀고 있다가 이상한 느낌이 들어 바위를 올려다보았다.

그런데 이게 웬일인가? 언제 나타났는지 엄청나게 큰 호랑이 한 마리가 바위 위에서 자신을 내려다보고 있는 것이 아닌가! 호랑이를 보는 순간 처녀는 '걸음아 날 살려라' 하고 내달렸다.

바위 위의 호랑이는 바구니도 내버린 채 정신없이 달아나고 있는 처녀의 뒷모습을 멀거니 보고만 있다가 처녀의 모습이 나무숲에 가리어 안 보이자 어슬렁어슬렁 처녀의 뒤를 따르기 시작하였다.

처녀가 어루만진 짐승들은 다름아닌 그 호랑이의 새끼들이었다.

새끼들을 남겨놓고 사냥을 나갔던 어미 호랑이가 돌아와 본즉 어떤 처녀가 자기 새끼들을 데리고 놀아주니 마음이 흐뭇하여 내려다보고 있었던 것이다. 한편 숨이 턱에 닿아 간신히 집에 당도한 처녀는 방안으로 들어가 문을 꼭 잠그고 다음날 아침에야 겨우 놀란 가슴을 진정시키고 살그머니 방문을 열어보았다.

그런데 참으로 놀라운 일은 새끼호랑이 옆에 내동댕이치고 온 바구니가 집마당 한가운데 놓여 있는 것이 아닌가? 그것도 산나물이 가득 채워진 그대로……

이 이야기를 들은 마을 사람들은 호랑이가 자기 새끼를 귀여워해 준 처녀가 고마워서 그 같은 일을 했을 거라며 이구동성으로 호랑이의 새끼 사랑을 칭찬해 마지않았다.

(2) 호랑이와 곶감

옛날 어느 추운 겨울, 눈이 너무 많이 내려 먹이를 찾을 수 없었던 호랑이는 하는 수 없이 어슬렁어슬렁 마을까지 내려오게 되었다.

호랑이는 어떤 초가집에서 불빛이 새어나오는 것을 발견하고는 그 집 앞으로 조심스럽게 다가갔다. 이 집에서는 어린 아기의 울음소리가 요란하게 터져 나오고 있었다.

"옳지 됐다. 저 아기를 잡아가야겠다."

호랑이는 군침을 삼키며 조용히 방문 앞에 옹크리고 앉아 기회를 엿보기 시작하였다.

방안에선 계속해서 아기가 울고 있었다.

"아가야, 자꾸 울면 호랑이가 물어간다."

어머니는 '어흥!' 하고 호랑이 흉내까지 내면서 아기를 달랬다. 그러나 아기는 막무가내로 자꾸 울어대기만 하였다. 한참을 달래다가 그래도 울음을 그치지 않자 어머니는 더욱 큰 소리로 말했다.

"아가야, 저기 문 밖에 큰 호랑이가 와 있다. 울지 마라, 울지 마. 큰 호랑이가 널 잡아가려고 와 있다니까."

그 소리에 호랑이는 깜짝 놀라지 않을 수 없었다.

"아니, 내가 여기 와 있는 것을 어떻게 알았을까?"

호랑이는 고개를 갸우뚱거리며 혼자 중얼거렸다. 그래도 아기는 울음을 그치지 않았다.

밖에서 듣고 있던 호랑이는 슬그머니 화가 났다.

"세상에서는 나를 산 중의 왕이라며 제일 무서운 짐승으로 손꼽고 있는데 어째서 저 어린 아기는 무서워하지 않을까? 산속에서는 모든 짐승들이 내 앞에서 꼼짝 못하는데……."

호랑이는 화가 나기도 하고 이상하게도 여겨져 금방이라도 뛰어들어 갈 태세로 몸을 일으켜세웠다.

바로 그 때 방 안에서 어머니의 목소리가 다시 흘러 나왔다.

"애야, 울음을 그치렴. 곶감이다."

범 띠

어머니의 말이 끝나기가 무섭게 떼를 쓰며 울던 아기가 금방 울음을 뚝 그쳤다.

호랑이는 놀라지 않을 수가 없었다.

"동물의 왕인 내가 왔다고 해도 울음을 그치지 않던 아기가 곶감이라는 한 마디에 울음을 그치다니……. 도대체 곶감이란 어떤 놈일까? 아마 나보다 훨씬 더 무서운 놈일 거야."

호랑이는 갑자기 겁이 나서 자기도 모르게 방문 앞에서 물러나 주위를 살폈다. 바로 그 순간 호랑이는 '털썩' 하고 등에 어떤 무거운 것이 내려앉는 것을 느꼈다. 안 그래도 곶감 때문에 무서워 덜덜 떨고 있는 판인데 별안간 무엇인가가 등을 짓누르니 가슴이 덜컹 내려앉았다.

"곶감이라는 놈인가 보다. 아이쿠!"

호랑이는 곶감이라는 놈이 자신에게 덤비는 줄 알고 질겁하여 뒤도 돌아보지 않은 채 전속력으로 산을 향해 내달렸다.

그런데 사실은 소를 훔치러 왔던 소도둑이 어두컴컴한 곳에 쭈그리고 앉아 있는 호랑이가 소인 줄 알고 그 등에 올라탔던 것이다.

호랑이는 자기 등에 올라탄 것이 그 무서운 곶감인 줄 알고 정신없이 산속으로 도망쳤고, 소도둑은 호랑이 등에 올라탄 다음에야 비로소 자기가 타고 있는 것이 소가 아니라 무서운 호랑이임을 알게 되었던 것이다. 소도둑은 기절초풍할 지경이었다. 이제는 무섭게 달리는 호랑이 등에서 떨어져도 죽고 호랑이 굴까지 가도 잡혀먹힐 테니 무작정 호랑이 목을 꽉 붙잡지 않을 수 없었다. 이에 호랑이는 호랑이대로 더욱 무섭고 놀라 숲이 우거진 산속으로 힘껏 내달렸다. 그렇게 한참 달리던 도중 소도둑은 재수좋게도 나뭇가지에 걸려 호랑이 등에서 벗어날 수 있게 되었다.

간신히 나뭇가지를 잡고 나무 위에 올라선 소도둑은,

"휴……, 이제야 살았구나."

하고 긴 한숨을 내쉬었다.

한편 뒤도 돌아보지 않고 정신없이 달리던 호랑이도 걸음을 멈추었다. 그리고 주위를 조심스럽게 살펴보았다. 주위엔 아무것도 없었다. 호랑이는 그제야 비로소 마음을 놓았다.

"곶감이란 정말 무서운 놈이구나. 다시는 마을에 내려가지 말아야지."

그 후로부터 그 산마을에는 소도둑도 얼씬거리지 못하였고 또한 호랑이도 내려오지 않았다고 한다.

(3) 절개 앞에 무릎 꿇은 호랑이

옛날 한 마을에 임윤덕이라는 선비가 있었다. 그는 글재주도 뛰어났지만 대담하고 용감하기로 당할 사람이 없었다. 한 번은 그가 산길을 가다가 허기를 채우기 위해 열매를 따려고 골짜기로 들어섰다. 바로 그때 저만치 숲 속에서 작은 소리가 들리며 비린내가 풍겨왔다.

그곳으로 다가가 보니 황소 같은 호랑이 한 마리가 큰 멧돼지를 뜯어 먹고 있었다. 임윤덕은 선비였지만 거구장신인데다 수염도 덥수룩해서 장수 같은 풍채였다. 거기에다 허리에 찬 두 자루의 긴 칼이 위엄을 더했다.

임윤덕은 호랑이 앞으로 선뜻 나서서 눈을 부라리며 호령하였다.

"이놈, 너는 짐승의 왕인지는 몰라도 나도 이 산중에서는 만 사람의 왕이다. 콩알도 나누어 먹는다는데 너 혼자만 먹기냐!"

그러자 호랑이는 임윤덕의 기개를 알아본 듯 뜯고 있던 멧돼지를 놓고 뒤로 주춤주춤 물러서는 것이었다. 그러자 임윤덕은 시퍼런 칼을 뽑아들고 멧돼지의 살찐 뒷다리 하나를 뗐다. 제 이빨이 아무리 날카로워도 칼날에 의해 여지없이 베어지는 돼지를 보더니 호랑이는 더욱 풀이 죽었다.

"마음을 알아보는 영물이로구나!"

움막으로 돌아와 포식한 임윤덕은 그 뒤부터 고기 생각만 나면 범바위 앞에 가서 기다렸다가 한몫을 떼왔다. 이렇게 횟수가 거듭되자 호랑이는 체념한 듯 먹이를 잡으면 으레 임윤덕이 먼저 가져가도록 기다리고 있었다.

(4) 호랑이 꿈풀이와 속담

- 꿈에 호랑이의 가죽을 얻으면 부귀한다.
- 꿈에 호랑이가 크게 울면 벼슬을 한다.
- 꿈에 호랑이를 타고 다니면 악한 일이 없어진다.
- 호랑이도 제 말하면 온다.
- 하룻강아지 범 무서운 줄 모른다.
- 호랑이도 제 새끼는 잡아먹지 않는다.
- 범 가는 데 바람이 간다.
- 범도 죽을 때 제 굴에 가 죽는다.
- 범에 날개
- 범은 그려도 뼈다귀는 못 그린다.

"호랑이는 죽어서 가죽을 남기고 사람은 죽어서 이름을 남긴다"는 속담이 있다.

호랑이한테는 세 가지 덕이 있다고 한다.

첫째는 호랑이의 위용이다. 호랑이는 위풍당당하고 자세가 늠름하다. 그리고 예리한 안광과 사방을 둘러보는 형형한 눈동자를 지녔고 또 태연자약한 걸음걸이로 밀림을 걷는 영용한 자태를 가지고 있다. 호랑이의 위엄 가득한 얼굴이나 무서운 이빨, 긴 수염이 모든 짐승을 위압한다. 호랑이는 굶을지언정 썩은 고기는 먹지 않는다.

둘째, 호랑이의 용의주도한 정신이다. 호랑이는 치밀하고 빈틈이 없다. 호랑이는 싸움을 할 때 단숨에 적을 때려눕힌다. 절대로 실수가 없다. 호랑이는 자기 굴 속으로 들어갈 때에도 항상 뒤걸음질을 하며 들어간다. 언제나 날카로운 눈으로 앞을 살피고 옆을 살피고 뒤를 살핀다.

셋째, 호랑이의 용기이다. 호랑이는 용감무쌍하다. 적을 잡기 위하여 바람을 일으키며 산속을 번개처럼 질주한다. 180킬로그램이나 되는 육중한 몸으로 백 미터를 5초에 달리며 영하 24도의 추위 속에서도 사지를 뻗은 채 잠을 잔다.

백두산 호랑이는 세계에 널려 있는 8종의 호랑이 중에서 가장 크고 힘이 세다고 한다. 몸 길이가 2미터 안팎, 꼬리 길이가 1미터, 몸무게가 200킬로그램 안팎, 높이뛰기 5미터의 탄력을 가진 백두산 호랑이는 멧돼지, 큰 사슴, 물소 같은 큰 짐승을 앞발로 쳐서 단숨에 목뼈를 부러뜨릴 수 있으며 180킬로그램이나 되는 소를 300미터쯤은 쉽게 끌고 간다고 한다.

네번째 간지
토끼띠

겉보기나 속마음이 매우 온순하고 교양이 넘치며 용모가 아름답다.

천성적으로 조심성이 있고 신중하다.

다른 사람의 적수가 잘 되지 않고 어떠한 분규에도 쉽게 휩쓸리지 않는다.

때문에 한 번에 성공하기는 어렵지만 일생이 편안하고, 안정된 생활을 하게 된다.

이들은 세심하고 민첩하며 평화를 사랑하는 평화주의자이며 속세에서 성공할 수 있는

전형에 속한다.

1

❀ 토끼띠의 전체적인 성격과 운세 ❀

토끼띠는 온순하고 친근하며 언제 어디에서나 사람들의 사랑과 존경을 받는다. 화내는 일이 매우 적으며 자신으로 말미암아 시끄러운 일이 생기지 않도록 노력한다. 뿐만 아니라 시끄러운 일이 생기면 즉시 그 장소를 떠나 거기에 말려들지 않으려 한다. 이런 사람은 언제 어디에서나 한두 명씩 볼 수 있는데 만약 당신의 주변에 이런 사람이 있다면 그를 토끼띠라고 예측해도 대개 틀리지는 않을 것이다.

토끼는 12지(十二支) 중 제일 약소한 동물로서 토끼해에 태어난 사람은 토끼와 같은 품성을 갖고 있다. 즉 적을 만드는 것을 꺼려하며 처음 만나는 상대방에게 좋은 인상을 주게 된다. 그리고 매우 신중하고 세심하다.

범띠에 속하는 사람을 호방한 신사라고 한다면 토끼띠에 속하는 사람은 예절 바르고 지조가 곧은 신사라고 할 수 있다. 인간관계에서부터 의식이나 복장 등에 이르기까지 신경을 쓰며 조그마한 실수도 하지 않으려 노력하므로 항상 긴장 상태에 있다. 그러다 보니 신경질적인 경향이 있다. 그러나 이와 반대로 토끼띠에 속하는 사람들은 지나치게 신중하여 비밀이 많고 현실을 외면하려는 경향이 있다. 더욱이 시끄러움을 싫어하기 때문에 다른 사람들에게 '좋다주의' 라는 인상을 주게 된다. 그리고 지나치게 평온한 생활을 기대하기 때문에 매사가 보수적이고, 개혁성이 약한 사람이 되기 쉽다. 그렇다고 해서 토끼띠에 속하는 사람들에게 개척 정신이나 애심이 없는 것은 아니다. 두뇌 회전이 빠르지만 사람들 앞에 나서서 일을 이끌려 하지 않을 뿐이다.

토끼띠에 대하여 중국 사람들은 '교활한 토끼는 굴 세 개를 판다'는 속 담으로 그들의 특성을 말한다. 즉 토끼는 세 개의 굴을 준비하고 언제나 위험에 대비한다. 토끼띠는 직관력과 정보수집 능력이 뛰어나 사전에 위 험을 알아채고, 신속히 안전한 곳으로 피할 수 있다. 그러나 그들의 이러 한 능력과 평화를 사랑하는 마음이 개인적인 쓰임새보다는 사회단체의 단결에 없어서는 안 될 존재가 된다. 때문에 지도자급에 속하는 토끼띠들 은 다른 사람들을 자신의 의견에 동조하도록 이끌지 않고 오히려 아랫사 람들의 의견을 청취하여 이를 상급자에게 반영하는 것이 자신의 임무라 고 생각한다.

본래 토끼띠들이 추구하는 행복은 인간관계의 번뇌와 속세의 복잡한 일 을 없애버리고 자기 세계를 보존하는데 목적이 있다. 바로 이러한 이유 때 문에 토끼띠들의 일생 운세와 재산 운에는 큰 난관이 없고 완만한 상승곡 선을 이루어 평온하고 안정된 생활을 할 수 있는 것이다.

직업적인 면을 살펴보면 섬세하고 민첩한 감각을 발휘할 수 있는 의류 업이나 인테리어, 화가, 시인 등이 비교적 좋다. 성격이 온화하고 독실하 여 사람들의 신임을 얻을 수 있으며 대부분의 토끼띠들은 사람과 사람의 관계를 조율하거나 금전 관리 등에 등용되기 쉽다. 이러한 사업에 종사하 면 크게 성공할 수 있다. 그러나 사전에 고통을 두려워하지 않겠다는 굳은 결심을 해야 한다. 이외에도 소띠나 범띠처럼 큰 사업을 하는 사람을 내조 해도 좋다.

토끼띠에 속하는 남성들은 자기 자신과 가정을 사랑하는 전형적인 애처 가이다. 주방에서 밥을 짓거나 채소를 볶는 등 작은 일에 즐거움을 느끼며 주말이면 집안 일을 잘 거들고, 집에 머물기를 좋아한다. 토끼띠 여성 역 시 남자들과 마찬가지로 섬세하지만 남성들보다 긴장감이 더 강하기 때문에 감각도 더 예민하다. 바꾸어 말하면 남자는 비교적 온화한 성격이고, 여성은 비교적 개성이 강하다는 느낌을 준다.

그러나 청결하고 깨끗한 것을 좋아하며, 색채 감각이 뛰어나기 때문에 의류업계에 종사하면 쉽게 성공할 수 있다. 동시에 정조(情調)를 중히 여기고 다른 사람을 잘 도와주기 때문에 이들이 일단 연회석상에 나타나기만 하면 연회장은 생기가 넘치게 된다. 남성은 다른 사람을 돕는 일이 자신에게 맞으며, 여성들은 결혼하기 전후 모두 경제적으로 여유가 있어 따로 사업을 하는 경우는 매우 적다.

토끼띠는 남녀 모두 로맨틱한 분위기를 좋아한다. 그러므로 데이트 장소는 미술관이나 조용한 공원, 혹은 호숫가를 찾아서 사랑을 속삭인다. 남자들은 지나치게 조심스런 면이 있어서 순정어린 여자를 아내로 삼아야만 결혼생활이 화목할 수 있다.

중국 속담에 '토끼띠 남자의 결혼생활에는 은혼식과 금혼식이 없다' 는 말이 있다. 만약 당신의 남자 친구가 토끼띠라면 그에게 남자로서 넓은 마음을 가르칠 것을 권하고 싶다.

2

🎎 토끼띠에게 적합한 직업 🎎

토끼띠는 너무 힘든 노동을 필요로 하는 직업은 적합하지 않다. 더욱이 많은 시간이나 세밀함을 요구하는 사업은 더욱 좋지 않다.

동시에 자신의 나약함으로 말미암아 일이 순조롭고 자연스럽기를 바라며 다른 사람과 경쟁하는 것을 싫어하고 자신의 이익을 위해 타인을 공격하는 것도 좋아하지 않는다. 그러므로 이율배반적 행위를 필요로 하는 사업은 적합하지 않다.

예민한 예술 감각과 감성적인 태도로 인생을 살아가는 토끼띠는 문학, 예술, 건축, 음악, 미술 등에 종사하는 것이 비교적 좋다. 이 방면에서 자기의 실력을 남김없이 발휘할 수 있고 또 성공을 이룰 수도 있다. 섬세하며 자세한 관찰이 필요한 일에도 잘 적응할 수 있다. 예를 들면 각종 자문, 사업고문, 편역, 보모 등의 일이다.

천진한 생각과 원만한 인간관계도 당신이 사업을 하는데 있어 큰 동지가 된다. 토끼띠의 인간관계는 매우 폭넓어서 사회 지도층 인사나 귀인이 있으며 아래로는 하층민도 있는데 모두 토끼띠의 벗이다. 그러므로 인간관계가 필요한 사업도 매우 적합하다.

그러나 경쟁이 치열한 사업이나 이해관계를 따지는 사업에 종사하는 것은 피해야 한다. 왜냐하면 이런 사업은 당신의 성격과 어울리지 않는다. 이런 특성을 토끼띠에 속하는 당신은 꼭 알아야 한다.

3

🏵 토끼띠에게 적합한 결혼 상대 🏵

토끼띠인 당신은 여성적인 온순함과 섬세함을 가지고 있을 뿐만 아니라 늘 다른 사람을 이해해 주고 생각해 주며 너그럽게 대하는 사랑스럽고 우아한 숙녀형 여성이다.

그리고 당신은 누구와도 분쟁하는 것을 원하지 않기 때문에 결혼이나 이성 친구를 사귈 때에도 별다른 제지가 없을 것이다. 반려자가 되어도 좋은 띠는 다음과 같다.

♣ 양띠

평화를 사랑하고 온순한 양띠 남자와 토끼띠인 당신이 결혼한다면 검은 머리가 파뿌리가 될 때까지 화목한 가정을 이룰 수 있다. 둘다 낭만적인 사람들로서 예술적인 재능과 흥취를 갖고 있다. 부부가 늙어서도 함께 여행하는 등 행복하고 즐거운 일생을 보낼 수 있다.

그러나 두 사람 다 임기응변이 부족하고 역경 속에서 일을 제대로 처리하지 못해 근심이 쌓인다. 환경이 변할 때에는 더욱 조심해야 한다.

♣ 개띠

개띠 남자들은 감정 기복이 크고 조급하며 화를 잘 낸다. 그러나 개가 적과 마주치면 짖어대듯이 개띠 또한 적대적인 사람과는 결사적으로 싸운다. 그러나 본성은 조용한 것을 좋아하고 평화로운 환경을 바란다. 그러므로 토끼띠 특유의 조용하고 온순함을 간직한 당신과 함께 한다면 반드시 행복한 가정을 이룰 수 있다. 문제는 당신의 그 강하고 어디서나 이기려 하는 성격이 개띠 남자와 함께 있을 때 겉으로 표현되지 않도록 주의해야 한다는 것이다.

♣ 돼지띠

돼지띠 남자들의 대부분은 솔직하고 한번 화가 나면 흉악한 기질로 변한다. 그러나 평상시에는 천진난만하고 작은 일에 연연해 하거나 신경쓰

지 않으며 마음이 넓다. 토끼띠인 당신과의 연분은 서로 오래 지내면 지낼
수록 감정도 더욱 깊어지게 된다. 당신은 호화로운 사회교제를 좋아하기
때문에 거기에 소모하는 비용도 대단히 많아서 재산운이 좋은 돼지띠 남
자에게 시집가면 금전으로 인한 어떤 고통도 받지 않게 되어 일거양득이
아닐 수 없다.

이외에도 성격이 무겁고 믿음직한 소띠나 환경 변화에 잘 적응하는 뱀
띠들도 당신과 오랫동안 함께 지낼 수 있는 상대들이다.

4

🌼 토끼띠에게 적합한 연애 상대 🌼

비록 결혼 상대로는 좋지 않지만 짧은 기간 동안 함께 할 수 있는, 결혼
을 전제로 하지 않는 연애 상대나 친구로 사귀기에는 어떤 사람이 적당한
지 살펴보기로 한다.

먼저 결론부터 말하면 쥐띠와 원숭이띠, 말띠, 범띠에 속하는 남자들은
성격이 강하고 말이 많으며 너무 자유분방하고, 자기 멋대로 행동한다. 심
지어 싸우기를 좋아하는 성격도 가지고 있다. 이와 반대로 토끼띠인 당신
은 매우 쉽게 긴장하는 사람으로써 정서적으로 안정되지 못하고 위의 쥐
띠나 원숭이띠, 말띠, 범띠에 해당하는 사람들의 성격을 받아들이지 못하
기 때문에 이들과 결혼하기는 매우 힘들 것이다. 물론 그 원인은 당신의
딱딱하고 고집스러운 성격이 문제가 될 수 있다는 점을 알아야 한다.

상대적으로 위에서 말한 부류들은 모두 민첩하고, 지혜로우며, 낭만적

이고, 너그러워서 연애하기에는 상당히 이상적인 상대들이다. 그러나 만약 이 남자들이 저녁이나 밤에 태어났다면 비교적 온순하여 온화한 당신과 결혼한다면 감정이 잘 어울릴 가능성도 있다.

여기에서 짚고 넘어갈 것은 만약 원숭이띠나 뱀띠 남자와 만나게 되면 유괴되거나 협박당할 위험성이 대단히 크므로 반드시 조심해야 한다.

5
❀ 토끼띠가 피해야 할 상대 ❀

앞에서 살펴본 원숭이띠와 뱀띠에 속하는 남자들은 본질적으로는 연분이 좋지 않지만 유머가 풍부하여 단기적으로 교제하기에는 좋다. 그러나 결혼 상대로는 적합하지 않다.

토끼띠인 당신의 입장에서 볼 때 아무리 짧은 기간이라도 절대 인연을 맺지 말아야 할 사람은 다음의 두 가지 부류이다.

그 하나는 닭띠에 속하는 남자이다. 신경질적이고도 섬세한 당신이 닭띠 남자와 만나게 되면 그가 하는 말 한마디 한마디가 모두 당신의 마음을 상하게 한다. 이런 일이 계속 반복되면 필연코 정신적으로도 지탱해내지 못하게 된다.

어느 누구나 결점이 있다. 그러나 그것은 말해도 되는 것과 말하지 말아야 할 것으로 나뉜다. 바꾸어 말하면 말해서 고칠 수 있는 결점은 말해도 괜찮지만 말해도 고칠 수 없는 결점, 이를 테면 못생긴 외모 등에 대해서는 절대로 입밖에 내지 말아야 한다.

그런데 닭띠 남자들은 늘 아무곳에서나 말을 가리지 않고 내뱉는다. 그렇기 때문에 포용력이 넓지 않다면 이를 받아들이기 힘드므로 아예 닭띠 남자를 피하는 것이 상책이다.

결혼, 연애 상대 - 토끼띠 여성

12간지	쥐	소	범	토끼	용	뱀
결혼 상대	◎	◎	✖	△	◎	◎
연애 상대	◉	△	◉	△	◎	◎
12간지	말	양	원숭이	닭	개	돼지
결혼 상대	✖	◉	△	✖	◉	◉
연애 상대	◉	△	◉	◎	◎	◎

결혼, 연애 상대 - 토끼띠 남성

12간지	쥐	소	범	토끼	용	뱀
결혼 상대	◎	◉	✖	△	△	◉
연애 상대	△	◎	△	△	◉	◎
12간지	말	양	원숭이	닭	개	돼지
결혼 상대	◉	◉	△	◎	△	◉
연애 상대	◎	△	◎	◎	◎	◎

아주 좋음 ◉   좋음 ◎   주의할 것 △   피하는 것이 좋음 ✖

다른 한 부류는 말띠 남자이다. 말띠 남자들은 자유분방한 것을 좋아하므로 당신이 버림받을 위험이 많다.

이들은 처음에는 매우 열정적으로 당신을 사랑할 수도 있지만 두 사람의 감정은 아주 짧은 동안 유지할 수밖에 없다. 당신이 말띠 남자와 사랑을 키워가기 위해서는 자기가 사랑하는 것과 사회적 목표 모두를 희생시켜야만 가능해질 수 있다. 그러므로 가장 좋은 방법은 말띠 남자는 처음부터 멀리하는 것이다.

6

🎴 혈액형에 따른 토끼띠의 운세 🎴

♣ A형

혈액형이 A형이며 토끼띠인 사람들은 성격이 평온하고 온화하다. 어떤 일을 당하든 평정을 유지하며 극단적으로 행동하지 않는다. 사업이나 생활에서 절대로 적을 만들지 않으며, 누군가가 무례하게 행동하더라도 예절을 갖추고 절도 있게 반격하여 상대방을 당황하게 만든다.

자기의 감정과 속마음을 잘 나타내지 않으며 비록 좋아하지 않는 사람일지라도 그에 대한 혐오감을 나타내는 법이 없다. 나쁜 일이 생기면 멀리 피해 버린다.

일을 처리함에 있어서 매사 조심하고, 심사숙고하며, 세심하고 주도면밀하다. 사업성이 매우 강하며 자신의 앞날은 오직 끊임없는 노력과 강인한 의지에 의해서만 실현될 수 있다고 믿으며 행복은 저절로 찾아오지 않는다는 것을 알고 있다.

예술적 감각이 뛰어나고, 아름다운 사물을 동경하며 몸치장에 상당히 신경을 쓴다. 눈치가 빨라 사람들의 기색을 잘 살피고 주위 사람들의 심리를 정확하게 파악한다.

언제나 깍듯이 예의를 지키며 늘 웃는 얼굴로 사람을 대한다. 하지만 다른 사람을 쉽게 접근시키지 않는 냉혹함이 있어 항상 일정한 거리를 둔다. 그러나 모든 사람과 잘 어울린다.

일생 동안 편안히 지내고, 가정과 사업에 큰 풍파가 없으며 모험도 없다.

♣ B형

혈액형이 B형이며 토끼띠인 사람들은 초인간적인 매력을 갖고 있다. 또한 총명하고 세심하며 매우 유머러스하다. 우아하고 온화하며 친근하고 수많은 동맹자와 숭배자, 추종자가 있다.

사람과의 인연이 매우 좋아 상급자에게 칭찬을 듣고 동료들의 박수를 받으며 친구들이 좋아하는 유형이다. 이야기 소재가 풍부하고, 말재주도 뛰어나 어디를 가든 모든 사람들에게 웃음을 선사한다.

일반 사람들을 능가하는 판단 능력과 미래를 예측하는 능력, 뛰어난 감각을 갖고 있기에 모든 사실을 정확히 보고, 어떤 사람을 만나더라도 상대방의 심리를 잘 파악하여 상대방을 즐겁게 해 준다.

사업을 운영함에 있어서 조리정연하고 질서가 있으며 어떤 큰 문제가 발생해도 참고 해결하며 어떤 고난도 교묘하게 극복해 나간다.

그러나 마음 속에는 늘 공허함이 있어 예술의 추구와 탐구에 정력을 쏟는다. 예술적인 면에 천재적인 재주가 있으며 예술에 대한 이해와 감수성이 다른 사람에 비해 훨씬 뛰어나기 때문에 예술 창작활동에 종사하게 되면 쉽게 성공을 이룰 수 있다. 특히 소설이나 극 창작 분야에서 더욱 쉽게 성공을 얻을 수 있다.

♣ AB형

혈액형이 AB형이며 토끼띠인 사람들은 성격이 상당히 복잡하다. 때로는 친절하고 솔직하지만 또 때로는 고독하고 냉정하다.

이처럼 좀 고독하고 괴팍하며 교제를 싫어하고 늘 혼자 있는 것을 좋아하는 성격 때문에 사람들에게 냉담하다는 느낌을 심어주게 된다. 그는 늘 자기 혼자 떠날 멀고도 낭만적인 여행을 마음속으로 계획하고 있다.

그는 또한 의심이 많다. 겉보기에는 온순하고 세심하지만 다른 사람들과 일정한 거리를 유지하고 있다. 사람들과 교제를 할 때에도 어느 정도 가까워지면 더이상 관계를 발전시키지 않는다.

인간관계가 부족하고 마음을 알아주는 친구가 없으며, 적을 만들지도 않는다. 어떠한 상황에서도 마음의 평정을 유지하며 격렬한 언사나 극단적인 행동을 하지 않고 다른 사람들의 미움을 사지도 않는다.

대자연에 대한 호기심이 많아 혼자서 등산하기와 감상하기를 즐기며 대자연의 아름다움에 도취되기도 한다.

예술적 재능이 뛰어나며 특히 시나 회화에 대해서는 천재적이다. 이 방면으로 계속 가다듬어 발전하면 대단한 명성을 날릴 수 있다.

겉보기에는 고지식하다는 느낌을 주지만 사실 마음은 매우 충실하고 흥도 많은 낭만주의자이다. 다만 자신의 감정표현을 싫어하고 자제할 뿐이다.

일생을 편안히 지내며 큰 고난이 없고, 일생의 운세는 천천히 상승하는 추세이다.

♣ O형

혈액형이 O형이고 토끼띠인 사람들은 기질이 우아하고 늘 미소를 간직하고 있다. 대화 소재가 풍부하고 흥미로워서 항상 사람들의 웃음을 자아낸다. 분별력이 있어서 어떤 말은 해야 하고 어떤 말은 하지 말아야 하는지 잘 알고 있으며 또한 어떻게 말해야 하는지에 대해서도 잘 알고 있다. 사람들과의 연분은 매우 좋다.

겉으로 보기에는 매우 온순해 보이지만 실제로는 좀 신경질적이며 일단 마음에 거슬리는 일이 있으면 안절부절못하고 식사도 제대로 하지 않는다. 담이 약하고 겁이 많은 토끼의 성격의 발로인지도 모른다. 그러나 다른 혈액형의 토끼띠에 비하면 대담하고 호방하며 과감한 편이다.

동정심이 많아 만약 친구나 동료들에게 고난이 생기면 자기의 재산을 털어 구제해 준다. 그러나 가족에게는 좀 냉담한 편이다.

천재적이라 할 정도로 총명하고, 세심하고, 배우는 것을 좋아한다. 착실하고 근면해서 생활은 날로 부유해진다.

그러나 생활이 아무리 부유하다고 해도 절대로 낭비하지 말아야 한다. 낭비는 최대의 죄악이라는 것을 명심해야 한다. 생활은 매우 충실하고 끊임없이 음악과 문학, 미술에 대해 흥미를 가지며 비록 예술에서 성공하지 못하였다 하더라도 그 기쁨은 무궁할 것이다.

7

✿ 별자리에 따른 토끼띠의 운세 ✿

♣ 양자리 (3월 21일~4월 20일)

양자리 토끼띠의 특징 중 하나는 바로 관심이다. 그는 전통과 가치 있는 것에 관심이 많을 뿐만 아니라 이런 것들을 향유할 수 있는 자신의 능력을 대단히 기뻐한다. 이런 사람은 우아함과 지혜를 얻어 영감적인 기질을 가진다. 양자리 토끼띠는 토끼 중의 토끼이다.

양자리 토끼띠는 집 근처의 작은 상점에서는 볼 수 없으며 박물관에서라면 금방 찾을 수 있다. 양자리 토끼띠의 예술성은 어떤 하나에 국한되는 것이 아니라 우아하고 아름다운 것과 문화에 대한 추구가 그들의 진정한 목표이다. 재물은 사리에 맞게, 그리고 고전적인 방법으로 모으는 것을 원한다. 그들은 모험적인 투자에 참가는 하지만 매우 조심스럽게 행동한다. 양자리 토끼띠는 정력이 뛰어나지만 맹종하거나 타인을 해치지는 않는다.

그들은 집안에 다양한 식물과 앉을 자리, 긴 의자와 베개를 많이 놓으며 상당히 고급스런 샤워기를 그에 걸맞는 욕실에 장치한다. 그리고 언제나 흔들의자에 편안히 앉아서 조용히 아름다운 음악을 듣는다. 물건에 대하여 그는 그다지 중요하게 생각하지 않으며 정갈한 음식을 즐기지만 집에서 만든 소박한 음식도 꺼리지 않는다.

양자리 토끼띠는 능력이 뛰어난 사람이다. 그들은 여러 가지 일을 능히할 줄 알지만 창조력이 있는 사람은 아니다. 그들은 아름다움과 이상을 숭배하고 가정 환경을 꾸미며 아름다움과 이상을 몸소 자기의 것으로 만든다.

♣ 황소자리 (4월 21일~5월 21일)

황소자리 토끼띠는 안전을 추구하는 경향이 있을 뿐만 아니라 나약함을 나타내기도 한다. 황소자리 토끼띠는 안전을 최우선으로 생각하기 때문에 어느 곳에 있던지 각종 담보와 보험을 요구한다. 만약 집세를 물지 못하거나 아이들에게 안락한 생활을 보장할 수 없다면 자신이 가지고 있는 능력을 제대로 발휘하지 못한다. 그러나 황소자리 토끼띠는 절대 고지식한 사람이 아니다.

황소자리 토끼띠는 천성적으로 상상력이 뛰어나다. 그들은 예술적 창작 분야에서는 뛰어난 발명가이자 창의로운 사상가이다. 그들은 자신의 특별한 시야와 영감으로 부를 쌓으며 그것으로 인해 성공하게 된다.

황소자리 토끼띠는 집안에 틀어박혀 있는 것을 좋아하며 안정을 중시하는 사람이다. 그리하여 일단 그가 안락한 응접실에 앉게 되면 영화관이나 연회장으로 끌어내기가 상당히 힘들다.

황소자리 토끼띠가 자기의 숭고한 목표에 도달할 때 그들은 언제나 '위험'과 직면한다. 성공이라는 것은 표면적으로는 매우 좋은 듯하지만 일단 성공하고 나면 모든 생활이 바쁘게 돌아가 이전에 누려왔던 자신만의 안락한 생활을 포기해야 한다. 그리하여 집안에 박혀 있기를 좋아하는 황소자리 토끼띠에게는 이 모든 것이 위험으로 비춰진다.

황소자리 토끼띠는 소수의 오래된 친구나 잘 아는 이들을 청하여 저녁을 같이 즐긴다. 그들은 많은 사람들이 자신의 주위에 맴도는 것을 좋아하지 않는다.

황소자리 토끼띠는 성공하여 진정한 승리의 과실을 맛본 후 매우 만족스레 조용히 은퇴하여 자기의 안정된 옛 생활로 돌아가 그곳에 영원히 남는다.

♣ 쌍둥이자리 (5월 22일~6월 21일)

쌍둥이자리 토끼띠는 엄숙한 면이 없고 질서 또한 없는 듯한 인상을 준다. 하지만 이렇게 단정지어 버린다면 그것은 대단히 잘못된 착각이다. 쌍둥이자리 토끼띠는 따뜻한 마음의 소유자이며 주위의 사소한 것에도 관심을 가진다. 아인슈타인이 과학을 탐구할 때보다 더한 질서가 그의 내면에 있다. 신속, 민첩한 것이 그의 무기이며 임기응변 능력은 그의 탄알로서 완벽하게 이 전사에게 구비되어 있다.

쌍둥이자리의 의심 많고 우유부단함은 토끼띠의 신중한 생각에 의해 거의 사라지게 된다. 쌍둥이자리 토끼띠는 일단 계획을 세우고 심사숙고한 다음 그것을 행동으로 옮긴다면 매우 신속하게, 그리고 어떻게 화력을 집중하여 자신의 목표를 달성할지 그 방법을 잘 알고 있다.

그들은 타고난 표현의 명수이다. 그들의 제일 큰 즐거움은 어떤 내용을 완전히 소화시켜 관중들에게 전달하고 그들을 흥분의 도가니로 몰아넣는 것이다. 그리하여 끝내는 기립 박수를 치게 만드는 것이다. 파티장에 그가 나타나기만 하면 모든 손님들은 그에게 미소를 보내고 머리를 끄덕이면서 그의 행동을 주시한다. 그리고 쌍둥이자리 토끼띠의 다채롭고 감동적인 이야기와 제스처에 귀를 기울인다.

그러나 이 쌍둥이자리가 긴장할 때는 마치 한 마리의 고양이와 같다. 그들의 복잡한 성격은 토끼띠와 쌍둥이자리가 태어날 때부터 주어진 특징이다. 그들은 단순한 성격의 사람이 아니다. 그들이 어떤 대상에 접근할 때, 그 상대의 반응을 실험한 후 돌아서서 깊이 생각하고 또 다시 접근하여 재차 실험을 한다. 그런 후에야 그들은 긍정적인 선택을 내리게 되는 것이다. 이러한 일들은 음식으로부터 옷, 벗들과 직업에 이르기까지 모든 것에 해당한다.

♣ 게자리 (6월 22일~7월 22일)

게자리 토끼띠는 전형적으로 집을 사랑하는 사람이다. 만약 궁핍하지만 않다면 그는 정말로 편안하고 따스한 잠자리를 영원히 떠나지 않을 것이다. 그에게 있어 가정은 그의 생활의 중심이다.

그러나 그는 은사(隱士)가 아니다. 그와는 정반대로 일단 그와 친해지면 상당히 열정적이고 말이 많은 사람이라는 것을 알 수 있다. 평상시에 그들의 이야기는 미래에 할 일과 집안에서의 몽상으로 꾸며진다.

그들은 남을 잘 대접하며 충실하고 믿음직하다. 게자리 토끼띠는 명예를 소중히 생각하고 정직하지만 이것이 지나치면 자기를 대단한 사람으로 착각하고 또 자랑거리로 여기기도 쉽다. 그러므로 항상 이런 경향을 경계해야 한다. 그들은 여유로운 것처럼 위장하며 능력이 자신보다 떨어지는 사람에 대해서는 인내심이 없다. 표면적으로는 악의 혹은 분노가 적어 보이지만 일단 모순이 발견되면 매우 흉악해진다.

게자리는 물건에 대한 욕심이 많고 토끼띠는 또 물건들을 닦고 고치는 것을 좋아한다. 이 두 가지 성격이 합해지면 고물상 혹은 고물장수가 된다. 그들은 물품을 수집하는데 매우 흥미가 있으며 힘 닿는 대로 진귀한 보물을 모은다. 겉보기에는 매우 소박한 듯하지만 그를 모르는 사람들은 그들이 거대한 재물을 가지고 있다는 사실을 생각조차 못할 것이다.

그들은 조심스럽고 겸손하고 야심이 있으며 재물을 사랑하고 신비롭다. 그러나 이러한 성격 이외의 숨어 있는 부분을 잊지 말아야 한다. 그들은 감정에 쉽게 이끌리고 심지어 가련하게 보이기도 하며 눈물을 흘릴 때도 있다. 그러나 그들과 교제할 때는 그를 알고 자기도 알아야 하며 경솔하게 행동하여 그의 노여움을 사지 말아야 한다.

♣ 사자자리 (7월 23일~8월 22일)

사자자리 토끼띠는 매우 영활하고 기민하다. 장엄하고 독립적이며 선비답고 고상하다. 거기에 사자의 강개한 기질을 더하면 이런 사람은 위업을 성공시킬 필요 조건을 모두 갖추었지만 사자자리 토끼띠는 '권위' 라는 두 글자에 연연해 하지 않는다. 그들은 평상시에 집안에 앉아서 금전이 부딪치는 소리를 듣는 것만으로도 만족해 한다.

사자자리 토끼띠의 유일한 단점은 조심성이다. 그들은 생활의 어두운 면—유혈, 충돌, 대항, 증오와 같은 일—에 절대 끼어들지 않는다. 그가 요구하는 것은 단지 바쁘지만 편안하고 따뜻한 생활이다.

사자자리는 자연스럽게 사람들의 이목을 집중시킨다. 그는 사람들의 흠모를 받는 것을 좋아한다. 그는 사자자리 특유의 허영적인 권력을 자랑하지만 다른 사람에게 그의 권력을 남용하지는 않는다. 태도가 온화하여 결코 자기의 의견을 다른 사람에게 강요하지 않는다. 다른 사람이 어떻게 생각하든 사자자리에 속하는 사람은 확실히 보통 사람이 아니다. 이 사람의 판단은 신임할 수 있다.

사자자리 토끼띠는 교활하고 논란이 이는 일에 대하여 독특한 육감이 있다. 그들은 다른 사람의 번뇌를 관찰할 수 있고 필요할 때 협조를 제공한다. 그러나 이런 천부적인 육감이 있다 하더라도 그들은 매우 복잡한 인사 문제에 끼어들지 않는다. 그리고 일이 나쁜 방향으로 움직일 때 그들은 직감적으로 매우 신속하게 다른 방향으로 몸을 돌린다.

사자자리 토끼띠는 능력이 매우 뛰어나다. 그들은 욕구가 높고 태도가 온화하게 사업에 종사한다. 즉 그는 제일 많은 이익을 얻을 수 있으면 된다. 그는 또한 겸손의 필요를 알기 때문에 언제 어떻게 뒤로 물러날지를 안다. 그는 아직 제일 높은 자리에 오르진 못하였지만 우아하게 뒤로 한 발 물러나 다음의 비약을 위해 준비한다.

♣ 처녀자리 (8월 23일~9월 22일)

처녀자리 토끼띠는 '조심성'의 화신이다. 사람들은 도무지 그들의 불평을 들을 수 없으며 영원히 그들의 실수도 볼 수가 없다. 이런 사람들은 매우 조심스럽게 위험을 회피하며 심지어 제일 중요한 일조차도 스스럼 없이 포기하는 것으로써 평화를 유지하고 전쟁을 피한다.

처녀자리 토끼띠는 고독을 즐긴다. 그는 집에 혼자 남아 있는 것을 좋아하며 두 발을 벽난로 가까이에 놓고 책을 읽으면서 극단적인 침묵과 적막을 친구로 한다. 이럴 때에는 집의 문을 자물쇠로 단단히 잠그고 창문에 경보시설을 갖추어 놓으며 주위의 담도 두껍게 쌓는다. 그들은 다른 사람과의 대화를 즐기지 않으며 시끄러움을 참지 못한다.

이런 사람과 마음이 통한다는 것은 매우 힘든다. 그들에게 가까스로 접근할 수는 있을지언정 앉아서 이야기를 나누거나 쓸데없는 대화는 그에게 혐오감을 줄 뿐만 아니라 심지어 그들로 하여금 겁을 집어먹게도 한다. 그들은 이야기를 나누는 것은 하나도 중요하지 않은 것이라고 생각한다. 다른 사람에게 재미있다고 느끼는 사소한 담론과 이야기는 처녀자리 토끼띠에게 불안감을 준다.

처녀자리 토끼띠는 자기를 매우 모범적인 사람이라고 자랑하는 사람이 아니다. 그들은 자기가 덕행을 갖추고 있음을 나타내기 위해서 신경을 쓰지는 않는다. 그리고 다른 사람의 단점과 결점을 포용하는 방법도 잘 알고 있다.

처녀자리 토끼띠는 매우 열심히 진보하기 위해 힘을 쓴다. 그들은 안정되고 침묵하는 방식으로 진보에 힘쓰며 그들에게 제일 적합한 이상적 환경을 찾는다.

그들은 다른 사람과 사귀기가 매우 힘든 성격이어서 가까이 있어도 멀리 떨어져 있는 것 같은 느낌을 준다. 하지만 사업에 있어서는 정반대다.

처녀자리 토끼띠는 자기 자신에 대해 절제가 엄격하기에 동료들에게도 그것을 요구한다.

처녀자리 토끼띠는 사람들에게 권력과 재물에 아부하는 사람이라는 질책을 자주 받는다. 이는 그가 우아한 것을 좋아하고 전통을 고수하려는 욕망 때문에 빚어지는 것이다. 그는 옷차림과 행동 그리고 사교적 예의를 매우 중시하고 엄숙하게 사람들을 대한다. 그는 일상생활 중에서 어떤 큰 모험적인 일이 발생하지 않기를 바라지만 그를 필요로 할 때는 매우 용감하게 돌진한다. 이러한 일은 그에게 번뇌를 주지 않는다. 다만 그로 인해 발생하는 의외의 충돌을 피하기만 하면 된다. 그들은 뜻밖의 일에 대해 두려움을 느끼고 변화를 싫어한다.

♣ 천칭자리 (9월 23일~10월 22일)

품위가 있고 우아한 생활방식은 천칭자리 토끼띠가 추구하는 목표이다. 천칭자리 토끼띠는 가정을 사랑하고 의심이 많으며 결벽증이 있고 신경질적인 사람이다. 그들은 다른 사람을 잘 믿지 않는다. 천칭자리의 지나치게 심사숙고하는 습관은 어떠한 사람이나 일에 대해 판단을 내릴 때 언제나 거절하게 만드는 역할을 한다. 그는 결정하기 전에 언제나 우유부단하기에 좋은 기회를 앉아서 놓친다.

현대인들은 젊었을 때에 적잖이 방황하는 경향이 많다. 그러나 천칭자리 토끼띠는 언제나 자기 자리를 찾으며 팔십 고령이 되어 죽음이 임박해도 마찬가지다. 그는 집안에 틀어박혀 어떠한 것도 자기의 높은 품위를 충족시키지 못한다고 불평을 늘어놓는다. 그러므로 그들은 언제나 원래의 자리(집에서 어머니의 옆에 있더라도)에 있고 용기를 내어 어떤 일도 변화시키려고 하지 않는다.

천칭자리 토끼띠는 완고하지 않다. 그러나 만약 긴박한 상황이 닥쳐서 신속하게 결정을 내려야 할 때 성질이 난폭해지거나 혹은 엄숙하고 무서운 사람처럼 비춰져 상대방이 감히 접근하지 못한다. 그들은 폭넓은 인간 관계를 맺지 못한다. 하지만 자신의 필요에 의한 경우에는 완전히 다른 인상을 준다.

천칭자리 토끼띠는 오락을 즐긴다. 그들은 각종 연회에 참가하며 유명인들에게 접근하여 명함을 교환하거나 매우 즐겁게 이야기를 나눈다. 그러나 그 연회장을 떠나서 집에 돌아온 후에는 창문을 꽁꽁 닫아건 채 집에 숨어버린다. 그들은 자기 집의 편안함을 중시하며 또 조심스럽게 그것을 보호한다. 이것이 천칭자리 토끼띠의 단점으로 작용하기도 한다.

고지식한 그의 생활은 그 스스로 조심성과 폐쇄성으로 인해 사회 생활을 힘들게 한다. 하지만 표면적으로만 그럴 뿐 천칭자리 토끼띠는 안정을 추구하는 뿌리 깊은 안정형이다.

♣ 전갈자리 (10월 23일~11월 22일)

전갈자리 토끼띠는 장중하고 체면을 중시한다. 그들은 사람들의 존경을 받으며 돈을 잘 벌고 재정을 잘 관리하며 언제나 주변 사람들에게 숭배를 요구한다. 외면적으로 보면 그는 냉정하고 덕을 갖춘 듯하지만 속은 고집이 세고 냉혹하다. 전갈자리 토끼띠는 말과 행동이 일치한다. 그는 일을 하거나 말하기 전에 먼저 신중하게 생각한다. 사람들은 이들의 고무를 쉽게 받는다.

그는 어려운 일이 닥치면 그 문제를 어떻게 처리해야 하는지 방법을 알 뿐만 아니라 분노한 군중을 어루만지고 광분한 사람을 달래는 방법을 잘 알고 있다. 이런 전갈자리의 속성은 그에게 어두운 면을 일깨우며 공포가 생기는 원인에 대해 깊이 이해하게 한다. 토끼띠의 일면은 그로 하여금 냉정을 유지하는데 필요한 기민과 모략을 가지게 한다.

이 인성(人性)이 있는 영혼은 고귀하고 존엄하다. 혹시 그는 자기가 처리하는 일에 대하여 내심 겁이 나서 떨 수는 있다. 그러나 그리 겁낼 필요는 없다. 비겁함은 잠깐 동안의 모습이고 그들이 군중들 앞에서 자기를 절제할 수 있을 때 이런 능력은 사람들을 매우 놀라게 한다.

♣ 사수자리 (11월 23일~12월 21일)

사수자리 토끼띠는 우울한 생각을 동반한다. 그들은 상처를 입고 괄시를 당하며 고통 속에서 진보의 힘을 얻는 것 같다. 그는 활발하고 유쾌하다가도 갑자기 다른 사람의 차가운 눈초리를 받는 어떤 고통스러운 일에 떨어진다. 사수자리 토끼띠는 이런 애절한 기분 속에 매몰되는 것이 아니라 반대로 잘 이용할 줄 알아 일종의 비애에 찬 미소로 사람들을 매료시킨다.

사수자리 토끼띠는 매우 강한 자의식을 가지고 있어 자신에게 반(反)하는 것들에 대해 과감히 대항한다. 그들은 자기의 정력을 충분히 이용하여 강력한 자아상을 만들어 낼 수 있다. 도전하고 항의하는 것은 그의 천성이며 그는 용감하게 지배권을 얻어 상대방을 때려눕힐 수 있다.

사수자리 토끼띠는 고생스럽게 얻은 지위를 어떻게 보존하는지 알고 있으며 또한 군중의 요구에 순응하여 그것이 자기에게 득이 되게 하는 방법도 안다. 그들은 자신을 완전무결한 인물로 여길 때가 있으며 자기를 높은 곳에 올려놓고 다른 사람이 감히 접근하지 못하게 한다.

일반적으로 사수자리 토끼띠는 인자한 사람이다. 우리는 이 사수자리 토끼띠의 환호소리를 자주 들을 수 있는데 그들은 사회규범을 준수하고 다른 사람이 자기를 보는 관점에 대해 매우 중요하게 생각한다.

♣ 염소자리 (12월 22일~1월 19일)

토끼띠의 조심스러운 성격과 염소자리의 신중하고 섬세한 사유는 야심 있고 천부적인 성공자를 만들어 낸다. 염소자리 토끼띠는 그로 하여금 천천히 성공하는 특징을 구비하게 한다. 그리하여 아무리 급해도 쉽게 결정을 내리지 않으며 어떤 계획에도 섣불리 뛰어들지 않는다. 이런 사람은 지혜가 있으며 활발하고 정력이 충만하며 또한 상당히 시대적이다. 그러나 그는 조심스럽게 위험을 제거하고 몇 리 밖의 재난도 미리 관찰한다.

염소자리 토끼띠는 매우 유쾌하다. 항상 주춤거리는 토끼띠와 비교해 보면 비교적 활발하고 외향적이다. 그들에게 있어 벗들과 모여서 같이 마시고 먹고 즐기는 것보다 더욱 기쁜 일은 없다.

그는 당신이 좋아하는 노래를 틀어놓고 최근에 찍은 자신의 사진을 보여주지만 이야기를 의도적으로 이끌어 나가지 않으며 다른 사람의 주의를 흐트러 놓지는 않는다.

그는 평범하고 취미가 없는 현실을 싫어한다. 또한 그는 계획을 세우는 데 열중하여 현실에서 벗어난다. 그는 보호가 필요하며 평소 사소한 일을 피해야 한다. 염소자리 토끼띠는 언제나 능력이 있어야 하며 이런 사소한 일을 처리하는 사람이 필요하다. 그래야만 정력을 집중하여 더욱 중요한 일에 심혈을 기울일 수 있다.

황급해 하는 것이 염소자리 토끼띠의 특징이다. 그는 임기응변에 능란하지 못하여 갑작스런 변화나 혹은 일순간에 새로운 것을 접했을 때 허둥지둥하면서 어쩔 줄 몰라한다. 염소자리 토끼띠는 무위(無爲)한 일에 당황해 한다.

염소자리 토끼띠는 아침에 늦게 일어나며 집안을 어지럽게 만들어 놓는다. 그리고 손재주가 없다.

♣ 물병자리 (1월 20일~2월 18일)

물병자리 토끼띠는 뛰어난 지식인으로서 그들은 취미로 지식에 열중한다. 그는 이 세상 모든 일에 호기심을 가지며 자기가 만나는 사람들을 객관적으로 연구한다. 그는 지식, 사실, 소식, 학습과 경험을 깊이 받아들인다. 그는 책과 박물관에서 일생을 보낸다. 물병자리 토끼띠는 아는 것이 더욱 많기를 기대한다.

그들은 지식의 탐구를 누군가와 격렬하게 경쟁하지는 않는다. 다만 순수하게 소식을 얻는 기쁨을 만끽하기 위해 더욱 많이 알려고 노력할 뿐이다. 그들은 위대한 시구를 암송할 수 있고 심지어 셰익스피어가 지은 모든 극을 암송할 수 있으면 매우 흥미있는 일이라고 생각한다. 그러나 그들도 자신의 박식함을 자랑하는 경향이 있다. 그들은 자신이 알고 있으며 들은 것을 정리하여 자랑스럽게 얘기할 때 사람들에게 혼란을 준다. 그의 이런 지식을 실제 생활에 적용하여 구체적으로 운용할 목표를 설정하는 것이 제일 좋은 방법이다.

그러나 이런 지식이 바로 물병자리 토끼띠의 장점이자 약점으로 작용하기도 한다. 그들은 자신이 제일 가지고 싶은 것이 무엇인지를 결정하지 못하며, 자신이 생각한 어떠한 일도 할 수 있다고 생각하지만 반대로 자기가 무엇을 해야 하는지 잘 모른다.

이들은 뛰어난 투시력을 가지고 있어서 정확하고도 독특하게 다른 사람의 성격이나 욕구를 알아낼 수 있다. 이런 뛰어난 재주가 바로 사람들에 대해 깊이 연구해 온 그의 특징일지 모른다.

그들은 또한 낙천적이고 걱정이 없는 성격이다. 이처럼 낙천적이고 걱정이 없는 사람들의 특징은 번뇌가 없다는 것이다. 그러므로 복잡한 문제도 없다. 그들은 자주 여행을 떠나며 여러 부류의 사람들과 만나는 것을 좋아한다.

　물병자리 토끼띠는 언제나 새로운 벗과 친하며 그들과 호흡을 같이 한다. 그러나 개인적으로는 매우 보수적이어서 자기가 다른 사람에게 미친 영향을 걱정하기도 한다.

♣ 물고기자리 (2월 19일~3월 20일)

　물고기자리 토끼띠는 대부분 지극히 조심스럽게 일생을 보낸다. 그들은 상대방을 충분히 알기 전에는 대부분 침묵을 지킨다. 비로소 마음을 놓을 수 있는 친구라고 느낄 때에야 겨우 마음속의 말을 꺼낸다. 그들은 사교에 능란하지 못하며 시대와 유행에서도 멀리 비켜나 있다. 검소함은 그들의 목표이며 복잡함은 그들의 적이다. 그들은 이상과 질서를 추구하며 자기 개인의 관점이 옳다고 생각한다. 그리고 그들은 절대로 어떠한 자기 본의에 반한 일에 개입되기를 바라지 않는다.

　물고기자리 토끼띠에게 있어서 영예는 하나의 장애이며 피곤한 일이다. 그러나 토끼띠에 속하는 사람들 중 많은 이들이 유명인이 되기도 한다. 그들은 모든 계층의 예리한 관찰자이며 어떤 특수한 방법을 이용하여 일을 처리해야 하는지 잘 알고 있다. 그들은 매우 기민하고 주어진 기회를 결코 놓치는 법이 없다.

　그들은 거칠지 않고 무례하지 않으며 조급해 하지 않고 타인을 핍박하지 않으며 언제나 조심스럽게 행동한다. 물고기자리 토끼띠는 특별한 능력이 있는 것이 아니라 다만 다른 사람의 성과를 도둑질할 뿐이다. 그러나 그는 존경어린 마음과 엄숙함을 표현하여 상대방에게 그 성과가 별것 아니며 절실하게 필요한 것도 아니라고 느끼게 한다. 그는 비밀을 이해하며 또한 그것을 어떻게 이용하면 자기에게 이익이 되는지를 알고 있다.

세속적인 관점에서 보면 물고기자리 토끼띠는 어느 정도는 고독한 사람처럼 보인다. 그는 가정에 의존하는 사람으로서 익숙하고 안전한 환경에 머물기를 바라며 매우 자연스럽게 적응할 수 있다.

이런 사람들은 자주 득의양양해 하며 이해득실을 몹시 따진다. 그는 돌발적인 변화나 생활 형태의 변경을 좋아하지 않으며 이를 마치 지진이 일어나는 것처럼 당황스럽게 바라본다.

8

❀ 태어난 시에 따른 토끼띠의 운세 ❀

♣ 자시생 (子時生 : 오후 11시~오전 1시)

기민하고 다정다감하며 박식하다. 쥐가 토끼의 수줍어하는 태도에 생기를 불어넣어 그를 덜 냉담하게 만든다.

♣ 축시생 (丑時生 : 오전 1시~오전 3시)

소의 영향으로 이 토끼띠는 본래 갖고 있던 것보다 더 큰 권위를 갖고 행동하게 된다. 소의 정력과 자제력으로 크게 성공할 수 있을 것이다.

♣ 인시생 (寅時生 : 오전 3시~오전 5시)

생각이 빨라 허튼 소리를 잘하는 형. 그 내부의 벗이 이 사람을 더욱 공격적으로 몰아가지만 그 내부의 토끼 쪽에서는 자제심을 유지하려 할 것이다.

🐰
토끼띠

♣ 묘시생 (卯時生 : 오전 5시~오전 7시)

비범한 철학자. 결코 어느 편도 들지 않기 때문에 절대 경솔하게 행동하지 않는 놀라운 현자. 분명한 사실은 그가 자신을 아주 잘 보호할 수 있다는 것이다.

♣ 진시생 (辰時生 : 오전 7시~오전 9시)

야심만만하고 다루기 힘든 형. 그러나 그는 자신의 손을 더럽히는 것을 좋아하지 않는다. 그는 자신의 치밀하고도 훌륭한 책략을 다른 사람을 시켜 수행할 수 있기 때문이다.

♣ 사시생 (巳時生 : 오전 9시~오전 11시)

침울하고 사변(思辨)적인 형. 그러나 자부심이 강해서 절대로 남에게 조언을 구하는 법이 없다. 주위 환경에 대단히 민감하며 자신의 직관에 따라서만 행동하려 한다.

♣ 오시생 (午時生 : 오전 11시~오후 1시)

말의 자신감이 가미된 명랑한 형. 두 띠(말과 토끼띠) 모두가 승리자적인 본능을 갖고 있기 때문에 아주 좋다.

♣ 미시생 (未時生 : 오후 1시~오후 3시)

그 내부에 있는 양이 감언이설로 이 사람을 더욱 동정적이고 관대한 사람으로 몰고 간다. 그 결과 보다 관대하고 사랑이 많은 사람이 된다. 그러나 그는 또한 자기 분수 이상으로 씀씀이가 헤퍼질 수도 있다.

♣ 신시생 (申時生 : 오후 3시~오후 5시)

웃는 얼굴의 말썽꾸러기. 이 경우 토끼의 즉각적 외교술과 냉담한 태도가 원숭이의 간계를 완전히 가려준다. 따라서 교묘한 착취 준비가 완료될 것이다.

♣ 유시생 (酉時生 : 오후 5시~오후 7시)

내부의 닭에게 자신의 마음을 이야기하는 것을 배우게 된다. 그의 본래 분별력과 건전한 판단력을 생각할 때 그의 말은 경청할 만한 가치가 있다.

♣ 술시생 (戌時生 : 오후 7시~오후 9시)

내부의 개 때문에 이 토끼띠는 더 다정하고 솔직해진다. 그는 자신이 위험에 빠지게 되다 할지라도 타인들의 복지를 진정으로 걱정하면서 덜 냉담한 태도를 취한다.

♣ 해시생 (亥時生 : 오후 9시~오후 11시)

내부의 돼지가 이 사람의 세련된 취향에 짜임새까지 부여한다. 또한 돼지의 영향으로 그는 노골적인 이기심이 약화되면서 남을 도울 줄 아는 사람으로 변화될 수 있다.

9

🏵 토끼띠 해에 대하여 🏵

격동의 호랑이띠 해가 가고 이어 반갑게 찾아오는 평온한 해. 우리는 지난 해의 모든 전투에서 벗어나 상처를 어루만지면서 휴식을 하기 위해 어딘가 조용한 곳으로 떠나야 한다.

만물이 다시 새롭게 빛나며 사람들은 설득이 무력보다 낫다는 것을 인정하게 된다. 국제적 외교와 정치가 다시 전면으로 부각되기에 적당한 시기이다. 그러므로 우리는 신중하게 행동하면서 그리 큰 어려움 없이 합리적인 선에서 서로 양보를 할 것이다.

또한 우리가 너무 자기 멋대로 움직이지 않도록 경계할 시기이기도 하다. 토끼의 영향력은 마냥 편해지는 것을 좋아하는 사람들을 망치게 하여 그들의 효율성과 의무감을 해치는 경향이 있기 때문이다.

법과 질서가 해이해져서 법률과 규칙이 엄격하게 시행되지 않아도 누구 하나 이 어색한 현실에 그리 싫증을 내지 않는다. 그들은 스스로를 즐기고 다른 사람들을 즐겁게 하기에 바쁘거나 그저 여유 있게 지내려 한다.

무대는 쥐 죽은 듯이 조용해져서 경우에 따라서는 비몽사몽에 빠질 수 있다. 이런 속에서 우리 모두는 마음에 안 드는 과제들을 되도록 뒤로 미루려 할 것이다.

그리 힘들게 일하지 않아도 돈이 생기며 또 우리가 그렇게도 갖고 싶어 했던 사치품들도 가까이 있게 되므로 우리의 생활방식은 노곤해지고 한가해질 것이다. 서두르지 않고 천천히 움직여도 되는 온화한 해. 이 해만큼은 우리가 그리 별다른 골칫거리 없이 근심 걱정에서 벗어나 태평해질 수 있을 것이다.

10

🎴 해에 따른 토끼띠의 운세 🎴

♣ 쥐띠 해

평온한 해. 사고도 없고 큰 문제도 없지만 기대한 만큼의 결실도 없다. 사업이나 가정도 별 어려움 없이 꾸준한 발전이 있을 것이다. 미래에 대한 계획을 세우고 재산을 증식시킬 시기이다.

♣ 소띠 해

험난하고 힘겨운 해. 대책 없이 떠돌며 열심히 일해도 소기의 성과가 없을 것이다. 지나친 걱정으로 건강에 문제가 생길지도 모른다. 연인과 이별하거나 사별할 운. 그렇다고 환경 변화를 모색할 시기가 아니며 계획은 기대보다 느리게 진행될 것이다.

♣ 호랑이띠 해

분쟁에 휘말릴 조짐이 있으니 조심스럽게 행동해야 할 해이다. 이 해에는 주로 자신에게 불합리한 요구들이 강요되어 송사나 분규가 생길 수 있으니 금전 관계나 중요 서류에 대한 서명에 신경을 써야 한다. 그러나 연말이 되면 차차 나아질 것이다.

♣ 토끼띠 해

매우 상서로운 해. 승진이나 재정적으로 성공이 예측되며 예기치 못했던 이득을 보거나 잃었던 돈을 되찾을 수 있다. 계획은 순조로울 것이고 새로운 식구가 생기거나 옛 식구가 돌아온다든지 하여 경사가 있을 것이다.

♣ 용띠 해

집안은 비교적 화평해지고 사업은 바빠질 것이다. 여러 가지 일이 잡다하게 생기지만 돈벌이는 보통이다. 그러나 전체적으로 보았을 때 이득이 손실보다 많을 것이므로 그런대로 만족할 수 있을 것이다. 뒤에 큰 도움이될 영향력을 발휘할 수 있는 새 친구를 만나게 될지도 모른다.

♣ 뱀띠 해

일의 진척이 별로 나타나지 않는 해이다. 곳곳에서 어려움에 봉착할지도 모른다. 현 위치를 공고히 하거나 더욱 향상시키기 위해 노력해야 하므로 이사나 직장에 변동이 생길 수 있다. 또한 계획에도 없는 돈을 지출해야 할 일이 생길지도 모른다.

♣ 말띠 해

좋은 해. 기쁜 마음으로 그를 도와줄 사람들을 만날 것이다. 커다란 격변이 없으므로 예정된 손실을 보충할 수 있을 것이지만 여행이나 유흥으로 시간을 낭비하는 일들이 생길 수 있다.

♣ 양띠 해

토끼띠에게는 매우 좋은 해이다. 아주 놀라운 성과들이 곳곳에서 이루어질 것이며 계획도 순조롭게 진행될 것이다. 번영의 해인 것은 틀림없지만 세세한 사항들까지 세심한 주의를 기울여야 한다. 그렇지 않으면 그 문제로 골머리를 앓을지도 모른다.

♣ 원숭이띠 해

너무 낙관적으로만 행동하지 않는다면 무난한 해이다. 금전거래나 계약에 있어서 예기치 못한 암초에 부딪칠지도 모르며 믿었던 동료의 배신으로 일이 틀어질 수도 있다. 가정은 평온하겠지만 잔병치레가 많아서 일의 진척이 늦어질 수도 있다.

♣ 닭띠 해

토끼띠에게는 힘든 해이다. 돈이 조금씩 빠져나가고 비용이 많이 드는 일에 봉착하여 좌절할 것이다. 그러므로 다른 사람들과 함께 움직이면서 그들이 자신의 버팀목이 되도록 해야 할 시기이다. 이 해에는 보수적인 자세를 취하면서 독단적인 행동은 삼가는 게 좋다. 가정에도 문제가 있고 일에도 장애가 있는데 얼마 후에는 극복되지만 그 과정에서 여러 차례의 좌절감을 맛보게 될 것이다.

♣ 개띠 해

순조로운 해이다. 소득은 비교적 괜찮으며 과거의 문제들이 해결될 것이다. 휴식을 취할 기회가 생기며 가정불화는 없을 것이다. 그러나 혹시 다른 동료들 때문에 애를 먹는 일이 생길지도 모른다.

♣ 돼지띠 해

돼지띠에게는 길흉이 혼합된 해이다. 여러 가지 일들이 실제보다 전망이 좋은 것처럼 부풀려져 보이므로 매우 현실적인 자세로 임하는 것이 좋다. 즉 섣부른 약속을 한다거나 보증을 서주는 일은 피한다. 전혀 예기치 못한 일들이 여기저기에서 불쑥 터져나올지 모르므로 지나친 자신감에 빠지지 말고 자신의 이익을 보호하기 위해 매사에 조심해야 할 것이다.

11
🍀 토끼에 대한 이야기 🍀

토끼는 사람과 친숙하고 온순하며 귀엽기 때문에 사람들의 사랑을 받는다. 또한 영리하고 날쌘 동물로 알려졌으며 성품이 순박하다. 그래서 우리 나라에서는 귀여운 자녀를 '토끼 같은 자식'이라고 부르기도 한다.

우리 나라의 속담 중에는 유독 토끼에 관한 내용이 별로 없다.

'두 마리의 토끼를 쫓다 하나도 못 잡는다', '산토끼 잡으려다가 집토끼 놓친다'는 정도인데, 토끼는 전설·설화·속담을 통해 민중 속에 많이 파고들지는 않았으나 언제나 약자의 슬기를 지닌 적용력 강한 명물로 다루어져 왔다.

(1) 토끼전

옛날 동해 용왕이 병에 걸렸는데 온갖 약을 다 써봐도 병은 점점 깊어져만 갔다. 그러던 어느 날 용한 의사가 용왕에게 토끼의 간을 먹으면 효험이 있을지 모른다고 말했다.

이에 용왕은 당장 토끼를 잡아오라고 거북이에게 명을 내렸다. 용왕의 명령을 받은 거북이가 푸른 바다를 헤엄쳐서 마침내 토끼가 사는 육지에 다다랐다. 간신히 토끼를 만난 거북이가 말했다.

"내가 사는 푸른 바다 한복판에 가면 맑은 샘물과 맛좋은 과일이 널려 있어서 언제든지 먹고 싶을 때 먹을 수 있다네. 그리고 날씨도 춥지도 덥지도 않을 뿐만 아니라 그대가 제일 무서워하는 매나 독수리도 없으니 만일 가고 싶으면 내가 데려다 주겠네."

그 말에 토끼는 귀가 솔깃하여 거북이의 등에 업혀 육지를 떠났다.

한참 동안 바다를 건너가다가 거북이가 등에 업힌 토끼를 보고 말했다.

"사실 내가 이렇게 그대를 데리고 가는 것은 용왕님의 병에 그대의 간이 약으로 쓰인다고 해서 데려가는 것이다."

이 말에 토끼는 소스라치게 놀랐다. 그러나 시치미를 떼고 말했다.

"에잇, 거북아! 그런 일로 나를 데리러 왔다면 왜 육지를 떠날 때 미리 알려주지 않았느냐? 나는 본디 신령님의 자손으로 간이나 창자 같은 것은 마음대로 뱃속에서 꺼냈다 넣었다 할 수 있단 말이다. 오늘 아침에도 속이 좀 불편해서 간을 꺼내 깨끗이 씻어서 바위 위에 얹어 놓았다. 그러니 간 없는 나를 데려가 보았자 무슨 소용이 있단 말이냐. 어서 육지로 되돌아가 다시 간을 가져오도록 하자."

이번에는 거북이가 토끼의 잔꾀에 넘어가고 말았다.

거북이는 토끼를 업고 다시 육지로 향했다. 얼마 후 거북이가 육지에 닿자 토끼가 말했다.

"어리석은 거북아, 간 없는 짐승이 이 세상에 어디 있느냐? 헤헤헤."

토끼는 깡충깡충 숲 속으로 도망치고 말았다.

(2) 약삭빠른 토끼

토끼는 지혜가 뛰어나서 자신이 사는 굴의 통로를 여러 군데로 만들어 놓는다. 그리하여 만일 사냥꾼이 쫓아오면 그 여러 가지 굴 중의 한 군데로 도망간다.

토끼는 뒷다리가 길어서 빨리 달리고 털의 빛깔이 흙이나 풀색과 비슷하여 눈에 잘 띄이지 않는다. 토끼를 연구하는 사람들은 토끼의 꾀가 여우를 능가한다고 한다.

예를 들어 사냥꾼들에게 쫓겨도 발자국을 남기지 않기 때문에 도저히 쫓아갈 방법이 없다. 그리고 멀리 달아난 후에는 같은 길로 되돌아올 수 있다. 비록 수백 미터를 달아났더라도. 발자국도 남기지 않고 소리 없이 조용히 달아나기 때문에 토끼를 뒤쫓던 짐승들은 토끼가 다시 되돌아온다는 사실을 눈치채지 못하고 그냥 앞으로만 쫓아가니 토끼와는 반대 방향으로 뛰는 것이다.

(3) 토끼와 호랑이

옛날 어느 숲속에 호랑이가 먹을 것을 찾아 이리저리 헤매다가 토끼를 만나자 한 입에 삼키려고 하였다.

토끼는 꼼짝 못하고 호랑이의 밥이 되게 되었다. 그러나 토끼는 꾀를 생각해 냈다.

"아, 배가 고프세요? 그렇다면 나보다 맛있는 구운 떡을 드리죠. 이걸 불에 구워서 먹으면 둘이 먹다 하나가 죽어도 모른답니다."

토끼는 능청을 부리며 동글동글한 하얀 조약돌 몇 개를 호랑이에게 보인 다음 불을 피우고, 그 위에 조약돌을 얹었다. 얼마 지나지 않아 조약돌이 빨갛게 달아올랐다.

"이걸 간장에 찍어 먹으면 더 맛있어요. 제가 얼른 뛰어가서 간장을 얻어올 테니 떡이 타지 않게 잘 보고 계세요."

하고 토끼는 시치미를 뚝 떼고 말했다.

호랑이는 토끼의 말이 그럴듯하여 고개를 끄덕였다.

토끼는 마을로 내려가는 체하며 재빨리 도망쳤다.

한참을 기다려도 토끼는 돌아오지 않았다. 호랑이는 참다 못해 조약돌 하나를 얼른 삼켰다. 그와 동시에 천지를 뒤흔들 듯한 소리를 지르며 나뒹굴었다. 죽는 줄로만 알았던 호랑이는 목숨을 건지기는 하였지만 입안과 목구멍이 타서 며칠 동안 아무것도 제대로 먹지 못하였다.

"이 녀석, 어디 두고 보자. 다시 만나기만 하면 그냥 안 둘 테다."

호랑이는 부득부득 이를 갈았다.

그러던 어느 날 호랑이는 숲속을 돌아다니다가 자신을 속인 토끼를 발견하였다.

"이놈, 고약한 놈 같으니라구. 감히 나를 속이다니……. 기필코 오늘은 널 잡아먹어야겠다."

이제 꼼짝 못하고 죽었다고 생각한 토끼는 난처한 기색으로 말했다.

"호랑이 아저씨, 전번에는 정말로 죽을 죄를 지었습니다. 그래서 호랑이 아저씨를 위해서 좋은 일을 생각해 냈는데 들어보시겠습니까? 만약에 아저씨가 입을 딱 벌리고 앉아 있으면 새들이 저절로 입 속으로 날아 들어가게 하는 방법이지요."

호랑이는 토끼의 말에 그만 호기심이 발동했다.

"자, 그러면 어디 시작해 보자."

"예, 호랑이 아저씨. 잠깐 동안 입을 딱 벌리고 하늘을 쳐다보고 앉아 계세요. 제가 저쪽에서 새들을 몰아오겠습니다."

호랑이는 토끼의 말대로 하늘을 쳐다보며 큰 입을 쩍 벌렸다. 토끼는 재빨리 뛰어가서 대나무 숲에 불을 질렀다. 대나무가 타는 소리와 새들이 나는 소리가 요란하였다.

아무리 기다려도 입 속으로 들어오는 것은 없고 뜨거운 기운이 몰려오는 것을 느낀 호랑이가 주위를 살펴보니 불길이 자신이 앉아 있는 곳까지 타오르고 있었다. 호랑이는 벌떡 일어나 미친 듯이 불바다에서 뛰어나오고 나서야 또 속았음을 알아차렸다.

"이놈, 이번에 다시 한 번 만나기만 해봐라. 정말 그냥 놔두지 않을 테다."

호랑이는 이렇게 말하면서도 저도 모르게 몸을 부르르 떨었다.

며칠 후 호랑이는 먹을 것을 찾아 냇가로 왔다가 또 토끼를 만나게 되었다.

"이놈, 지난 번에도 또 나를 속였지. 오늘은 널 그냥 안 두겠다."

"호랑이 아저씨, 죄송합니다. 대나무 숲에 불을 지르면 새들이 날아가서 호랑이 아저씨의 입으로 들어갈 줄 알았지요. 호랑이 아저씨도 혼났겠지만 저도 얼마나 혼났다구요. 저도 불바다를 겨우 빠져나온 걸요."

호랑이는 불타는 대숲을 겨우 빠져나왔다는 토끼의 말을 듣자 화가 약간 누그러졌다. 호랑이는 토끼가 낚은 물고기를 먹은 다음에 토끼를 잡아 먹기로 했다.

"그래 물고기는 어떻게 잡지?"

호랑이가 토끼를 바라보며 물었다.

"꼬리를 물 속에 담그고 눈을 감고 기다리면 돼요. 제가 저 위에 올라가서 물고기 떼를 몰고 올 테니 내가 신호를 할 때까지 움직이면 안 돼요. 물고기들이 호랑이 아저씨의 꼬리를 물었다고 생각될 때 제가 신호를 할 테니까……"

"그래, 그럼 어서 가서 물고기를 몰아오너라."

호랑이는 물 속에 꼬리를 담갔다.

토끼가 도망친 줄도 모르고 호랑이는 이제나저제나 하고 애타게 기다렸다. 날씨는 더욱 추워지기 시작했다. 호랑이는 몸의 뒤쪽이 묵직해지는 것을 느꼈다. 일어서려고 해도 무엇인가 힘껏 꼬리를 잡아당기는 것 같았다. 호랑이는 있는 힘을 다해 일어서려고 했으나 일어설 수가 없었다.

한참 후에야 물 속에 잠긴 꼬리가 물과 함께 얼어붙은 것을 알았지만 호랑이는 다음 날 사람들에게 잡히는 신세가 되고 말았다.

세상 사람들은 강한 자가 약한 자를 이긴다고 생각하지만 약한 사람이 강한 자를 이기는 경우도 얼마든지 많다. 부드럽고 약하기로 물보다 더한 것이 없지만 물은 큰 배를 띄우고 쇠를 썩게 만들며 돌에 구멍을 낸다. 약자가 강자를 이기는 방법은 바로 지혜이다. 토끼처럼 지혜롭게 살자. 지혜로운 자는 천하무적이다.

辰

AB

다섯번째 간지

용띠

용은 웅대한 이상과 위인의 풍모, 성공과 행운의 상징이며 천하의 지배자이다.

몽상적인 큰 모험을 동경하여 현실 문제에 신경쓰지 않는 어른스러운 풍격이 있다.

이처럼 명해 보이는 사람이 일단 분발하면 어디에도 비할 수 없는 열정과 투지를 가지고

있어서 사람들을 놀라게 한다.

다시 말하면 짐작할 수 없는 성격과 비할 수 없는 충동은 용띠들의 제일 큰 특징이다.

1

🀫 용띠의 전체적인 성격과 운세 🀫

용띠 해에 태어난 사람은 그 목표와 규모가 일반인들의 상상을 초월한다. 용띠는 대부분 평소 멍청하게 보여 사람들의 눈에 잘 띄지 않는다. 그들은 몽상적인 큰 모험을 동경하여 현실에 신경쓰지 않는 풍격이 있다. 이처럼 멍청해 보이는 사람이 일단 분발하면 비교할 수 없을만큼의 열정과 투지로 사람들을 놀라게 한다. 이것이 용띠의 제일 큰 특징이다.

중국에서는 용띠에 속하는 사람을 '천지교자(天之驕子)'라 한다. 즉 하늘의 뜻을 아는 사람이라는 말이다. 쉽게 말하면 성공과 행운의 상징이다. 이 성공과 행운은 예술, 운동, 종교 등에서도 충분히 발휘된다.

그들은 특히 관찰력과 집중력, 실천 능력이 뛰어나다. 그리고 담력이 있고 충직하며 품성이 고귀하고 매력적이다. 그리하여 사람들은 자연히 용띠에게 이끌리게 된다.

용띠의 일생의 운수는 12지(十二支) 중 가장 행운이 잘 따르며 이상이 숭고하다. 그러나 그 이상을 실현할 능력을 구비해야 한다. 용띠는 남을 지배하는 천부적인 재능을 가지고 있으며 마냥 봉급 생활자로 지내는 것을 아쉬워한다. 그러나 용띠에게도 결점이 없는 것은 아니다. 가만히 있어도 일이 척척 잘 되는 좋은 운수를 타고났기 때문에 노력이 부족한 사람이 많다. 또한 용띠는 이상가이며 완미주의자이다. 그러므로 일이 순조로울 때는 스스로 열중하여 큰 비약을 가져오지만 일단 좌절당하면 그 자리에 주저앉아 버린다. 완미주의자이기에 백절불굴의 완강한 의지력이 모자란 것 같다.

대부분의 용띠 여성은 천성적으로 남성을 끌어당기는 신비한 매력을 지니고 있다. 그 매력을 충분히 발휘하기만 하면 사람들에게 쓸쓸하고 아름답다는 느낌마저 줄 수 있다. 그녀들은 다른 사람들에 비해 이른바 '여자의 무기'에 대해 더욱 깊이 자세히 알며 남자를 다스리는 기술이 너무나도 뛰어나다. 다시 말하면 남성을 손바닥에 올려놓고 좌지우지한다.

용띠들은 다양한 연애를 할 수 있다. 그러나 결혼은 대부분 늦게 하며 반려자가 일생에 한 명으로 국한되지는 않을 것이다.

그들은 언제나 자기 중심적으로 사랑을 본다. 이 용띠 여성은 사랑을 받으려고만 하는 편향성이 있다. 다시 말하면 다른 사람이야 어떻든 자기만 즐거우면 된다는 식이다. 대부분의 용띠들이 이런 유형에 속한다. 그러므로 겉으로 보여지는 것과 달리 속으로는 상당히 고독하다.

그러나 사람은 혼자서는 살 수 없다. 부드러움과 마음속에서부터 우러나오는 감정으로 다른 사람을 사랑하다 보면 용띠 남성처럼 누구도 가질 수 없는 운과 투지를 가지게 된다. 용띠 여성인 당신도 용띠 남성과 같은 천우와 자질을 갖춰 당신의 좋지 않은 기개는 더이상 나쁜 작용을 하지 않을 것이다. 이처럼 용띠 여성과 그 남편이 함께 분투하여 성공한 예는 적지 않다.

이상은 용띠에 속하는 사람의 총체적인 성격과 운수이다.

2

🎴 용띠에게 적합한 직업 🎴

젊었을 때는 다른 사람에 비해 훨씬 활동적이고 그것이 지속됨에 따라 그 분야에서 최고가 될 수도 있다. 문제는 30세 이후이다. 만약 이때 용이

한창 하늘로 올라가다가 좌절당하여 모든 것을 포기한다면 이른바 '용두사미(龍頭蛇尾)'가 된다. 그러나 이것만 뛰어넘는다면 말년에 이르기까지 모든 일이 순조롭고 모든 것이 뜻대로 이루어져 성공할 수 있다. 좌절당했을 때 강한 모험심과 의지로 극복해야 된다. 다시 말해 용띠는 어떤 직업에 종사하더라도 반드시 자기가 정한 방향으로 발전해야 한다.

용띠는 일하기 전에 충분한 생각 없이 단번에 하늘에 오르려 한다. 그리고 자기의 신념이 너무 강해서 다른 사람의 의견을 잘 듣지 않는다. 이 몽상가는 나이가 들어도 마냥 몽상을 추구하고 큰소리를 치며 심지어 가정도 돌보지 않는 등 이른바 천진난만한 어린애의 기질이 남아 있다. 그러므로 심혈을 기울여 더욱 성숙된 인격을 키워야 하늘이 준 운을 헛되이 버리지 않게 된다.

3

❀ 용띠에게 적합한 결혼 상대 ❀

용띠인 당신은 영원히 화려한 무대의 중심에서 스포트라이트를 받길 원한다. 그렇지 않으면 아무런 의미도 없다고 느낀다. 다시 말해 위엄을 나타내기 위해 공손을 가장하거나 남을 존중할 줄 모르는 개, 돼지, 소띠 남성들과는 기본적으로 어울리지 않는다. 상대적으로 당신을 이해하고 이끌 줄 아는 남성이라야 연분이 있다고 하겠다. 그러므로 이것이 바로 결혼 연분의 좋고 나쁨을 판단하는 관건이다.

♣ 쥐띠

쥐띠 남자는 생활의 요령을 알고 상대방을 잘 이해하여 당신에게 실망을 주지 않으며 문제가 발생했을 때 그 처리 방법을 알고 있다. 예를 들면 당신이 갑자기 출장을 떠나게 되면 부지런히 당신을 위해 준비하고 심지어 가사를 도맡아 하여 당신이 마음놓고 출장을 다녀오게 한다. 교외로 나들이를 갈 때도 당신을 위하여 성실하게 가이드를 해 준다. 그러나 당신은 이로 인하여 교만하지 말아야 한다.

쥐띠 남자도 괄시당하는 것을 못 참기 때문에 당신이 너무 과하게 행동한다면 남자의 반격을 받을 가능성도 있다.

♣ 원숭이띠

원숭이띠는 지혜가 있어 생활의 요령을 알고 일처리 능력도 뛰어나다. 쥐띠 남자와 비교해 보면 원숭이띠 남자가 훨씬 낫다. 당신은 몽상가이기 때문에 언제 실현될지 모르는 환상을 계속 꿈꾼다. 다시 말하면 현실적으로 행동하지 않는 것이다. 그리하여 당신은 비교적 현실적인 원숭이띠나 쥐띠 남자를 따르면 결혼 연분이 좋다.

또한 이 두 부류의 사람들은 당신에게 비교적 순종한다. 하지만 그렇다고 절대로 오만해서는 안 된다. 당신은 다만 당신의 영역만 잘 고수하면 된다.

♣ 범띠

용띠인 당신이 하늘의 지배자라면 범띠에 속하는 남자는 땅 위의 지배자이다. 그러므로 용과 범은 충돌할 걱정이 없다. 하지만 가정생활은 다소 산만할 것이다. 그러나 맞벌이 부부라면 연분은 오래 지속될 것이다.

4

✿ 용띠에게 적합한 연애 상대 ✿

가장 적합한 연애 상대는 토끼띠 남자이다. 토끼띠는 도리를 따지고 사교에 능숙하기 때문에 신속하게 당신의 요구를 파악하고 그에 적절하게 반응한다. 그러나 토끼띠 남자는 너무 조심스러워서 연애할 때는 비록 기쁨을 얻지만 일단 결혼을 하면 당신은 반드시 만족을 느끼지 못하게 될 것이다. 그러므로 남자 친구로만 지내는 것이 좋다.

말띠에 속하는 남자는 당신과 마찬가지로 제멋대로 행동하는 면이 있어서 시종 말다툼을 한다. 그러나 연애하는 동안은 비록 말싸움이 있다 해도 재미를 느끼기 때문에 서로 상대방의 모험심을 만족시킨다. 하지만 기본적으로 연분이 좋지 못하기에 결혼 상대는 아니다.

용띠의 입장에서 연분을 판단할 때 결혼 상대로 적합한 사람과 남자 친구로 지낼 사람의 공통점에 세심하게 유의해야 한다. 전자는 성애(性愛)의 강자는 아니지만 건강한 남자이고, 후자는 성에 능란하지 않으면 이 일에 신경을 쓰지 않는 사람이다. 여기에서 알 수 있는바 '성'은 연분상 대단히 큰 비중을 차지한다. 이른바 연분이라는 이 무형의 실은 이런 곳에서 표현된다.

5

❀ 용띠가 피해야 할 상대 ❀

당신이 만약 용띠 남자라면 12지 중 매우 좋지 않은 연분은 거의 없다. 그러나 여성일 경우 몇 개의 띠는 연분이 좋지 않다. 즉 앞에서 말한 개, 돼지, 소띠 남자와는 연분이 좋지 않다. 왜냐하면 그들은 다른 사람의 비위를 맞추지 않으므로 칭찬을 좋아하는 용띠 여성인 당신과는 본질적으로 어울리지 않는 것이다.

하지만 개, 돼지, 소띠 남자와 연애를 하게 되면 초기에는 이들에게 푹 빠져서 다른 사람들은 눈에 들어오지 않는다. 주위 사람들이 강하게 반대할수록 당신은 더욱 고집부리며 결코 그에게 시집가겠다고 결심을 굳힌다. 이는 매우 불행한—불행하다고 말할 수밖에 없다—일이다. 왜냐하면 용띠 여성과 개, 돼지, 소띠 남자들 사이에는 공통점이 있기 때문이다.

예를 들면 용띠 여성은 아이에게 매우 엄하고 낭만적인 몽상가이다. 그리고 개띠 남자와 소띠 남자도 아이를 좋아한다. 그러므로 두 사람(아내와 남편) 모두 아이의 양육에 대해 자기 주장이 강할 것이다. 뿐만 아니라 개띠 남자는 정서가 불안정하여 용띠 여성과 맺어진다면 일상적으로 몽상을 두 사람이 같이 만들어 내는 꼴이 된다. 그들은 그 몽상이 내일 당장 실현되는 듯한 착각에 빠져버린다. 또한 돼지띠 남자는 그의 재운이 당신의 운과 일맥상통하다고 잘못 느낄 수가 있다.

이상과 현실의 혼란으로 당신은 그들과 천상배필이라고 스스로 느낀다. 그리하여 주위의 반대가 강할수록 당신의 결심은 더욱 강해진다. 하지만 일단 결혼 후 같이 생활해 보면 당신은 그것이 몽상이었다는 것을 깨닫게 된다.

결혼, 연애 상대 – 용띠 여성

12간지	쥐	소	범	토끼	용	뱀
결혼 상대	◉	✖	◉	△	◎	◉
연애 상대	△	△	◎	◉	◎	◉
12간지	말	양	원숭이	닭	개	돼지
결혼 상대	◎	◎	◉	△	✖	✖
연애 상대	◉	△	◎	◎	△	△

결혼, 연애 상대 – 용띠 남성

12간지	쥐	소	범	토끼	용	뱀
결혼 상대	✖	△	◉	◎	◎	◉
연애 상대	◉	◉	◎	◎	◎	◎
12간지	말	양	원숭이	닭	개	돼지
결혼 상대	△	◉	◉	◎	◉	◎
연애 상대	◎	△	◎	◉	△	△

아주 좋음 ◉   좋음 ◎   주의할 것 △   피하는 것이 좋음 ✖

그리하여 처음에는 포부가 컸다 하더라도 결국에는 모두 사라지게 된다.

당신은 매우 실망하게 되고 부부의 감정도 식어버린다. 용띠 여성은 일반적으로 남편을 자기 손 안에 넣고 휘두르기를 좋아하는 편이어서 자기 주장이 강한 남자와는 잘 맞지 않는다.

6

✿ 혈액형에 따른 용띠의 운세 ✿

♣ A형

혈액형이 A형이며 용띠인 사람은 활발하고 활동적이며 섬세하고 민감한 일면도 있다. 정직하고 무사(無私)하여 자신에게 엄격하고 친구에 대해서도 엄격함을 요구한다. 비록 제일 가까운 친구가 실수를 저질렀다 해도 너그럽게 이해하는 것이 아니라 엄하게 질책하여 관계에 금이 가게 된다.

애증(愛憎)이 분명하여 상대방에 대해 항상 적인지 벗인지 의식적으로 구분한다. 벗에게는 인자하지만 적이라고 간주되면 냉혹하다. 교제에 능숙하지 못하고 교활하지 않다.

언제나 큰 일을 해내려는 장한 뜻을 품고 있어서 천생적인 좋은 운수와 풍부한 재능에 의해 정치, 경제, 문화 등에서 중요한 위치를 차지한다. 노력과 의지만 있으면 특별히 사람들의 눈에 띄는 성과를 쉽게 얻는다.

A형이며 용띠인 사람은 동심으로 가득하다. 이들은 순박하고 쾌활하며 유머가 있어서 사람들에게 웃음과 즐거움을 주기 때문에 모두 그를 좋아한다.

이들은 아주 복잡한 개성의 조합체로 큰 야망과 순박한 동심을 함께 지니고 있어서 착실하고 무엇이든 열심히 하는 한편 불평을 토로하기도 한다.

총체적으로 볼 때 정직하고 신임이 있는 사람이다.

♣ B형

혈액형이 B형이며 용띠인 사람은 천진한 낙천가로 생명력이 풍부하다. 벗들과 만나는 것을 좋아하고 진솔하다. 처음 만나는 사람이라도 인상이 좋으면 조급하게 그와 사귀려 한다. 이런 급한 성격 때문에 종종 상대방의 오해를 사기도 한다. 즉 그가 나쁜 의도를 가지고 접근하는 것은 아닌지 의심을 하게 되는 것이다. 그러나 그는 대화에 능숙하지 못하고 때로는 부끄러움을 탄다.

비록 유치한 점도 있지만 창조적인 면도 가지고 있어서 때로는 매우 독창적인 의견을 내놓기도 한다. 개성이 뚜렷하고 절대로 굴복하지 않는다. 또한 매우 강한 조직능력과 호소력을 지니고 있어서 적극적으로 모임을 준비하고 조직하며 또한 이런 조직 생활에 있어서 매우 활동적인 인물이 된다.

동심을 간직하여 천진하고 유머가 많아 재미있는 사람이다. 회상하기 좋아하여 소년기의 이상을 자주 떠올리며 그 실현 유무를 고려하지 않은 채 계속 끈질기게 노력한다. 정직하여 금전의 많고 적음으로 인해 마음이 상하지 않는다. 미래를 보며 일을 하기 때문에 어떤 일을 하더라도 일반 사람들에 비하여 더욱 높게 더욱 멀리 본다.

♣ AB형

혈액형이 AB형이며 용띠인 사람은 애증이 분명하고 시비가 명백하여 절대 허튼소리를 하지 않는다. 열심히 일하고 깨끗하게 처리한다. 그는 흐

용 띠

지부지한 사람을 대단히 혐오한다.

인간관계에 있어서 교활하지 않지만 조그마한 일로 다른 사람과 자주 큰 소리로 다툰다. 좋지 않은 일에 부딪치면 얼굴에 바로 나타나고 기분 좋은 일이 있으면 곧바로 울음을 거두고 웃어버리는 등 정서 변화가 대단히 빠르다.

동정심이 풍부하고 인자하여 고난을 겪는 사람에게는 서슴없이 주머니의 돈을 내놓으며 힘껏 도와주는 등 정의감이 매우 강하다.

젊었을 때에는 적극적인 진취성을 계속 보존하고 자기의 이상을 향해 열심히 노력한다. 그러나 현실에서는 자주 벽에 코를 들이박곤 하여 피를 낭자하게 흘린다. 이렇게 몇 번씩 실패를 겪은 후에는 동요하고 갈팡질팡하며 타락하기도 한다. 그러나 만약 거듭되는 실패 앞에서도 굴복하지 않고 전진한다면 반드시 성공의 길로 나아갈 수 있다.

고집스레 자신의 의견을 꺾지 않고 표현력이 부족하여 좋은 기회를 자주 놓친다. 본래 기회도 많지만 잘 틀어쥐지 못한다. 때로는 기회를 모르는 것이 아니라 자기의 고집을 버리지 않기 때문에 손해 보는 것을 뻔히 알면서도 그냥 고집을 부린다.

♣ O형

혈액형이 O형이면서 용띠인 사람은 자신감이 매우 강하여 어떤 일이든 절대 굴복하지 않는다. 이처럼 승부욕이 강하기 때문에 사업이나 학습, 연애 등에서 화려한 성공을 거둘 수 있다.

정직하고 남을 잘 도우며 지도력이 있다. 사람을 대함에 마음이 너그럽고 호소력이 강하다. 집단에서 우두머리로서의 재능을 가지고 결정적인 역할을 한다.

일처리에 있어서 교활하지는 않지만 그 자리에서 다른 사람의 잘못을 지적하여 그를 곤경에 빠뜨리기 때문에 자신도 모르는 사이에 많은 사람을 등지게 된다. 그러나 매우 호탕하여 뒤끝이 없기 때문에 얼마 되지 않아서 그에게 비판을 받은 사람들과 좋게 지낸다.

그의 이런 성격을 알기에 주위 사람들도 그의 태도를 일일이 따지지 않는다. 그러나 몇몇 사람은 그의 끊임없는 이런 성격을 참지 못한다.

의지가 강하여 일단 일을 결정하면 어떤 사람도 그를 동요시키지 못한다.

용띠의 강한 운과 끊임없는 노력에 의해 대부분 중년 이후 성공한다. 그러나 때로는 독단적이고 이상한 모험으로 낭패를 당하여 곤경에 빠지기도 한다. 하지만 강한 용의 보호로 점점 곤경에서 벗어나고 깊은 골짜기에서 나온다.

7

✿ 별자리에 따른 용띠의 운세 ✿

♣ 양자리 (3월 21일~4월 20일)

양자리 용띠는 용기와 모략의 종합체로 어느 누구도 그를 당하지 못한다.

'교활한 술법' 은 비록 양자리의 성격과 맞지는 않지만 그들의 일거일동이 그것을 증명한다. 이런 사람들은 사악할 뿐만 아니라 수단 방법을 가리지 않기에 항상 자신감이 넘친다. 그리하여 상대방은 자기의 중요한 물건을 도둑맞는 것도 모를 정도이다.

그들은 겉보기에 교활한 사람 같지 않고 예의바른 신사숙녀로 보인다.

용 띠

그러나 실상은 그렇지 않다.

양자리 용띠는 대단히 감정적이다. 그래서 아무리 불만 많은 하급자일지라도 부하가 눈물로 호소하면서 월급을 올려달라고 하면 그는 그 자리에서 받아들인다.

그는 친구를 잘 사귀지 않지만 사랑하는 사람에 대해 상당한 관심을 보이며 진실하고 열정적인 관계를 가진다. 그들은 기본적으로 선량한 사람들이다. 그러나 표현할 줄을 몰라서 자신 속에 파묻혀 즐긴다.

♣ 황소자리 (4월 21일~5월 21일)

역량과 날카로움의 결합은 조급하고 난폭한 정력과 과도한 기교를 가진 황소자리 용띠를 만들었다. 어떤 사람도 황소자리 용띠에게 '보기에는 괜찮지만 그를 찬미하거나 역겨움을 느낀다'고 말하지 못한다.

황소자리 용띠는 능력이 상당히 뛰어나다. 일찍이 집을 나와 세계를 누비며 수많은 일들을 체험하면서 떠돈다. 그러나 모든 사람들이 그가 곧 실패자가 되어 돌아온다고 느낄 때 황소자리 용띠는 오히려 다시 분발하여 자기가 선택한 일에서 높은 직위에 오르게 된다.

그들은 담력과 용기를 가지고 있다. 그들은 언제나 남들이 하지 못하는 일에 과감히 도전하여 모험을 즐긴다. 그들의 이런 담력과 모험심으로 인해 주위에서 그에게 자금지원받는 것을 우리는 일상적으로 볼 수 있다. 그들은 그의 이혼한 배우자, 그들의 부모 혹은 친구일 수도 있다. 그리고 그들은 경제 지원의 출처가 어디건 별 관심이 없다.

황소자리 용띠는 평소 목소리가 크지 않고 아주 조용하지만 화가 나면 정반대로 돌변한다.

♣ 쌍둥이자리 (5월 22일~6월 21일)

쌍둥이자리 용띠는 일반적으로 사람을 흥분시키고 매혹시키는 능력을 갖고 있다. 그들은 화려함의 화신이지만 권태를 쉽게 느낀다.

쌍둥이자리 용띠는 신기한 사물로 인해 그의 위대한 몽상을 창조하고 방대한 계획을 세운다. 그러나 너무 쉽게 권태를 느낀다. 예를 들면 그는 주말에 손님들을 청하고 그들이 오기 전에 집을 파란색으로 칠하기로 마음먹지만 페인트를 사지는 않는다.

그들은 새로운 아이디어를 내서 군중들에게 자기의 천재적인 설계와 계획을 밝히려 하지만 손을 움직여서 전화를 걸지는 않는다. 그들은 손발을 움직이는 것 같은 사소한 일은 자기가 할 일이 아니라고 느낀다.

사교장에서 그들은 자주 사람들의 눈을 의심하게 하는 행동을 취한다. 그리고 자기의 농담에 사람들이 주의를 기울이지 않으면 그곳을 떠나버린다.

♣ 게자리 (6월 22일~7월 22일)

정감이 풍부한 것이 게자리 용띠의 특징이다. 그는 게자리 특유의 감수성과 용의 활동성도 지니고 있기에 활력으로 충만되고 무엇인가 용감히 추구하는 사람이다.

게자리 용띠는 매우 감정적인데 그것이 그에게 고도의 민감성을 가져오기도 한다. 큰 게는 용띠 중에서 유일하게 혼례식이나 세례받을 때에 눈물을 흘리는 사람으로서 그들은 감정과 연극을 어떻게 이용해야 하는지를 안다.

그들의 첫인상은 강인함과 대단한 능력의 소유자라는 느낌을 준다. 하지만 그들은 반드시 그것을 이용하며 즐기지는 않는다.

게자리 용띠는 호기심이 강렬하여 여행을 즐긴다. 그들은 자신의 활력

용 띠

을 나타내는 방법을 알며 이로서 재미있는 벗이 된다(어떤 때에는 말이 조금 많다). 그들은 또한 이상주의자로서 이 세상을 바꾸거나 혹은 적어도 변화를 시도하려 생각한다.

게자리 용띠는 예술 방면에 소질이 있어 문화계의 공공장소에 나타나 관심의 초점이 되기를 좋아한다. 게자리 용띠는 힘의 속좌로서 상당한 권력을 가진다.

♣ 사자자리 (7월 23일~8월 22일)

사자자리는 마음이 넓고 온화하며 타인과 함께 부(富)를 향수하기를 즐긴다. 그러나 용띠는 매우 인색하고 감정에 잘 이끌린다. 이 둘의 결합으로 주는 것과 받는 것에 균형이 이루어진다. 사자자리가 지나치게 강할 때 용띠가 옆에서 일깨워주고 용띠가 인색할 때 사자자리의 넓은 마음이 앞에 나서서 권고한다.

사자자리 용띠는 상당히 감정적이다. 그는 사람들에게 비극적인 일이 일어나는 것을 차마 보지 못한다. 신문에서 어린아이가 심하게 학대받았다는 뉴스가 나온다면 그는 그냥 두고 보지 않는다. 마음이 매우 약한 그는 구태의연하고 보수적인 것처럼 보이지만 상당한 책임감도 가지고 있다. 만약 자신의 주위에서 비극이 발생한다면 그는 앞장서서 도와줄 정도로 동정심이 매우 강하다.

사자자리 용띠는 대부분 장수한다. 그들은 항상 자신을 잘 관리하며 그것이 바로 남을 잘 돌보는 것이라고 생각한다. 그리고 그들은 언제나 사람을 놀라게 하는 거대하고 복잡한 계획을 세우고 하루가 어떻게 가는지 모를 정도로 바쁘게 보내기 때문에 늙는다는 것은 불가능한—그들은 늙어갈 시간이 없는 것이다. 또한 그들은 태어날 때부터 이미 건강체였다.

♣ 처녀자리 (8월 23일~9월 22일)

사람을 핍박하고 채찍질하는 것은 처녀자리 용띠의 중요한 특징 중 하나이다. 이런 사람들은 뜨거운 열정으로 생활한다. 이처럼 의지가 강한 사람은 당연히 많은 성공을 거머쥔다.

그들은 건강체로 태어나고 또한 자신의 건강을 매우 잘 관리한다. 이러한 건강체를 바탕으로 무슨 일이든 힘차게 처리한다. 사실 그 자신의 무서운 성격을 제외하고 어떠한 사물도 그의 전진을 막을 수 없다.

처녀자리 용띠는 조급하고 화를 잘 내는 사람이며 작은 문제를 크게 부풀리는 사람이기도 하다. 그들은 가정과 상급자, 그리고 자신에게 화를 내는데 대부분의 시간을 보낸다. 그들은 실패를 혐오하며 심지어 아주 조그마한 일로 인하여 자신을 증오한다. 처녀자리 용띠에게 있어서 제일 큰 적은 자기 자신이다.

그들은 비교적 단도직입적인 것을 좋아한다. 그들은 경쟁이 있는 운동, 전쟁, 장사 등을 좋아한다. 그는 언제나 냉정한 두뇌로 자기가 시작한 일에 책임을 다하여 완성하고 동료나 벗들을 실망시키지 않는다.

♣ 천칭자리 (9월 23일~10월 22일)

천칭자리는 천부적인 조종자이고 용띠는 의심을 잘하는 성격이다. 천칭자리는 일에 부딪치면 애써 평정을 유지하려고 노력하고 용띠는 사람들이 본 것을 들으려고 요구하여 침묵하고 말이 없는 사람이 아니다. 그들은 풍파로 가득 찬 결합이다. 그러나 천칭자리 용띠는 성격이 강하지만 그들은 비범한 운명을 만들어 낼 수 있어 결코 평범한 사람들이 아니다.

천칭자리 용띠는 자신이 아무리 편하더라도 일도 무사태평식으로 처리하지 않는다는 것을 알아야 한다. 그들은 수입과 지출의 균형을 맞추고 성

용 띠

공을 위해 땀과 피를 흘리며 자신의 목표 달성을 위해 노력한다.

천칭자리 용띠는 창조력이 뛰어나고 통찰력이 있으며 이상주의와 용기, 적절한 표현력 등을 갖추고 있다. 그들에게 생활이란 즐거움의 추구와 그 것을 이용하는 것이다.

사람들의 이목이 자신에게 집중되는 것을 즐기고 또한 그 이목을 끌기 위해 부단히 노력한다. 그래서 충분한 이목의 집중으로 자아의식이 만족을 느낄 때 그는 인자하고 감정이 풍부한 사람이 된다. 하지만 자신에게 집중되었던 이목이 흩어졌다고 느낄 때 그는 악의로 가득 찬 사람으로 변한다.

♣ 전갈자리 (10월 23일~11월 22일)

전갈자리 용띠는 용 중의 용이고 전갈자리 중의 전갈자리이다. 그들은 야심이 있고 개인적 매력이 있으며 자기가 바라는 물건을 어떻게 하면 얻을 수 있는지 잘 알고 있다. 좌절당하고 곤경에 처할 때 그들은 다시 분발하여 실패의 웅덩이에서 다시 뛰쳐나올 수 있다. 전갈자리 용띠는 강하게 분발하며 용기와 모략이 있다. 그리하여 투지가 왕성하고 흡인력이 있다.

그들의 이러한 강인한 성격은 오히려 사회생활에 적응하기 어렵게 만드는 면도 있다.

전갈자리 용띠를 정복하기는 매우 어렵다. 용이어서 여전히 감정이 풍부하다. 사람들이 없을 때 그도 감동적인 이야기 혹은 주인을 잃은 강아지 때문에 눈물을 흘리기도 한다. 이런 이유로 그는 항상 엄숙하려 하고 유머가 부족하여 자신의 면모를 잘 들어내지 않으려 한다.

전갈자리 용띠는 풍부한 상상력으로 잠깐 사이에 수많은 새로운 아이디어를 생각해 낸다. 이로 인해 사람들은 자신도 모르게 이 사람을 좋아한다. 문제는 동업적인 일을 못한다는 것이다. 상대방이 뛰어나기 때문에 멀리하고 질책하기를 좋아해서 자신에게 필요한 사람들이 그를 떠나기 때문이다. 그들이 이해득실을 따져서 그러는 것이 아니라 평범하고 간단한 일에 신경을 쓰지 않기 때문이다.

♣ 사수자리 (11월 23일~12월 21일)

사수자리 용띠는 사람들에게 존경을 받지만 온화한 사람은 아니다. 그들은 큰 싸움터의 투사이다. 이 사람은 주위 사람들을 이끌 뿐만 아니라 야심도 가지고 있다. 그들은 성공을 확신하며 목표를 향해 서서히 앞으로 전진한다. 그들은 차분한 눈길로 사람을 대하므로 신사적인 면모가 있다.

사수자리 용띠는 위험을 겁내지 않으며 수많은 모험을 하고 위태로움을 즐길 수 있지만 극히 드물게는 타격을 받는다. 그러나 그들은 언제나 지혜로써 적을 제압한다.

사수자리 용띠는 선견지명이 있고 혼자 힘으로 각종 계획을 입안할 수 있으며 힘들이지 않고 교역을 처리하거나 결정할 수 있다. 그러나 그들은 복잡한 것을 싫어하며 허위와 교활함을 증오한다. 그러므로 사수자리 용띠를 기만한다면 실수하는 것이다. 비록 그들은 침해자에게 손해를 끼치지 않으며 침해자에게 생명을 위협하지는 않지만 그들은 영원히 이들을 믿지 않는다.

사수자리는 숨김없이 말하며 대범하고 시원스럽다. 정이 많고 마음이 넓어서 각종 파티를 즐기며 생활이 여러 모로 다양하기를 희망한다.

사수자리 용띠는 자신의 활동 범위를 넓힐 수 있기를 바라는데 이는 더욱 큰 단체와 그 영향력을 받아들여 자기의 이론과 방법을 더욱 완벽하게 갖추는데 이용하기 위해서이다. 하지만 이런 스타일의 일 추진은 반드시

용 띠

보수적인 의견을 수렴해야 일의 완성도를 높일 수 있다.

사수자리 용띠는 항상 그 내부의 끝없는 전진을 향한 재촉 속에서 헤맨다.

♣ 염소자리 (12월 22일~1월 19일)

어떤 사람도 염소자리 용띠처럼 평범한 일로 질책을 하는 사람을 보지 못할 것이다. 그것은 평범한 것에 대한 그들의 증오 때문이다. 그들은 젊었을 때 이미 이런 점을 감지하고 자신의 나약함을 이해한다. 그래서 이런 성격을 스스로가 더욱 필요로 한다.

염소자리 용띠는 자신의 진군에 산재해 있는 위험에 대해 알고 있다. 그들은 평화적인 승리를 위하여 경쟁자와의 합의에 따른 대가와 노력을 완전히 알고 있으나 이런 인식은 이 용띠에게 겁을 주지 못한다. 어떠한 위협과 위험도 이 진정한 노력가를 바꿀 수 없다.

그는 다른 사람의 마음을 잘 알아주고 그들의 감격어린 표현에서 보답을 얻는다. 그는 사람들과의 인연이 매우 좋다. 그러나 그 인연은 무엇을 얻기 위한 것이 아니다. 그 동기는 상당히 개인적인 것이다. 용띠는 명절이나 파티, 군중을 좋아하고 염소자리 용띠도 마찬가지이다. 여기서 다른 점은 염소자리는 자기 스스로 파티를 열고 손님을 접대한다는 것이다.

그들의 성격 중 중요한 하나의 단점은 마음 속의 감정을 능숙하게 표현하지 못한다는 것이다. 다른 사람의 소식을 전할 때는 대단히 충직하고 아주 유창한 전달자이지만 자기 내면의 감정에 대해서는 그와 반대다.

이처럼 아주 성실한 사람은 영원히 좋은 벗이 될 수 있으며 그들은 사랑하는 사람에게 최선을 다하고 오랫동안 우정을 유지한다.

♣ 물병자리 (1월 20일~2월 18일)

물병자리 용띠는 경제주의자이다. 그들은 사물을 대함에 있어서 다른 사람에 비해 이해가 빠르고 계획을 잘 세워 어려움이 거의 없다. 물병자리 용띠는 각종 일에 정통하지만 자신을 자랑하지 않으며 가정을 사랑하고 사회규범을 존중한다.

이런 사람들은 개성이 완강하여 바꾸지 못한다. 물병자리 용띠는 모든 일들이 자신의 방식대로 되기를 바라며 경쟁 상대를 좋아하지 않는다. 그들은 교활한 계획으로 다른 사람을 제거할 수 있다. 그러나 자신에게 필요한 사람을 사귈 때에는 수단과 방법을 가리지 않고 접근한다. 이는 그에겐 최대의 장점으로 작용한다. 그는 예절바를 뿐만 아니라 언변이 뛰어나고 행동이 정확하다. 다른 사람들의 눈에는 그가 과하게 보일지 모르지만 그들이 사회에서 거둔 거대한 성공을 승인하지 않으면 안 된다.

이런 사람은 곳곳에서 뜻을 이루지만 상대의 마음을 잘 읽지 못한다. 자신의 내면에는 항상 고독이 깔려 있지만 그는 혼자 지내지 못한다.

♣ 물고기자리 (2월 19일~3월 20일)

온순해 보이지만 강인한 의지를 지니고 있다. 용의 기운은 소심한 물고기에게 야망과 모험심을 불어넣어 준다. 힘차게 행동하지만 적절한 자제력과 신중한 사고방식도 지니고 있다. 불행에 빠졌을 경우 차갑고 뜨거운 숨을 동시에 내뿜기는 하지만 화(火)가 강한 다른 용들처럼 도를 지나치는 일은 없다. 이것은 물고기가 용에게 베푸는 최대의 은혜이다.

8

❀ 태어난 시에 따른 용띠의 운세 ❀

♣ 자시생 (子時生 : 오후 11시~오전 1시)

전형적인 용의 관대함이 쥐의 절약성과 어울릴 것이다. 쥐의 자애로운
본성이 그가 대단히 주관적이고 과감한 태도를 취하는 것을 막아준다.

♣ 축시생 (丑時生 : 오전 1시~오전 3시)

자신이 하는 일에 확신을 가지려고 느리게 움직이는 형이다. 그래도 그
는 불을 내뿜고 있으며 자신을 방해하려는 사람들을 다루는데 소와 같은
고압적인 방법을 쓸 수 있다.

♣ 인시생 (寅時生 : 오전 3시~오전 5시)

계획대로 일이 잘 안 되면 신경질적인 반응을 보일 수 있다. 호랑이의
야성적인 충동을 가지고 있으며 감정적인 이유에 의해 자극받는다. 반면
에 강한 열망을 가진 일벌레가 될 수도 있다.

♣ 묘시생 (卯時生 : 오전 5시~오전 7시)

강인함과 수완이 결합되어 있다. 심사숙고할 줄 알며 건전한 사고를 할
줄 아는 침착한 용이다. 매우 강인하면서 민감하다.

♣ 진시생 (辰時生 : 오전 7시~오전 9시)

고결한 성직자가 될 수 있다. 헌신과 복종을 요구한다. 많은 추종자를 원한다면 아마도 자신에 대한 예찬을 입증시켜야 할 것이다.

♣ 사시생 (巳時生 : 오전 9시~오전 11시)

모든 행동을 계획하고 정확히 실천하는 용이다. 조금은 악의가 있으며 야망도 크다. 그러나 뱀의 매력은 이러한 것을 감추어 준다.

♣ 오시생 (午時生 : 오전 11시~오후 1시)

위험한 모험을 좋아하는 사교성 있는 재주꾼이다. 어떠한 모임도 그 없이는 잘 되지 않는다. 그러나 자기의 이기적인 욕망과 말(馬)의 편견은 용의 의무감이 빛을 잃게 만든다.

♣ 미시생 (未時生 : 오후 1시~오후 3시)

이 용은 절제력과 이해력을 갖추고 있어서 무력에 의존하지 않고도 일을 완벽하게 해낼 수 있다.

♣ 신시생 (申時生 : 오후 3시~오후 5시)

힘과 책략이 잘 결합되어 있다. 농담도 잘하고 익살스럽지만 바보로 취급받지는 않는다. 그는 강철 같아서 당신은 결코 그를 이길 수 없다.

용 띠

♣ 유시생 (酉時生 : 오후 5시~오후 7시)

굉장한 자존심과 약간은 닭의 어리석음도 가진 겁없고 상상력이 풍부한 용이다. 길고 지루한 시간을 보내지 않는다.

♣ 술시생 (戌時生 : 오후 7시~오후 9시)

실용적인 생각을 지닌 현실적인 용이다. 내부의 개는 그가 보다 공정한 태도로 현실에 접근할 수 있게 하며 그에게 훌륭한 유머와 안정을 덧붙여 준다.

♣ 해시생 (亥時生 : 오후 9시~오후 11시)

매우 헌신적이고 따뜻한 마음을 가진 사람으로 당신을 위해 모든 것을 던져 버릴 수 있다. 그러므로 해시생을 친구로 두는 것은 멋진 일이다. 돼지의 영향으로 용에게 겸손함을 줄 수도 있다.

9

🕸 용띠 해에 대하여 🕸

토끼띠 해에 이어 굉장한 해가 온다. 우리는 사방에 주의를 기울이게 되고 야망이 넘치는 대담한 계획을 세우기 위해 소매를 걷는다. 용의 불굴의 정신은 모든 것을 실제보다 크게 부풀릴 것이다. 그래서 힘이 넘치고 한껏 부풀어 오른 자신을 발견하게 된다. 이렇게 흥분하기 쉬운 해에는 자신의 잠재력을 과대평가하지 않도록 조심해야 한다. 사물들이 실제보다 과장되어 보이기 때문이다.

좋은 면에서는 사업이 잘되고 쉽게 돈이 생길 수 있다. 은행에 대부를 요청할 시기이며 과소비와 사치가 범람하는 때이다. 거대한 용은 절제와 인색을 비웃고 성패를 거는 모험을 하며 몸을 사릴 필요없이 대범하게 생각하고 행동하도록 부추길 것이다.

자애로운 용은 행운과 복을 가져다주므로 결혼과 출산, 새로운 사업의 시작으로 경사스러운 해가 될 것이다. 하지만 가급적 열정을 진정시키고 모험을 하기 전에 한 번 더 생각해야 한다. 왜냐하면 행운을 주는 용이 모두에게 무차별적으로 축복을 보내준다 해도 우리의 실수에 대해 징벌해야 할 때가 되면 재빨리 사라지기 때문이다. 그러므로 성공뿐만 아니라 실패도 커지게 될 것이다. 화(火)의 용은 다른 용보다 더 파괴적이기 때문에 위협적이다.

용띠 해에는 행운뿐만 아니라 재앙도 크게 다가온다. 이 해는 놀라운 사건들과 격렬한 자연현상이 많이 기록되는 해이고 격랑이 온세상을 휩쓸며 모든 사람들이 억압에 대해 실제이든 상상이든 반란을 일으킬 것이다. 힘센 용이 만드는 자극적인 공기가 우리에게 영향을 미치기 때문이다.

10

❀ 해에 따른 용띠의 운세 ❀

♣ 쥐띠 해

연애에 진척이 있고 사업상의 이익을 추구하는 활기찬 해이다. 돈이 쏟아져 들어오지만 한 번의 잘못이 용띠의 재원(財源)에 영향을 줄 수 있다. 긴장을 늦추는 것이 좋으며 그러면 모든 일이 잘 풀릴 것이다. 가정이나 직장에서 커다란 문제는 없다.

♣ 소띠 해

행운의 해이다. 일의 진척도 원만하지만 그를 둘러싸고 진행되는 많은 분쟁과 골칫거리가 직접적으로 해를 끼치지 않으므로 행운이라 생각해야 한다. 이 해에는 많은 어려움에 말려들지 않을 것이며 가정생활에도 문제가 없을 것이다.

♣ 호랑이띠 해

걱정과 과중한 부담이 생기는 해이다. 계획은 다른 사람들에 의해 깨어지고 심한 다툼 없이 바라는 결과를 기대하기는 어렵다. 그는 서로 반대 의견을 가진 집단 사이에서 선택을 해야 하며 자기와 손잡은 사람들을 만족시키는 것이 어렵다는 것을 깨닫게 된다. 가정은 가족 구성원의 슬픈 소식이나 이별 때문에 곤란을 겪게 된다.

♣ 토끼띠 해

토끼띠 해에는 용띠에게 안정을 준다. 다시 행운의 바람이 불어 그의 항

해에 도움을 주기 때문에 순조롭게 일이 성사되기를 기대할 수도 있다. 가정생활에 문제가 생기지만 보다 안정이 된다. 금전적인 곤란이나 나쁜 소식 없이 안정된 시간이 그를 기다린다.

♣ 용띠 해

용띠에게는 가장 좋은 해이다. 저금이 많아지고 하는 일에서 인정을 받거나 굉장한 성공을 거둘 수 있다. 바쁘고 활기찬 해여서 매우 바쁘게 뛰며 맡은 일이 모두 쉽게 성공한다.

♣ 뱀띠 해

행운의 해이다. 사소한 반대에 부딪치기는 하여도 계획한 대로 순조롭게 잘 되어갈 것이다. 가정생활이나 연애를 무시하기 때문에 약간의 개인적인 또는 애정적인 면에서 문제가 생길지 모른다.

♣ 말띠 해

불안과 불쾌한 사건이 발생할 해이다. 너무 고집을 부리고 공격적이 아니라면 대개는 스스로 문제를 해결하지만 약간의 사건이 그의 생활을 일시적으로 동요시키거나 변화시킬 수 있다. 현실적이거나 상상적인 걱정들이 그를 괴롭히기 때문에 이 해는 편안하지 못한 시간이 될 것이다.

♣ 양띠 해

이 해에는 금전적인 모험과 직장에서의 승진에 있어서 보통의 성공을 거둘 수 있다. 약간 건강상의 문제가 생기나 가정생활은 평온하다. 주위에 동요나 귀찮은 일은 생기지 않는다.

용 띠

♣ 원숭이띠 해

용띠에게는 착잡한 해이다. 직장과 금전적 문제에서 진척이 있으나 괜찮아 보이는 어설픈 결과에 속아서는 안 된다. 잘못하면 법적인 문제에 얽혀들게 된다. 너무 단호해서 모든 것을 자기 마음대로 한다면 우정이 깨어지거나 애인과 다툼이 있을 수 있다. 다른 사람들과 타협하거나 충고에 귀를 기울여야 할 때이다.

♣ 닭띠 해

행운과 다사다난이 함께 오는 해이다. 좋은 소식, 승자, 잃었던 돈의 회복이 있다. 가정생활은 평온하고 손실을 보충하거나 영향력 있는 친구를 새로 사귈 수 있다.

♣ 개띠 해

예기치 않았던 문제가 어딘지 모르는 것에서부터 생기고 계획에 착오가 생기기 때문에 용띠에게는 매우 어려운 해이다. 적수나 견해가 다른 사람들과 맞닥뜨리는 것을 피하는데 최대한 노력을 기울여야 할 시기이다. 환경을 바꾸거나 믿을 만한 친구와 교제함으로써 긴장을 풀 수 있을 것이다.

♣ 돼지띠 해

정상적으로 일이 풀리고 개띠 해 동안 그를 짓눌렀던 검은 구름 사이로 행운이 비춘다. 여전히 사업이나 금전에 관한 복잡한 문제가 있으나 그리 큰 문제는 아니다. 많이 여행하고 즐거운 시간을 가져야 할 것이다. 가정 내에서 곤란한 문제가 생기지 않을 것이다.

11

❀ 용에 대한 이야기 ❀

용은 열두 띠 가운데서 유일하게 세상에 존재하지 않는 동물이다. 하지만 용은 실제로 존재하는 동물처럼 우리의 생활 깊이 침투되어 있다. 눈을 부릅뜨고 날카로운 발톱과 비늘이 돋은 긴 몸으로 구름을 타고 하늘은 나는 용의 모습이 너무도 익숙하다.

그리고 용에 대한 전설과 옛말도 아주 많다.

(1) 금과 돌

옛날 제주도 서귀포 어느 마을에 예쁜 자매가 살고 있었다. 언니는 돈 많은 부자에게 시집을 가서 떵떵거리며 잘 살았지만 동생은 반대로 산지기의 아내가 되어 날마다 산에서 나무를 이고 장터로 팔러다니는 신세였다.

그러던 어느 날, 동생이 서귀포 바닷가로 곧장 뻗은 길을 따라 나무를 이고 걸었다. 한참을 걷던 동생은 무거운 나뭇짐을 내려놓고 잠시 숨을 돌리려 풀밭에 주저앉았다.

"오늘은 나무가 팔리지 않아 앓아누운 낭군님께 무엇으로 약을 사다드리며 또 하루 양식은 어떻게 해야 하나……."

이렇게 한탄하고 있는데 길 옆 바다 한가운데서 부글부글 물이 끓는 소리가 들려오기 시작했다.

동생은 몇 발작 뒤로 물러섰다.

그러자 끓던 바닷물 속에서 한 여인이 나타나서 말하는 것이었다.

"소녀는 용왕님의 시녀입니다. 착하신 분을 모셔오라는 용왕님의 분부를 받잡고 이곳에 왔습니다. 자, 저와 함께 가시지요."

"예, 말씀은 고마우나 지금 집에는 앓는 지아비가 있습니다."

동생이 거절하자 시녀는 모든 것을 다 알고 있다는 듯이 걱정 말고 자기를 따르라며 몇 가지 당부의 말을 덧붙였다.

"용왕님 앞에 다다르면 용왕님께서 무엇을 원하는지 물으실 것입니다. 그때 다른 것은 하나도 필요없고 다만 검은 고양이가 필요하다고 말하세요."

시녀를 따라 바닷속으로 들어가자 동생은 희안하게도 물 속을 유유히 걸을 수 있었다. 이깃저깃 구경을 하며 얼마를 걸어가자 저만치 유리문이 저절로 열렸다. 동생이 유리문 안으로 들어서서 보니 괴상하게 생긴 형상이 높은 자리에 앉아 있었다. 동생은 그만 기겁을 하였다.

"용왕님이십니다. 절을 하세요."

시녀가 조용히 알려주자 동생은 얼떨결에 엎드려 절을 하고 다시 용왕님을 올려다보았다. 용왕은 몸뚱이는 사람의 모습인데 머리는 용의 모습이었다. 그러나 징그럽지도, 무섭지도 않았으며 오직 위엄과 인자한 풍모만이 돋보였고 눈과 입가에 조용한 미소를 띠고 있었다.

"내가 그대를 부른 것은 그대가 매우 어렵게 살면서도 병든 남편을 지성으로 봉양하는 갸륵한 마음씨에 감복해서 무엇이든 한 가지 값진 보물을 주어 그대의 삶에 보탬이 되게 하려는 뜻이니라. 잔치라도 베풀어 후히 대접하려 했으나 그대의 남편이 위중하니 곧 돌려보내 주마. 자, 그대의 소원을 말하라."

라고 말하며 용왕은 동생한테 귀를 기울였다.

그러자 동생은 좀전 시녀가 일러준 검은 고양이보다는 우선 지아비의 병이 먼저 떠올랐다.

"예, 지아비의 병이 하루빨리 완쾌된다면 더한 소원이 없습니다."

"오! 갸륵한 여인이로고. 그대의 남편에게 줄 선약이 있으니 그걸 가지고 가서 먹이면 될 것이다."

욕심 없는 동생을 갸륵하게 생각하며 용왕은 다음 소원을 물었다. 이때 고양이가 '야옹야옹' 하며 동생의 발아래로 걸어왔다. 그제서야 시녀의 말이 생각났지만 동생은 감히 입을 떼지 못하고 망설였다.

"허허……. 두려워 마라. 어서 원하는 것을 말해 보아라."

용왕은 동생의 순박한 행동이 더욱 곱게 보였는지 흐뭇한 마음을 감추지 못하고 재촉하였다.

"저……, 저 검은 고양이를 주시렵니까?"

용왕은 좀 서운한 마음이 들었지만 검은 고양이를 동생에게 건네주었다. 이것을 지켜보던 시녀는 고양이한테 다가가서 말했다.

"고양이야, 오늘부터 네 주인은 이 착한 분이란다. 자, 어서 이 분의 품에 안기거라."

시녀의 말을 알아듣기라도 한 듯 검은 고양이는 동생의 품에 안겼다.

동생은 고양이를 데리고 집으로 와서 시녀가 시킨대로 매일매일 팥 다섯 홉씩 먹였다. 그러자 고양이는 다섯 홉이나 되는 금덩이를 매일 배설해 주는 것이었다.

동생은 용왕님이 준 선약으로 남편의 병을 완쾌시키고 그 마을에서 제일가는 부자가 되었다. 한편, 이 소식을 전해들은 언니는 검은 고양이가 탐이나 동생을 찾아갔다.

"애, 내 부탁 좀 들어주겠니?"

동생은 검은 고양이를 빌려달라는 언니의 부탁을 아무 사심없이 들어주었다.

욕심 많은 언니는 자신의 집으로 고양이를 데리고 갔다. 그리고는 하루에 팥 다섯 홉만 주라는 동생의 말을 무시한 채 두 되씩이나 먹이고 강제로 황금을 낳으라고 구박하였다.

고양이는 언니의 못된 행동에 벌이라도 주려는 듯이 돌덩어리를 와르르 쏟아놓았다.

실망한 언니는 커다란 독에 팥을 가득 채워 고양이 옆에 놓고,

"이번엔 황금을 다오."

라고 주문을 외듯 고양이에게 연신 퍼 먹였다.

마침내 고양이는 소화가 되지 않아 죽게 되었다.

이 소식을 들은 동생은 대성통곡을 하며 고양이를 안고 언니 집을 나왔다.

"자, 너를 양지 바른 곳에 묻어줄 테니 이렇게 슬퍼하는 나에게 무슨 정표라도 나타내다오."

얼마 후 동생이 묻어준 검은 고양이의 무덤에서는 한번도 보지 못했던 나무가 돋아났고 이상한 열매가 열렸다.

이것이 오늘날 제주도 과일 중에 제일 맛있는 과일인 귤이라고 전해진다. 지금도 금덩이처럼 누런 귤이 제주를 덮어 제주 사람들을 잘 살게 해주고 있다.

(2) 옛 사람들 상상 속의 용

아직 과학이 발달하지 못한 먼 옛날, 사람들은 깊은 연못이나 바다에 용이 숨어 있다고 믿었다. 그리하여 때로는 공중을 날아다니면서 구름과 비를 몰아 비바람을 일으키는 조화를 부린다고 생각했다.

전설적으로 전해오는 용의 형태를 보면 아홉 가지 동물을 닮고 있다. 즉, 낙타의 머리, 사슴의 뿔, 토끼의 눈, 소의 귀, 뱀의 목덜미, 이무기의

배, 잉어의 비늘, 매의 발톱, 호랑이의 발바닥으로 이루어져 있다.

그들은 용을 가장 무서운 동물이라고 생각하며 용왕님이라고 부르기도 했다. 만약 용의 노여움을 사면 큰 봉변을 당한다고 생각했기 때문에 용을 신성시하고 숭배하여 오늘의 형상으로 상상해 낸 것이다.

(3) 용녀

옛날 어느 강변 마을에 고기를 낚아서 먹고 사는 어질고 착한 어부가 있었다.

하루는 그 어부가 강가에 나가 전과 다름없이 낚시질을 하였는데 해가 저물도록 고기가 잡히지 않았다. 낙담하여 돌아가려 하는 순간 낚시줄이 휘청하며 큰 잉어 한 마리가 발버둥을 치기 시작했다. 잉어가 어찌나 큰지 어부는 집에 가지고 와서 큰 독 안에 넣어 기르기로 하였다.

그 다음날도 여느 때와 마찬가지로 고기를 잡으러 강으로 나갔다. 저녁 때쯤 물고기 몇 마리를 잡아 집에 돌아와 보니 아무도 없는 자기 집안에 먹음직한 밥상이 차려져 있는 게 아닌가.

어부는 이상하다고 생각하면서도 시장한 김에 먼저 밥부터 먹었다. 그런데 그 다음날도 또 그 다음날도 전날처럼 밥상이 차려져 있는 것이 아닌가. 아무리 생각해도 알 수 없는 노릇이었다.

어부는 하도 이상해서 다음 날 아침 일찍 일어나서 고기를 잡으러 나가는 척하며 부엌 뒤에 숨어 동정을 살폈다. 한참 후 잉어를 넣어두었던 독에서 어여쁜 처녀가 나와 밥을 짓는 것이 아닌가. 어부는 너무 놀라 한동안 정신을 차릴 수 없었다. 다시 정신을 가다듬고 처녀의 앞으로 다가가 팔을 잡았다.

辰

용 띠

느닷없이 나타난 총각을 보고 잉어 아가씨는 깜짝 놀랐다.

"저는 용왕님의 딸이온데 서방님과 연분이 있어 같이 살게 되었으니 삼일만 참아주세요."

어부는 하는 수없이 그 말에 따르기로 하였다.

사흘을 참고 기다리자 잉어는 완전한 처녀로 변신하여 어부와 함께 살게 되었다. 그녀가 어떤 조화를 부렸는지 큰 집을 마련하는 등 어부는 순식간에 부자가 되었다.

이렇게 행복에 젖어 있을 때 잉어 아가씨는 어부에게 하나의 부탁이 있노라고 하였다. 무슨 일이 있어도 목욕할 때는 절대 엿보지 말라는 것이었다.

어부는 그 약속을 잘 지켰다. 그렇게 세월이 흐르고 아이도 둘씩이나 태어났다. 어부는 아내와의 약속이 희미하게 지워져 갔다. 그러던 어느 날 어부는 아내의 신신당부에도 불구하고 목욕하는 모습을 몰래 엿보았다. 그 순간 아내는 침통한 얼굴로 약속을 지키지 않은 어부를 탓하며 이별을 고하였다.

그제서야 자신의 잘못을 깨달은 어부는 아내를 붙잡았지만 아내는 강가로 나가서 물 속으로 들어가 버렸다. 그 순간 크고 좋던 집과 두 아들도 사라져 버렸다. 그리하여 어부는 다시 예전처럼 가난하게 살게 되었다고 한다.

여섯번째 간지
뱀띠

걸보기와는 달리 쾌활하고 유머러스한 면이 있다.
어떤 장애물이라도 건널 수 있는 유연함과 냉혹해 보이지만 필요에 의한 싸움만을 하는
사람이다.
철학적이고 우아함과 따뜻함을 함께 소유하고 있다.
임기응변 능력과 강렬한 성적 매력과 지혜가 있다.

1

🔅 뱀띠의 전체적인 성격과 운세 🔅

뱀띠들은 겉보기에는 온화한 것 같지만 자세히 살펴보면 냉혹한 인상이다. 그러나 사귀어 보면 의외로 감정이 풍부하고 유머가 있으며 농담도 즐기고 쾌활하다. 이처럼 겉보기와 다른 것이 뱀띠들의 특징이다.

《구약성경》의 '아담과 하와'의 이야기처럼 서양에서는 뱀을 죄악과 악마의 화신으로 보지만, 동양에서는 지혜의 상징으로서 옛부터 숭배해 왔다. 예를 들면 일본에서는 전국 어느 곳에서나 뱀에게 제사를 지내는 신묘(神墓)가 있는데 그 원인도 바로 여기에 있다.

대부분의 사람들은 뱀을 무서워한다. 그러나 뱀의 진정한 매력을 이해한다면 뱀의 본질적인 개성을 알게 될 것이다. 뱀의 매력은 추악한 외면에 있지 않다.

예를 들어 뱀이 구불구불 기어가는 모습을 보면 무슨 일이나 유연하게 대처하는 사람을 보는 듯하고, 어떤 장애물이 나타나더라도 반드시 건너는 재주를 볼 수 있다. 또 뱀이 다른 동물과 대항하는 모습을 보면 냉혹하고 지략이 없는 동물처럼 보이지만 뱀은 오직 배가 고프거나 먼저 상대방의 공격을 받았을 때에만 공격을 감행하게 된다. 이외에도 뱀이 단단한 계란을 삼킬 때에는 나무에서 뛰어내려 그 계란 껍질을 깨뜨린 후에 삼킨다. 이러한 임기응변의 능력은 뱀이 대단히 총명하다는 것을 증명해 주며 사람들로 하여금 철학적인 명상에 잠기게 한다.

뱀이 노획물을 공격할 때 쉽게 놓치지 않는 것과 마찬가지로 뱀띠 여성들도 일단 공격 대상이 결정되면 매우 강한 독점욕으로 다른 사람들을 범접하지 못하게 하고 강한 질투심을 보인다.

바로 이러한 점 때문에 비록 자신은 남편 이외의 다른 남자와 육체 관계가 있어도 남편이 자기만을 위해 충성할 것을 요구한다.

총체적으로 말한다면 남자의 경우 매혹적인 미모의 여성을 택할 것인가 아니면 안정된 가정을 얻을 것인가 하는 문제에서 뱀띠 여성을 만났을 때에는 상당히 큰 결심을 내리고 미래를 위한 선택을 해야 한다.

뱀띠 여성들은 연애를 통한 결혼 비율이 상당히 높다. 매우 큰 매력과 성적 흡인력을 갖고 있는 것 외에도 성적으로 개방적인 면을 가지고 있다. 사실상 뱀띠 여성들은 침대 위에서도 뛰어난 기교와 애교를 부리는데 성생활의 기교에서 다른 띠 여성들보다 전율하고 쾌락을 느끼며 피곤해 하지 않는다.

2

🎴 뱀띠에게 적합한 직업 🎴

뱀띠들의 대부분은 지적인 직업에 종사하고 있으며 비범한 재능을 갖고 있어서 명예와 이익을 함께 얻는 사람들이 적지 않다. 그러나 자신의 총명함과 재능을 나쁜 곳에 이용한다면 극악무도한 죄인이 될 수도 있다. 실제로 이러한 사례들이 적지 않다.

뱀띠들은 남녀 모두 아름다운 자태를 갖고 있다. 특히 여성들은 신비한 성적 매력을 갖고 있기에 주위에 남자들이 많다. 뿐만 아니라 늘 들떠 있기 때문에 결혼하여 가사를 돌보거나 아이를 낳아 기르기보다는 돈에 매혹되어 남의 애첩이나 애인이 되어 한가하고 호화로운 생활을 하게 된다.

다른 한편으로는 화려함을 추구하는 심리와 총명하고 깜찍하여 귀부인이
되는 여성들도 적지 않다.

　고대 중국인들은 뱀의 이러한 본질적인 개성들을 종합하여 뱀은 지혜의
상징이며 뱀의 해에 출생한 사람들은 총명하고 교양이 있으며 철학적 사
상을 갖고 있다고 인정하였다. 이런 총명함과 내적으로 따뜻함과 우아함
을 갖고 있어서 정신적인 영역에 종사하면 좋다.

　인류의 사랑을 직접 실천한 인도의 간디, 문학작품으로써 전 세계에 감
동을 준 톨스토이, 추상파 화가의 거두 피카소, 정치가 링컨, 운동선수이
면서 종교적 색채를 갖고 있는 권투왕 알리 등이 모두 뱀띠에 속하는 사람
들이다. 뱀띠들은 정치활동이나 예술활동에서뿐만 아니라 기타 일정한
철학적인 정신활동에서도 뛰어난 자질을 발휘하는데 이는 이들의 가장
큰 특징이라 할 수 있다.

3

🎴 뱀띠에게 적합한 결혼 상대 🎴

　뱀띠 여성들은 총명하고 풍부한 기질을 갖고 있으며, 일을 처리함에 있
어서 기민하고 영리하여 상상할 수조차 없는 매력을 발산한다. 이 세상의
모든 남성들은 12개 띠 중에서 성적 매력이 가장 뛰어난 이 뱀띠 여성들과
사귀어 보려고 애쓴다. 그러나 뱀띠 여성들이 마음속에 감추어 두고 있는
일종의 염원은 자신을 더욱 아름답게 가꾸는 것이며 더 많은 남자들의 관
심을 끌 수 있기를 갈망하고 있다.

2

뱀 띠

그러나 일단 남녀 사이가 가까워졌다면 뱀띠의 독점욕은 더욱 강렬해져 작은 일에도 시기와 질투를 하게 된다. 이 독점욕과 시기심은 연애 상대를 택하는 데 있어서 가장 큰 관건이 된다. 뱀띠들에게 가장 적당한 결혼 상대에 대해 알아보도록 하자.

♣ 용띠

용과 뱀은 서로 비슷한 점이 많다고 생각하는 사람들이 있다. 중국에서는 뱀을 작은 용이라고도 한다. 그러나 용과 뱀은 우선 체형상으로도 뚜렷하게 구별된다. 용은 하늘을 지배하는 동물이기 때문에 매우 참을성이 있는 뱀띠들에게는 이상적인 관계가 될 수 있다

♣ 소띠

소띠에 속하는 사람들은 침묵하기를 즐기고 자아주의자들이다. 뱀띠들의 행동에 대해 어느 정도에서는 보고도 못 본 척할 수 있으며 전혀 관심을 갖지 않을 수도 있다. 중요한 것은 뱀띠들의 독점욕에 대해 상당한 참을성과 포용력을 갖고 있기 때문에 소띠와 함께라면 견실하고도 안정된 가정을 이룰 수 있다. 그러나 뱀띠는 반드시 여러 면으로 자신을 억제하고 단속해야 한다.

소띠에 속하는 사람들은 평상시에는 온화한 성격을 갖고 있지만 일단 한번 화가 나면 그 누구도 감당하기가 어렵다. 거기에다 뱀띠의 놀기 좋아하는 성격으로 인하여 가정이 파괴될 가능성이 존재하고 있다.

♣ 토끼띠

토끼띠에 속하는 남자들은 언제나 예절바르며 신사적인 면모를 갖고 있

어 뱀띠의 이상적인 배우자가 될 수 있다. 동시에 뱀띠와 토끼띠는 모두 사교 범위가 넓어 가정에는 늘 친척과 친구들이 모여들어 활발하고도 유쾌한 모임이 끊임없이 이어진다. 그러나 토끼띠 남성의 조심성과 뱀띠 여성의 모험을 좋아하는 마음 사이에서 마찰이 생길 수 있는데 그에게 너무 큰 불안을 주지 않도록 노력해야 한다.

이외에도 성격이 비슷한 뱀띠 남성도 적당하다. 자존심이 강하고 자기를 늘 표출하려는 닭띠 남성들과 늘 정에만 이끌려다니는 개띠 남성 등도 뱀띠 여성과 괜찮은 인연이다. 그러나 주의할 점은 그들을 상대할 때에 뱀띠 여성들이 갖고 있는 결점을 없애기 위해 최대한 노력해야 하며 마음대로 이성 친구를 사귀지 말아야 한다는 것이다.

4

❀ 뱀띠에게 적합한 연애 상대 ❀

비록 결혼하기는 힘들지만 짧은 시간 동안 친구나 애인으로 지내기에 적당한 사람은 어떤 띠에 속하는 사람일까?

뱀띠들은 유흥을 좋아하고 활발한 성격 탓에 어떤 이성이든 모두 상대가 될 수 있다. 하지만 뱀띠 여성들은 남자들을 갖고 노는 것을 영광으로 생각하는 경향이 있으므로 언제나 주동적인 유형에 속한다.

뱀띠 여성들이 일반적으로 교제나 첩으로 적합하다는 것은 유흥을 즐기고 또 잘 놀기 때문이다. 또한 세상 모든 남자들이 그 뱀띠 여성의 항거할 수 없는 매력에 무릎을 꿇기 때문이다.

그러나 뱀띠 여성에게 가장 좋은 일반적인 동반자로는 쥐띠와 범띠, 그리고 뱀띠 남자들이다. 물론 이 남자들은 모두 성적인 면에서 뛰어난 전문가들이다. 만약 이러한 남자들과 함께 하면 뱀띠 여성은 자신이 갖고 있는 침대 위의 기교와 어울려 아름답고도 미묘한 세계를 느낄 수 있다. 사이가 별로 가깝지 않더라도 심리적인 만족을 느낄 수 있다.

한 마디 덧붙이고 싶은 것은 뱀띠에 속하는 동성 친구끼리 감정이 너무 깊어지면 동성애로 발전할 가능성이 매우 크므로 주의해야 한다.

5

뱀띠가 피해야 할 상대

뱀띠들은 매우 많은 활약을 할 뿐만 아니라 사람을 대함에 있어서도 매우 온화하다. 그리고 상대방의 기질과 행위, 특성에 자신을 잘 맞추기 때문에 다른 사람과 잘 융화된다. 그리하여 나쁜 인연을 맺을 가능성은 매우 적다.

하지만 남의 행동을 줏대없이 따라한다면 그것을 좋아할 사람은 한 명도 없다. 서로의 입장이 바뀐다면 사소한 다툼을 피할 수 없게 된다. 예를 들어 뱀띠 여성에게 있어서 쥐띠 남자들이 육체적 관계로 가장 적합하다고는 하지만 결혼 상대로는 절대로 좋지 않다. 쥐띠 남자들은 뱀띠와 같은 철학적인 유머가 없기 때문이다. 그러나 말띠나 돼지띠 남자들은 솔직하고 강직하여 풍부한 성격을 소유한 뱀띠 여성을 멀리할 수 있다. 이런 남

성들과의 연분이 좋고 나쁨은 모두 당신에게 달려 있다는 것을 잊지 말아
야 한다.

결혼, 연애 상대 - 뱀띠 여성

12간지	쥐	소	범	토끼	용	뱀
결혼 상대	△	◉	◎	◉	◉	◎
연애 상대	◉	◎	◉	◎	◎	◉
12간지	말	양	원숭이	닭	개	돼지
결혼 상대	◎	✖	◎	◎	◎	△
연애 상대	◎	△	◎	◉	◎	◎

결혼, 연애 상대 - 뱀띠 남성

12간지	쥐	소	범	토끼	용	뱀
결혼 상대	✖	△	◉	◎	◉	◎
연애 상대	◉	◉	◉	◎	◉	◉
12간지	말	양	원숭이	닭	개	돼지
결혼 상대	△	◎	◎	△	✖	✖
연애 상대	◎	◎	◉	◉	◎	◉

아주 좋음 ◉   좋음 ◎   주의할 것 △   피하는 것이 좋음 ✖

그러나 단 한 부류의 사람들은 어떠한 연분이 있든지 모두 당신과 결합될 수 없는데 그것은 양띠에 속하는 남성들이다. 양의 해에 태어난 남성들에게 어떠한 결함이 있는지 꼭 찍어 말할 수는 없지만 어떤 만족할 수 없는 느낌을 갖게 된다.

그들은 무릇 애정에 대한 표현력이나 행동력, 성(性) 능력에 있어서 100점 만점에 65점인 남성들이다. 그러나 평균 30점인 남성이라도 어느 한 면에서 90점에 이르는 장점을 가지고 있다면 이 남성에 대한 뱀띠 여성의 사고방식은 바뀔 것이며 그에게 굴복할 것이다. 그러므로 어느 하나 뛰어난 점 없이 평균 65점인 양띠 남성에게 자연히 불만을 느끼게 될 것이다.

때문에 뱀띠와 어울리려는 남성은 어떤 방법을 쓰던지 하나의 항목에서 뛰어난 능력을 발휘해야만 뱀띠 여성을 얻을 수 있다. 전체적으로 무난한 사람은 비록 결점이 없다 해도 뱀띠 여성과 어울릴 수 없다.

6

✿ 혈액형에 따른 뱀띠의 운세 ✿

♣ A형

혈액형이 A형이면서 뱀띠인 사람들은 온화하고 우아한 기질을 가지고 있으며 기민하고 영활하다.

어떤 이들은 도도히 흐르는 강물처럼 담론하기를 좋아하고 자신을 표출하는 것을 즐기며 청중을 끌어들여 그들의 사랑을 받는다. 그러나 사람들은 시간이 지남에 따라 점차 혐오감을 느끼며 그를 교활한 위선자라고 생각한다. 그리고 그의 말이 실제와 다르다고 생각하며 그와 거래를 하려 하지 않는다. 마침내 그는 고독한 처지에 놓이게 된다.

다른 한 부류의 사람들은 침묵을 지키고 말하기를 좋아하지 않으며 자기를 표출하는 것 역시 좋아하지 않는다. 자기의 겉모습으로 사람들의 주목을 끌려 하고 다른 사람들에게 존경받는 것을 좋아한다.

혈액형이 A형이며 뱀띠에 속하는 사람들은 모두 냉정하고 무겁다. 모든 일을 냉정히 계획하고 주도면밀하게 획책하며 보복심이 매우 강하고 적수를 죽음으로 밀어넣는다. 심지어 자기에게 위협을 줄 수 있다고 생각되는 사람도 그냥 지나치는 법이 없으며 음험하고 흉악하며 잔혹한 행위를 감행한다.

사람 됨됨이가 매끄럽고 영롱하지만 성실하고 정직한 태도가 부족해서 사람들이 그를 존경은 하지만 멀리 하려 한다.

온갖 방법을 동원하여 상사에게 잘 보이려고 하며, 자기의 친구를 팔아먹는 행위도 서슴지 않고 자행한다. 이렇게 하여 결과적으로 지도자와 상사의 신임을 받게 되지만 거의 모든 친구들은 그를 멀리하거나 떠나버린다. 이들은 사실은 매우 고독하지만 자기가 바라던 모든 것을 얻게 된다.

♣ B형

혈액형이 B형이며 뱀띠인 사람들은 늘 담소를 즐기며 자신이 체득한 모든 사실을 있는 그대로 말하여 많은 사람들이 그를 좋아한다.

그러나 정서가 불안하고 의심이 많다. 천성적으로 고독을 좋아하므로 자기만의 세계로 친구들이 들어오는 것을 원하지 않는다. 이러한 이유로 일생에 진정한 친구가 없으며 그의 담소를 주의 깊게 들으려 하는 사람이 없다.

뱀 띠

민감한 판단력이 있기는 하지만 혼자서 행동하기를 즐기며 서로 이해가 필요할 때 다른 사람들의 이해를 얻기가 힘들다.

'자기의 힘으로 자기의 인생을 개척해 나간다' 는 원칙에 따라 스스로의 노력에 의하여 부유한 생활을 할 수 있다.

일생은 평온하며 매우 큰 좌절과 굴곡은 없다. 하지만 그들의 총명함과 재주로 만일 친구들을 돕는다면 더욱 큰 성과를 얻을 수 있게 될 것이다.

♣ AB형

혈액형이 AB형이며 뱀띠인 사람들은 일의 효율을 따지는 합리주의자들이다. 이들은 일을 처리함에 있어 냉정하고 엄숙하며 생각이 깊고 계획이 정확하고도 전면적이며 실제적인 효율을 따지고 언제나 합리적이고 도리에 어긋나는 법이 없다.

체면을 지키며 허영심이 매우 강하여 늘 여러 사람들 앞에서 세련되고 성숙되고 예절바른 자태를 나타내려 하며 자신의 감정을 잘 조절한다.

동료나 친구들을 대함에 있어 냉정하고 열정적이지 못하며 일정한 거리를 유지한다. 그리고 다른 사람들이 자신의 생활권 내에 들어오는 것을 싫어하고 다른 사람의 생활에 대해서도 절대로 간섭하는 일이 없다. 다른 사람을 도와주기도 싫어하고 자신에게 어려운 일이 있을 때에도 절대로 다른 사람의 도움을 받으려 하지 않는다.

지나치게 총명하고 민첩하며 옳고 그름을 판단할 줄 알며 자기의 앞날의 길흉에 대하여 예측하고 단호한 조치로 이에 대처한다. 때문에 일생에 큰 실패가 없으며 마음 놓고 유쾌하게 일생을 살아갈 수 있다.

무슨 일을 하든 큰 힘을 들이지 않지만 반대로 그 결과는 상상 외로 좋다. 시간을 계획적으로 쓰고 유흥을 탐하지 않으며 주도면밀하게 생각하고 계획하여 무슨 일을 하나 순조롭다. 사업과 가정에서 하려던 일을 마치면 공허하고 적막함을 느끼게 된다. 일생 중에서 많은 시간을 이렇게 공허와 적막 속에서 보내게 된다.

♣ O형

혈액형이 O형이며 뱀띠에 속하는 사람들은 성숙하고 세심하며 예절바르게 사람을 대한다. 그러나 가까이 접근하기가 어렵다. 기민하고 영리하지만 의심이 많아 주위 사람들을 믿지 못한다. 자기를 표출하려 하지 않고 자신이 갖고 있는 재능과 지혜를 감추려고 하여 사람들에게 신비하고도 알 수 없는 느낌을 준다.

개성이 강하고 알게 모르게 고군분투하며 늘 누구에게도 지지 않으려 한다. 그러나 겉으로는 아무 일도 없는 듯 행동하여 사람들에게 반감을 주게 된다.

자존심과 시기심이 매우 강하다. 자신의 무능을 인정하는 법이 없으며 꼭 이기려고만 한다. 한 마디로 너무 고달프게 살아간다. 사치와 허영심이 너무 강하여 다른 사람이 자기를 앞지르는 것을 못 참고 만약 자기보다 나을 경우엔 마음의 평정을 찾지 못하고 보복심도 나타나게 된다. 친구나 동료들까지도 시기하여 성과가 크면 클수록 그에 대한 원한도 커진다. 보복을 할 때는 수단과 방법을 가리지 않고 교묘하게 처리하기 때문에 어떤 흔적도 남기지 않는다. 이러한 성격으로 하여 일생을 고독하게 살아간다.

7

❀ 별자리에 따른 뱀띠의 운세 ❀

♣ 양자리 (3월 21일~4월 20일)

양자리 뱀띠는 불 같은 성격을 갖고 있다. 마음속에는 여러 가지 충돌로 인해 항상 들끓고 있기에 고통이 함께 한다. 동시에 무슨 일이든 찾아서 하려 하고 여러 가지를 경험해 보고 싶어한다. 뱀띠에 속하는 사람들은 늘 상 앉아서 사고하고 판단을 내리고 있다가 언젠가 누군가 성공하기만 하면 곧 그와 똑같은 방식으로 여러 가지 일을 처리하려 한다.

양자리의 끝이 없는 야심은 뱀띠를 곧잘 곤경에 빠지게 한다. 그러나 이들은 창조적인 사업에 마음을 두고 있으므로 자기의 천재적 재능을 발전시켜 재산과 지혜를 찾게 한다.

자신에게 생길 수 있는 일들 가운데 가장 나쁜 것은 늘 정력이 충만하고 표현이 직설적인 양자리들을 게으름뱅이로 만들거나 필요도 없는 거짓말들을 늘어놓게 하는 것이다. 비록 양자리에 속하는 사람들은 다른 사람의 권고를 듣지 않지만 뱀띠들은 그를 설복시키는 방법을 잘 알고 있으므로 영민하고 영활하게 양자리의 사람들을 천성적인 충동에서 깨우쳐 준다.

양자리의 뱀띠에 속하는 사람들은 자신의 결심과 의지로, 또한 다른 사람들의 격려로 상당히 안일하고 편안한 생활을 할 수 있다. 이들은 예술 계통에서 뛰어난 재능을 갖고 있다. 그들에게 일찍이 이 방면에 종사할 것을 깨우쳐 주어 그로 하여금 게으름을 부리지 않게 해야 한다.

♣ 황소자리 (4월 21일~5월 21일) ♣

이러한 사람들은 이른바 뱀의 본질을 그대로 갖고 있다. 뱀띠들은 늘 구속에 얽매어 있는 데다가 황소의 속성이 더해져서 실제로 뱀띠가 갖고 있는 성격을 그대로 나타내게 된다. 그들은 항상 곧고, 소심하고, 조심성이 강하지만 황소자리이면서 뱀띠에 속하는 사람들은 세속적인 의식이 어느 정도 존재한다.

황소자리의 뱀띠들은 천재적인 기질을 갖고 있다. 뱀띠에 속하는 사람들은 돈과 재물을 좋아하고 사치를 즐기며 안온한 생활에 도취된다. 그러나 황소의 속성은 뱀띠의 이러한 성격에 대항하여 자기가 원하는 것은 스스로 구하려는 본능을 가지고 있다.

예술과 미(美)는 황소자리 뱀띠들에게는 매우 중요하다. 그들은 예술적 창작활동에 몸담고 충만된 예술적 기분으로 생활하기를 즐긴다. 이들이 사치를 추구하는 것은 재물에 대한 욕구가 아니라 진실한 미적 향수에 이끌리는 것이다.

모든 뱀띠들과 마찬가지로 황소자리 뱀띠는 일생 동안 자신의 최대의 적인 게으름과 투쟁한다. 그들은 그 게으름과 나약함으로 인해 아주 오랫동안 고통을 받는다.

뱀띠들은 늘 다른 사람들에게 아름답고 좋은 인상을 주지만 황소자리에 속한 뱀띠들은 더욱 착실하고 믿음직스런 느낌을 주며 다른 뱀띠들보다도 더 신비롭고 차가운 느낌을 준다.

그러나 그들은 시간을 질질 끄는 성격이 있다. 그들은 여러 가지 현실적인 일을 끝내기도 전에 똑같은 사업을 몇백 번이나 반복하지만 이러한 일은 그들이 태어날 때부터 의심이 많거나 믿음이 없어서가 아니다. 그들은 충분한 시간을 투자하여 한 가지 일을 끝낼 뿐이다.

그들은 선량한 질투심을 갖고 있다. 뱀띠들은 충실하지 못하지만 황소자리 뱀띠는 더욱 충실하지 않은 사람들이다.

♣ 쌍둥이자리 (5월 22일~6월 21일)

쌍둥이자리 뱀띠들은 모순되는 성격을 가지고 있다. 그러나 자기가 갖고 있는 천성적인 재능을 보존한다면 그들에게는 위대한 앞날이 펼쳐질 것이다. 그들은 어떤 문제에 대하여 고민하고 생각하는 것을 즐기고, 어떤 문제에 대해 검토하는 능력과 지각 능력이 뛰어나다. 이러한 두 가지 특성이 서로 결합되어 쌍둥이자리의 뱀띠는 행운을 갖는다.

그러나 이런 혼합형의 성격은 잠재적인 위험도 갖고 있다. 쌍둥이자리 뱀띠들은 복잡한 자아 환상을 갖고 있으며 유달리 게으른 특징이 있다. 이들은 매일 아침 늦게 일어나고 다른 사람이 깨워야만 겨우 침대에서 일어난다. 의지가 약하고 굳세지 못하며 상실감이 있어서 늘 의기소침해 하고 무슨 일이든 직접 돌파하는 법이 없다. 이는 재난에 대한 지나친 직감력에서 올 수도 있지만 쌍둥이자리 뱀띠들은 사물의 발전, 결과를 알 수 있다.

자기가 이 세계에 대한 역할이 크지 못하다는 것을 사전에 느끼고 큰 힘을 들이지 않기 때문에 늘 일을 시작하기 전에 기회를 놓쳐 버린다. 쌍둥이자리와 뱀띠의 성격이 서로 결합되어 지혜로운 예술가나 천재적인 학자로서의 자질이 나타나고 다른 사람들이 항거할 수 없는 매력을 가지며 수완이 뛰어난 정치가가 될 수도 있다.

이들은 뛰어난 예견력으로 자기에게 어떤 일이 미치기 전에 이미 알아차리고, 마침내 일이 발생했을 때에는 상대적으로 그 일에 대해 흥미롭게 바라보며 얼마만큼의 노력을 들여야 한다는 것을 알고 있다.

쌍둥이자리 뱀띠들은 반드시 자기가 종사하려는 복잡하고도 거대한 사업에 대해 철저한 준비를 한다. 그들이 하려는 일은 자신의 능력이 미치지 못하는 수많은 분량의 일이다. 그들에게는 도전이 필요할 뿐만 아니라 스스로를 채찍질하는 내재적인 동력이 있어야 하며 자기에게 쏟아지는 명예와 악명을 받아들일 준비가 필요하다. 이렇게 철저히 준비가 되어 있기 때문에 이들을 대하는 것은 쉽지 않다.

♣ 게자리 (6월 22일~7월 22일)

일반 뱀띠들은 감정적으로 일을 처리하지 않지만 게자리 뱀띠들은 기타 다른 뱀띠들보다 더 감정적이다. 뱀띠들 가운데 일부는 천성적인 거짓말쟁이고, 다른 일부의 사람들은 그보다 더 심한 거짓말쟁이이며, 게자리에 속하는 뱀띠들은 그 중에서도 가장 교활한 사람들이다.

모든 게자리 뱀띠들은 자신을 매력적이고 감동적이며 아름다운 인물로 봐주기를 바란다. 그러나 비교적 좋은 환경에 거주하지 않는다면 이런 사람을 만날 수 없게 된다. 왜냐하면 그들은 환경이 나쁜 곳을 꺼리기 때문이다.

그들은 가난한 가정에서 태어날 수도 있지만 현실에서 탈피하기 위해 모든 노력을 다한다. 그들은 좋은 학교에서 공부하기를 원하고, 사회적 교제를 넓히려 하며, 앞으로 유명해지거나 부유해질 수 있는 사람만을 배우자로 선택하려 한다. 또한 그들은 편안한 생활을 즐기려 하고, 이런 편안한 생활은 자신이 창조하고 마련한 것이라고 생각한다. 그들은 다른 사람을 고용할 여건만 갖추어진다면 반드시 남을 고용하려 한다.

게자리에 속한 뱀띠들은 예술적인 면이 매우 발달하였고, 능히 자신의 방식대로 모든 물건들을 장식하고 아름답게 꾸밀 수 있다.

그들은 가장 적당한 의견과 건의들을 제기할 수 있으며 상대방의 입장에서 문제들을 생각한다. 그들은 언제나 놀기를 좋아하며 젊은이들과 함께 춤추고 노래하는 것을 좋아한다.

♣ 사자자리 (7월 23일~8월 22일)

이들은 자기가 하는 일이 항상 옳다고 여기며 간혹 그것이 잘못되었다고 해도 의연히 자기가 옳다고 주장한다.

우의를 중히 여기며 친구에게는 언제나 충성적이다. 그러나 이들은 절대로 다른 사람의 의견(그것이 비록 건설적인 것이라 할지라도)을 받아들이지 않으며, 조금도 주의 깊게 들으려 하지 않는다. 이처럼 건설적인 의견조차 받아들이지 않기 때문에 그들은 모든 일에서 실패하게 된다.

그들의 마음 한곳에서는 어떻게 하면 시간과 장소를 불문하고 위대하고 자선적인 모습으로 보일 수 있는가에 대해 생각하고 있다. 그들은 언젠가는 자신이 위대한 공헌을 하여 이 사회를 구하고 가난한 사람들을 도와줄 수 있다고 굳게 믿고 있다. 그리고 이러한 날이 곧 오리라 생각한다. 이렇게 위대한 생각을 하면서도 전쟁으로 고아가 된 아이나 한두 명의 가난한 사람을 돕는 정도의 일밖에는 하지 않는다.

그들은 절대로 소홀하거나 잊어버리는 일은 없지만 개인의 비극과 불행에 너무 깊이 빠지므로 자신의 노력으로 이상을 실현하려 하지 않는다.

이외에도 이들은 너무 게으름을 피우고 자기의 세계에만 빠져 있다.

화려하고 아름다운 의복이나 장식품들이 없다면 사자자리 뱀띠들은 유쾌한 생활을 할 수 없다. 이들 중에서 가장 가난한 사람이라 할지라도 유행하는 옷과 장식품들로 자기를 표출하려고 한다.

이들은 천성적인 기질과 품격으로 잘생기지는 못했다 할지라도 항상 자신감이 넘쳐 도도해 보이기까지 한다. 이러한 태도 때문에 사람들에게 결코 자기를 이길 수 없다는 인상을 받게 한다.

♣ 처녀자리 (8월 23일~9월 22일)

사물에 대한 분석이 예리하고 민첩한 지각 능력을 갖고 있다는 것이 처녀자리 뱀띠들의 두 가지 기본적인 특징이다. 그들은 다정다감할 뿐만 아니라 매우 큰 흡인력과 풍부한 지혜를 갖고 있다. 사물에 대하여 심각한 인식도 갖고 있다. 그들은 엄숙할 뿐만 아니라 태연자약하다. 이들은 자신이 갖고 있는 힘은 이 세상에 속해 있다고 생각하지 않으며 현실을 떠나서 모든 일을 생각한다. 그러므로 그들은 언제나 신비한 미소를 짓고 있다.

어떤 기술적인 일이든지 처녀자리 뱀띠들의 지력으로 해결되지 않는 것이 없으며 어떤 형이상학적인 문제도 모르는 것이 없다. 그들은 최고의 매력을 갖고 있는 괴물들로서 차가워 보이지만 온화한 마음을 간직하고 있다. 세심하게 계획하고 자신의 처신 방법도 알고 있고, 한 가지 계획을 실행할 때에는 여러 번 검토해 보며, 가끔은 허풍을 치기도 한다.

이러한 부류의 사람들은 성격이 내향적이지만 다른 사람들에게 흥미를 가지고 있다. 숭배할 수 있는 사람을 찾기 위해서이다. 그는 늘 자기가 필요로 하는 것보다 훨씬 더 많은 숭배자를 갖고 있어 일생 동안 친구가 될 수 있는 사람이 많다.

게으름은 처녀자리 뱀띠들의 적이기는 하지만 처녀자리들은 뱀띠의 영향으로 더욱 게으름을 부리게 된다. 그들은 뛰어난 능력을 갖고 있지만 편안하고 안온한 생활을 할 수 있게 되면 그 즉시 게으름을 부리게 되고 타락하게 된다.

처녀자리 뱀띠들의 개성 중 가장 주의를 끄는 것은 그들의 개방적인 성격이다. 이들은 새로운 경험을 접할 수 있으면 어떤 일이라도 해보려는 욕망이 있어 모험을 즐기는 사람들의 둘도 없는 동반자들이다.

♣ 천칭자리 (9월 23일~10월 22일)

이들은 매력의 화신으로서 천성적으로 사람들을 끌어들이는 매력을 갖고 있다. 뱀띠와 천칭자리는 재미있는 조화를 이루어서 다른 사람들로 하여금 저항할 수 없도록 만드는 흡인력을 갖고 있을 뿐만 아니라 완강하고도 건강한 의지를 갖고 있다. 그들은 모든 일을 자기 마음대로 처리하려 하며, 교묘하게 주위 사람들을 끌어들여 일을 시킨다. 모든 일을 자신의 의사대로 이루어지게 하고 자기가 갖고 있는 매력으로 다른 사람들을 고무하고 격려한다.

천칭자리 뱀띠들은 감정으로써 다른 사람들을 통제할 줄 알고, 사람들이 무엇을 하려는지 정확하게 알고 있다. 그들에게는 상당히 민감한 통찰력이 있으며 특히 초자연적인 일에 대하여 헤아릴 줄 안다.

천칭자리 뱀띠들은 냉정하고 이성적이며 충족한 느낌으로 상대방과 대화하는 방법도 잘 알고 있다. 이들은 천성적으로 사람을 끌어모으고 선동하는 능력이 뛰어나다.

후덕한 인심을 갖고 있는 것 또한 천칭자리 뱀띠들의 특징이며 이러한 특징은 늘 사업을 추진하는 과정에서 표출되기 마련이다. 천칭자리의 사람들이 갖고 있는 공정성과 뱀띠에 속하는 사람들의 인자함은 늘 다른 사람들의 처지를 잘 이해하게 한다. 그들은 언제나 다른 사람들의 의견을 받아들여 자기에게 이롭게 한다. 천칭자리 뱀띠들은 견정한 이타주의자들이다.

각종 국제구제기금회에는 이러한 사람들이 모여 있는데 그들은 다른 사람에게 관심을 쏟고 금전적으로 도와주기를 원한다.

이들은 절대로 천성적인 강한 성격의 소유자들이 아니며 이런 사람들은 일상생활의 소비에 대하여 세심하게 계산하고 통제하고 있다. 그러나 필요하다고 생각될 때에는 많은 돈과 재물을 써서라도 진귀한 물건들을 사들여 소장하거나 금은 장식품으로 자신을 장식한다.

♣ 전갈자리 (10월 23일~11월 22일)

이들의 생활에 대해서 말한다면 만약 아름다움과 사치가 없고, 온순함과 동정이 없고, 숭배와 과소비가 없다면 근본적으로 생활을 영위할 수 없다. 이들은 극도로 민감하여 뱀띠들이 갖고 있는 냉혹성이 있다 할지라도 의외로 온순하고 사랑의 마음을 가지고 있다.

전갈자리에 속하는 사람들은 감각과 지각이 비교적 강하며 자아 반성하고 의심하는 습관이 있다. 뱀띠들은 사리에 밝고 영리하며 통찰력과 직관력이 있다. 이러한 성격은 전갈자리의 속성 중 철학적인 면을 감소시키지 않는다. 그들은 깊이 사고한다. 그렇기 때문에 때로는 고통 속에 빠져들기도 한다.

그들은 천성적으로 다른 사람들이 필요로 하는 것과 욕망을 의식할 수 있는 능력이 있고 각 사물의 섬세한 변화에도 주의를 돌리고 이해한다. 전갈자리 뱀띠들은 암시하거나 추측하는 천재적 직관력을 갖고 있어서 쉽게 성공할 수 있다. 주식시장의 전망이나 어떤 신상품의 시장 잠재력을 예측할 수 있으므로 이들 중에는 가난한 사람이 거의 없다.

그러나 전갈자리 뱀띠들은 좋은 인상을 남기지 못할 수도 있다. 그들은 처음부터 성공할 수 있는 재능과 부(富)를 갖고 있어서 어느 정도 자부심을 겉으로 표출하게 된다. 그들은 늘 교만하며 다른 사람들의 이목을 집중시키는 것을 좋아한다. 그렇게 하기 위해서는 늘 자기의 매력을 자랑하는 거짓말들을 늘어놓게 된다.

그러나 전갈자리 뱀띠들은 자기가 마음 속으로 생각하고 있는 이상과 너무 멀리 하려 하지 않으며 늘 현실과 이상과의 관계를 미묘하게 균형을 이룬다. 그들은 거짓말을 잘하지만 자신에 대해서는 거짓말할 줄 모른다. 생활에서 어떤 곤란에 부딪치든지 간에 그들은 언제나 냉정한 태도를 취한다.

♣ 사수자리 (11월 23일~12월 21일)

이들은 우려의 화신으로서, 자기가 사랑하거나 존경하는 사람들에 대해 관심을 가지며 그들만의 특별한 날에도 관심을 돌린다. 사수자리는 말이 많다. 사수자리 뱀띠들은 떠들썩하게 일을 하지는 않지만 어떤 경쟁 속에 뛰어들어 열심히 다른 사람들과 경쟁하는 것을 좋아한다.

비밀을 지키며 충돌이 생기면 후퇴할 줄 알고 자신의 의사를 똑바로 표현하고 복잡한 논쟁거리는 배제해 버리며 어떻게 하면 자신의 존재를 잘 부각시킬 수 있는지도 알고 있다.

사수자리 뱀띠들은 다른 뱀띠와 달리 게으름을 피우지 않고 상대방이 무엇을 하든간에 절대로 신경을 쓰지 않는다. 이들은 안정된 방식으로 자기의 무궁한 정력을 나타낸다. 그들이 자기를 감추고 나타내지 않을 뿐만 아니라 성급하지 않기 때문에 다른 사람들은 사업에 있어서의 그의 활용 가치를 느끼지 못한다. 하지만 그들은 놀라운 속도로 자기가 맡을 일을 해나간다.

사수자리의 뱀띠들은 모험을 좋아하지 않는다. 그들은 절대로 어떤 일에 대하여 겁내지 않으며 어떠한 운동이라도 끊임없이 매일 연습한다. 그러나 그들은 위험한 행동을 하지 않고 어떠한 모험적인 행동에서 자극을 얻으려 하지 않으며 마찬가지로 일상생활 중에서도 모험을 피하고 편안한 생활을 하는데 습관화되어 있다.

사수자리 뱀띠들은 자기와 상관없는 쓸데없는 일에 관계하지 않는다. 그들에게는 많은 호기심이 있지만 다른 사람의 일에는 참견하지 않다. 그들은 많이 생각하고 깊이 사고하는 천성적인 성격 때문에 쉽게 어떠한 일에도 관계하지 않는 것이다.

♣ 염소자리 (12월 22일~1월 19일)

이들은 자기 자신에게 도취되는 것을 즐긴다. 염소자리들은 자기가 생각하는 도리를 널리 알리려 하며 자신의 의지를 실천에 옮기려 하고 자신의 양심에 충실하다.

염소자리 뱀띠들은 상당히 품위 있는 사람들로서 자신의 외모에 대해 자부심이 있으며 몸치장도 다른 사람들보다 더 신경써서 아름답게 하고 다닌다. 그들은 외면상 상당히 체면을 중시하며 몸단장에 많은 돈을 쓴다.

그들에게 행운이 잘 따르는 것은 아니지만 풍부한 사랑을 지니고 있기에 늘 불행한 어린이들을 돕거나 장애인들에게 일자리를 마련해 준다. 이러한 이유로 그 중의 일부 사람들은 자기가 많은 가난하고 불행한 사람들을 거느리고 있다고 생각하고 이로 인하여 자신의 우월성을 더욱 크게 느낀다. 물론 염소자리 뱀띠들이 풍부한 사랑의 마음을 가지고 있을 수도 있겠지만 그들은 나름대로 다른 사람들을 도와주는 것을 영광으로 느낀다. 또한 그들에게 있어서 모든 일들은 매우 순조롭게 풀리므로 그들은 다른 사람들과 재산을 같이 나누기를 바라며 그 재산에 대한 다른 사람들의 생각에는 개의치 않는 태도를 취한다. 그들의 강하고 대범한 외면에 뒷받침되는 것은 놀라운 소비로서 자선 모임에 참석하는 사람들에게 예복을 사

2
뱀 띠

준다거나 어떤 사람의 생일에 승용차를 선물하여 다른 사람들의 존경을 받으려고 한다. 따라서 이러한 일들은 교활한 모략으로 다른 사람들을 미혹시키기 위한 그들만의 방법이다.

강경하고도 아름다운 염소자리 뱀띠들의 일처리 방법은 권력에 대한 그들의 욕망에서 나오는 것이고 명예에 대한 갈구와 다른 사람들의 존경을 받으려는 욕망에서 나오는 것들이다.

♣ 물병자리 (1월 20일~2월 18일)

이들은 사유가 깨끗하고 사물에 대한 통찰력이 뛰어나다. 앞날을 위해 현실에 뿌리를 박고 늘 미소 띤 얼굴로 일을 처리한다. 그들은 천성적으로 낙관주의자들이다. 따라서 고집도 세다. 그들은 자기가 얻을 수 없는 물건에 대해 지나친 요구를 하지 않으면 그로 하여 근심을 하지도 않는다.

자신감은 물병자리 뱀띠들이 갖고 있는 매력 중 하나이다. 그들은 새로운 것이라면 무엇이든 시험해 보며 쾌락과 선의를 여러 사람들에게 가져다준다. 그들은 풍부한 물질 환경에서 생활하려 하지 않으며 강한 점유욕도 갖고 있지 않다. 물병자리 뱀띠들은 물질적인 것에 관심을 두지 않으며 어떤 물건을 잃을지언정 모든 것을 골고루 살피려 한다.

이러한 매력적인 사람들의 생활은 외부의 간섭도 전혀 받지 않으며 탐험과 몽상을 즐긴다. 여행과 계획들이 항상 머리 속에서 맴돌고 있다. 만약 사람들이 그들을 게으르다거나 약속한 날짜를 잊었거나 마음에 없는 일로 책망한다면 물병자리 뱀띠들은 늘 마음속으로 여행을 떠나고 그로써 자기를 욕한 사람의 영상을 점차 떨쳐버릴 수 있다. 이들은 고독한 상상 속에서 동반자 없이 살아가게 된다. 물병자리 뱀띠들에게는 오직 진실만이 있고 그 외에는 모두 환상뿐이다.

이렇게 총명한 사람들은 복잡하고도 힘든 사업에 집착한다. 그들은 사업에서 뛰어난 성적을 거두고 훌륭한 공예품들을 만들어 낼 수 있다. 물병자리 뱀띠들은 풍부한 상상력을 갖고 있으며 인정이 많기 때문에 모든 일에서 성공할 수 있다.

물병자리 뱀띠들은 인자하고 늘 다른 사람들의 어려움과 고통에 대하여 이해해 주고 동정해 준다. 이러한 사람과 사귀면 어떤 일에서나 뒷심이 있게 된다.

♣ 물고기자리 (2월 19일~3월 20일)

매우 심각하고 우아하지만 이러한 것들은 모두 외면적인 것에 지나지 않는다. 그들의 내면에서는 여러 가지 철학적 사고가 이루어지고 있고 세속을 벗어난 투시력도 가장 총명하고 명징한 사람들에게만 있게 되는 것이다. 물고기자리 뱀띠들은 모든 일에 깊은 감수성을 가지고 있으며 어떠한 상황에서도 대단히 민첩하고 정확하여 세상과의 접촉을 피하려는 느낌을 주게 된다.

물고기자리 뱀띠들은 자부심이 있지만 지나치다는 인상을 주지는 않는다. 그리고 작은 일은 멀리하며 가정의 보호를 받게 된다. 남들이 좋아하건 말건 그들은 언제나 자신의 몸단장에 신경을 쓴다.

이들은 깊이 사고하며 동시에 이 사회에서 고독하게 살아가는 사람들이다. 그들이 사회활동에 참여하는 것을 좋아한다고 말하는 것은 그들이 바로 그런 속에 속해 있기 때문이다. 그들은 책임지기를 싫어하며 혼자서 성공하는 것을 원하지 않는다. 그들에게는 총명함과 사물에 대한 관찰력이 있지만 천재적인 총명함과 재능을 다 발휘하지 못한다. 그러나 어떠한 범죄 행위도 저지르지 않는다.

8

器 태어난 시에 따른 뱀띠의 운세 器

♣ 자시생 (子時生 : 오후 11시~오전 1시)

상냥하고 친절한 말솜씨 때문에 사기꾼이 되기 쉽다. 모든 일에서 감정 적이다.

♣ 축시생 (丑時 生 : 오전 1시~오전 3시)

분명하지 않은 성격과 매력 뒤에 고집이 숨어 있다. 만일 실제로 황소와 같은 힘과 의지를 가지고 있다면 매우 다루기 어렵다.

♣ 인시생 (寅時生 : 오전 3시~오전 5시)

따뜻하지만 변덕스러운 성격으로 성질이 급하다. 뱀과 호랑이 모두 의 심이 많아 다른 사람에게 생각지 않은 비난을 하는 수도 있다.

♣ 묘시생 (卯時生 : 오전 5시~오전 7시)

상냥하고 달콤하게 이야기하는 사람이지만 일단 화가 나서 물어뜯으면 치명적이다. 거래할 때 그에게 손해를 끼치지 않도록 조심해야 한다.

♣ 진시생 (辰時生 : 오전 7시~오전 9시)

박애적인 사람이다. 지혜와 용기가 많아 실제적이고 성과 있는 개혁들 을 추진할 수 있다. 어떤 일이든 그가 하는 것은 항상 완벽하다.

♣ 사시생 (巳時生 : 오전 9시~오전 11시)

소유욕이 강하고 수수께끼 같은 성격이어서 이해하기 어렵다. 이런 사람의 성격을 파악하기란 거의 불가능하다. 분명한 것은 자기보다 앞서 있는 사람을 붙잡으면 결코 나아가도록 놓아주지 않는다.

♣ 오시생 (午時生 : 오전 11시~오후 1시)

인생을 낙관적으로 사는 행복하고 명랑한 사람이다. 말과 뱀 둘 다 연애를 좋아하는 동물이므로 매우 바람기 많은 남녀가 되기 쉽다.

♣ 미시생 (未時生 : 오후 1시~오후 3시)

뱀과 양은 모두 여성적인 동물이므로 이 시간에 태어난 사람은 완벽한 재능을 지닌 예술가가 되기 쉽다. 이들의 재능은 돈이 많이 드는 것이지만 그것을 감당할 경제적인 능력도 있다. 양의 상냥한 성격 속에 약삭빠른 생각이 감춰져 있다.

♣ 신시생 (申時生 : 오후 3시~오후 5시)

건강하고 천재적인 두뇌의 소유자로서 강한 영향력을 가지고 있다. 지혜와 매력이 완벽하게 조화되어 자신이 이길 수 없는 싸움은 절대로 하지 않는다.

♣ 유시생 (酉時生 : 오후 5시~오후 7시)

쾌활하게 보이는 외모 밑에 절대적인 권력을 가지려고 마음먹은 악단의 지휘자와 같은 성격을 가지고 있다. 고집이 세고 통찰력이 있다.

♣ 술시생 (戌時生 : 오후 7시~오후 9시)

개의 바람직한 성격인 강한 신뢰와 도덕을 지닌 충실한 뱀띠이다. 뱀과 개 모두 생각이 깊은 동물이므로 대단히 이지적인 경우가 많다.

♣ 해시생 (亥時生 : 오후 9시~오후 11시)

풍류를 아는 사람이다. 하지만 그에 빠지지 않을 만큼 영리하다. 돼지의 타고난 호의는 많은 신뢰를 얻을 수 있게 해준다.

9

❀ 뱀띠 해에 대하여 ❀

깊이 생각하여 계획을 세우며 해답을 추구하는 해로 현명한 거래와 정치적 사건 등에 좋은 시기이다. 이 해에는 사람들이 일을 하기 전에 계획을 세우고 깊이 숙고하는 경향을 띤다. 장사와 사업에는 호기이다. 처음에는 서로 약간의 불신이 있겠지만 결국 문제는 해결되고 타협이 이루어질 수 있다. 뱀은 불화를 어떻게든지 해결하고자 하지만 만일 문제를 해결하는데 있어 평화적인 방법이 실패하면 곧 전면적인 투쟁을 선언한다.

역사를 돌아보면 뱀띠 해는 결코 조용하지 않았음을 알 수 있는데 이것은 뱀띠 해가 열두 동물의 주기 가운데 음의 힘이 가장 강한 해로서 양의 힘이 가장 강한 용띠 해로부터 이어지기 때문이다. 용띠 해에 시작된 많은 재난들이 뱀띠 해에서 그 절정에 오르곤 한다. 이 두 동물은 매우 밀접하게 연관되어서 뱀띠 해 재난의 대부분이 용의 지배 기간에 일어난 것들에서 기인한다.

이 해는 사랑과 연애에 성공할 수 있다. 패션은 더욱 우아하고 변화가 심하며 음악과 연극은 활발해져서 사람들은 보다 풍요로운 인생을 위해 노력하게 된다. 중요한 과학, 기술상의 기여도 이 해에 이루어진다.

뱀은 지혜가 매우 뛰어나서 우리가 본받아야 할 것임을 많이 경험하게 되는데 특히 어떤 결정을 내려야 하는 경우에는 더욱 그러하다. 뱀의 냉정하고 침착한 얼굴은 자신의 깊고 신비로운 면을 감추고 있다.

표면적으로는 모든 것이 매우 조용하게 보이지만 결코 예측할 수가 없다. 뱀이 상대방을 공격하기 위하여 감긴 몸을 번개처럼 내뻗는다면 아무도 막을 수 없는 것처럼 뱀띠 해에 일어나는 변화들 또한 매우 신속하고 파괴적이다.

이 해에는 모든 일을 얼음 밟듯이 조심해야 한다. 도박과 투기는 절대적으로 삼가야 한다. 그 결과는 감당하기 어려운 것이 되기 때문이다. 뱀은 절대 자비로운 동물이 아니다.

어떤 일이 일어나든 뱀은 우리에게 우리의 신념에 대한 믿음을 주며 자신이 다스리는 동안에 우리로 하여금 힘차게 행동하도록 한다. 이 해는 형세를 관망하는 사람의 해는 아니다.

10

🎴 해에 따른 뱀띠의 운세 🎴

♣ 쥐띠 해

뱀띠가 활발히 활동할 수 있는 해이다. 전망이 좋고 기회가 제공된다. 하는 일에서 약간의 진보를 이룰 수 있다. 또한 좋은 일이건 나쁜 일이건 극적인 사건이 일어날 수 있다. 재정적으로 손해를 만회할 수 있고 문제들이 순조롭게 풀리게 한다. 돈을 빌려주거나 빌려서는 안 되는 시기이다.

♣ 소띠 해

평범한 해이다. 이 해에는 사람들이 그의 결정에 도전하려 하고 그의 타고난 조심성과 직관에도 불구하고 약간의 곤경과 재정적 실수를 저지르기 쉽다. 자신의 고집으로 일들을 무난히 처리하고 문제를 복잡하게 만들지 않는 게 좋다.

♣ 호랑이띠 해

짜증나는 일이 많이 생기는 해이다. 자신이 만들지 않은 갈등에 쉽게 휘말리게 되고 가정이나 직장에서 주위 사람들과 잘 지내지 못한다. 유머 감각을 잘 간직해야 하고 분별없이 보복하려고 들지 말아야 한다. 이와 같이 해야만 도움을 얻을 수 있고 커다란 분란을 피할 수 있다.

♣ 토끼띠 해

여러 가지 일로 바쁘긴 하지만 매우 행복한 해이다. 다른 약속들을 수행하느라 자신이 하고 싶은 일에 충분한 시간을 쓸 수 없는 해이다. 돈은 쉽게 생기고 쉽게 나간다.

♣ 용띠 해

뱀에게 어려움이 있는 해이다. 사업이나 하는 일에서 커다란 수확을 기대할 수 없다. 악의 있는 비난과 질투심 많은 주위 사람들을 조심해야 한다. 여름이면 힘든 기간이 끝나고 날씨가 서늘해지면서 좋은 소식이 전해질 것이다. 지나친 지출을 삼가고 돈을 잘 간수해야 할 때이다.

♣ 뱀띠 해

자신이 바라는 것만큼 이루어지지 않는다고 할지라도 뱀띠에게는 괜찮은 해이다. 때가 오기를 기다려야지 성급하게 일을 바꿔서는 안 된다. 곤란으로부터 벗어나는 데는 인내와 냉정함이 필수적이다. 사업상의 오해와 연애상의 문제 그리고 신체상의 작은 부상이 예상된다. 얻는 것은 많지 않지만 그의 위치와 그에 관계되는 문제들의 안정에 대하여 더욱 많은 신경을 써야 한다.

♣ 말띠 해

뱀띠에게는 매우 활기찬 해이다. 자신이 바라는 바가 모두 성취되기를 원한다면 감정에 치우치거나 서두르지 마라. 해결되지 않은 문제와 근심이 건강을 해칠 수도 있다. 대체적으로 이 해에는 크게 성공할 것이다. 어려움은 금방 지나간다.

己

뱀 띠

♣ 양띠 해

뱀띠에게는 안정된 해이다. 성취도 없지만 큰 손실도 없다. 조용하고 한가롭게 지내면서 나중에 도움이 될 수 있는 영향력 있는 친구들을 사귀는 데 이 시간을 활용하면 좋다. 가정에 약간의 불행과 사소한 불편이 생기게 된다.

♣ 원숭이띠 해

도움이 필요할 때에 즉시 도움을 받을 수 있는 좋은 해이다. 분쟁에 말려들기 쉽지만 깊이 관여하지 않으면 곧 끝나게 된다. 이런 어려운 상황이 근심을 불러일으킬 수도 있으니 조심하고 중립적인 자세를 견지해야 한다.

♣ 닭띠 해

좋은 일이 일어날 해이다. 뱀띠들에게는 자신이 당연히 받아야 할 인정이나 승진을 얻게 되어 많은 것이 성취된다. 인내와 과거의 수고에 대한 보답이 주어지며 수익과 수입에서 커다란 증대가 예견된다. 노력에 대한 열매를 수확하는 해이므로 가정생활은 즐겁다.

♣ 개띠 해

뱀띠들에게 좋은 기회가 있을 해이다. 작은 건강상의 문제와 적은 재물상의 손실을 당할 수 있지만 새로운 계획을 추진할 수 있는 최고의 시기이다. 여행과 사교에도 좋은 해이다.

♣ 돼지띠 해

열광적이고 복잡한 해이다. 최선의 노력을 다하여 최소의 것을 얻는다. 잘못된 판단에 의한 재산상의 불운과 법률적인 문제를 겪게 되고 친한 사람과 헤어지게 된다. 일을 하기 전에 꼼꼼히 살펴보아야 할 것이다.

11

❀ 뱀에 대한 이야기 ❀

열두 동물 가운데 뱀은 상징적인 동물인 용을 제외하고는 털이나 발이 없으면서도 나무, 땅굴, 물 속에도 살 수 있는 지혜를 가지고 있다. 그리고 겨울철 4개월 동안을 땅 속에 죽은 듯이 웅크리고 먹지도 마시지도 않고 계절의 순환, 자연의 섭리에 잘 순응하는 강인한 생리를 지니고 있다.

옛날부터 중국에서는 뱀을 재산 신으로 숭배해 왔고, 서양의 알렉산더 대왕도 보물을 쌓아둔 창고를 뱀신이 지키게 했다고 한다. 우리 나라에서도 집에 사는 뱀을 업구렁이라고 부르면서 재산을 지키는 신으로 여겨 왔다. 뱀은 착하고 부지런한 사람을 도와주고 심보가 고약하고 게으른 사람을 징벌하는 착한 동물로 취급되어 많은 전설과 옛말을 남겼다.

(1) 나무꾼 형제

옛날 옛적에 충남의 오봉산 아래에 나무를 팔아 생계를 꾸려나가는 나무꾼 형제가 살았다. 그들은 마음씨가 착하고 부지런해서 하루도 거르지 않고 나무를 하러 다녔다. 다른 나무꾼들은 먼길을 걷는 게 싫어서 가까운 곳에서 나무를 하고 마른 나무가 부족하면 나뭇단을 헐렁하게 묶거나 베지 못하게 되어 있는 생나무를 잘라 넣는 속임수를 썼다.

그러나 나무꾼 형제는 좋은 나무를 하기 위해 오봉산의 다섯 봉우리 중 가장 먼 만형뫼(산을 뫼라고 함)로 가곤 하였다.

이 날도 나무꾼 형제는 만형뫼로 갔다. 그들이 나무를 한 짐 지고 산에서 내려올 때는 해가 뉘엿뉘엿 넘어가고 있었다. 셋째뫼, 넷째뫼를 지나 막내뫼를 지날 때였다. 커다란 구렁이가 갑자기 앞을 가로막는 것이 아닌가? 형제는 기겁을 하여 그 자리에 멈춰섰다. 구렁이는 어찌나 크고 긴지 꼬리가 멀리 산굽이에 닿아 있었다. 한번 꿈틀 하면 산이 들썩들썩하였고 두 형제를 한꺼번에 삼켜버리거나 둘둘 감아서 질식시켜 버리고도 남을 만큼 힘이 있어 보였다.

그 구렁이가 천천히 나무꾼 형제에게 다가오자 그들은 그만 정신을 잃었다. 얼마나 지났을까. 형제가 다시 정신을 차렸을 때는 해가 진 지 오래여서 깜깜한 밤이었다. 그들은 구렁이가 갑자기 나타난 것이 아니라 줄곧 자기들을 뒤쫓아왔다는 것을 알았다. 만형뫼에서 나뭇짐을 지고 출발할 때부터 뭔가 섬뜩함을 느꼈지만 그것이 어둠 때문이려니, 스쳐가는 바람이려니 생각했었는데 이제 보니 구렁이었던 것이다. 한편으로 생각해 보면 구렁이의 눈빛과 얼굴이 마치 인자한 신령님의 눈빛이고 얼굴이었던 것처럼 느껴지기도 했다.

나무꾼 형제는 한 치 앞도 보이지 않는 캄캄한 밤이었으므로 집까지 어떻게 가야 할지 막막했다. 그때 저 멀리 반짝반짝 빛나는 것이 보였다.

나무꾼 형제는 다시 나뭇짐을 지고 그 빛을 향해 걸어갔다. 그곳에 도착했을 때 빛을 내던 것이 바로 구렁이의 꼬리라는 것을 알 수 있었다. 그런데 그 꼬리가 지게막대기 길이만큼 잘라지면서 구렁이는 바람처럼 어둠

속으로 사라져 버리고 금덩이가 된 꼬리만 별빛에 번쩍거렸다. 형제는 지게막대기 만한 금덩이를 가지고 무사히 집으로 돌아왔다.

이 소문은 삽시간에 이웃 마을로 퍼져나갔다. 그래서 나무꾼이 아닌 사람들까지 지게를 지고 나무꾼 형제가 알려준 대로 멀고 먼 오봉산 맏형뫼까지 가서 금덩이를 준 그 구렁이를 기다렸다.

구렁이는 착하고 부지런한 사람에게만 나타난다는 것을 안 인근 사람들은 그 뒤로 착해지고 부지런해졌다. 그래서 금덩이를 얻은 나무꾼이 많아졌고 구렁이는 점점 작아져 갔다. 구렁이는 자신의 몸을 잘라서 금덩이를 마을 사람들에게 나눠준 것이다. 그런데 그 금덩이가 감쪽같이 사라지는 일이 발생했다. 그 금덩이가 없어지면서 집집마다 재앙이 사라지고 복이 들어와 집안이 융성해지는 변화가 생겼던 것이다.

금덩이는 다시 작은 작대기만한 구렁이가 되어 마을을 돌보아 주었기 때문이다.

뱀은 다산(多産)의 동물로서 1년에 약 백여 마리의 새끼를 낳는다.

'뱀이 까치를 물어 나무끝에 얹으니 성손이 바야흐로 일어나려 함에 기쁜 일이 먼저 있게 되었도다.'

'용비어천가' 에서는 이와 같이 뱀을 풍요와 번영의 상징으로 보았다. 우리 조상들이 논의 넓이 단위에 '한 뱀, 두 뱀' 이라고 이름을 붙인 이유도 논에서 뱀과 같이 다산(많은) 수확을 바라는 마음에서였다.

1989년(뱀해) 우리 나라에서 뱀이 새겨진 금화를 발행했는데 역시 다산으로 생활의 윤택함을 기대하는 민간 신앙을 담았기 때문이다.

(2) 은혜 갚은 뱀

옛날 약초를 캐며 살아가는 박 서방이라는 사람이 있었다. 어느 해 장마철, 박 서방은 장마로 인해 약초를 캘 수 없어서 떠내려가는 나무라도 건지려는 생각으로 강가에 나갔다. 그때 웬 아이가 나무토막에 매달려 떠내려오는 것을 발견하였다.

가엾은 생각에 얼른 나무를 끌어당겨 보니 그 나무토막에는 아이와 함께 징그러운 큰 뱀이 친친 감겨 있었다. 나무토막을 기슭에 끌어내여 어린 아이를 안고 돌아보니 뱀은 살아난 것이 무척 기쁜 듯 산을 향하여 사라져 갔다.

마침 박 서방네 부부는 사십이 다 되도록 아이가 없는지라 그 아이를 훈돌이라고 이름짓고 친아들처럼 금지옥엽 길렀다.

그런데 훈돌이는 못된 아이였다. 공부하라고 하면 낮잠만 자고 밖에 나가기만 하면 동네 아이들과 싸움질을 하는 것이 일이었다.

어느덧 십 년이 지나 훈돌이는 열일곱 살이 되었다. 그 사이 박 서방은 부지런히 약초를 캐 팔고 장사도 잘하여 마을에서 으뜸가는 부자가 되었다.

그런데 훈돌이는 더욱 나쁜 아이가 되어 매일 박 서방에게 돈을 달라고 졸라댔다. 돈을 주면 노름판에 가서 노름을 하지 않으면 술집에 가서 술을 퍼 마셨다.

어느 날 박 서방은 생각을 고쳐먹고 그날부터 훈돌이에게 돈을 조금밖에 주지 않았다. 훈돌이는 마구 투덜거렸다.

"왜 돈을 조금밖에 안 주는 거죠?"

"아껴쓰는 버릇을 기르라는 뜻이니라."

"아버지는 우리 마을에서 제일가는 부자잖아요?"

"아무리 부자라도 돈을 물쓰듯이 하면 얼마 못 가서 가난해지는 법이다."

훈돌이는 뽀로통해서 돌아앉더니 어디론지 나가버렸다. 훈돌이는 그날 밤 돌아오지 않았다.

"얘가 어딜 갔을까?"

훈돌이를 기다리느라 한잠도 자지 못한 박 서방이 부시시한 얼굴 집을 나서는데 난데없이 나졸들이 달려들었다.

"꼼작 마라, 이 도둑놈아!"

"도둑놈이라니오? 난 도둑질한 일이 없는데요."

"가보면 안다."

나졸들이 박 서방을 꽁꽁 묶어 사또한테 끌고 갔다.

"네 이놈! 도둑질로 부자가 된 박 서방은 듣거라. 모든 재산은 몰수될 것이며 오랫동안 감옥에서 반성해야 할 것이다."

사또의 호통소리에 박 서방은 기가 막혔다.

"전 도둑질한 적이 없습니다."

"네 놈이 증인이 있는데도 거짓말이냐?"

사또는 다짜고짜 매질을 하는 것이었다. 그런데 그 증인이란 늘 박 서방의 집에 놀러오던 아들의 친구였고 아들도 저만치 서 있지 않은가?

'세상에 이럴 수가 있나? 돈 씀씀이가 좀 헤프기에 나무란 일밖에 없는데 이 놈이 앙심을 품고 내 재산을 탐낼 줄이야!'

박서방은 모진 매를 맞고 옥에 갇혔다. 아무리 생각해 봐도 한심한 일이었다. 밤이 되어 잠을 이루지 못하고 뒤척이는데 옆에서 꾸물거리는 것이 있어 무심코 쳐다보니 뱀이었다. 예전에 아들과 함께 구해준 뱀이었다. 뱀은 박 서방의 허벅지를 덥썩 물더니 스르르 창밖으로 나가버렸다. 뱀에게 물린 자리는 곧바로 붓기 시작했는데 차마 눈을 뜨고 볼 수 없을 지경이었다.

'이젠 속절없이 죽었구나.'

이렇게 생각하고 있는데 또 옆구리가 선뜩해서 보니 역시 아까 그 뱀이었다.

그런데 이번에는 이상한 풀잎을 한입 뜯어다 앞에 놓고는 무엇인가 말하고 싶은 눈초리로 자꾸만 쳐다보며 천천히 그 자리를 뜨는 것이었다.

박 서방은 이상하게 여기면서 그 풀로 뱀에게 물린 자리를 문질러보았다. 그랬더니 신기하게도 부은 것이 차차 가라앉았다.

아침이 되었는데 포졸들이 야단법석이었다. 사또가 간밤에 무엇인가에 물리어 전신이 퉁퉁 부었는데 의사도 치료할 약을 모른다는 것이었다. 마침내는 '누구든 병만 고쳐주면 어떤 소원이라도 들어주겠다' 는 포고까지 내붙였다는 것이었다.

옥졸에게 이 소식을 들은 박 서방은 얼른 쓰고 남은 풀을 챙겼다.

박 서방이 병을 치료할 수 있다는 말을 들은 사또는 대뜸 그를 불러들였다. 박 서방은 사또의 상처에 약풀을 붙이고 다시 갈아붙이면서 정성껏 치료해 주었다. 사또와 박 서방은 치료받고 치료해 주면서 밤새 다정하게 지난 일들을 이야기하였다.

사또의 병은 이튿날 아침이 되기 전에 거뜬히 나았다. 날이 밝자 사또는 박 서방의 아들과 그 친구놈을 잡아들여 엄벌을 내렸다. 박 서방은 누명을 벗고 집으로 돌아오게 되었다.

일곱번째 간지

말띠

자유분방하고 독립심이 매우 강하며 행동과 사고방식이 직선적이다.
생명력과 정력이 강하며 지는 것을 싫어하고 남한테 조금만 뒤떨어져도 참지 못한다.
적극적이고 개방적이며 사치를 즐기기 때문에 지출이 크지만 다른 사람들의 도움을
받는다.

❀ 전체적인 말띠의 성격과 운세 ❀

혹시 '병오전설(丙午傳說)'에 대해 들어본 적이 있는가?

'병오년에 태어난 여자는 남편을 죽인다'는 말이 있는데 이것은 완전히 잘못된 이야기이다. 일본의 에도(江戶) 시대에 남편을 잘못 만난 덕천가강(德川家康)의 손녀인 천희(千姬), 애인을 만나기 위해 불을 질러 화형을 당한 채파라는 여인 등 이 모두가 병오년에 태어났다. 그러나 이 이야기는 병오년에 태어난 사람들 중에서도 극히 드문 예이다.

중국에서는 병오년에 태어난 사람을 화마(火馬)라고 한다. 사람들은 항상 경외(敬畏)한 마음으로 그들을 대하는데 그야말로 대조적이다.

말은 태어나서 10분도 되기 전에 서서 걸을 수 있는데 이는 동물 중에서 제일 빠르다. 또한 말은 용감히 전진하고, 어떠한 장애물도 아랑곳하지 않은 채 목표를 향해 돌진하기 때문에 독립심이 강하고 홀로 임무를 완성하는 생명력과 정력이 있으며 남에게 지는 것을 좋아하지 않고 조금만 뒤떨어져도 참지 못한다.

말띠 가운데 독립심과 행운을 갖춘 사람, 즉 불기운이 있는 사람을 화마라고 한다. 독립심이 강하기 때문에 억압을 싫어하고 반항한다. 다시 말해 화마의 기질을 타고난 아이를 지나치게 단속하면 반항적으로 변한다. 화마의 아이는 자립심을 갖고 있는 것이다. 앞에서 말한 일본의 천희와 채파라는 여인의 경우 이처럼 강한 자립심을 무리하게 억제당했기 때문에 좋지 않은 일이 발생한 것이다.

말 띠

　바꾸어 말하면 화마의 아이나 여성은 부모나 남편에게 순종하는 것보다는 자유를 갈망한다. 이러한 사람이 가정에 안주한다면 주위에 미치는 영향이 매우 커서 온 가정이 불안을 느끼게 된다. 그렇기에 일찍이 스스로 알아서 나아가게 하면 모든 일에서 행운을 얻는다. 중국에서 병오년에 태어난 사람이 남에게 경외되는 것이 바로 이 때문이다.

　말띠는 병오년에 태어난 사람이 아니더라도 일반적으로 남보다 뛰어난 적극성과 독립심, 생명력을 갖고 있으며 주위에 미치는 영향도 아주 크다. 성격이 개방적이고 숨김이 없어서 이로 인하여 실패를 겪는 일도 많다. 사람 됨됨이가 성실하여 친구와 부하가 많기 때문에 일찍 출세를 하는데 빠르면 20세, 늦어도 25세면 운이 트이고 언제나 다른 사람보다 앞서간다. 고대에 아시아 대륙을 주름잡은 칭기즈칸이 말띠이다.

　성격이 적극적이고 개방적이며 사치를 즐기기 때문에 지출이 크지만 다른 사람들의 도움을 받기 때문에 금전상으로 구애받는 일은 없다. 그러나 이들에게도 문제점은 있다. 개방적이고 진취심이 강하지만 의지가 부족하다는 것이다. 마치 경마 경기와 같이 2,000~3,000미터를 달리면 지구력이 부족해서 기진맥진한다.
　이로 인하여 끈기가 없는 사람이라는 인상을 준다. 운세도 개성과 마찬가지로 지속적이지 못하고 중도에서 좌절을 당하는 경향이 있다. 그래서 젊어서 운이 트일 때 미리미리 후일을 위해 준비하고 기초를 다지며 성숙된 인격을 배양하는 것이 중요하다.

2

❀ 말띠에게 적합한 직업 ❀

말의 해에 태어난 사람이 지나치게 시간과 규칙의 속박을 받으면 자유분방한 천성과 행운이 사라질 가능성이 많다. 일을 시작할 때에는 규모가 작더라도 독립적으로 자기가 하고 싶은 일을 해야 한다. 말의 해에 태어나 빛을 본 사람들은 모두 자기의 의사대로 자기가 하고 싶은 일을 해서 성공한 사람들이 많다. 만약 당신의 집에 말띠 아이가 있다면 그의 행동과 사고를 너무 억압하지 말기 바란다.

3

❀ 말띠에게 적합한 결혼 상대 ❀

말띠 남성이나 여성은 모두 적극적이고 솔직해서 좋으면 좋고 싫으면 싫다고 직설적으로 말하는 호탕한 성격의 소유자이다. 이런 성격 때문에 대부분의 말띠 여성들은 비교적 늦게 결혼한다. 물론 한편으로는 빨리 결혼하는 경우도 있는데 이때는 어느 한 쪽이 스스로를 억제하지 않으면 부부 사이에 위기를 맞기도 한다. 다시 말해 여성이 스스로를 억제하거나 남성이 여성을 자유롭게 놓아주어야 한다. 그렇지 않으면 결혼생활이 위태롭게 될 가능성이 매우 크다.

말띠는 남녀를 불문하고 체력이 좋을 때는 활동적인 일에 종사하고 신체가 쇠약해지면 거의 정지 상태를 나타낸다. 성에 대하여 매우 큰 호기심을 갖고 있지만 전문가는 아니다.

말띠 여성은 남자 못지 않은 왕성한 독립심을 갖고 있으며 집중력과 순발력도 남자보다 낫다. 그러나 이러한 점 때문에 일반적인 가사, 다시 말해 밥을 짓거나 아이의 양육에는 서툰 느낌을 준다. 남편이나 자식에게 속박되어 사는 것보다는 독신으로 지내는 것이 더 편하다'는 생각을 할 수 있다. 그러므로 좋은 인연으로 만나 결혼할 상대는 매우 제한적이다.

결론적으로 말하면 말띠 여성을 자유자재로 통제할 수 있는 사람만이 영원한 반려자가 될 수 있다.

♣ 말

말띠와 말띠의 결합은 '너는 니고, 나는 나다'라는 식의 계산이 분명한 결합이지만 서로 상대방의 성격을 충분히 이해하려 하기 때문에 두 사람의 감정은 표면에 나타나는 것처럼 냉담하지 않다. 가정생활은 연애의 연장으로써 가사나 육아로 인하여 둘 사이의 다정한 시간을 낭비하려 하지 않는다.

그러나 이러한 결합은 가정의 따스함이 결여되어 있음을 부인할 수 없다. 때문에 말띠 여성은 온화한 분위기를 만들기 위해 신경을 써야 한다. 계절에 따라 꽃으로 장식하든가 가끔 커튼을 바꾸어 보면 좋을 것이다.

♣ 원숭이

원숭이띠의 제일 큰 약점은 뛰어난 재주를 갖고 있지만 작은 성과에 그리고 눈앞의 이익에 만족한다는 것, 또한 작은 일로 노심초사하기 때문에 마음 편안한 날이 없다. 원숭이띠의 이런 약점은 말띠 여성의 자유분방하고 쾌활한 성격으로 보완할 수 있다. 원숭이띠는 순응성과 적응력이 강하기 때문에 말띠 여성을 만나면 그녀의 성격에 감화되어 자신의 실력 이상의 능력을 발휘할 수 있다.

그러나 말띠 여성은 언제나 앞을 향해 용감히 전진하는 성격이기 때문에 이로 인하여 좋은 인연이 파괴될 수 있다. 이처럼 말띠 여성과 원숭이띠 남자가 결합한다면 말띠 여성은 반드시 남성의 뒷심이 되어 주어야 한다.

♣ 토끼

토끼띠는 무슨 일을 하든지 다른 사람과의 마찰을 피하려 한다. 때문에 말띠인 당신이 제멋대로 자기가 하고 싶은 일을 하더라도 탓하지 않을 것이다. 그러나 너무 지나치게 행동하면 그가 말없이 떠나버릴 수 있기 때문에 자신을 억제하는 것이 좋다.

4

🎴 말띠에게 적합한 연애 상대 🎴

결혼 상대로는 적합하지 않지만 단기적인 연애 상대나 남자 친구로 어떤 사람이 비교적 적합한지 알아보자.

말띠는 개방적이고 천진난만한 성격으로 많은 사람을 사귀게 된다. 남자 못지 않게 호탕하고 쾌활하기 때문에 교제를 한다면 상대방은 당신이 이성이라는 것에 크게 구애받지 않을 것이다. 이런 경우 말띠인 당신의 교제 범위는 넓은 반면 그 깊이는 매우 얇다.

말띠는 교제를 할 때 매우 쉽게 약속을 하는 경향이 있는데 이것은 반드시 유의해야 한다. 그리고 데이트 방식도 일반적인 연인들과 매우 다른 양상을 띤다. 예를 들어 영화의 경우를 살펴보자. 연인들은 멜로물을 즐겨

보는데 말띠는 액션영화를 선호한다. 또한 영화보다는 스포츠를 관람한다든가 등산을 즐기는 등 일련의 일들이 말띠의 호방한 성격을 나타낸다. 이처럼 활발하고 쾌활한 성격은 상대방의 호감을 갖게 된다. 물론 상대방에 따라 다르겠지만.

말띠들이 연애를 하면서 행복을 느낄 수 있는 상대는 첫째, 당신을 알뜰히 보살펴 주고 당신이 가고 싶은 곳을 데리고 갈 수 있는 범띠 남성이고, 둘째로는 사랑에 충실한 개띠 남성이며, 셋째는 상대방에게 맞추어 주며 인내심 있게 이성을 배려하는 뱀띠 남성이다.

이들과 교제하는 가운데 서로간의 결점이 드러나겠지만 일시적이고 단기적인 교제라면 즐거운 시간을 보낼 수 있을 것이다.

5

🏵 말띠가 피해야 할 상대 🏵

말띠인 당신은 연분이 좋은 결혼 상대가 그리 많지 않다. 앞에서 말한 바와 같이 대부분의 원인은 바로 당신에게 있다.

그 중에서 인연이 가장 나쁜 상대는 소띠 남성이다. 소띠 남성과 말띠 여성은 사상이나 행동방식이 완전히 다를 뿐만 아니라 기본적인 보조조차도 맞출 수 없다. 우선 말띠는 소띠를 얕잡아보는 경향이 있는데 말띠 입장에서 볼 때 소띠는 이상야릇하고 행동이 굼뜨다가 때로는 갑자기 빨라지기도 하여 이렇게 사는 것이 무슨 재미가 있을까 하고 생각한다. 이것은 둘 사이의 기본적인 보조가 맞지 않는다는 것 외에 달리 해석할 방법이 없다. 때문에 이 소띠와 결혼을 하거나 연애를 하려면 말띠인 당신이 그에게 맞춰야 하며 그렇지 않으면 관계를 유지할 방법이 없다. 소띠 남성은 아무리 고치려 해도 꿈쩍하지 않기 때문에 그를 당신에게 맞추는 것은 헛수고임이 자명한 일이다.

결혼, 연애 상대 – 말띠 여성

12간지	쥐	소	범	토끼	용	뱀
결혼 상대	△	✖	△	◉	△	◎
연애 상대	◎	△	◉	◎	◎	◉
12간지	말	양	원숭이	닭	개	돼지
결혼 상대	◉	△	◉	△	△	✖
연애 상대	◎	◎	△	◎	◉	◎

결혼, 연애 상대 – 말띠 남성

12간지	쥐	소	범	토끼	용	뱀
결혼 상대	✖	✖	△	✖	◎	◎
연애 상대	◎	◉	△	◉	◉	◎
12간지	말	양	원숭이	닭	개	돼지
결혼 상대	◎	△	◉	◎	◎	
연애 상대	◎	◎	△	◉	◎	◎

아주 좋음 ◉ 좋음 ◎ 주의할 것 △ 피하는 것이 좋음 ✖

6
✿ 혈액형에 따른 말띠의 운세 ✿

♣ A형

혈액형이 A형이면서 말띠인 사람은 사람 됨됨이가 솔직하고 꿍꿍이가 없으며 천진난만하고 구속됨이 없다. 친구를 대함에 있어서도 속셈이 없고 자기를 감추거나 아첨하지 않기 때문에 많은 친구를 사귈 수 있다.

마음이 깊고 성숙되었다. 언제나 다른 사람을 먼저 생각하고 전통을 준수하며 윗사람을 공경하고 어린이를 사랑하며 남을 잘 이해하고 절대로 남을 난처하게 하는 법이 없다.

감정의 기복이 커서 일이 순조롭게 풀릴 때는 낙관적이고 쾌활하며 유머러스하고 대범하게 친구와 즐긴다. 그러나 순조롭지 않을 때는 침울하고 우울하며 심지어 조급해 하고 난폭하다. 그렇지만 친구를 찾아 속마음을 털어놓으면 그 친구의 도움으로 낙관적으로 변할 수 있다.

말띠는 민첩한 통찰력을 갖고 있기 때문에 작은 기회도 놓치지 않고 고군분투한다. 순조로운 운세는 당장 운이 트이게 할 수 있고 운세가 나쁘면 절망적인 심연으로 몰아넣을 수도 있다. 때로는 상황이 그리 나쁜 것도 아닌데 비관하고 실망하며 심지어 다시 재기하지 못하게 된다.

그러나 결국은 정신을 차리고 친구의 도움과 격려로 계속 자기의 이상을 실현하기 위해 분투한다.

♣ B형

혈액형이 B형이며 말띠인 사람은 명랑하고 활발하며 솔직하고 호탕한 성격이어서 어디서나 화기애애한 분위기를 만든다.

온화하여 사람을 가리지 않고 사귈 수 있으며 남을 돕는 것을 좋아하기 때문에 친구가 매우 많다. 친구가 어려움을 겪을 때 자기의 힘으로 해결하지 못하면 친구나 선배를 찾아가서 결국은 해결해 주고야 만다.

성격이 완강하고 사람 됨됨이가 정직해서 음모를 꾸미거나 남을 해치지 않는다. 문제가 있으면 정면으로 맞선다. 천성이 낙관적이고 명랑하기 때문에 어떠한 상황에 놓인다 해도 낙관적이고 적극적인 상태를 유지할 수 있으며 특히 여러 친구들의 장점을 습득할 수 있다.

이들은 친구들에게서 혜택을 많이 받는다. 동성, 이성, 동년배, 선배, 후배 가릴 것 없이 그에게 자주 기회를 주는 것이지 그 자신의 운이 특별히 좋거나 능력이 특별히 뛰어나기 때문은 아니다. 그 자신도 친구들에게 많은 기회를 마련해 주기 때문에 가능한 일이다.

일생에 파란곡절이 매우 적은데 어쩌다가 어려운 일을 겪게 되더라도 친구들의 도움으로 쉽게 헤쳐나올 수 있다.

게으른 일면도 있는데 때로는 그 게으름이 다른 사람의 근심을 자아낼 정도이다. 그렇지 않으면 더 큰 성과를 거둘 수 있다.

♣ AB형

혈액형이 AB형이며 말띠인 사람은 하늘을 나는 새처럼 자유롭다. 속박을 받으면 거칠게 반항하여 자유를 쟁취한다. 자유를 위해서라면 그 어떠한 것도 포기할 수 있다.

다양한 인생을 상상하며 외부 세상을 동경한다. 현실적이며 평범한 생활을 싫어하기 때문에 늘 무료함을 느끼며 시시각각 현실을 탈피하는 꿈을 꾼다.

단순하고 선량하지만 자신보다 능력이 뒤떨어지는 사람을 경시한다. 고결하고 남을 해치지 않으며 남을 궁지에 몰아넣지 않는다. 떳떳하기 때문에 뒤에서 음모를 꾸미지 않는다.

과시욕이 매우 강해서 언제나 남이 자신을 인정하기를 바라며 적막함과 침묵을 좋아하지 않는다. 명예를 중요시하며 남의 일에 참견하기를 좋아한다.

고생을 두려워하고 화려하며 사치한 생활을 동경한다. 현실에 만족하지 못하고 주제넘게 높은 데만 바라보며 눈앞의 좋은 기회를 놓쳐도 후회하지 않는 것은 마음속에 원대한 이상이 있기 때문이다. 마음속의 원대한 이상을 이루기 위하여 일생 동안 노력하지만 이상은 결국 무모한 것으로써 공중의 누각처럼 멀어져만 간다.

♣ O형

혈액형이 O형이며 말띠인 사람은 활발하고 시끌벅적한 분위기를 좋아한다. 적막함을 싫어하기 때문에 항상 친구들을 불러들여 마음껏 즐긴다. 많은 친구를 사귀지만 진정한 친구는 없다.

사치와 허영심이 강해서 항상 지출이 수입을 초과한다. 금전을 소중히 생각하지 않으며 생활에 계획이 없다. 절약을 하지 않기 때문에 곤경에 빠진다.

어떤 일을 하든지 자기 마음대로 해버리며 성취욕이 강하지 못하고 적극적이지 못해서 많은 기회를 놓쳐버린다. 대부분의 경우 좀더 노력하고 좀더 인내심이 있으면 성공할 수 있는 것을 그냥 놓쳐버리는 것이다.

낙관적이고 쾌활하지만 좌절을 당하면 정신을 차리지 못하고 나약해지며 피동적으로 변한다.

실속 있고 진취심이 강한 친구를 사귀며 제멋대로 목적 없는 생활을 하지 말아야 한다. 반드시 생활의 목표를 정해 놓은 다음 계획대로 차근차근 앞으로 매진해야만 일생을 헛되이 보내지 않을 것이다.

7

별자리에 따른 말띠의 운세

♣ 양자리 (3월 21일~4월 20일)

양자리 말띠인 사람의 특성은 무한한 열성과 사람을 미혹시키는 천진함 그리고 순수한 정력이다. 이런 사람은 용맹한 정신의 소유자이며 힘 있는 인상을 준다. 그들은 남을 믿고 관심을 쏟으며 인자하다. 또한 결심을 다지고 숭고한 목표를 향해 전진한다.

그들은 실용성을 상당히 중시하는데 거의 모든 물건을 스스로 수리할 수 있으며 집을 짓거나 가구를 재배치하는 등 남보다 뛰어나게 잘 할 수 있다.

양자리 말띠들은 자기가 희망하던 것을 얻지 못하면 쉽게 화를 낸다. 그들은 실패를 자신에 대한 최대의 모욕으로 생각하므로 화를 쉽게 가라앉히지 않는다.

그들은 마치 '호인(好人)'처럼 조용하고 안온하게 생활하려 한다.

이들과 어떤 일에 대해 따진다는 것은 당신의 귀중한 시간을 낭비하는 꼴이 된다. 양자리 말띠들은 권력과 힘, 그리고 폭력을 이용하는 방법을 잘 알고 있으며 자기의 요구를 직설적으로 표현하기 때문에 그들에게 은유나 비유 섞인 표현을 한다면 그들은 당신의 암시를 알아내지 못한다. 만

약 당신이 양자리 말띠들을 설득시키려면 반드시 알기 쉬운 말과 행동을
해야 한다.

♣ 황소자리 (4월 21일~5월 21일)

야심을 품고 타인을 통제하려는 황소자리 말띠들은 자기가 각 방면에서
중요한 역할을 담당하기를 기대한다. 말은 달리려는 본능을 갖고 있기 때
문에 인내와 근면한 황소의 몸과 영혼에 기탁하고 있어도 누가 우두머리
인지를 시위하며 심지어 자기를 부리는 사람을 내동댕이칠 수도 있다.

황소자리 말띠들은 어릴 때부터 음악과 예술, 체육, 그리고 학술적인 면
에서 놀라운 자질을 보인다. 어린 나이에 신동이라 불리며 뛰어난 재능을
보이는 아이들 중에는 황소자리 말띠가 많다. 이들은 어릴 때에는 복종심
이 있으며 행실이 좋고 부지런하며 야심을 갖고 있다. 그들은 부모의 요구
에 무관심하지 않으며 자발적으로 행동하는 아이이다.

그러나 소년기에 접어들면서 여러 사람들과 접촉이 많아짐에 따라 그들
의 천재적인 재능은 제약을 받게 된다. 이런 아이들은 아무 환경에서나 모
두 잘 적응하는 것이 아니다. 그들은 뭇사람들과 달라서 자기가 13세 때
노벨상을 타지 못한 것을 노여워한다. 그들은 유독 '위대함'에서만 만족
을 느끼며 그렇지 않으면 성격이 비뚤어지는데 그것은 남이 자신의 진정
한 재주를 알아주지 않기 때문이다.

다 성장한 황소자리 말띠들의 대부분은 퇴보하게 된다. 그들은 부모와
스승의 보호를 떠나 스스로 분투하게 되며 자기보다 재능이 떨어지는 사
람들과 경쟁을 하게 된다. 이때 재능이 뒤떨어지는 사람들은 늘 요행스러
운 기회로 유리한 위치를 차지한다. 황소자리 말띠들은 자기의 사회관계
에 주의를 돌려야 한다.

그들은 매우 열심히 노력하며 또한 물질적인 재산을 중시하고 아름다운 것을 소유하기를 즐긴다. 그들은 재산을 자랑하고 화려하면서도 보수적인 옷을 입는 경향이 있다. 황소자리 말띠들은 천부적인 재능을 갖고 있지만 직감이 지력을 능가한다. 그들은 사고를 할 수 있지만 예감에 따라 행동하기를 좋아하며, 심사숙고할 수 있지만 음악을 연주하거나 야구를 하는 것보다는 못하다고 생각한다. 그들은 인내심이 있고 유머러스하며 좋은 성격을 갖고 있다는 것을 주위 사람들이 이해하기를 바란다.

♣ 쌍둥이자리 (5월 22일~6월 21일)

말띠의 자신감과 쌍둥이자리의 이변성이 서로 대립되어 여러 가지 재능을 갖춘 사람을 만드는데 그 최대의 적은 바로 자기 자신이다.

모든 사람들은 자신의 마음이 자기 혼자만의 것이 아님을 알고 있는데 쌍둥이자리 말띠들은 이 사실을 뒤집으려 노력한다. 그들은 다른 사람들과 다르기를 바라며 남보다 특별하고 총명하며 체면을 차리는 옷단장을 한다. 더욱 중요한 것은 남보다 냉정하기를 바란다. 쌍둥이자리 말띠들은 최선을 다하여 자기가 제일 냉정한 사람이고 뛰어난 사람이라는 것을 나타내려 한다.

쌍둥이자리 말띠들은 보통 자기의 흥미를 자아내는 한 가지 직업을 선택하여 평생의 업으로 삼는다. 그들은 음악이나 회화, 연극에서 타고난 재능을 발휘한다. 쌍둥이자리 말띠들은 걸어서 가는 것이 아니라 서커스단의 원숭이처럼 뛰면서 전진한다.

그들은 보통 어릴 때에 집을 떠나 일련의 매력적인 사업에 종사하는데 이때 많은 우여곡절을 겪는다. 만약 그가 음악가라면 결코 어느 한 악단에 예속되지는 않는다. 그들은 경기가 좋을 때 악단에 들어가 연주하지만 상황이 변하면 곧 떠나버린다.

쌍둥이자리 말띠들은 재미있는 이야기를 곧잘 하는데 이 방면에 많은 정력을 기울인다. 그 목적은 바로 남의 주의를 끌고 박수를 받기 위함이다. 그들은 상당히 기민하여 당신은 반드시 이른 아침 두뇌가 매우 명석할 때만 그를 앞설 수 있다. 기민한 대답은 그들의 두 번째 천성이다. 이외에 그들은 활력과 민첩함, 강인함을 모두 구비하고 있는데 매우 좋은 반려자가 될 수 있다.

♣ 게자리 (6월 22일~7월 22일)

말띠들은 로맨틱한 사랑을 위하여 자존심을 포함한 모든 것을 포기할 수 있다. 이는 사랑을 얻기 위함이다. 게자리 말띠들은 희생정신이 있으며 다른 사람들에게 고귀하고 온화한 인상을 준다.

게자리 말띠들은 겉으로는 보수적이지만 자유정신이 내포되어 있으며 여러 상황을 동시에 사고할 수 있다. 그들은 계획을 실천하기 전에 꼭 신중하게 연구한다. 이들은 인색하지 않고 정신적·물질적으로 대범하지만 매우 조심스럽다.

게자리 말띠인 사람들은 보통 수공예에 능하여 스스로 인테리어를 할 수 있다. 그들은 또 수공예에 도취될 수 있는데 추상적인 작품이 매우 적고 생활 중 보통 사람들이 겪는 기쁨과 슬픔을 반영한 작품들이 많다.

게자리 말띠들은 말띠 중에서 이기심이 제일 적다. 그리고 자기의 방식대로 행동하기를 즐긴다.

♣ 사자리 (7월 23일~8월 22일)

사자리 말띠는 승리자로서 고난과 적을 두려워하지 않으며 전력을 다하며 고무격려하면서 부단히 자신을 초월하기 위해 노력한다.

사자리 말띠는 착실하게 일하는 사람으로서 일단 자기에게 필요하다고 생각되면 먼저 전화를 걸어 약속을 하고 은행과 접촉하여 대부금 얻는 방법을 알아내며 새 집과 새 사무실을 장식한다.

이들은 모든 일이 자기가 공을 들이면 쉽게 풀릴 것이라고 무조건 믿는 경향이 있는데 이것은 사자리 말띠가 실패하는 원인 중의 하나이며 늘 실망을 느끼는 원인이기도 하다.

어떤 사람들은 이런 실망감에 기가 꺾이거나 포기하지만 사자리 말띠는 그렇지 않다. 그들은 후퇴하는 것을 혐오하고 실패를 두려워하지 않는다. 불행하게도 좌절을 당했을 때는 남을 탓하지 않지만 남이 자기를 괴롭히면 무섭게 반격을 가한다.

사자리 말띠들은 지나치게 자신을 내세우며 남의 비평을 기분 좋게 받아들이지 않는다. 그들은 분석에 능하지만 남을 비평하지 않는다. 그리고 남이 참견하는 것을 싫어한다는 자신의 생각을 숨기지 않는다.

그들의 외모는 남의 주목을 끄는데 그 자신도 외모에 신경을 많이 쓴다. 사자리 말띠들은 자기가 청산유수와도 같은 말재주가 있다고 여기면서 연회나 가족 모임에서 자기의 말재주를 자랑할 필요성이 있다고 여기는데 결과적으로는 설교한다는 느낌을 주게 한다.

♣ 처녀자리 (8월 23일~9월 22일)

처녀자리 말띠들은 고상하면서도 우아하다. 말은 자아동기가 매우 강한 발기자이며 또한 위대한 행동의 실천자이다. 때로는 눈부신 표현 중에서 약간의 우둔함과 과도한 정서를 나타낸다. 처녀자리는 천성이 보수적이며 언제나 규범의 한도를 벗어나지 않기 때문에 품위가 있어 보인다.

보통 말띠인 사람은 이기적이고 겉치레를 중시한다는 느낌을 준다. 그러나 처녀자리 말띠는 이런 것에는 흥미가 없어서 보수적인 느낌을 준다. 그들은 매우 좋은 인연을 갖고 있는데 사람들이 쉽게 유혹된다. 그의 상상력은 온화하고 평범하기는 하지만 사람을 질리게 하지는 않는다. 그들의 창조력이 제어받게 되는 이유는 그들의 반항정신이 처녀자리 속성의 책임감과 사회규범 의식의 압제를 받기 때문이다. 그들의 장점은 스스로를 통제할 수 있고 창조정신이 있으며 남을 지도할 수 있다는 점이다.

♣ 천칭자리 (9월 23일~10월 22일)

천칭자리 말띠는 우아하고 교양이 있는 느낌을 준다. 말띠는 때때로 강렬한 반항정신을 표출하고 고집이 세지만 천칭자리는 이런 경우가 극히 드물다. 천칭자리는 평화를 기대하며 어떻게 해야 균형을 이룰 수 있는지를 잘 알고 있다.

말띠인 사람이 천칭자리에 해당한다면 역시 우아함과 유행에 큰 흥미를 느끼고 사람들의 환영을 받기 위해 주의를 기울이며 이상주의를 담론하기도 한다. 말띠인 사람에게 천칭자리의 품위를 더해서 말재주에 능한 사람을 만들어 낸다.

말띠는 일종의 사람을 압박하는 기질을 갖고 있으며 풍채와 자신감으로 빛나는 순간을 포착할 수 있다. 천칭자리 속성에 약간의 매력과 미적 감각을 더하면 천칭자리 말띠인 사람은 강한 인상을 주는 연기자가 된다.

말띠인 사람은 좀처럼 게으름을 부리지 않지만 천칭자리 말띠인 사람은 좀 여유가 있다. 그들은 적당한 기회에 좀 쉬면서 앞으로 나갈 길을 위해 기초를 닦으며 다른 별자리 말띠들처럼 아무 일에나 앞을 다투지 않는다.

천칭자리 말띠들은 득의양양해서 큰소리를 치는 사람으로서 그 사람을 만나기만 하면 모든 일을 쉽게 잊을 수가 없다. 그들은 교제하기를 좋아해서 거의 모든 모임에서 볼 수 있다.

천칭자리 말띠들은 상당한 설득력을 가지고 있고 말이 유창하며 감정적으로 일을 처리하지 않는다. 하지만 그가 어떠한 사상에 영향을 받아 갈피를 못 잡을 때가 있는 것을 볼 수도 있다. 이외에도 이들은 자신의 이익을 위해서라면 어떠한 수단과 방법도 가리지 않으며 남을 자기 계획에 끌어들이기로 마음만 먹는다면 그것을 꼭 실행하고야 만다.

그들은 늘 자주권을 요구하며 어떠한 수단을 써서라도 자신의 자주권을 얻으려 한다.

천칭자리 말띠들은 괴상한 사람들이고 많은 발명을 하거나 행동으로써 비교적 보수적인 사람들을 놀라게 한다.

♣ 전갈자리 (10월 23일~11월 22일)

전갈자리는 천성적으로 매력을 타고났으며 사람들의 사랑을 받는다. 그들은 스스로를 통제할 수 있는 능력과 재능이 있고 다른 사람을 설득하거나 선동하는 능력을 갖고 있으며 어떤 일이든지 모두 해낼 수 있다. 이들은 독립적이고도 자주적이며 어떤 일에서도 성공을 이룰 수 있다.

이들은 민첩한 지혜와 명철한 관찰력이 있고, 말띠들이 갖고 있는 천성적인 활력을 어떻게 배합해야 하는지 알고 있다. 그들은 어느 누구의 비위라도 다 맞추어 줄 수 있으며 일을 깨끗하고 완벽하게 처리한다. 그들은 꿈을 실현하려는 사람들로서 자기가 시작한 일은 반드시 성공하고야 만다. 그들은 사업에 있어서 피곤해 할 줄 모르고 누구도 생각해 낼 수 없는 독창적인 생각들을 가지고 있다.

그러나 때로는 이러한 경향이 실패를 가져올 수도 있다. 전갈자리 말띠들은 함께 생활하거나 친구가 되기 어렵다. 보통 사람들은 그들을 환영하고 흠모할 수는 있지만 그들을 이해하기는 어렵다. 그들은 일반 대중과 많이 다르며 특이한 성격의 소유자로서 다른 사람들과 편안하게 함께 할 수가 없다. 이들은 대다수의 보편적인 의견에 대해서도 절대 받아들이지 않고 어떤 장애물에 부딪힌다 해도 자기의 신념을 굽히지 않는다. 그들은 냉혹하거나 잔인하지는 않지만 무정(無情)해서 힘들이지 않고도 자기가 바라는 목적에 도달하려 한다.

그들은 절대로 우회하는 수단을 쓰지 않으며 생각한 그대로 말하고 진리를 위해서라면 결연한 태도로 이를 실행한다. 당신이 일단 이러한 사람들을 알게 되고 그들의 독특한 성격을 알게 된다면 그의 조소를 받게 되는데 이때에도 당신은 그저 웃고 말 것이다.

♣ 사수자리 (11월 23일~12월 21일)

여기에 속하는 사람들은 피곤함을 겉으로 표현하지 않는다. 눈 주위가 검어지고 얼굴에 핏기가 없고 거칠어져도 좀처럼 피곤해 하는 모습을 보이지 않는다.

사수자리 말띠들은 우아하다. 이 우아함은 오랜 시간 사교적인 예절에서 얻은 것으로서 대중의 인정을 받는다. 그들은 천성적으로 작은 이익을 따지지는 않지만 늘 작은 이익을 얻으려 한다. 그들은 뭇사람들과 떨어져 있기를 원하며 그들이 추구하는 행복은 전혀 다른 것이다.

그들은 다른 사람에게 관심을 쏟으며 사회에 도움이 되는 일을 즐기는 특징이 있다. 그리고 현실을 떠나서 거의 실현되기 어려운 일에 환상을 가지는 경향이 있다.

사수자리의 말띠들은 스스로가 생활의 주체가 되길 원하며 특별히 세속적인 명예에 집착하지는 않지만 성공에서 얻은 자신감으로 앞만 보고 달린다. 그들은 자기와 자신의 사업에 대하여 매우 큰 이상을 갖고 있다. 압박과 스트레스를 해소했을 때 쾌락을 느끼고 이 기회를 통해 자신의 일에서 더욱 큰 힘을 쏟는다. 이들의 사업 수단은 대단하다.

♣ 염소자리 (12월 22일~1월 19일)

이들의 개인적인 발전은 늘 다른 사람들의 제한을 받게 된다. 그들은 천성적으로 선량한 마음을 갖고 있고 늘 불우한 사람들을 즐겨 도와준다. 일반 대중에게 다른 사람을 사랑하는 법을 알려주어 이기적인 사람들에게 좋은 본보기가 된다.

그러나 그들에게는 어느 정도 냉정함이 있어서 사람들의 오해를 사게된다. 이들은 조급하고 난폭하게 보이며 심지어 주위 사람들을 야만적으로 대하기도 하지만 기본적으로는 마음이 화애로운 사람들로서 그들의 태도가 표면적으로 딱딱하게 나타날 뿐이다.

이들은 착오에 대하여 상당한 자각을 가지고 있으며 이에 대하여 신경을 쓴다. 처음에는 비록 성공할 수 없을지라도 계속 노력한다. 자기 일은 생기 있게 처리하고 다른 사람들이 성과를 얻을 수 있게 될 때 비로소 그들과 함께 어울린다. 그들은 절대로 할일 없이 시간을 보내고 게으름을 피우지 않는다. 그들은 특수하고도 창조력이 있는 사람들 속에서 생활하기를 희망하고 있다. 이러한 사람들은 끊임없이 활동하는 실업가들이다. 그들은 매일 사업에 매달려 있으며 부단히 새로운 것을 추구하고 환상적이고 자극적이며 풍부한 창조력을 가지고 있다.

염소자리 말띠들은 순박하고 순수하여 사람들의 마음을 끌고 존경을 받는다. 그들은 일생 중 질병과 좌절, 빈곤과 같은 일들을 당하게 되는데 이런 일에 신경을 쓰거나 개의치 않으며 자신이 하고 있는 일에 모든 정성을 다한다.

염소자리 말띠들은 상당히 온화한 태도로 생활한다. 그러면서도 언젠가는 자기에게도 죽음이 닥치리라는 것을 의식하고 있는 듯하다. 이러한 순진하고도 깊은 속마음은 어느 정도의 자각과 연령에 대한 공포심을 가져오게 한다. 이들은 자신의 청춘이 사그러져 가는 것을 몹시 걱정한다.

♣ 물병자리 (1월 20일~2월 18일)

기민하고 활력으로 충만된 물병자리는 다양한 변화, 자유로운 행동을 나타낸다. 머리가 명석한 물병자리에 태어난 말띠는 모든 일들을 앞으로 끌고 나가려는 욕구를 불러일으킨다. 말띠들은 일을 쉽게 성공시키는 천재적인 능력을 갖고 있으며 물병자리는 창조적인 생활을 갈망하고 있어 이 두 가지가 합해지며 기발한 생각이 순간적으로 떠올랐다가 사라지는 특성이 나타나게 된다. 물병자리 말띠들은 오랫동안 빛을 발할 수 없다.

이들은 공예 쪽에 많은 재능이 있다. 그리고 숫자를 응용하는 능력이 요구되는 사업에서 성과를 얻을 수 있으며, 언어와 문자에 대해서도 재능을 가지고 있어 여러 가지 언어를 사용할 수 있는 사람들이다.

물병자리 말띠들의 경제적 원천은 언제나 다른 사람들로부터 오는 것이지만 이 사람들은 천성적으로 다른 사람들에게 의지해서 생활하는 사람들은 절대 아니다. 물병자리 말띠들은 가장 설득력이 있는 띠에 속한다.

이러한 띠에 속하는 사람들은 기본적으로 자유업에 종사하는 것을 좋아한다. 그들은 봉급만으로 생활하는 것은 가장 미련한 일이라고 생각하며 자유롭고 큰 계획으로 일을 해나가는 것을 추구한다. 만약 거금이 없다면 그들은 즉시 굶주린 생활을 하게 된다. 물병자리 말띠들은 모두 자유주의자들로서 하층계급과 가난한 사람들에게 관심을 가지고 있기는 하지만 나무만 보고 숲을 보지 못하는 격으로 일을 처리한다. 이들은 언제나 좌(左)가 아니면 우(右)가 되는 편향성을 갖고 있다.

♣ 물고기자리 (2월 19일~3월 20일)

물고기자리 말띠는 통찰력이 있을 뿐만 아니라 개성도 있다. 그들은 자기 것을 주고도 답례를 바라지 않는다. 그들은 자기 시간을 많이 허비하지만 자기가 응당 받아야 할 보수를 잊어버릴 때가 있다. 과묵하고 보수적인 경향이 있어 만약 자신을 이끌어 줄 사람을 만나기만 한다면 자신의 재능을 마음껏 펼칠 수 있다.

물고기자리 말띠는 뛰어난 영감과 총명함을 타고났다. 설득력이 뛰어나서 뭇사람들의 환대를 많이 받는데 이들의 설득력은 말띠의 경솔하고 무례하며 이기적인 성격까지도 배우게 할 정도이다.

그러나 이 물고기자리에 속하는 사람은 성공의 기회를 버리고 침묵을 지킬 때가 있다. 이들은 앞으로의 일을 예견할 수 있고 일이 발전해 나가면서 겪게 될 고난을 미리 예견할 수 있기 때문에 언제나 시작하기 전에 주춤거리곤 한다.

생활의 고달픔은 물고기자리 말띠에게는 아무런 장애가 되지 않으며 오히려 안달하며 생활하는 사람들을 조롱한다.

물고기자리 말띠는 강한 전투력을 가지고 있지 않다. 그들은 젊은 시절 한 때에는 우쭐거리겠지만 일단 20세 전후가 되면 자기의 이익을 위하여 생활하는 것이 아니라 편벽한 야외에 숨어서 자기를 찾는다. 그들은 자기가 종사할 직업을 찾은 후 일생을 거기에 바쳐야 한다.

8

❀ 태어난 시에 따른 말띠의 운세 ❀

♣ 자시생 (子時生 : 오후 11시~오전 1시)

다정한 쥐가 그 안에 있으므로 명랑하고 붙임성이 있는 사람이다. 말과
쥐 둘다 돈을 벌고 다루는데 재능이 있다.

♣ 축시생 (丑時生 : 오전 1시~오전 3시)

소가 그의 침착하지 못함을 누그러뜨리기 때문에 아마도 진지하고 일관
된 성격을 갖게 된다. 한 가지 일에 전념할 수 있고 사랑에 쉽게 빠져들지
않는다.

♣ 인시생 (寅時生 : 오전 3시~오전 5시)

용감함과 기술이 잘 조화되어 있다. 호랑이는 용감하고 말은 어려움을
헤쳐나갈 수 있는 능력이 있다. 그러므로 의심 많은 호랑이는 말의 신비한
예감을 따라가기만 하면 된다.

♣ 묘시생 (卯時生 : 오전 5시~오전 7시)

행동이 얌전한 말띠이다. 그의 화려하고 때로 통속적인 취향은 토끼의
기품 있는 취미에 의해서 조절된다.

♣ 진시생 (辰時生 : 오전 7시~오전 9시)

경주에서 이기려 하고 절대로 멈추지 않는 형이다. 경험이 없는 일을 하는데도 능력이 뛰어나다. 그러나 무슨 일이든 도가 넘쳐 지나치게 한다.

♣ 사시생 (巳時生 : 오전 9시~오전 11시)

뱀의 지혜가 말띠에게 들어가 있어서 행동은 느리지만 뱀의 지혜를 가지고 성공하는 데는 더욱 확실하다.

♣ 오시생 (午時生 : 오전 11시~오후 1시)

할 일을 하는 순종적인 말띠이다. 안정되지 못하고 들떠 있지만 매우 세련되게 행동할 수 있다. 그러나 자만심에 차 있고 매우 변덕스럽다.

♣ 미시생 (未時生 : 오후 1시~오후 3시)

양의 조화롭고 자비로움으로 조금 덜 거친 말띠이다. 그러나 역시 바람기가 강하고 장난을 좋아한다.

♣ 신시생 (申時生 : 오후 3시~오후 5시)

민첩하고 기지가 있다. 말과 원숭이는 모두 이기적이고 재빠르다. 모든 일을 자기 스스로 헤쳐 나간다. 좀처럼 당해내기 힘들 만큼 언변이 뛰어나다.

♣ 유시생 (酉時生 : 오후 5시~오후 7시)

매우 밝은 성격을 지닌 능력 있고 지각 있는 형이다. 세상에 대해 겁없는 닭의 성격으로 인해 거의 걱정 없이 살아갈 것이다.

♣ **술시생** (戌時生 : 오후 7시~오후 9시)

매우 충실하고 정직한 말띠이다. 그러나 말과 개 모두 기민하며 날카로워서 겸손한 척하고 참을성이 없으며 쉽게 화를 낸다.

♣ **해시생** (亥時生 : 오후 9시~오후 11시)

돼지의 진지함으로 매우 끈질기고 협동심이 강한 말띠다. 다른 말띠보다 덜 변덕스럽지만 그도 역시 때로는 지나치게 자기 만족을 추구한다.

9

✿ 말띠 해에 대하여 ✿

모두에게 활기차고 원기가 왕성한 해이다. 생활이 열정적이고 모험적으로 변한다. 사람들은 위험을 무서워하지 않으며 사랑에 빠지는 걱정을 하지 않는다. 분명한 진보의 시기이다. 쾌활한 말과 함께 나아가는 것은 무척 즐거운 일이다.

이 해에는 결정과 계획들이 빨리 그리고 효율적으로 구체화되기에 행동이 중요하게 된다. 모든 것이 계속해서 앞으로 전진하므로 지나치게 빨리 나아가지 않도록 조심해야 한다. 보람도 있지만 피곤한 해이다.

원기를 북돋워주지만 때로 좌절하는 말띠 해는 우리의 축적된 힘을 다 써버리고 고갈된 상태로 남는다. 마음 속에 쌓인 앙금을 풀어버리고 하고 싶었던 일을 하기에 좋은 해이다. 하지만 감각이 원하는 것에 주의하라. 마음은 바람과 같이 수시로 하나를 선택했다면 당신의 직관을 따르라.

계획을 세우면서 일을 지체하는 것은 바람직하지 않다. 충동적인 말의 힘은 자신감과 합해져 우리의 행동과 감정을 지배한다. 산업과 생산 그리고 세계경제는 계속 발전하고 정치와 외교 분야에서 긴장도 해소될 것이다. 그러므로 점점 유쾌한 분위기가 지배하게 된다.

기운을 내라. 활기찬 말이 우리의 맥박을 빨리 뛰게 하고 긴장감과 흥분을 가져올 것이다. 말은 달리는 속도가 빠르고 기질은 다혈질이며 실수가 많다. 무엇보다도 말의 돈 문제에 대한 분별력 있는 접근을 기억해야 할 것이다. 또한 당신의 능력을 발휘할 가장 좋은 시기이다. 이 해에는 움직임도 자유롭다. 용기를 가지고 과감하게 놀랄 만한 일을 시도하라.

10

❀ 해에 따른 말띠의 운세 ❀

♣ 쥐띠 해

말띠에게는 힘든 해이다. 여러 가지 문제, 특히 불행한 연애사건이 발생하기 쉽다. 대결은 피해야 하고 특히 법률적인 문제는 회피해야 한다. 가정에 금전적인 문제가 발생한다. 말띠들은 조심성과 참을성이 필요한 해이다. 돈을 꾸거나 빌려주지 말아야 한다.

♣ 소띠 해

말띠에게는 지내기가 편한 해이다. 여전히 자신의 목표를 위해서 열심히 노력해야 하지만 어려운 상황을 극복할 능력이 생긴다. 귀찮은 사건은

말 띠

거의 없고 약간의 금전적인 소득이 기다리고 있다. 아이들이나 아랫사람으로부터 약간의 문제가 있을 수 있다.

♣ 호랑이띠 해

말띠에게는 행복한 해이다. 건강상의 문제는 없지만 지나친 유흥과 그로 인한 비용의 낭비가 예견된다. 연구에서의 진보와 직업의 기술적인 면에서 성과가 기대된다. 그러나 그의 화내는 성격으로 인하여 갈등이 생기거나 우정이 깨어질 수도 있다.

♣ 토끼띠 해

전반적으로 행복하고 특히 투자에서 재미를 볼 해이다. 인생이 순탄하지만 여러 가지 사건에 휘말릴 수 있다. 좋은 소식이나 집안에 새 사람이 들어온다. 어떠한 일을 하든간에 별다른 어려움에 직면하지 않는 안전한 해이다.

♣ 용띠 해

복잡한 해이다. 불안정한 문제들과 해결되지 않은 문제들이 말띠들의 인내심을 시험하고 걱정들이 그의 마음을 짓눌러 건강을 해친다. 최악의 경우는 아니고 사건의 소용돌이가 지나가고 나면 예견한 것보다는 손해가 크지 않을 것이다. 인생의 밝은 면을 보도록 노력하고 친구와 좋은 관계를 유지해야 하며 적을 구슬려야 할 때이다.

♣ 뱀띠 해

바쁘고 시간과 정력을 소비해야 하는 여러 가지 일에 관련되는 해이다. 그 문제들은 친구나 애인으로부터 생기고 예견하지 못한 장애물로 인하여 일이 지연된다. 가족 중에 도와주는 사람이 있지만 아무리 노력하여도 자신이 기대하는 만큼의 성과는 거둘 수 없다.

♣ 말띠 해

매우 행복하고 성과가 있는 해이다. 인정받고 진보가 있어서 만족스럽고 행복한 해가 된다. 많은 노력을 기울이지 않고도 자신의 계획이 실현되며 육감대로 움직이면 좋은 결과가 나타난다. 전염병에 걸리기 쉬우므로 환자를 방문하거나 불필요하게 나돌아다니는 것을 조심해야 한다. 이 해에는 우정이나 연애관계를 깨뜨려서는 안 된다.

♣ 양띠 해

말띠에게는 평범한 해이다. 이사를 하거나 장기간의 여행을 하게 된다. 균형이 잘 잡혀서 이 해의 나쁜 일들을 쫓아내므로 별다른 어려운 문제나 근심이 없다.

♣ 원숭이띠 해

갑작스러운 소득이나 예기치 못한 이익으로 말띠에게는 운이 좋은 해이다. 자신이 추구하는 것은 무엇이든 얻을 수 있지만 발생하기 쉬운 색다른 사건에 조심해야 한다. 가정에 슬픈 소식이 있지만 다른 사람과 관계된 것으로 자신에게 직접적으로 영향을 미치지는 않는다.

♣ 닭띠 해

괜찮은 해이다. 가정에서는 좋은 일이 있지만 일을 하는데 사소한 어려움에 봉착하게 된다. 큰 문제는 아니지만 그의 전진을 방해하고 쉽게 흥분하게 한다.

♣ 개띠 해

말띠에게는 학문적으로 성과가 있을 해이다. 시험에 우수한 성적으로 통과하거나 원했던 직업을 갖게 된다. 사람들이 그에게 관심을 갖게 된다. 가정에서 재판에 연루되는 일이 있게 되거나 사랑하는 사람과의 이별이 예상된다. 건강상의 문제나 재정상의 손해는 없을 것이다.

♣ 돼지띠 해

외부의 방해로 성공하지 못하거나 병으로 인하여 계획이 실행되지 못하고 진전이 없으며 바람직하지 않은 해이다. 투자와 계획들이 장애에 부딪치게 되고 많은 말썽에 직면하게 된다. 겨울의 시작과 함께 어려움은 사라질 것이다.

말에 대한 이야기

말은 날쌔고 끈질기며 총명하고 충성스러운 동물로서 인류와 어울려 산 지 가장 오래 되었다.

옛부터 말은 어느 동물보다도 우리의 생활에 많은 도움을 주었다. 먼 옛날 사냥을 하거나 전쟁을 할 때 말보다 더 훌륭한 조수가 없었고 농사를 짓고 물건을 나를 때도 큰 몫을 담당했다. 그런가 하면 현대에 와서도 스포츠나 오락에 이용되고 있다.

말은 감각기관이 대단히 영민한 동물이다. 청각과 후각은 물론 시각도 아주 발달되어 있다. 말의 눈은 머리의 윗부분에 달려 있기 때문에 시야가 넓으며 고개를 숙이고 풀을 뜯으면서도 주위의 위협을 예민하게 감지한다. 말은 또 기억력이 비상하여 방향을 귀신같이 가려낸다.

특히 말은 주인에게 아주 충성스러워 주인이 위험에 처했을 때 자기의 목숨을 바쳐서라도 주인을 구한다.

(1) 길잡이 말

춘추전국 시대의 이야기이다. 제나라의 관중이 제환공을 따라 고죽이라는 곳을 치고 돌아오다가 그만 길을 잃어버렸다. 첩첩 산이 앞을 가로막고 숲이 무성하여 어디가 어딘지 도무지 길을 찾을 수 없었다. 이 골짜기 저 골짜기 돌면서 날이 저물 때까지 길을 찾아 헤맸지만 갈수록 심산이었다.

제환공과 군사들이 어찌할 바를 몰라 당황해 있을 때 관중이 방법을 생각해 냈다.

"말은 영민한 동물이니 말을 풀어봅시다."

제환공과 군사들은 관중의 방법이 별로 신통치 않게 생각되었지만 그렇다고 다른 뾰족한 수가 있는 것도 아니어서 관중의 말에 따르기로 하였다. 군사들은 늙은 말 한 필을 찾아 고삐를 풀고 제멋대로 가게 놓아주었다. 고삐를 매지 않았지만 늙은 말은 달아나지 않고 목을 빼어 한번 길게 울고는 코를 땅에 대고 씩씩 냄새를 맡기 시작했다. 그리고 나서 가파른 오솔길을 따라 걷는 것이었다. 군사들은 늙은 말의 뒤를 따라갔다.

아닌게 아니라 한식경쯤 따라가니 과연 오던 길에 들어서서 무사히 돌아오게 되었다.

(2) 충성스러운 말

1937년 12월 15일, 어느 한 신문의 기사 내용이다.

절강성 가흥이라는 곳으로 일본군이 쳐들어왔는데 중국 군대와 일본 군대가 초산문교라는 곳에서 치열한 시가전을 벌였다.

싸움 끝에 중국군 병사들은 모두 전사하고 말 스물여덟 필만 남게 되었다. 말들은 주인을 잃어 비통한지 달아나지도 않고 그 다리목에서 맴돌기만 하였다. 이를 본 일본군은 이 말들을 노획물로 가져가려고 고삐를 잡아 끌었다.

그런데 말들은 아무리 채찍질을 가해도 움직이지 않았다.

화가 난 일본군들은 말들을 몽땅 기관총으로 쏘아 죽였다. 충성스러운 말들은 주인들의 뒤를 따라간 것이다.

1979년, 옛 소련의 캅카즈의 자그마한 마을에서 생긴 일이다.

에하메도브라고 불리우는 사람이 말을 타고 숲을 지나다가 갑자기 등에 강한 충격을 받고 말에서 굴러떨어졌다. 정신을 가다듬고 보니 곰이었다. 곰은 말에서 굴러떨어져 쓰러져 있는 에하메도브를 막 공격하려는 참이었다. 이 위기일발의 순간에 말이 달려들어 발굽으로 곰의 등을 사정없이 걷어찼다. 상처를 입을 곰은 사람을 해칠 생각을 하지 못하고 허둥지둥 숲속으로 도망쳤다. 많이 다친 에하메도브는 간신히 말 등에 올라 마을로 돌아왔다.

예로부터 의로운 말에 대한 이야기는 상당히 많다. 그래서 이처럼 의롭고 충성스러운 말을 일컬어 '명마'라고 불렀다. 그리고 말이 공을 세웠을 경우 벼슬을 주고 죽었을 경우 장례를 치러주기도 했다.

한나라의 주류민이라는 장군은 전쟁 때 말 때문에 살았기 때문에 말을 자재장군이라 칭하고 3품 벼슬을 주었으며 마굿간을 금은으로 장식했다. 알렉산더 대왕이 몹시 아끼던 말은 어찌나 충성스러운지 한 전투에서 말이 부상을 입어 왕이 다른 말을 타려 하니까 승낙하지 않아 계속 그 말을 탔다고 한다.

이처럼 말은 충성스럽고 의리가 강한 영물이다.

(3) 명마의 최후

조선의 15대 임금인 광해군 때 박윤제라는 부마(임금의 사위)가 있었는데 말을 아끼고 명마를 고르는 안목이 비상했다.

어느 날 그가 성 안을 거닐고 있을 때였다. 바싹 마른 말이 조그마한 짐수레에 짐을 가득 싣고 비실비실 맥없이 지나가는 것이었다. 박윤재는 그말의 마부를 자기 집으로 데리고 가서 마굿간에 있는 여러 말 중에서도 가장 살찐 말을 끌어냈다.

"이 말과 당신의 말을 바꿉시다. 당신에겐 돈보다도 이 편이 더 나을 테
니까요."

이렇게 말하자 마부는 어리둥절해 하며,

"정말 바꾸는 거죠? 나중에 후회하지 마시우!"

라고 다짐을 하고는 좋은 말을 가지고 가버렸다.

박윤제는 비실비실하던 말을 지극히 사랑하여 차차 명마로 변모되어 갔
다. 새로운 안장과 장식으로 단장하고 멀거나 가까운 곳을 가리지 않고 항
상 타고 다녔다. 그리하여 박윤제의 명마는 서울은 물론 궁궐 안에까지 소
문이 자자했다.

광해군은 성질이 포악하고 영웅적 기개를 지닌 임금이었지만 명마를 탐
내는 마음도 대단했다. 이런 광해군에게 명마의 소문이 들어갔으니 온전
할 리 없었다.

하지만 광해군은 차마 부마인 박윤제에게서 말을 빼앗을 수 없었다. 한
나라의 왕으로서 그것은 체면이 서지 않는 일이었다. 그리하여 고민 끝에
박윤제에게 애매한 죄를 뒤집어씌워 전라도 외딴 섬으로 유배를 보냈다.

그러던 어느 날 광해군은 대궐 안에서 그 말을 타다가 말의 성미를 잘못
건드려서 말이 날뛰는 바람에 그만 굴러떨어지고 말았다. 광해군이 노발
대발하여 펄펄 뛰니 신하들은 우루루 달려들어 말을 붙잡고 매질하기 시
작했다. 순하게 맞고만 있던 말이 별안간 한 길이나 되는 대궐 담을 훌쩍
뛰어넘어 도망가고 말았다.

명마는 어디로 갔는지 그림자조차 발견할 수가 없었다. 서울 장안과 인
근 고을까지 이 잡듯이 뒤졌지만 찾을 길이 없었다.

이즈음 박윤제는 전라도 끝 어느 외딴 섬에서 쓸쓸한 유배생활을 보내
고 있었다.

하루는 방안에 앉아 책을 뒤적이며 회포를 풀고 있는데 말의 울음소리

가 바람결에 들려왔다. 박윤제 자신이 그렇게도 사랑하던 명마의 소리였다. 박윤제는 어찌나 반가운지 버선발로 뛰어나가 단신으로 바다를 건너온 말을 맞이했다.

주인을 찾아 머나먼 강을 건너온 것을 생각하니 감개가 무량하였다. 그로부터 박윤제와 명마의 숨어사는 생활이 시작되었다.

그러던 어느 날 말은 산천이 떠나가도록 울부짖었다. 움막을 걷어차고 난리를 치는 바람에 엉성하던 마굿간이 그나마 날아가버리고 말았다.

이 날은 궁궐에 정변이 일어나 포악한 광해군이 대궐에서 쫓겨난 날이었다. 하늘의 정기를 받고 태어난 명마는 이 일을 알고 서울로 되돌아갈 것을 주인에게 알리기 위해 움막을 뒤엎은 것이었다.

이런 내막을 며칠 뒤에야 알게 된 박윤제는 그 길로 행장을 수습해서 서울로 돌아왔다.

정변 후 조정에서는 새 내각을 구성하고 새로운 정치를 베푸는 한편 새 임금의 등극을 명나라에 알리게 되어 사신들을 뽑아 보내게 되었다. 그런데 한 가지 큰 일이 벌어졌다. 새 조정에서는 명나라에 사신을 파견한 후에 생각하니 몇 가지 보충해야 할 일이 있음을 알게 되었다.

선발대는 이미 보름 전에 서울을 출발하였으니 벌써 중국 경내에 들어섰을 것으로 짐작되었다. 조정에서는 당황하여 어쩔 줄 모르고 있을 때 한 충신이 박윤제의 명마를 생각해 냈다.

인조의 명으로 박윤제는 선선히 말을 내놓으면서 이렇게 말하였다.

"특별히 명심할 것은 이 말은 다른 말들과는 좀 유별난 데가 있으니 아무리 먼 길을 달렸더라도 그 즉석에서 물을 먹이거나 여물을 주어서는 안 됩니다. 숨이 가쁘고 땀을 흘리더라도 내버려두면 얼마 후엔 자연히 급한 증세가 나을 터인즉 그때 가서 평상시와 같이 여물을 먹이도록 하시오!"

하루 밤낮을 꼬박 달리고 다음날도 종일토록 달린 말은 자신의 책임을 완수하자 그 자리에 쓰러지고 말았다. 말을 타고 온 사신마저도 박윤제의 당부를 까마득하게 잊고는 얼떨결에 물과 여물을 갖다주는 일을 거들었다. 아니나 다를까 말은 덜컥 죽어버리고 말았다.

　박윤제는 홀로 돌아온 사신의 기색에서 모든 것을 알아차렸다.

　박윤제는 말이 죽은 자리에 가서 홀로 사향을 피우며 말의 넋을 위로하고 고향에 돌아와 슬프게 말년을 보냈다.

未

AB

여덟번째 간지
양띠

인내력이 강하고 진보를 바란다. 섬세한 감각을 지닌 예술가형이다.
끈질기게 자기의 목표를 향하여 노력을 아끼지 않는다.
겉보기에는 비록 평온한 것 같지만 내심의 투지와 의지는 대단하다.
그리고 섬세하고 신경질적이어서 변화나 역경에 능숙하게 대처하지 못한다.

1

✿ 양띠의 전체적인 성격과 운세 ✿

한가로이 물 위를 떠다니는 오리는 아무 일도 없는 듯이 태연하게 헤엄치는 것 같지만 사실 물 밑의 발은 부지런히 움직이고 있다. 양의 해에 태어난 사람은 곧 이 오리와 같다. 즉 다른 사람들이 알지 못하는 상황 속에서 말없이 일하고 노력을 아끼지 않는다.

양띠에 속하는 사람은 끈질기게 목표를 향하여 노력을 아끼지 않는다. 겉보기에는 비록 평온한 것 같지만 내심의 투지와 의지는 대단한 것으로서 좋은 지도자만 만나면 곧 이런 장점이 두드러지게 나타난다. 그렇지 않으면 항상 조심스러운 인생을 보낸다. 이 점을 반드시 유의해야 한다.

일생은 완만한 곡선을 그리며 만년에 꽃이 필 것이다. 그렇기 때문에 지기(知己)나 훌륭한 지도가 있어야만 젊을 때에 절정에 오를 수 있다. 다시말하면 젊었을 때 '큰 나무의 비호'를 받아야 좋다.

세계적으로 유명한 권투선수에게는 강한 선수가 되기 위해서 3가지 요소가 필요하다. 하나는 본인의 인내력과 전진력, 건강함이고 다른 하나는 아주 유연한 운동신경이다. 일반적으로 이름난 권투선수에게는 두 가지 특징이 있는데 하나는 적절한 펀치를 상대에게 날리는 것이고 다른 하나는 방어를 제대로 해서 상대의 펀치를 피하는 것이다. 그러나 진정한 강자는 방어가 강한 사람이다. 이 후자에 속하는 타입이 바로 양띠다. 양띠에 속하는 사람들은 본래 대단히 조심스럽다. 이들은 모두 섬세하고 감성이 풍부하다.

2

⊛ 양띠에게 적합한 직업 ⊛

양띠에 속하는 사람들은 내면은 비록 굳건하지만 외면은 섬세하고 신경질적이어서 변화나 역경에 대처하는 능력이 좀 떨어진다.

일반적으로 양띠는 누군가를 견지하거나 시비를 걸지 않는다. 왜냐하면 시비로 인하여 분규나 시끄러움이 발생하는 것을 두려워하기 때문이다. 그렇기 때문에 인간관계를 중시하지 않는 직업에 종사하는 것이 비교적 적당하다. 예를 들면 화가, 작가, 기사 등이다. 여자일 경우는 미용사, 의상 디자이너, 재단사 등 안정된 직업이 적합하다. 만약 안정된 생활을 하려면 큰 회사의 사원으로 들어가는 것도 좋은 방법이 아닐 수 없다. 이런 상황에 놓인 양띠들은 화목을 귀하게 여겨야 한다.

3

⊛ 양띠에게 적합한 결혼 상대 ⊛

한마디로 말하면 양띠 여성은 고집스러운 면이 있으나 대부분 의지하려는 마음이 강하다. 이런 이유 때문에 남자들의 눈에는 사랑스러운 여인으로 보인다. 이런 장점을 충분히 발휘하여 성공할 수는 있다. 그러나 자립심이 강하지 못하기 때문에 결혼하여 가정을 이룬 다음에는 정리하는 능력이 부족해서 일반 가정주부가 하는 일을 잘 소화해 내지 못한다.

양띠들은 부드럽고 다정하며 다른 사람들의 환영을 받는 유형에 속한다. 그러나 내심으로는 매우 섬세하고 신경질적이다. 애정생활에서는 변화와 역경을 굉장히 두려워하며 만일 실연하면 인생의 의미를 잃어버리기도 한다. 결혼 상대는 당신을 걱정시키고 고생시키지 않는 사람을 만나야 한다.

♣ 토끼

토끼띠는 당신을 걱정스럽게 하지 않는다. 토끼띠에 속하는 사람은 품행이 고상하고 예절이 바르다. 그들이 제일 싫어하는 일은 분규와 시끄러움이다. 위험을 관찰하는 능력이 뛰어나고 조심스러워서 시끄러운 일에 말려들지 않으므로 만약 이런 사람에게 시집가면 큰 재난을 피할 수 있다. 그리하여 일생을 비교적 안정되게 보낼 수 있다. 그리고 예술 쪽에도 관심이 있어 양띠와 공동의 관심사가 되므로 든든한 반려자가 될 것이다.

그러나 토끼띠에 속하는 사람은 교제를 좋아해서 벗들을 집으로 청하는 일이 자주 있다. 만약 이때 집이 지저분하면 그의 체면이 안 설 수도 있다. 이 점을 주의해야 한다.

♣ 돼지

양띠에 속하는 사람에게 인생이 순탄한지 아닌지를 결정하는 요소 중 가장 중요한 것은 금전이다. 이런 속담이 있다.

'돈이 있으면 귀신도 피할 수 있다.'

어떤 큰 역경에 부딪치더라도 돈만 있으면 근심하거나 고생할 필요가 없는 것이다. 돼지띠에 속하는 사람은 12지간 중에서 돈 버는 운이 제일 좋다. 그러므로 마음 놓고 의지할 대상이 될 수 있다.

또한 돼지띠는 천진난만하고 명랑하여 양띠에게는 아주 적합하다. 그러나 자주 화를 낸다. 양띠인 당신은 이로 인하여 그와 다투지 말고 이해하는 것이 제일 중요하다.

4

🎏 양띠에게 적합한 연애 상대 🎏

위에서 얘기한 것처럼 양띠에 속하는 당신은 연애하기 전에 벌써 실연을 걱정하여 감히 나서지 못하는 경향이 있다. 양띠 중에 그래도 간혹 시대를 앞서는 멋쟁이가 있지만 그것은 사실 일종의 반역이다. 본질적으로 양띠는 의지하려는 마음이 너무 강해서 항상 자신을 가르칠 사람을 원한다. 그 대표적인 인물은 호방하고 대담하며 모험심이 풍부한 범띠에 속하는 남성이다. 이 사람은 언제나 양띠를 불안에 떨게 만들기 때문에 깊이 사귈 대상은 아니지만 단기간에 당신의 마음을 사로잡을 것이다.

그밖에 당신의 우울함을 풀어주고 당신에게 재미있는 놀이를 가르쳐 줄 수 있는 사람은 원숭이띠 남성이다. 그리고 유머러스하고 충실한 개띠 남성, 기민하고 재주가 많은 쥐띠 남성 등도 괜찮다. 단순히 교제할 대상으로 위의 남성들과의 연분은 모두 괜찮다.

5

🍀 양띠가 피해야 할 상대 🍀

연분의 원칙에 의하면, 첫째 같은 해에 태어난 사람은 연분이 좋지 못한 데 이 원칙을 제일 잘 증명할 수 있는 것이 바로 양띠 남녀다. 이들은 환경의 변화를 지나치게 두려워하기 때문에 가정의 분위기가 침울하고 발전성이라고는 전혀 없다.

또한 두 사람은 모두가 세심하고 담이 작아서 집에만 틀어박히는 경향이 있으며 일이 생기기만 하면 비관에 빠지고 나쁜 쪽으로만 생각한다. 때문에 이런 부부는 주말이 되면 교외로 나가서 산책을 하며 쾌활한 마음가짐을 가지는 것이 바람직하다.

둘째, 양띠 여성과 연분이 좋지 않은 띠는 개띠다. 개띠 남성은 양띠인 당신과 마찬가지로 의지하려는 마음이 강한 유형에 속한다. 때문에 이런 부부는 어떤 일이든지 무조건 상대방에게 의지하려 하며 건설적인 계획이 없다. 그 결과를 놓고 볼 때 양띠 부부보다는 조금 나을 수 있겠지만 큰 발전을 가져오지는 못할 것이다.

셋째, 앞에서 단기적인 연분으로 범띠 남성이 좋다고 했는데 양띠와 범띠 남성이 결합하면 '양이 범 아가리에 들어가는 식'이 되고 만다. 그러면 상대를 사랑하는 것만으로도 심신의 건강이 나빠질 수 있기 때문에 기본적으로 역시 연분이 좋지 못하므로 되도록 피하는 것이 좋다.

양 띠

결혼, 연애 상대 – 양띠 여성

12간지	쥐	소	범	토끼	용	뱀
결혼 상대	◎	◎	✖	●	●	◎
연애 상대	●	◎	●	△	△	◎
12간지	말	양	원숭이	닭	개	돼지
결혼 상대	△	✖	△	◎	✖	●
연애 상대	◎	△	●	◎	●	◎

결혼, 연애 상대 – 양띠 남성

12간지	쥐	소	범	토끼	용	뱀
결혼 상대	△	✖	◎	●	●	✖
연애 상대	●	◎	△	△	△	△
12간지	말	양	원숭이	닭	개	돼지
결혼 상대	△	✖	●	△	◎	✖
연애 상대	◎	△	△	△	●	△

아주 좋음 ●   좋음 ◎   주의할 것 △   피하는 것이 좋음 ✖

6

❀ 혈액형에 따른 양띠의 운세 ❀

♣ A형

혈액형이 A형이면서 양띠인 사람은 온화하고 평화를 사랑하며 박애주의자이다. 이들은 다른 사람에게 손해를 끼치는 말이나 행동은 하지 않는다. 남에게 항상 친절하고 가까워질수록 미움을 받지 않기 위해 노력한다. 언제 어느 때나 남을 위하고 일처리가 원만하며 세상사에는 관심을 두지 않은 채 현실과 동떨어져 산다. 만약 남이 자신의 삶을 침범하면 처음에는 회피하는데 그것이 반복되어 더이상 참을 수 없는 상황에 도달하면 반항하며 반격을 가한다.

안정적이고 평화로운 생활을 원하기 때문에 모험을 싫어한다. 예를 들어 배를 탈 경우 속도가 빠른 보트보다는 호화롭고 평온한 여객선을 선호하며, 휴식할 때에는 해변의 백사장보다는 크고 울창한 나무 그늘을 좋아한다. 아늑한 대자연을 좋아하고 전원생활을 즐긴다.

일을 시작하기 전에 주도면밀하고 상세하게 계획을 짜놓은 다음 그대로 차근차근 해나가는데 아무리 작은 절차라도 빠뜨리지 않고 세밀하게 진행한다. 인내심과 의지가 매우 강하다.

사람 됨됨이가 겸손하고 자기를 드러내는 것을 싫어하여 좀처럼 자기의 성과를 뽐내는 법이 없다. 공(功)을 탐하지 않으며 묵묵히 헌신하는 조용한 생활을 한다. 또한 매우 현실적이고 게으름을 피우지 않으며 착실하게 눈앞의 현실에 주안점을 두고 일을 차근차근 풀어 나간다.

결점이라면 도전정신이 부족하고 자신을 작은 공간에 국한시키기 때문에 좋은 기회를 많이 놓쳐버린다. 그렇지만 이런 온건한 작풍은 중년 이후에 좋은 운을 가져다줄 수도 있다.

♣ B형

혈액형이 B형이며 양띠인 사람의 가장 두드러지는 개성은 과묵하여 자기를 드러내기 싫어하는 점이다. 그들은 여러 사람이 흥미진진하게 이야기하는 곳에서 혼자 침묵을 지킨다. 그러나 그는 이런 상황을 싫어하지 않는다. 친구들도 그의 성격을 잘 알기 때문에 개의치 않는다.

사실 그는 감정의 기복이 심한 사람으로서 좋지 않은 일에 봉착하면 감정을 억제하지 못하고 눈물을 흘려 여러 사람을 종잡을 수 없게 만든다. 그는 좋은 일이 있어도 기쁨의 눈물을 흘린다. 이렇게 자기의 감정을 통제할 줄 모르며 때로는 크게 화를 내어 주위 사람들을 놀라게 하기도 한다.

평상시에 사람들과의 교제가 활발하지 못하며 친구가 적다. 어떤 사람들은 그들을 매우 어려운 사람이라고 하지만 사실 그들은 상냥하고 평범하다.

사람 됨됨이가 정직하고 선량하며 뒷말이나 아첨을 하지 않는다. 언변이 능숙하지 못하여 평상시에는 침묵하지만 절친한 친구에게는 솔직하고 진심어린 말을 털어놓는다.

폐쇄적이지만 자비심이 있다. 오색찬란한 바깥 세상을 갈망하지만 대부분의 시간은 자신에게 닥친 일들을 처리하는데 급급하다. 이상과 현실의 모순은 그들을 더욱 고민스럽게 만들고 자비심을 더욱 엄중하게 한다. 이로 인하여 어떤 사람은 타락의 길로 나가고 어떤 사람은 평범하게 지낸다.

일생의 많은 기회가 성격으로 인하여 매몰되어 버린다. 폐쇄적인 성격으로 인하여 근본적으로 외부 소식을 접하지 못하기에 기회 따위는 말할 나위도 없다.

♣ AB형

혈액형이 AB형이며 양띠인 사람은 내향적이고 과묵한데 상대방에게
자신의 느낌이나 경험에 관해 이야기하는 것을 싫어하고 늘 혼자서 울적
해 한다. 특히 연회나 파티에서 외로워 보이고 다른 사람들과도 잘 어울리
지 않는다. 평상시에도 수심에 쌓인 듯한 느낌을 주는데 무슨 생각을 하고
있는지 도대체 알 길이 없다.

그들에게는 결벽증이 있다. 늘 집이나 그 주위 그리고 자신을 티끌 하나
없이 청결히 한다. 만약 누가 약간만 더럽혀도 속으로 불쾌해 한다. 물론
남을 탓하지는 않지만 빗자루로 쓸고 걸레로 닦고 하는 것이 마치 항의하
는 것처럼 보인다. 결국에는 그들의 집에 드나드는 친구가 적어지지만 거
기에 아랑곳하지 않고 매일 의연히 많은 시간을 들여 청소하기 때문에 스
스로를 힘들게 할 뿐만 아니라 휴식시간과 오락시간도 없는 무미건조한
생활을 한다.

평상시에는 온화하고 선량하며 묵묵히 제 할 일을 해서 주위 사람들에
게 비교적 좋은 인상을 준다. 그러나 일단 한번 화를 내면 눈으로 보지 않
고는 믿지 못할 정도이다. 평상시에 그렇게도 온화하던 사람이 이렇게까
지 히스테릭해질 수 있다는 것을 누구도 상상하지 못한다. 그들은 자기의
어머니나 자식을 피가 나도록 때릴 수도 있다.

매우 근검하여 단돈 1원, 물 한 방울도 절약하여 살 물건과 사지 말아야
할 물건을 정확히 나눈다. 제한된 경제 수입으로도 가정생활을 제대로 유
지한다.

자기의 생활 방식대로 생활한다. 세상사에 관심을 두지 않으므로 좋은
기회를 많이 놓쳐버리지만 그것을 알지 못한다. 일생을 평범하고 조용하
게 지낸다.

양 띠

♣ O형

이 사람은 침착하고 매사에 조심스럽다. 무슨 일이든 규칙대로 하며 순서대로 절차대로 실시하며 절대 자기 멋대로 행동하지 않는다.

인간관계가 평온하고 매사에 진심으로 남을 먼저 생각하므로 남과 다투는 일이 적다. 그러므로 현실에서는 늘 손해보는 역할을 맡는다.

성격이 내향적이며 날마다 바쁘게 보낸다. 늘 자그마한 일로 고뇌하며 어찌할 바를 몰라 한다. 이성을 존중하고 동지들과 단결하기 때문에 단체 생활에서 인연이 좋다. 마음속으로는 불만이 있어도 겉으로는 웃는다. 자기의 속마음을 드러내지 않으며 마음속으로 고뇌를 느끼고 스스로를 억제한다.

실사구시하고 벼락 출세를 믿지 않으며 착실하게 목표를 향하여 매진한다. 매사에 매우 신중하며 남이 어떤 일을 아무리 좋게 떠벌려도 쉽게 넘어가 사기당하지 않는다. 한편으로는 너무 신중하여 모든 사람을 믿지 않기 때문에 많은 기회를 놓쳐버린다.

사업 쪽으로는 매우 애를 쓰고 근심 걱정을 하지만 조그만 기회도 놓치지 않는다. 그러나 뛰어난 성적을 거두지는 못한다.

의지가 강하지 못하고 좌절당하면 의지소침해지고 속수무책에 빠지며 심지어 심리적 균형을 잃는데 다시 일어서지 못할 수도 있다.

자신의 생활 형편을 개선하려고는 하지만 행동이 뒤따르지 않으며 늘 이유를 만들어 도피하려 한다. 이렇게 하루하루를 지내다 보면 결국은 자기의 이상을 영원히 실현할 수 없게 된다.

7

별자리에 따른 양띠의 운세

♣ 양자리 (3월 21일~4월 20일)

양자리에 속하는 양띠들은 안전이 보장된 환경에서만 생존한다. 그들은 자유롭게 사고하고 독특한 일면이 있으며 배반을 증오한다. 그러나 만약 안전하고 자유로움이 없으면 고생을 하게 된다. 그들에게는 안정된 환경이 제일이다.

양띠들은 예술가적인 성격을 가졌지만 양자리는 전사이다. 이 두 개의 극단적인 성격이 합해졌기 때문에 복잡할 뿐만 아니라 상당히 흥미로운 인물이 만들어진다. 그들은 창작 능력이 뛰어나며 겉모습을 중시하고 특히 자기의 외모에 신경을 많이 쓴다. 태연자약하고 여유로운 태도를 가지고 있다. 그들의 대부분은 낙관주의자들로 그들과 사귀면 대단히 재미있을 것이다. 그러나 만약 가난이 그들의 안정감을 위태롭게 한다면 그들은 심각한 비관 속으로 빠져든다.

양자리의 천성은 이들로 하여금 외부의 영향을 받게 한다. 양자리의 천진하고 순결함은 남을 너무 믿는 경향이 있고, 양띠는 의심을 잘한다. 그러나 그들은 근면하거나 부지런한 사람들은 아니다. 만약 외부로부터 충격을 받는다면 그들은 그 충격의 피해자가 된다. 그들은 보호해 줄 것을 바라며 혼자 있는 것을 싫어하고 모험을 즐기지 않으며 자기의 생활에 맞서 싸우려 하지 않는다. 그러나 가정의 생계에 대해서는 관심을 갖는다. 비록 양자리의 양띠생은 완전히 타인에 의하여 안정감을 키우지만 그들은 독특한 풍격으로 일을 한다.

만약 양자리 양띠들이 화목한 가정에 태어났다면 그들은 자기의 집을 떠나려 하지 않는다. 그들이 사회에 진출하여 가혹한 환경에 처했을 때 그들은 모든 노력을 다하여 안온한 생활을 찾는다. 평상시에 그들은 자기의 친구나 자녀 혹은 애완용 동물과 함께 집을 나선다.

양자리의 양띠생은 다른 사람들에게 단순하고 유쾌한 인상을 준다. 그들은 언제나 웃음을 머금고 악수하고 떠들며 기분 좋은 얼굴을 하지만 이것만으로 그들이 단순한 사람이라고 생각해서는 안 된다. 찬란한 겉모습에 비해 그들은 불안하고 극도로 민감하며 쉽게 손해를 보는 사람들이다. 그들의 실체는 겉으로 보이는 것보다 더욱 나약하다.

♣ 황소자리 (4월 21일~5월 21일)

황소자리 양띠들은 침묵을 지키고 말수가 적으며 두뇌 회전이 빠르고 풍부한 상상력을 가지고 있다. 위대한 천재는 이 성좌에 나타나곤 한다. 그들에게 내재된 창조적인 성격이 그들로 하여금 사회와 개인의 발전에서 많은 성과를 얻게 할 수 있다. 그러나 적당한 환경이 조성되지 않으면 그들은 정확한 목표 없이 상상만으로 세월을 보낼 것이다.

황소자리 양띠들의 일생은 외부로부터의 충돌과 온화한 영향과도 대항한다. 황소자리의 성격은 느리지만 믿음직하고 따뜻하다. 그들은 착실하게 좋은 것을 취하고 향락을 중시한다. 황소자리는 질서정연한 것을 좋아하고 다른 사람들이 대단히 단조롭다고 느끼는 상황에서도 혼자 즐거움을 만끽한다. 그러나 양띠의 천성은 짧고 쉽게 흩어지며 계속해서 변화하고 움직이며, 근면하기도 하고 게으르기도 하여 변화무상하다. 이때에 황소자리는 양띠를 앉혀놓고 그로 하여금 주위를 둘러보게 하거나 발 밑의 꽃을 감상하게 할 수 있다.

황소와 양은 서로를 돌보는 성좌에 속한다. 느린 것과 확신의 배합은 흠 잡을 데가 없고 논리와 형상은 서로 영향을 미치며 인내심과 의지를 가지고 있다. 그들의 개성 중에는 침착성과 합당한 특징이 있다.

그러나 그들의 이면을 보면 비록 결심은 있지만 멀리 내다볼 줄 모르고 권태롭고 걷잡을 수 없는 점을 발견할 수 있다. 이런 일상생활에서 좌절당하고 자기 자신에 대한 확신이 없거나 심지어 폭력적인 충격을 당하곤 한다.

황소자리 양띠는 아름다운 사물의 유혹에 쉽게 말려든다. 그들은 일반인들에 비하여 뛰어난 심미안과 품위를 가지고 있다. 황소자리 양띠는 일반적으로 건축, 창조, 발명, 번역과 인테리어 방면에서 일한다. 이에 속하지 않는 사람은 도시를 떠나 시골에 거처를 두고 천재적 행동을 계획한다.

♣ 쌍둥이자리 (5월 22일~6월 21일)

쌍둥이자리 양띠는 성격이 변화무상하여 타인의 생활을 싸고 돌면서 춤을 추는 개똥벌레와 같고 세상과 자주 충돌하여 권태로워하는 비관주의자이다. 그는 또한 영원히 실망한 비평가로서 완미한(다른 사람의 몸에서 완미를 요구한다) 요구로 인해 자주 불쾌한 기분을 만든다. 대부분의 쌍둥이자리 양띠는 이와 같은 성격을 가지고 있다.

양띠들이 목적 없이 여기저기 헤매는 것은 보기 힘들다. 그들은 다른 사람을 필요로 하며 자신은 벗에게 도움받기를 바란다. 쌍둥이자리는 기민하고 다변한 성격을 가진 성좌로서 신속, 다변하고 순종한다. 이런 특징을 함께 묶으면 곧 의지하려는 마음과 다변성을 이룬다. 마치 웃음을 담은 아이가 부모의 옆을 떠나 거리 행인의 팔에 안길 때와 같다.

♣ 게자리 (6월 22일~7월 22일)

게자리 양띠들은 양띠의 활달하고 낙천적인 성격과 게의 안정되고 고집스럽고 충성스러운 성격이 함께 존재한다. 이는 대단히 재미있는 성격으로써 사람을 미치게도 하고 우울하게도 만든다.

게자리는 안정된 삶에 대한 욕망이 강해서 젊어서부터 돈을 많이 벌어 부자가 되는 꿈을 가진다. 그는 극한 피로 속에서도 분주하게 사업에 몰입한다. 기진맥진했지만 그냥 차를 몰고 천 리 밖에 가서 자기의 승진에 도움을 줄 수 있는 사람을 만난다. 이처럼 끊임없는 욕망은 40세 정도가 되면 그를 허탈하게 만든다. 그러나 그는 그 욕망을 버리거나 후배에게 넘겨주지 못하고 끝까지 집착하지만 그 결과는 자기를 훼멸시킨다. 자기의 목적에 도달하기 힘들 때, 그는 매일 부단히 새 계획을 세우고 밤을 지새우며 노예처럼 계속 일하여도 결국 실패하게 된다.

게자리 양띠는 파티의 황홀한 기분과 경쟁을 대단히 즐긴다. 사교를 즐기고 먹고 마시며 오랫동안 보지 못한 친구들과 만나기를 원한다. 그들은 친구에게 상당히 다정하다. 그만큼 친구도 많다.

♣ 사자자리 (7월 23일~8월 22일)

사자자리 양띠는 예술가의 짧으나 찬란한 정신을 추구할 뿐만 아니라 나폴레옹과 같은 영웅심보다 더 큰 포부를 갖고 있다. 이와 같은 예민한 감각과 야심은 그의 독특하고 비범한 능력으로 열정 속에서 나타난다. 그 밖에 그들은 많은 양띠들에게는 부족한 상식을 가지고 있다.

그러나 양은 언제나 양이다. 이 양은 양띠의 천성적 결점을 피할 수 없다. 즉 멀리 보는 안목이 없는 것이다(이런 결점은 그들로 하여금 큰 일을 못하게 한다). 이 양은 목전의 이익에 안주하여 일단 목표를 이루면 더이상 전진을 하지 않는다. 그들은 영원히 다른 사물과 연계하기 어렵다.

사자자리의 총명함과 양띠의 선천적인 고도의 상상력은 그들로 하여금 예술에 대한 추구에 강한 충동과 필요를 느끼게 한다. 그러나 사자자리 양띠는 타인의 비평을 귀찮게 여기며 남의 중복된 비평적 행위에 불만을 표시한다. 그들의 성공은 일반적으로 남의 노력에 의해 자신이 빛나는 위치에 서게 된다. 사자자리 양띠 개인은 언제나 부지런한 사람이 아니다.

그들은 기회주의자로서 자주 나타나지는 않지만 그들에게 이 성격이 나타날 때에는 예민하고 날카로우며 주위의 일거수일투족에 관심을 가진다. 이 사자자리의 속성은 자기를 조절, 관찰, 보호할 수 있다. 그리고 이 양의 속성은 어떤 기회를 잡아 승진할 때에는 상당히 무서워지며 마치 세상의 왕처럼 행동한다.

하지만 그와 동시에 자신의 지혜를 이용해야지 그렇지 못할 때에는 아주 잠깐 동안 그곳에 머무르게 된다. 사자자리 양띠는 꼭 지혜로운 사람의 의견을 충분히 받아들여야 한다. 그들은 미래의 개성을 잘 잊어버려 그 능력에 영향을 줄 것이다. 그들은 언제나 심중하고 예민하게 장래 발생할지 모르는 위험에 주시해야 한다.

사자자리 양띠는 마귀로서 젊었을 때에는 독립적인 일을 하며 보수주의자를 놀래켜 소문이 높다. 그들은 조금 허장성세를 하며 누구도 그 호언장담의 열성을 막을 수가 없다.

♣ 처녀자리 (8월 23일~9월 22일)

처녀자리 양띠는 의견이 강하지만 남의 영향을 쉽게 받아 사기를 잘 당한다. 그들은 주위의 사물에 대하여 부단히 비평을 토로한다. 날씨가 너무 덥다든가 상대의 머리 모양이 어떻다든가 혹은 신발이 맞지 않는다거나……. 그러나 때로는 그들의 바가지 긁는 소리가 사람들에게 흥미를 불러일으키기도 한다. 만약 그들에게 불안한 느낌이 있으면 그 잔소리는 적어진다.

처녀자리 양띠는 자기를 드러내는 것을 좋아한다. 그들은 언제나 불안전한 느낌을 가진다. 그렇기 때문에 복장이나 외모, 명성에 신경을 쓰는 것은 그들이 자신을 방어하는 하나의 방법이다.

사실상 그들은 특별한 사람이다. 그들에게는 기괴하고 기발한 것이 있다. 일반적으로 말하면 그들은 자기가 선택한 일들을 무궁한 상상력으로 자기가 종사하는 직장에 잘 반영시킨다. 그들은 이렇게 하여 스스로를 기진맥진하게 만든다. 이런 사람들은 겉모습에 나타나는 것처럼 그리 훌륭하지는 않다.

처녀자리 양띠는 수공예 쪽으로 상당히 뛰어난 재주를 가지고 있다. 그는 자신이 아끼는 의자에 맞는 새로운 방석을 만들기 위해 온밤을 지새우곤 한다. 혹은 온 정성을 다해 성탄절 트리를 장식하여 오랫동안 유지하려 한다. 그는 자기의 심미적 표준에 도달하기 위하여 높은 사다리에 오르는 것을 꺼리지 않고 심지어 생명이 걸린 모험도 한다.

처녀자리 양띠는 세심하며 예술적이다. 그들의 성향에 가장 적합한 것은 집에서나 직장에서나 열심히 일하게 하는 것이다. 그의 세심한 감정은 바깥의 일을 하기 바쁘다.

♣ 천칭자리 (9월 23일~10월 22일)

표면적으로 볼 때 천칭자리 양띠는 아름다움과 균형을 사랑한다. 그들은 안정된 환경이 필요하다고 말하지만 일반적으로 쉽게 노하고 다툰다고 알려져 있다. 그들은 논쟁을 즐기고 지나간 영화에 대해 토론하기 혹은 그와 비슷한 행동을 좋아한다.

천칭자리 양띠는 화려하고 고전적인 물건으로 그들의 주변을 장식한다. 그리고 책장에 서적을 가득 채우는 것을 좋아한다. 그러나 유행하는 옷이나 최신식 승용차에 시간과 돈을 소비하는 것은 좋아하지 않는다. 만약 그들이 사회적인 직위를 원한다면 문화활동에 치중하고 사교와 파벌 싸움이 벌어지는 울타리에서만 맴돌 것이다.

그들은 때로는 경솔한 것 같지만 경박하지는 않다. 그 천성 속에 창조력이 있어 만약 적당한 환경만 주어진다면 그들은 각종 수공업품을 상상하거나 발명할 것이다. 그들은 위대한 예술가의 상상력을 타고나지는 않았지만 그러한 상상력은 부단히 나타난다. 그들은 복잡한 사물을 잘 이해하며 또한 여러 가지 표현 기교에 천부적인 재능을 가지고 있다.

천칭자리 양띠의 단점은 자기 자신을 믿지 않는다는 데 있다. 그들은 대단히 민감한 개성이 있어서 평범하고 질서정연한 생활을 참지 못한다. 그들은 평탄하고 일반적인 것들에 대해 실망한다. 그러나 그는 자기가 직접 탐구하는 것은 싫어하는데 이는 자신을 믿지 않기 때문이다.

그들은 때로 야심이 있는 것처럼 보이고 차림새를 중시한다. 그들은 각종 매력을 나타내는 사업에 능하다.

♣ 전갈자리 (10월 23일~11월 22일)

전갈자리 양띠는 언제나 창조와 발명을 위해 바쁜 나날을 보낸다. 그는 양띠 중 제일 게으르지 않은 사람이다. 그러나 그들은 언제나 단체를 떠나 생활한다.

전갈자리 양띠는 각종 새로운 발명, 주의, 계획, 관념 등 여러 가지 환상의 큰 창고이다. 그 중 어떤 것은 실현될 수도 있고 어떤 것은 완전한 공상에 지나지 않는다. 전갈자리 양띠는 현실의 대립자로서 괴상하고 기발한 사람이다. 그는 예술에 천부적인 재능이 있으며 자기의 계획에 대하여 높은 이상을 가지고 있다. 그는 다른 사람들이 문학적으로 그의 계획을 진술해 주기를 바라며 명예와 회답을 바란다. 대부분의 시간을 자기의 이익을 위하여 이런 것에 투자하기 때문에 다른 사람을 이용할 줄 모르는 사람이 된다.

그들은 모든 일에 흥미를 가진다. 항상 최신 소식, 최신 유행, 혹은 새로운 예술가의 창작을 좋아한다. 이것은 도가 지나쳐 심지어 병적이기까지 하다. 그들은 언제나 자기가 아는 것이 많다고 자랑한다.

이런 사람은 나약하고 세심하게 비춰져 마치 한 줄기의 바람이 그를 넘어뜨릴 것 같처럼 보이기까지 한다. 그러나 이처럼 바람에 흔들리는 모습 속에 폭력적인 심리가 숨어 있다. 기괴한 차림과 외모는 다른 사람을 미혹하려는 행위일 뿐이며 다른 한 면으로 그들은 폭력을 잘 사용한다. 그리고 문제를 단도직입적으로 해결하려 하고 그렇지 못할 때는 흥미를 잃고 만다.

♣ 사수자리 (11월 23일~12월 21일)

사수자리 양띠는 창조력이 매우 풍부하다. 발명과 진취심이 왕성하고 명석하다. 그러나 사수자리 양띠는 편안한 곳에서만 그 재능을 발휘할 수 있다. 돈이 모자라 경제적인 위협을 받거나 가정이 깨어지고 혹은 기타의 좌절은 사수자리 양띠들을 질식시키고 분발하지 못하게 만든다. 그들에게 제일 중요한 문제는 자기와 가족의 안정만이 고통을 떨치는 것이다.

정해진 일정표, 일과 휴식은 필요치 않다. 그들이 어떤 일에 몰두할 때는 시간을 잘 지키며 또한 예절바르다. 그러나 그들은 정해진 시간을 마음

속에 두지 않는다.

이와 같이 의지가 강한 개척자들은 어떤 사건 혹은 세부적인 일에까지 매우 대단한 열성을 보일 뿐만 아니라 그 자신도 무궁한 창조력을 가지고 있다. 그들의 머리속에는 언제나 새로운 계획들이 있다.

사수자리 양띠는 과연 어떤 사람이 필요한가에 대해 정확한 판단을 내릴 수 있다. 그들은 단번에 무엇이 이로운지 또는 이롭지 않은지를 알아낸다. 이들은 섬세한 기억력을 가지고 있어서 구상하기를 즐기고 조직적으로 잘 배치한다. 더욱이 다음에 나올 한 권의 책을 위하여 아주 세밀하게 계획하지만 틀린 글자를 고치는 최후 과정에서 그들은 다른 사람에게 고치도록 한다.

♣ 염소자리 (12월 22일~1월 19일)

두 가지 다른 성격으로 인하여 많은 고통이 생긴다. 염소자리 양띠는 자기가 반드시 진실해야 한다는 것을 안다. 그들은 자신의 직업에 최선을 다하여 그에 합당한 직위를 얻는다. 그들은 일상적으로 고생스럽게 분투하고 고난 속에서 점차 승진하는 투철한 정신이 있다.

염소자리 양띠는 대단히 행운아이다. 염소자리는 양띠로 하여금 더욱 현실적이게 한다. 그들은 염소자리 중에서도 가장 활동적이다. 그러나 그들의 노력은 여타의 염소자리보다 더욱 실제적이다. 그들은 창작을 요하는 일에 매달릴 시간이 없다. 성과가 금방 드러나고 유명인이 될 수 있는 일에만 매달린다.

세월의 흐름에 따라 그들은 매일의 사소한 일을 옆에 젖혀두고 비교적 느슨하고 책임지지 않아도 되는 일 하는 것을 알게 된다. 염소자리 양띠의 의존성은 그들의 창조력을 저해한다. 염소자리의 지혜와 일에 대한 정확한 예감은 이 양을 고통스럽게 한다. 그가 강력하게 부인할지라도 그들에게 가장 좋은 것은 자기 사업이다.

♣ 물병자리 (1월 20일~2월 18일)

물병자리 양띠는 명석하고 여러 가지 지식에 감수가 많으며 기이하고 새로운 생각을 자주 하기도 한다. 그들은 무한한 발전적 잠재력을 가지고 있다. 이들은 미래의 계획에 능란하며 사회의 비평에 무관심한다. 그리고 미칠 듯한 자아가 있다.

물병자리 양띠는 당장 눈앞의 일에만 연연해 한다. 물론 여기에는 장단점이 있다. 주의력을 집중할 수 있어 후회나 걱정하는 등의 일이 없어서 그 일에 영향을 주지 않는 게 장점이다. 그러나 사전에 치밀함이 부족하여 일이 매끄럽게 풀리지 않을 때 낭패를 당하기 쉽다는 것이 단점이다. 물병자리 양띠는 반드시 침착하고 세밀하게 사고하는 습관을 길러야 한다. 만약 그렇지 못하면 눈앞의 일에 대한 과도한 열정이 그를 위험에 빠뜨리게 된다.

물병자리 양띠는 마음이 넓고 재미를 위해서라면 어떤 사람이라도 자신의 생활에 들어오는 것을 허용한다. 이론적으로는 이런 행동이 대단해 보이지만 이런 성격을 적절히 이용하는 사람들에게는 아주 훌륭한 이용 가치를 제공한다. 그 선량하고 민감한 성격으로 인해 그는 곤경에서 벗어나기가 매우 힘들다.

물병자리 양띠는 자기의 결함을 인식하면서 자신의 이론을 발전시키면 그의 특별한 특성을 발휘할 수 있다. 그러기 위해서는 반드시 마음이 평온해야 하며 소란스럽지 않아야 한다.

어떤 사람은 물병자리 양띠는 진정으로 엄숙한 사람이 아니라고 생각한

다. 그것은 그들이 공기처럼 사방을 가볍게 날기 때문이다. 물병자리 양띠
는 확실히 재미를 만들고 여러 곳에서 코미디언처럼 나타나지만 그것은
겉모습에 불과하다. 그들은 뒤에서 힘들게 일하는 사람들이다.

그들은 빵과 물로만 끼니를 때우며 며칠 동안 잠을 자지 않고도 일에 몰
두할 수 있는 사람들이다. 그들은 진정한 예술가이며 지식과 확실한 견해
를 가지고 있는 사람이다.

♣ 물고기자리 (2월 19일~3월 20일)

물고기자리 양띠는 가장 민감한 성격의 결합체이다. 이 사람의 민감성
은 첫 손에 뽑힌다. 그가 천재라든지 천재를 능가하는 능력이 있다는 것은
그 다음 문제이다.

물고기자리는 한 곳에 안주하는 것을 좋아하지 않으며 양띠도 물론 좋
아하지 않는다. 그들은 사방으로 돌아다니고 오르내리거나 반복적으로
드나든다. 그러나 목적 없이 그런 행동을 하는 것은 아니다. 물고기자리
양띠는 움직이는 안테나이다. 그들은 어떠한 것을 듣거나 본 것 중에서 이
로운 것을 얻어낸다. 지나간 곳에 대해서도 보기 드문 기억력을 가지고 있
다. 또한 각종 형태와 물체의 크고 작음을 기억할 수 있다. 그들은 질서감
이 있는 예술가이다.

쌍둥이자리 양띠는 유랑을 좋아하는 사람으로 일반적인 규칙이나 경험
나아가서 미래의 경험이 그들에게 충격으로 다가올 것이다. 그들의 음식
은 거의 부식이나 과자일 것이다. 그런 것과 관계없이 그들은 머리 다듬는
것에 신경을 쓰지 않거나 혹은 너무 과분하게 빛나게 한다. 그들의 복장도
정품이 아니면 어지럽기 그지없다. 그러나 어떤 방법을 취해도 물고기자
리 양띠는 모두 똑같다. 그들은 타인의 비평 혹은 간섭을 좋아하지 않고

완전히 자기의 방식대로 생활한다.

물고기자리 양띠는 규정을 준수하지 않는 것이 아니다. 만약 규칙에 따르지 않는다고 한다면 우선 이에 대한 규칙이 먼저 있어야 하는 것이다. 그러나 그들의 눈에는 기본적인 규칙이 없다.

8

❀ 태어난 시에 따른 양띠의 운세 ❀

♣ 자시생 (子時生 : 오후 11시~오전 1시)

기회주의적이고 교활하다. 감정적이고 자기 만족적이다. 그러나 쥐의 성질 때문에 신뢰할 수 있고 위기에도 꿋꿋하다.

♣ 축시생 (丑時生 : 오전 1시~오전 3시)

물소의 엄격한 권위와 혼합된 매력을 발산한다. 시간을 잘 지키고 보수적이며 의지가 강하다.

♣ 인시생 (寅時生 : 오전 3시~오전 5시)

고양이과의 격렬함이 양띠의 절묘하지만 변덕스러운 방식에 의해 두드러진다. 창조적이고 혁신적이며 연예계에 종사하면 좋다. 쾌활하고 독립적이다.

♣ 묘시생 (卯時生 : 오전 5시~오전 7시)

영리하지만 주제넘지 않고 겉으로 보이는 것만큼 자비심이 있지는 않다. 중대한 일이나 희생이 따르는 일은 벅차다. 어떤 일에 깊이 연관되는 것을 싫어한다.

♣ 진시생 (辰時生 : 오전 7시~오전 9시)

의지가 확고하다. 용의 기운이 뻗쳐 생각과 계획을 실행하는데 용기와 확신을 부여해 준다. 그러나 역시 이 시간에 태어난 양띠도 부추겨 주고 이해해 주기를 강하게 원한다.

♣ 사시생 (巳時生 : 오전 9시~오전 11시)

위대한 잠재력과 세련되고 단정한 정신의 소유자이다. 뱀의 기운이 자기 확신과 능력을 부여한다. 자신의 마음을 정리하고 감정을 잘 조절한다.

♣ 오시생 (午時生 : 오전 11시~오후 1시)

활기가 넘친다. 표현력이 매우 뛰어나고 사치스러우며 공상을 많이 한다. 말의 성격이 부귀를 열심히 쫓게 만들지만 그보다 지배적인 양의 성격은 부귀를 분배하는 법을 알고 있다.

♣ 미시생 (未時生 : 오후 1시~오후 3시)

매우 진실하고 감동하기 쉽다. 끈질기게 물고 늘어지는 면도 있다. 스스로 일하기보다 타인에게 의존하고 싶어한다. 주목할 만한 많은 재능을 지니고 있지만 기본적으로 걱정이 많아 변덕을 잘 부리고 결심이 곧지 못하다.

양 띠

♣ 신시생 (申時生 : 오후 3시~오후 5시)

원숭이의 기질은 양띠로 하여금 일을 하는데 있어서 더욱 행동적이게 하고 자신감을 준다. 또한 사물의 긍정적인 면을 바라보는 원숭이의 밝은 성격을 지닌다.

♣ 유시생 (酉時生 : 오후 5시~오후 7시)

결코 실현되지 않는 이상을 안고 있는 시간이다. 양띠는 너무 의존적이고 내부 닭의 기질은 의미 없는 일을 해결하는데 기여한다. 틀림없이 두뇌가 좋고 적극적이다. 그러나 누군가 그의 재주를 유도해 그의 삶을 재구성해 주어야 한다.

♣ 술시생 (戌時生 : 오후 7시~오후 9시)

이성적이고 분별력이 있다. 개의 기질은 강한 성격과 현실에 대처하도록 도와준다. 쉽게 눈물이나 자기 연민에 빠지지 않는다.

♣ 해시생 (亥時生 : 오후 9시~오후 11시)

우는 사람에게 언제나 어깨를 빌려줄 용의가 있는 사람이다. 그러나 언제나 그만큼의 보답을 바란다. 억센 돼지의 기질이 시험을 참아내게 하고 부서지지 않고 역경을 견뎌내게 해준다.

9

❀❀ 양띠 해에 대하여 ❀❀

정열적인 말띠 다음에 오는 원만한 해이다. 긴장이 완화되고 타인과는 물론 자기 자신과도 평화로워지는 해이다. 모든 일은 서서히 진척되고 사람들은 더욱 감상적이고 정서적으로 변한다. 양의 영향으로 가정과 가족 간에 더욱 가까이 화합할 수 있다. 가까운 모든 이들에게 관심을 갖게 되고 시간과 돈에 더욱 관대해진다.

예술의 후원자인 양은 사람들의 본성 안에 있는 모든 창조성을 일깨운다. 예술적, 미적 시도는 생산적인 결과를 낳게 되며 상상력도 풍부해진다. 양은 염세적인 성향도 지니고 있어서 사소한 문제에도 지나치게 민감해지고 조바심을 낸다. 일이 원하는 대로 되지 않으면 쉽게 낙담을 하고 지나치게 비관적으로 변한다.

세계적으로 만사는 고요히 가라앉는다. 시간에 구애받지 말고 당신의 마음과 기호에 따르도록 하라. 새로운 친구를 사귀고 여행을 하고 예술품과 골동품에 투자하라. 그러나 과소비로 인하여 좋지 않을 수도 있으니 지나친 지출을 자제해야 할 것이다.

양은 조화로움을 사랑하고 원수와도 상호공존하므로 한 해 동안 격변이 없으며 중용과 온화함이 있다. 양띠 해에는 전쟁과 국제적 갈등과 상호 적대감이 멈춘다.

평화로운 양띠 해의 고요함은 더욱 강하고 적극적인 다음 해에 대비해 만사를 다소 가라앉히는 경향을 보인다. 결국 양띠 해는 소용돌이치는 행동의 해가 아니라 성찰의 해이다.

10

❀ 해에 따른 양띠의 운세 ❀

♣ 쥐띠 해

양띠에게 매우 좋은 해이다. 도박이나 복권 등 생각지도 못한 곳에서 행운이 있다. 사업에서는 좋은 기회가 있을 것이다.

가정생활은 평온하고 애정이나 사회적인 면에서 성공이 예견된다. 무병하고 만사형통이다.

♣ 소띠 해

양띠에게는 힘든 해이다. 싸움, 오해, 가족과 친구들의 요구가 빗발친다. 방탕과 낭비로 인해 금전적인 곤란이 있으며 돈이 잘 벌리지 않는다.

♣ 호랑이띠 해

행운과 불행이 교차되는 해이다. 본래 양띠는 힘을 지니고 있지만 기회를 놓치지 않도록 애써야 한다. 가정생활은 고요하나 친척과 불화가 예상된다. 하는 일은 바쁘고 새롭게 접촉할 기회가 있다.

♣ 토끼띠 해

일과 금전에 이득이 있는 좋은 해이다. 그러나 가정의 불안과 과거의 잘못으로 고통을 겪을 수 있다. 사고가 발생할 수 있으니 건강에 조심해야 한다. 그러나 잃는 것보다 얻는 것이 더 많다.

♣ 용띠 해

흥분되어 있으나 정신은 멀쩡한 해이다. 이익에는 한계가 있고 수많은 분쟁이 있으나 큰 재난은 겪지 않는다. 그러나 도박이라든지 인생을 극적으로 변화시킬 일을 원하지 않는다면 용감하게 그 곤란을 이겨 나가야 한다.

♣ 뱀띠 해

양띠가 힘과 지위와 인기를 다시 얻는 좋은 해이다. 영향력 있는 새로운 사람들이 도와주고 여행을 하거나 추가 수입이 기대된다. 나쁜 일이 그의 발전을 잠시 지체시킬지 모르나 결국 목적을 달성한다.

♣ 말띠 해

부드럽고 고요한 해이다. 집이나 직장에 큰 일은 생기지 않는다. 뒤로 물러나 재정비하고 방해물들을 극복할 수 있다. 사소한 병이나 전염이 있을 수 있으나 대체로 일 년 내내 번창한다. 과거에 자신을 괴롭혔던 문제들이 축복으로 나타난다.

♣ 양띠 해

양띠에게는 별로 좋지 않은 해이다. 시작은 좋다. 많은 계획을 하고 초대를 많이 받는다. 하지만 복잡한 문제들로 성과가 대폭 줄어든다. 기대감을 줄이고 현실적으로 움직여야 할 때이다.

양 띠

♣ 원숭이띠 해

양띠에게는 좋은 해이다. 직장에서 인정받고 승진하여 바쁘게 즐기는 해이다. 반대하는 무리는 무시해도 좋고 건강에도 별 문제가 없다.

♣ 닭띠 해

즐겁지만 다소 낭비를 하게 되는 해이다. 버는 것보다 더 많이 지출을 하고 가정에는 까다로운 분쟁과 갈등이 생긴다. 모든 사람을 즐겁게 하기 위해 애쓰고 돈 주머니를 조심스럽게 지켜야 한다.

♣ 개띠 해

불행한 변화, 빚, 애정 문제, 가족간의 문제 등을 다루어야 하는 고민스런 해이다. 여행이나 투자나 장기간의 사업에는 좋지 않은 해이다. 낙천적이면서도 매우 보수적인 태도를 가져야 한다.

♣ 돼지띠 해

과거의 고통에서 회복되는 좋은 해이다. 지위는 여전히 불안정하여 친구들이나 동료들이 의심스러울 땐 긴장을 풀 수 없다. 가정생활은 본인 스스로 무시한다. 전에 보류해 놓은 자금을 융통할 수 있다.

11

✿ 양에 대한 이야기 ✿

양은 예로부터 아름답고 착하며 순하고 의로운 것으로 상징되어 왔다. 양은 발톱이 있으나 할퀴지 않고 이빨이 있으나 물지 않으며 뿔이 있으나 받지 않고 남을 공격하지 않는다. 그래서 사람들은 '양같이 순하다' 라는 말로 표현하는 일이 많다.

(1) 술의 기원

이 세상 최초의 인간이 포도나무를 심으며 악마에게 말했다.

"나는 지금 놀라운 식물을 심고 있소."

"이건 처음보는 식물인데?"

"이 식물에는 아주 달고 맛있는 열매가 달리고 그 즙을 마시면 아주 행복해진다오."

이 말에 악마는 자기도 꼭 동업자로 넣어달라고 부탁하면서 양과 사자, 원숭이와 돼지를 죽여 그 피로 거름을 주었다.

포도주는 이렇게 해서 생겨나게 된 것이다. 그래서 술은 처음 마시기 시작할 때에는 양처럼 온순하고, 조금 더 마시면 원숭이처럼 춤추고 노래부르며, 더 많이 마시면 고주망태가 되어 돼지처럼 추해진다.

다시 말해 한 잔의 술은 약을 먹는 것이고, 두 잔의 술은 사람이 술을 먹는 것이며, 석 잔의 술은 사람과 술이 서로 같이 먹는 것이며, 그 이상의 술은 술이 사람을 먹는다는 뜻이다. 유태인의 《탈무드》에 나오는 이야기이다.

(2) 양에게 속은 늑대

양떼로부터 홀로 떨어진 아기양이 늑대에게 쫓기고 있었다. 아기양은 힘껏 내달리다가 뒤를 돌아보며 늑대에게 말을 걸었다.

"늑대님, 늑대님! 난 내가 당신의 먹이인 줄은 알고 있어요. 그렇지만 이 대로 그냥 죽기는 너무도 억울해요. 한번 춤이나 추고 죽을 수 있도록 제 발 피리를 불어주세요."

"그거야 어렵지 않지. 네 마지막 소원이니 들어주마."

늑대는 열심히 피리를 불었다. 아기양은 피리소리에 맞추어 소리높여 노래를 부르며 춤을 추기 시작했다. 멀리서 이 피리소리를 들은 양치기 개 들이 몰려와 늑대를 쫓기 시작했다.

"아뿔싸, 내가 이 녀석에게 속았구나. 내가 바보였어. 난 짐승을 잡아먹 는 도살자인데 음악가를 흉내내는 것부터가 큰 잘못이었어."

늑대는 부리나케 달아나면서 이렇게 투덜거렸다.

(3) 양 꿈은 길몽

조선 태조 이성계가 초야에 묻혀 있을 때 양을 잡으려다가 뿔과 꼬리가 몽땅 떨어져 놀라며 깨어났다는 꿈이야기를 들은 무학대사가 '양(羊)'에 게서 뿔과 꼬리가 떨어짐은 곧 '임금 왕(王)' 자이므로 곧 등극하게 될 것 이라고 해몽한 옛 이야기가 있어 양 꿈은 길몽이라 한다.

꿈에 양을 끌어오면 부자가 될 징조이다. 양과 돼지가 짝지어 다니면 행 운이 온다. 양이 새끼를 거느리고 다니면 장수하고 재수가 있게 된다거나 양들이 모여 있으면 부귀할 징조라는 등등 양의 꿈은 좋은 꿈으로 풀이되 고 있다.

(4) 양의 습성

양은 성미가 유순해 별로 싸우는 일이 없지만 한번 화가 나면 끝까지 해내고 마는 해결사이다. 같은 길을 몇 번이고 반복해서 왕래해도 실증을 모르는 양은 양치기가 내버려두면 수백 번이라도 그 길을 왕복해서 황무지처럼 만들어 버릴 정도이다. 하루 종일 먼 곳을 돌아다니다가도 반드시 제자리로 돌아오며, 한 곳에서 물을 잘못 먹고 배탈이 났을 경우에 그 근처에는 얼씬도 하지 않는 비상한 기억력을 갖고 있다.

양은 식물성 음식이면 무엇이든 잘 먹는다. 그러나 기생충이 생길 위험이 있는 풀은 절대 먹지 않으며 풀잎도 깨끗한 것으로 가려서 뜯는다는 결백의 양은 하얗게 눈부신 털처럼 깔끔한 성격을 잘 나타내주는 이야기이다.

그러나 외나무다리에서 마주친 두 마리 양이 서로 머리를 맞대고 한 치의 양보도 없이 서로 버티는 고집은 대단하다.

양은 떼를 지어 살며 높은 곳에 올라가기를 좋아한다. 산양은 새끼를 낳으면 등산 훈련을 시킨다. 오늘날 등산가들이 세계의 정상을 하나하나 정복하는 방법은 바로 산양이 산비탈을 타고 올라가는 원리에서 배워온 것이다.

아홉번째 간지

원숭이띠

머리 회전이 빠르고 기민하다. 문제를 해결하는 능력과 자기를 표출하려는 욕망이 강하다.

재능이 풍부하다.

남성은 매우 논리적이고 신중하여 남성적 기질이 많은가 하면 반대로 여성은 떠들기를 좋아하고 끝없이 쫑알거린다.

1

🏵 원숭이띠의 전체적인 성격과 운세 🏵

띠가 같은 부부라도 남편과 아내의 성격은 완전히 다르다. 출생월일 혹은 시간이 다르고 출생지 및 부모가 다르기 때문에 매우 복잡하게 얽힌다. 그리하여 성격과 행동에 있어서 아주 큰 차이가 생긴다. 이와 같이 남녀는 근본적인 '성별'의 차이로 말미암아 성격도 차이가 생긴다. 그 대표적인 예는 원숭이띠 해에 출생한 사람들이다.

똑같이 원숭이띠에 속하는 사람일지라도 남녀의 성격에는 대단한 차이가 있다. 남성은 논리적이고 신중하여 남성적 기질이 많은가 하면 반대로 여성은 떠들기를 좋아하고 끝없이 쫑알거린다. 다시 말해 남자는 원숭이와 많이 다르지만 여성은 원숭이와 같은 점이 많은 것이다. 그러나 이처럼 외적 성격이 다르더라도 내재적인 면에는 별로 큰 차이가 없다.

주지하다시피 원숭이 사회는 피라미드형 사회로서 한 마리의 원숭이 (왕)가 최고점에 앉아 사회 전반의 질서를 유지한다. 원숭이 왕이 되려면 당연히 상당한 체력과 지혜, 매력을 갖추어야 한다. 움직임의 강약에도 어느 정도 영향을 준다. 다시 말하면 원숭이띠에 속하는 사람들 중 만약 위의 요소를 가지고 있고 특별히 우수한 사람은 강력한 지도자가 될 수 있다.

2

🎴 원숭이띠에게 적합한 직업 🎴

원숭이띠는 머리 회전이 빠르고 기민하며 문제 해결 능력과 환경에 적응하는 능력이 뛰어나기 때문에 대체적으로 안정된 생활을 할 수 있다. 자기 자신을 표출하는 것을 즐기며 표현하는 데도 재주가 넘친다. 또한 강렬한 자기 과시욕이 있기 때문에 특별히 연예계 등 현실보다 명성을 중요하게 여기는 세계, 즉 지명도를 중시하는 울타리에서 중요한 위치에 오를 수 있다. 일반사회에서는 말 잘하고 해석에 능하기에 판매업 등에 종사하는 것도 좋다.

비록 자질이 뛰어나고 머리가 영민하지만 작은 성과에 만족하는 것이 문제이다. 다시 말하면 재주가 좋기 때문에 교만하고 노력을 하지 않는다. 그리고 생각이 천진하며 자기 자신과 자기들간의 규범만을 중시할 뿐 사회전체 규범을 준수하지 않는 면이 있다. 더구나 만족을 모르고 마음을 안정시키지 못하는 것이 더 큰 문제이다. 머리가 좋고 기민하기 때문에 문제에 대한 심각한 사고에서 나오는 장기적인 계획이 없다. 언제나 눈앞의 이익만을 따진다.

일반적으로 혀가 빠른 사람은 머리 회전도 빠르다고 한다. 원숭이띠가 바로 그 대표적인 인물이다. 그렇기 때문에 다른 사람들에게 경박하다는 느낌을 쉽게 준다.

그러므로 원숭이띠에 속하는 사람은 성실을 제일로 삼아야 한다. 작은 성과에 만족하지 말고 부단히 노력하여 큰 이익을 얻어야 한다. 그밖에 큰소리치고 조급해 하는 성격에도 반드시 유의해야 한다.

원숭이띠 여성의 일생은 내조자 혹은 보조자이다. 그러나 머리가 총명하고 환경 적응력은 남자와 같아서 젊어서부터 사람들의 주목을 받는다. 또한 선량하고 남을 돕기 좋아하므로 곳곳에서 환영을 받는다. 동성 혹은 이성을 막론하고 당신에게 호감을 가진 사람이 상당히 많다.

3

🎴 원숭이띠에게 적합한 결혼 상대 🎴

원숭이띠인 당신에게 흥미를 느끼는 이성은 끊임없이 나타난다. 당신만 거절하지 않으면 상대방은 주춤거리지 않는다. 그러나 원숭이띠 여성들은 연애는 한낱 유희에 불과하다고 느끼기 때문에 이성과의 접촉이 시간적으로 그리 길지 않다. 그리고 그녀들은 팔방미인이어서 어떤 이와도 좋은 사이로 지내므로 종종 오해를 불러일으키기도 한다.

일단 감정을 살펴보면 짧은 시간 동안은 매우 충실하지만 시간이 지날수록 심지어 결혼한 후 점차 본심이 드러난다. 즉 유희를 좋아하고 게으름 피우는 성격이 다시 머리를 드는 것이다. 변화가 없는 가정생활에 권태를 느낀 그녀는 점차 밖으로 관심을 돌리고 나중에는 남편과 헤어지는 현상이 적지 않게 나타난다. 남자들과 마찬가지로 여자들도 반드시 성실함을 중히 해야 한다. 이는 생활의 필수 요건이다.

또한 성애에 대하여 대단히 즐기고 기교가 좋으며 부산하다. 그러나 마음을 안정시키지 못하고 한 가지에 전념하지 못하기 때문에 진정한 만족을 얻기 힘들며 공허와 적막을 자주 느낀다. 이것은 원숭이띠 여성의 특징 중 하나이다.

총명·영리하고 남을 잘 도와주며 활발한 그녀는 곳곳에서 사람들의 환영과 사랑을 받을 수 있다. 그리고 그녀는 어떤 사람과도 잘 어울리며 또한 그녀에게 접근하는 이성도 많다. 비록 사람들에게 팔방미인이라는 느낌을 주지만 그녀는 언제나 가십거리가 되어 많은 '사람들의 주목을 받는다. 그녀는 또한 애정을 유희로 생각할 수 있기에 많은 남자들과 어울릴 수 있다.

그러나 유희라는 것은 반드시 연애의 초기일 뿐이다. 실제로 그가 감정이 움직이는 단계에 도달하면 과거와 전혀 다른 사람으로 변한다. 어떻게 보면 깨어난 것 같지만 사실 진짜로 깨어난 것이 아니라 마음속은 언제나 고독과 적막을 품고 있다.

♣ 쥐

쥐와 원숭이는 서로 순응성과 환경 적응력을 가지고 있다. 그리고 일을 잘 처리하는 재능이 있다. 이 여러 가지 근거로 살펴보면 비슷한 부부인 것 같지만 본질적으로는 그렇지 않다. 쥐띠에 속하는 남자는 조심스럽고 마음이 깊다. 그러나 원숭이는 자유분방형이다.

금전에 대해 예를 들면 쥐띠는 아주 계산적이지만 원숭이는 마음대로 쓴다. 그러나 이 쥐와 원숭이띠는 결혼생활을 유지함에 있어서 서로 맞추어 가며 균형을 유지한다. 원숭이띠가 유희에 대해 합리적인 태도를 견지할 수 있다면 둘의 관계는 오래 지속될 것이다.

♣ 용

원숭이띠에 속하는 당신은 집을 관리하는 유형이 아니다. 결혼한 후에도 마냥 밖에 나가 놀기를 좋아한다. 집안 일이나 아이의 양육 등 작은 일에 속박당하지 않으려 한다.

용띠에 속하는 남자는 마음이 넓은 몽상가이기 때문에 작은 일에는 관심이 적어 원숭이띠와 상당히 잘 어울린다. 그러나 용띠 남자가 가슴에 품고 있는 거대한 몽상은 대부분 허무하고 허망한 것으로 전혀 현실적이지 못하다. 현실을 중히 여기는 원숭이띠가 과연 용띠의 몽상을 어느 정도 이해할 수 있는지 모르겠지만 이것이 매우 불안한 요소임은 틀림없다.

♣ 말

말띠 남자는 앞으로 용감히 전진한다. 그리고 용띠처럼 가정에 대해 많이 집착하지 않는다. 말띠는 자기의 사업에 너무나도 열심이어서 가정에 신경을 쓸 시간이 없다. 그러므로 원숭이띠에게 좀처럼 관심을 가지지 못한다. 만약 당신이 자신의 사업이나 취미를 갖고 있고 혹은 무료한 시간을 보낼 수 있는 다른 방법을 찾을 수 있다면 연분상 아무런 문제가 없고 오래 계속될 수 있다.

4

❀ 원숭이띠에게 적합한 연애 상대 ❀

비록 결혼 상대로는 적합하지 않지만 친구나 결혼을 전제로 하지 않는 연애 상대로 과연 어떤 사람이 좋은지 살펴보자.

앞에서 말한 것처럼 원숭이띠에 속하는 당신은 놀기 좋아하는 사람으로서 인간관계가 매우 좋다. 그리고 이성과의 교류에서 유희는 유희로 대하는 방법을 알고 있다. 당신이 평생을 약속한 사람이 있다고 하더라도 만약 그보다 더 매력적인 남자를 만나게 되면 당신은 그 남자도 계속 만날 것이며 심지어 마음이 그에게 기우는 상황이 발생할 수도 있다. 상황에 따라 많고 적을 뿐이지 같이 즐길 대상 혹은 이성 친구가 전혀 없지는 않을 것이다.

그 중에서 당신의 놀기 좋아하는 심리 혹은 호기심을 충족시켜 줄 수 있는 남자로는 각종 유희를 아는 뱀띠 남자와 모험심이 강하고 남성적 매력이 넘치는 범띠 남자이다. 그 다음 돈 버는 운수가 좋고 당신이 좋아하는 것을 사줄 재력이 되는 돼지띠 남자이다. 대체적으로 당신은 어떤 사람과도 내왕하기를 바라지만 물질에 대한 욕망이 왕성하고 또한 현실적이어서 돈이 없는 상대는 예외이다. 앞에서 말한 세 부류(뱀띠, 범띠, 돼지띠)의 남자는 모두 당신의 물질적 욕망을 만족시킬 수 있는 사람이다.

그러나 뱀띠 · 범띠들과 헤어질 때는 그들이 과감하게 당신에게 헤어지자고 말할 것이다. 그 이유로는 성애 방면에서 당신이 진지하게 대하지 않기에 그들이 권태를 느끼기 때문이다. 그러나 돼지띠 남자와의 만남에서는 돈이 고갈될 때가 바로 인연이 끝날 때이다. 당신이 그를 차버릴 것이다.

5

🙈 원숭이띠가 피해야 할 상대 🙈

원숭이띠인 당신과 인연이 좋지 않은 상대는 먼저 당신과 같은 원숭이띠 남자이다. 모두 활동적이기 때문에 집안이 불안하다. 다시 말하면 이 가정은 마음놓고 편안하게 휴식을 할 수 있는 가정이 될 수 없다.

그러나 같은 원숭이띠일지라도 원숭이 왕과 작은 원숭이는 차이가 있다. 원숭이 왕은 대부분 낮에 태어난 사람이고 작은 원숭이는 대부분 밤에 태어난 사람이다. 이들은 함께 있지 못할 이유가 없다. 그러나 본질적으로 불합리한 부분이 너무 많아서 적극적으로 이런 결합을 권하지 않는다.

그 외에 닭띠 남자가 있다. 닭띠 남자는 날카롭고 각박하게 말을 한다. 그리하여 사람들이 안절부절못할 때가 많다. 더욱이 그의 혐오적인 고성 (高聲)도 원숭이띠인 당신의 반감을 불러일으킨다. 그러나 당신은 정서를 잘 조절하기 때문에 이 특성을 충분히 발휘한다면 그와 연분이 완전히 될 수 없는 것도 아니다. 문제는 당신이 어떤 정도까지 조절할 수 있는가가 연분을 좌우하는 관건이다.

원숭이띠

결혼, 연애 상대 – 원숭이띠 여성

12간지	쥐	소	범	토끼	용	뱀
결혼 상대	◉	◎	△	△	◉	◎
연애 상대	◎	△	◉	◎	◎	◉
12간지	말	양	원숭이	닭	개	돼지
결혼 상대	◉	◉	✖	✖	◎	◎
연애 상대	△	◎	◎	◎	△	◉

결혼, 연애 상대 – 원숭이띠 남성

12간지	쥐	소	범	토끼	용	뱀
결혼 상대	◎	△	◎	△	◉	◎
연애 상대	◎	◉	◎	◉	◎	◎
12간지	말	양	원숭이	닭	개	돼지
결혼 상대	◉	△	✖	✖	◎	✖
연애 상대	△	◉	◎	◎	△	◉

아주 좋음 ◉   좋음 ◎   주의할 것 △   피하는 것이 좋음 ✖

6

🉐 혈액형에 따른 원숭이띠의 운세 🉐

♣ A형

혈액형이 A형이며 원숭이띠에 속하는 사람은 유머가 풍부하고 유쾌하다. 그들이 있는 곳엔 언제나 웃음이 끊이지 않는다. 타인에 대하여 관심이 많고 언제나 주위의 기분을 한층 들뜨게 하여 많은 사람들에게 온화하고 기쁜 느낌을 전해준다.

그들은 비록 웃고 떠들지만 일에 있어서는 충실히 행하고 규범을 위반하지 않는다. 벗들과 같이 있을 때는 재미있는 이야기를 끊임없이 쏟아내 주위 사람들이 환한 미소를 짓게 만든다. 벗들과의 우정을 중히 여기며 찾아온 벗을 박대하지 않고 잘 대접한다. 그리고 친구가 곤란할 때는 성심껏 도와주어 그들의 신뢰와 지지를 얻을 수 있다.

일하면서 생각이 많고 마음을 썩이고 마음이 급하여 허둥지둥하므로 깨를 줍고 수박을 잃는 결과를 낳기도 한다.

중년 이후 점차 사리에 맞게 성숙된다. 벗들의 지지와 도움에 의하여 점점 성공한다. 기민하고 왕성한 정력이 있어서 음식점이나 찻집을 경영하면 수입이 많을 것이다. 성실하고 정직하며 사심이 없다. 솔선수범하여 종교가로서도 적합하다.

♣ B형

혈액형이 B형이며 원숭이띠인 사람은 영민하고 사람의 마음을 잘 이해한다. 행동이 민첩하여 어떤 일을 하여도 다른 사람보다 빠르며 임기응변 능력과 적응력이 뛰어나다.

사람이나 사물을 대할 때 능란하고 사람의 마음을 잘 이해하여 타인의 고충을 잘 들어준다. 몸바쳐 일하고 언제나 남을 위해 생각한다. 도움을 바라는 사람은 힘껏 도와준다.

지식과 경험이 풍부하나 좀처럼 뽐내지 않는다. 사람과 대화할 때 유머가 풍부하고 지혜롭다. 많은 사람이 그와 교류하기를 바라고 그에게서 지식을 전달받아 넓힌다. 그러나 그를 이해하기는 어렵다. 왜냐하면 그는 언제나 장난기 있는 언어로 말하기 때문에 옳은 것인지 틀린 것인지 사람들로 하여금 종잡을 수 없게 만든다.

민감한 관찰력을 가지고 명철하게 일하며 시대의 흐름을 알아 각종 기회를 잡을 수 있다. 비록 원대한 희망과 야심은 없지만 기회를 이용하여 생활을 하루가 다르게 풍요롭게 한다.

그러나 인내심과 의지가 부족하다. 만약 백절불굴의 인내심과 의지가 있으면 사업에 더욱 큰 진보가 있을 수 있고 생활도 더욱 좋아질 것이다.

♣ AB형

혈액형이 AB형이며 원숭이띠인 사람은 능력이 탁월하여 정확한 판단능력과 선견지명이 있다. 어떤 것을 해도 능력이 뛰어나기 때문에 윗사람과 동료들에게 좋은 평가를 받을 수 있다.

논리와 직각력도 매우 뛰어나 미래를 예측할 수 있다. 말을 잘하고 기민하며 유머도 풍부하여 사람들에게 유쾌함을 준다. 그러나 때로는 가슴을 찌르는 말을 내뱉어 혐오감을 주기도 한다.

평소 명랑하고 활발하나 마음에 들지 않는 일에 부딪치면 번뇌와 우울함에 빠진다. 열심히 남을 돕고 힘 닿는 대로 그들을 위해 충고를 해줘 신뢰를 얻는다.

총명하고 개인의 이해득실에 대해 계산이 너무 정확하다. 그리고 유쾌하게 문제를 해결하는 방법을 알고 있으며 일생이 평온하므로 좌절당하는 일이 많지 않다. 그러나 의지와 인내심이 부족하여 성공하기 직전에 일을 그만두는 경향이 많다. 규율이 없고 게으르다.

♣ O형

혈액형이 O형이며 원숭이띠인 사람은 총명하고 영리하며 반응이 빠르고 재주가 많다. 배우기를 즐기고 호기심이 강해서 어떤 일도 빠르게 배우고 잘 한다.

지식이 풍부하고 일에 잘 적응하며 남들과 잘 어울린다. 이처럼 친화력이 있어서 많은 정보를 수집하고 새로운 기회를 준비하는데 강하다.

유쾌하고 유머가 있으며 화제가 풍부하고 언변이 뛰어나기 때문에 사람들은 그 말에 도취되지만 자기 자신은 오히려 혼자서 즐긴다. 단체에서 가장 활동적인 인물이지만 지도자는 되지 못한다. 그것은 놀기 좋아하고 책임감이 없기 때문이다. 인내심이 부족하고 평상시에 조심하지 않기 때문에 무엇에도 무관심하다.

반응이 빨라 남들이 우유부단할 때 벌써 이해관계를 간파하고 먼저 차지하거나 도망가고 만다. 성격이 낙관적이어서 큰 좌절을 당해도 얼굴색이 변하지 않고 금방 쾌활해진다.

총명하고 영리하므로 일생은 원만하고 순조롭다. 젊었을 때 놀음에 빠지기도 하고 의지와 인내심이 부족하여 많은 기회를 놓친다. 깨우침이 빠르고 배우는 능력이 뛰어나지만 너무나 게으르고 놀기를 좋아해서 처음에는 앞서가지만 애석하게도 시간이 흐른 뒤에는 남들이 따라잡거나 앞지른다. 결국에는 자신이 뒤에서 따르는 결과를 낳는다. 늦게 뜻을 이루어 중년 이후 점차 노련해지고 성숙되며 의지와 인내심이 강해져 일단 기회가 오면 곧 성공한다.

7

🎴 별자리에 따른 원숭이띠의 운세 🎴

♣ 양자리 (3월 21일~4월 20일)

양자리 원숭이띠는 둘도 없는 재담꾼이다. 단순하고 숨김 없는 재담으로써 유명해질 수 있다. 그들은 다른 사람을 화나게 할 수 있다. 그러나 무료하게 만들지는 않는다. 그들은 제일 순진하고 진솔한 사람 중 하나이다.

양자리 원숭이띠는 총명하지만 험담을 즐겨 한다. 그러나 타인의 능력을 잘 알아주기도 한다. 그들은 동정심이 있고 진심으로 자기가 사랑하는 사람에게 관심을 준다. 이 양자리는 양의 기민함과 총명함이 있어 그로 하여금 아주 큰 매력을 가지게 한다. 그러나 사람들은 그의 지나친 말로 인하여 고생하기도 함으로 그를 핍박하여 입을 다물게 할 때도 있다.

그들은 세속에서 말하는 이른바 '성공'을 그다지 중요하게 생각하지 않는다. 이는 그가 성공하여 이름을 날릴 수 없는 원인이기도 하다. 그들은 일반적으로 승리를 위해 수단 방법을 가리지 않고 타인을 넘어뜨리는 그런 사람들이 아니다. 이와 반대로 자기가 선택한 것에서 뛰어난 표현을 할 수 있으며 사회 혹은 경제 환경의 영향을 받지 않는다. 그들은 단순히 자기의 목표를 위하여 노력할 뿐이다. 그러나 그들의 목표는 일반 사람들의 눈에는 현실적이지 못한 사업으로 비춰질지도 모른다.

양자리 원숭이띠는 사물을 통찰하고 투시하는 천부적인 능력을 가지고 있다. 그들은 주위를 둘러보고 타인의 진심을 판단하는 능력이 있다. 즉, 다른 사람들의 거짓을 가려낼 수 있다. 그리하여 보통 사람들은 그를 속이기가 대단히 어렵다.

양자리 원숭이띠는 온건한 독립주의자이기도 하다. 그들은 모여 있기는 하지만 때로는 혼자이기도 한다. 혼자 있을 때가 바로 그가 여러 가지 다채로운 생각을 할 때이다. 양자리 원숭이띠는 머리를 책상에 박고 열심히 연구하여 높은 자리에 오를 수 있다. 그들은 인내심이 있어 굼떠 보이지 않는다.

♣ 황소자리 (4월 21일~5월 21일)

교활한 계교와 사기를 잘 치는 원숭이띠는 일생을 높은 곳에서 날려고 노력하는 것으로 만족한다. 황소자리는 다망하고 활발한 원숭이를 안정시킬 수 있어 그나마 다행이다.

제일 주요한 것은 황소자리 원숭이띠는 아주 따뜻한 마음을 간직하고 있다. 그들은 일반적으로 감정의 기복을 잘 처리할 수 있다. 그러나 그들이 다른 사람과 구별되는 것은 자신의 상처를 멀리할 수 있다는 것이다. 이들은 비극에 처해 있더라도 활기를 잃지 않는다. 물론 그도 고통을 느끼면 대성통곡한다. 하지만 그는 그 고통에서 가장 먼저 탈피하여 미래를 설계하는 사람이기도 하다.

그들은 실제를 중시하고 공상이나 자기가 얻을 수 없는 것을 갈구하지 않는다. 그들은 자제력이 있으며 시간을 조절하여 일을 완성할 수 있고 갑작스런 결과를 바라지는 않는다.

그들에게 있어 제일 중요한 장점은 바로 따뜻함이다. 그와 세계가 서로 어울린다고 느낄 때 어떤 것도 그의 쾌락을 차단시키지 못한다.

황소자리 원숭이띠는 자기를 의심하는 버릇이 있다. 그들은 자기 스스로 당황해 할 때가 있지만 초췌한 모습으로 훌쩍거리거나 자신이 얼마나 재수 없었는지 하소연하지는 않는다. 그는 자신의 장점을 표출하여 다른 사람들의 자신감을 불러일으킨다. 그리고 자기의 결점을 주위에 옮기려는 면이 매우 적다.

황소자리 원숭이띠는 인자하고 선량하다. 그들은 병든 친구들을 도와주고 보살핀다. 황소자리 원숭이띠가 강개한 성격이 있다고 하지만 그들은 독립의 화신이다. 영화를 보고 음악회에 가고 혹은 여행하고 식사하고 춤을 추더라도 그들에게는 친구의 동행이 필요 없다. 그들이 친구들을 좋아하지 않기 때문이 아니다. 그들은 다만 자기의 절제에 따라 활동할 수 있다면 두 번째 의견 혹은 어떻게 생활을 즐겨야 하는지 옆에서 가르치는 사람이 필요 없는 것이다.

♣ 쌍둥이자리 (5월 22일~6월 21일)

쌍둥이자리 원숭이띠는 너무도 활동적이어서 도대체 언제 휴식을 취하는지 어리둥절하게 여기는 사람들이 있다.

그들은 이야기하는 것을 즐기기 때문에 항상 남들 앞에서 말하기를 바라며 자기 자랑도 늘어놓는다. 또한 남을 잘 놀리며 사람들이 모두 즐겁게 노는 것을 보고 그도 즐거워한다.

쌍둥이자리 원숭이띠는 매우 총명하며 뛰어난 창조적 영감을 가지고 있다. 그리고 늘 새로운 생활방식에 매료되어 같은 방식으로 같은 일 하는 것을 싫어한다. 그들은 항상 새로운 해결 방법을 생각하는데 그런만큼 그것에 많은 시간을 낭비하는 것도 사실이다.

쌍둥이자리 원숭이띠도 이해관계를 밝힌다. 그들은 일반적인 것에 비해 더 고급스럽고 호화로운 물건을 좋아한다. 쌍둥이자리 원숭이띠에게 생활은 곧 또 하나의 표현이다.

경솔하고 유쾌한 태도로 인해 그를 경솔한 사람으로 단정지어서는 안 된다. 그들은 상당히 자립적이고 책임감이 있어 사무실에서 부지런히 일할 뿐만 아니라 혼자서 봄철 대청소를 할 수도 있다. 그들은 많은 일을 할수 있는 방법을 알고 있으므로 그들이 일하는 것을 보면 마치 마술사가 공연하는 것을 보는 것 같다.

♣ 게자리 (6월 22일~7월 22일)

게자리 원숭이띠는 새로운 사상과 가능성에 항상 개방되어 있는 사람이다. 그는 언제나 출발 준비 상태이다. 그들은 문제를 잘 해결한다. 그의 상황 판단은 시의적절하며 필요할 때에는 아주 냉정해진다. 그러므로 앞을 가린 안개를 꿰뚫고 빠른 해결책을 찾아낸다.

게자리 원숭이띠는 세심하게 계산하는 사람으로 성공을 위하여 모든 것을 투자한다. 그러나 유일하게 그의 다리를 잡아당기는 것이 있는데 그것이 바로 정(情)이다. 그는 교활하고 음험한 원숭이일 수도 있지만 사랑이 풍부하고 소유욕이 강하며 고도로 민감한 큰 게이기도 하다. 그러나 정은 그가 제일 극복하기 힘든 적이다. 일단 사랑에 빠지면 그는 열정적이고 미칠 지경에 놓인다.

게자리 원숭이띠는 어떤 일에 종사해도 돈을 상당히 중시한다. 그는 거의 확실한 투자만 하며 한발한발 재정적으로 전진한다. 목숨을 걸고 부를 축적하려는 것은 아니지만 재정적으로 큰 성과가 있어 언제나 경제적인 여유가 있다.

게자리 원숭이띠는 천재적인 예술성이 있다. 비록 전문가일지라도 상당히 노력하며 창작에서 꾸준한 성과를 얻기도 한다. 천재적인 재주 외에 원숭이띠의 총명함과 임기응변의 영감을 가지고 있다.

♣ 사자자리 (7월 23일~8월 22일)

고귀하고 신기한 이 사자자리 원숭이띠는 당신이 영원히 연구하여도 싫증나지 않는 이로써 그들은 순금 같은 마음, 순은 같은 혀를 가져 당신을 웃게도 하고 울게도 할 수 있다.

사자자리 원숭이띠는 민감하기도 하고 객관적이기도 하다. 그들은 사람들의 조롱을 받지 않는다. 그들은 목적 없이 일하거나 말이 많은 것을 좋아하지 않으며 조잡한 일을 싫어한다.

사자자리 원숭이띠는 온정과 용기의 표상이다. 그들은 타인을 대함에 자신을 대하듯이 한다. 그들은 자기가 좋아하는 사람이 피해를 당하거나 불공평한 대우받는 것을 보면 참지 못한다. 비록 그가 싸움에 특별히 자질이 없더라도 일단 친구를 보호해야 할 때는 온몸을 던진다. 사자자리 원숭이띠는 힘을 숭배한다. 그들은 용감히 제도에 도전하는 사람을 숭배한다. 비록 사자자리 원숭이띠가 혁명을 일으켜 감옥에 들어갈 그런 사람은 아니지만 신념이 굳은 십자군이다.

사자자리 원숭이띠는 사람들을 많이 끌어들인다. 그들은 깨끗하고 정결한 것을 좋아하지만 향수나 화장품을 즐겨 사용하지는 않는다. 그들은 생활에 대하여 언제나 어느 정도 낙관적이다. 그들은 생활이 평탄하지 못한 것을 알고 있으며 꼭 시간을 잘 활용해야 한다고 생각한다. 그들은 다소 정서 변화가 있으나 계속적으로 기분이 다운되어 있지는 않는다.

사자자리 원숭이띠는 사람들에게 완력을 사용하거나 높은 소리로 부리는 것을 되도록 피한다. 그들은 자신이 만나는 모든 사람들에 대해 큰 호기심을 가지고 있다. 그런 반면에 평생을 같이하는 친구는 적다. 그들은 사람에 대하여 매우 객관적이어서 새로운 것에 대하여 이상화하지 않는다.

이런 사람들은 생존에 능란하나 재정적으로는 재주가 없어서 집안은 언제나 혼란하기 그지없다. 그는 문제를 해결하고 분쟁을 없애는 것을 즐긴다. 그에게 제일 중요한 것은 자기가 사랑하는 사람이 함박 웃음짓는 것을 보는 것이다.

♣ 처녀자리 (8월 23일~9월 22일)

처녀자리 원숭이띠 남자는 자기를 왕자라고 생각한다. 처녀자리 원숭이띠 여자는 뛰어난 우아함을 간직하고 있다. 그러나 일생이 순조롭지 못하므로 아이 때부터 어른이 되기까지 반드시 여러모로 노력해야만 성공을 할 수가 있다.

처녀자리 원숭이띠는 주요한 인물들과 함께하는 것을 좋아하며 권력에서 안전을 느낀다. 그러나 원숭이띠는 겉으로 보이는 능력보다는 실세(實勢)가 있어야 한다고 생각한다. 이 두 성격이 결합되어 권력을 쫓는 욕망으로 마음 조리는 사람이 된다. 그들은 항상 권력을 추구하지만 현실은 그의 뜻대로 움직여 주지 않아 극도의 실망을 느낀다.

처녀자리 원숭이띠는 자신이 누구에게나 잘한다고 생각하며 남의 일에 끼어들기를 좋아한다. 그들은 불쌍한 사람들을 위하여 봉사하며 대범하게 주머니를 털어서 도와주기도 한다. 그러나 문제는 다른 사람들에게 칭찬을 들으려고 이런 일을 한다는 것이다. 즉, 대가성이 있는 도움을 준다는 것이다.

처녀자리 원숭이띠의 천성은 날카롭고 대단히 권위적이며 탐욕스럽다. 재물을 중시하여 그것을 통해 자신의 안전을 구한다. 그들에게도 예민한 감각이 있어서 인생을 심각하게 이해한다. 그들은 훌륭한 투자를 할 수 있다.

처녀자리는 총명하고 재주가 있지만 원숭이띠는 교활하다. 처녀자리는 보수적이지만 원숭이띠는 활발한 외향이다. 처녀자리 원숭이띠는 이 두 가지 성격으로 인해 어떤 태도로 상황에 적절히 대처할 것인가를 생각한다.

♣ 천칭자리 (9월 23일~10월 22일)

천칭자리 원숭이띠의 재주는 상업과 예술적인 면에서 교묘하게 언어와 문자를 사용할 수 있는 능력을 가지게 한다. 유창한 표현력과 탁월한 입담은 사람들의 사랑을 받는 친구가 되게 한다.

천칭자리의 속성은 그로 하여금 결혼하고 싶게 하는 조혼(早婚)의 유혹을 받는다. 그러나 원숭이띠의 속성은 그에게 사람과 사귀는 동기를 부여해 준다.

천칭자리 원숭이띠의 특성 중 하나가 바로 평정이다. 그러나 항상 바쁘게 뛰어다니는 것을 좋아하기에 그들은 활동의 유혹을 받는다. 때로는 자기의 일을 망각하기 위해 여행을 다니며 재미있고 새로운 흥미를 유발하는 것에 관심을 가진다.

천칭자리 원숭이띠는 남을 능숙하게 조종한다. 그들은 기회를 놓치지 않는다. 그들은 이 세상을 오락 장소라고 생각한다. 그러나 그들은 사회의 기생충이 아니다. 그들은 활력으로 충만되어 있으며 무슨 일이든지 항상 주동적이다. 그리고 그 자신도 어느 정도의 자질과 기민함, 총명함을 가지고 있다.

천칭자리 원숭이띠의 성격은 자유롭고 유쾌한 면, 그리고 어린이 같은 빛나는 눈빛을 가지고 있다. 그들은 자신의 신념을 사방에 선전하지 않지만 극도로 민감한 관찰력을 가지고 있다. 그들은 개인생활과 사회환경의 변천에 강한 감수성이 있다. 일반적으로 전위적인 예술 혹은 정치 쪽의 활동에 천칭자리 원숭이띠가 투신하는 것을 당신은 발견할 수 있다.

그들은 충분한 경쟁력을 가지고 수시로 도전할 생각을 한다. 그러나 그들은 경쟁자를 압도하고 공격하기 전에 자기 자신이 부족하고 우유부단하다고 느낀다. 그들은 경쟁자와 정면으로 충돌하는 것을 싫어한다. 다만 풍자를 무기로 즐겨 사용한다. 그들은 유머나 혹은 머리를 써서 경쟁자를 제압하려 한다.

♣ 전갈자리 (10월 23일~11월 22일)

전갈자리 원숭이띠는 모략과 창조력을 겸비하였으며 전갈자리의 복잡한 개성이 그들의 몸에서 나타난다. 그는 계략이 많아 수수께끼처럼 풀기 바쁘며 언어가 날카롭고 강하다. 그러나 그는 활발한 것처럼 꾸미거나 조금 바보스럽게 보임으로써 이 개성을 감춘다.

전갈자리 원숭이띠는 지혜가 풍부하고 생동감이 있다. 천성은 자유롭고 매우 활동적이다. 하여 수차례 실패하더라도 자신에게 알맞은 길을 찾으려고 늘 분주하다. 그는 자아중심적인 사람이다. 이런 원숭이가 계획을 세우면 성공을 거둘 수 있으나 먼저 반드시 전갈자리의 속성을 배제해야 한다.

전갈자리 원숭이띠는 풍부한 창조력이 있다. 그는 진짜 복잡한 계획을 수립하고 그 계획을 완성할 수 있다. 원숭이띠는 원래 성격이 온화하고 상당히 절제된 사람이다. 전갈자리 속성은 원숭이띠에게 영감을 부여하여 그를 전에 들어가보지 못한 새로운 영역으로 이끌어 갈 수 있다.

이런 사람은 오만하고 말이 많다. 어떤 전갈자리 원숭이띠는 머리 속에 낡아빠진 레코드판이 있는 듯하여 끝없이 남들이 이미 수차 듣던 이야기를 반복한다. 심하게 말이 많다는 것을 충고해 줄 사람들이 그에게 필요하다. 그러나 다행스러운 것은 그들도 비평에 대하여 웃음으로 대하는 태도를 취하고 좀처럼 눈을 부라리지 않는다.

♣ 사수자리 (11월 23일~12월 21일)

사수자리 원숭이띠는 자유를 사랑하는 사람이다. 정직하고 공평무사하며 쾌활하여 원숭이띠의 성격과 같다.

물론 차이점도 있다. 사수자리는 이타주의자로서 순진하고 환란을 겁내지 않는다. 그러나 원숭이띠는 그렇지 않다. 그들은 대개 교활하여 자기를 잘 표출시키지 않는다. 주의하고 우회전진하는데 능숙하여 적과의 직접적인 도전과 경쟁은 매우 적다.

이 사수자리와 원숭이띠의 성격을 합한 결과 원숭이띠가 사수자리를 뛰어난 지도자로 만든다. 이들은 뜨거운 열의와 충분한 역량으로 사업에 매진한다. 그들은 정부를 건립할 수 있을 정도의 대단한 계교와 운용 능력을 가지고 있어 민중의 일을 처리하고 결정을 내리고 남을 지휘하며 입법 개혁을 시도하거나 각종 변화를 즐긴다.

사수자리 원숭이띠는 힘들여 일할 필요가 없다. 그들은 조직적인 사유를 가지고 있으며 어떠한 문제에 대해서도 본질에 바로 접근하기 때문이다.

그들은 사람을 끌어모으는 능력이 있고 또한 사람들로부터 신뢰를 받는다. 그들은 대중 앞에서 말하기를 좋아하며 보통의 상식으로 첨예한 문제를 변론하기 좋아한다. 그들은 돈을 좋아하고, 그것을 대범하고 지혜롭게 사용하는 방법도 알고 있다.

사수자리 원숭이띠는 큰 문제를 즐겨 생각하고 작은 일에 신경쓰는 것

을 좋아하지 않는다. 그들은 이익과 권위에 대해서도 관심이 있어서 행정
요원이 가장 적합하다. 그리고 웬만해서는 사람들과 다투지 않는다. 이런
사람들은 기본적으로 보수적인 유형으로써 자유를 꿈꾸고 있어도 가슴속
에 조심스레 꾹꾹 눌러둘 것이다.

　그들은 거창한 도전을 좋아하고 공적인 일처리에 아주 능숙하여 마치
외교관 같다. 그들은 대중의 의견을 마음대로 움직여 자기에게 향하게 하
는 방법을 알고 있다.

♣ 염소자리 (12월 22일~1월 19일)

　염소자리 원숭이띠는 겉보기에는 그다지 민감하거나 긴장한 것처럼 보
이지 않는다. 그들은 민첩한 머리와 특별한 복장으로 자신을 표출한다. 염
소자리 원숭이띠에게는 존귀한 기운이 내비친다. 그러나 평온한 겉모습
밑에 고행하는 영혼이 숨어 있다.

　염소자리 원숭이띠는 엄숙한 것을 좋아한다. 만약 그들과 매우 익숙하
지 않고 그들의 생활을 깊이 이해하지 못한다면 이들의 우울한 면을 모를
것이다. 군중들 앞에서는 존경을 받지만 집과 가족에게는 잔소리가 심한
사람이다. 염소자리 원숭이띠의 성격이 이처럼 이중적이어서가 아니라
부끄러움이 많으므로 고통스러워하는 것이다.

　만약 유쾌하고 즐거운 기분으로 그를 만나면 그의 내면에 있는 수줍음
을 발견해 낼 수가 없을 것이다. 당신의 눈에 비치는 것은 단지 기쁨이 넘
치는 눈길과 농담을 잘하고 재미있게 이야기하는 사람일 것이다. 그들은
이야깃거리가 풍부하고 총명하며 활발해 보인다. 그리고 민첩한 지혜가
있다. 조금 가증스러워 보이나 확실히 반응이 빠르다.

　그러나 일단 집에 들어오면 완전히 변한다. 염소자리 원숭이띠는 개인

생활에 반드시 일정한 질서를 만들고 가정의 주도권을 잡아야 한다고 느낀다. 즉 그는 '그 물건을 어디에 놓았느냐, 무엇 때문에 저녁밥이 아직도 되지 않는가, 왜 바닥을 깨끗이 닦지 않느냐, 양말은 어디에 두었느냐, 당신은 왜 그렇게 둔하냐' 라고 시끄럽게 잔소리를 해댄다.

그들은 자기의 관점으로 인생을 이해하며 다른 사람들의 즐거움과 고통을 알아주고 동정하며 이런 감정을 이용하여 타인에게 칭찬받는 방법도 안다. 외모를 상당히 중요시한다. 이들이 존재하는 한 사회적인 예의는 영원히 없어지지 않을 것이다.

♣ 물병자리 (1월 20일~2월 18일)

원숭이띠는 뛰어난 관찰력을 가지고 있는 물병자리를 위하여 사물에 대한 인식을 새롭게 한다. 그로 하여금 현실과 융합하게 한다. 이 조합은 잘 어울릴 뿐만 아니라 발전 잠재력도 있다.

원숭이띠들은 대단히 뛰어난 문자 사용 능력을 가지고 있다. 문자는 사고가 정확한 이 사람의 가장 좋은 도구이다. 일종의 비판의식이나 사회 변화에 대한 민감한 반응이 모든 물병자리 원숭이띠의 창작에서 나타난다. 그들은 그들의 권력을 남에게 사용하는 일에 종사하는 것을 좋아할 것이다. 물병자리 원숭이띠는 군중을 이끌어 더욱 아름다운 세계로 나가는데 전력한다.

물병자리 원숭이띠는 의지가 강하고 열심히 일한다. 그들은 좋은 성과를 얻길 원하며 또한 대부분 그 희망에 도달한다. 그들은 다재다능한 사람이다. 물병자리 원숭이띠 시인은 시만 쓸 뿐 아니라 건물을 설계하거나 아프리카에서 온 코끼리를 사육할 수도 있다.

물병자리 원숭이띠는 실행자이다. 그들이 제일 관심을 가지는 것은 그의 사업을 인류의 발전과 연관시키는 것이며 재물과 명예에는 관심이 별로 없다. 물병자리 원숭이띠는 사업에서 뛰어난 성과만 있으면 곧 만족한다. 이런 사람은 대단히 열심히 일한다. 그는 기본적으로 냉정하다.

♣ 물고기자리 (2월 19일~3월 20일)

물고기자리 원숭이띠는 아름다움을 좋아하며 그것을 어디서 찾아야 하는지 안다. 그들이 원하는 물건을 그는 모두 얻을 수 있다.

사람들은 물고기자리 원숭이띠에게 그들의 우아한 복장, 아름다운 진주, 자랑할 수 있는 영예를 줄 수 있다. 그들은 세상사를 잘 알지만 그렇다고 돈과 세력을 밝히는 사람은 아니다.

물고기자리 원숭이띠는 사람을 끌어모으는 것과 계획을 작성하는 것으로 일생을 보낸다. 그는 부단히 자기의 사상을 바꾸고 수정한다. 자기의 이익에 부합되는지를 놓고 좋고 나쁨을 결정한다.

물고기자리 원숭이띠는 예속이 없는 철학을 주장한다. 그들은 무엇이든 지나치게 하는 경향이 있다. 예를 들어 폭음이나 과식 등을 자주 할 것이다. 그러나 원숭이띠는 자아훼멸자가 아니므로 둘은 언제 어느 때 자기의 방종을 멈추어야 하는지 알고 있으며 언제나 잃어버렸던 따뜻한 마음을 되찾을 수 있다. 또한 감정에 잘 물들며 어떻게 하면 타인의 정감을 얻고 꼭 틀어쥘 수 있는지를 알고 있다.

물고기자리의 특성에 원숭이띠의 날카로운 기질을 합치면 '나는 기본적으로 인성을 믿는다. 그러나 만약 그가 나를 해할 때에는 나 역시 반격할 것이다.' 이것이 그들의 일반적인 태도이다. 물고기자리 원숭이띠는 자기가 험하게 손을 댄 데 대하여 자책감을 느끼지 않는다. 그들은 자신의 능력을 알고 있으나 그것으로 타인을 조종하려 하지 않는다.

8

🎴 태어난 시에 따른 원숭이띠의 운세 🎴

♣ 자시생 (子時生 : 오후 11시~오전 1시)

화려한 성격의 소유자이다. 쥐와 원숭이의 성격이 결합되어서 매사에 자신이 계산을 하려 한다. 그와 동시에 짜게 굴며 자신의 몫을 잘 챙기는 유형이다.

♣ 축시생 (丑時生 : 오전 1시~오전 3시)

완고하고 꽉 막힌 사람이다. 그러나 남을 속이는 일이 거의 없어 매우 신뢰할 수 있다. 만약 남을 속이는 일을 하게 되면 얼굴과 행동에 금방 표시가 난다.

♣ 인시생 (寅時生 : 오전 3시~오전 5시)

강하고 원기 왕성하다. 호랑이와 원숭이는 둘다 지나치게 자기 확신이 강하다. 많은 시련을 겪을 수 있고 기꺼이 충고를 받아들이거나 패배를 인정하려 하지 않는다.

♣ 묘시생 (卯時生 : 오전 5시~오전 7시)

예민하고 진지하며 자제력과 주의력을 지니고 있다. 심적인 능력으로 다른 사람을 평가하고 다룰 수 있다.

♣ 진시생 (辰時生 : 오전 7시~오전 9시)

지나치게 양심적이고 야망이 대단히 크다. 보기 드문 용감성과 용띠의 강력한 추진력으로 항상 자신의 능력 이상을 추구한다.

♣ 사시생 (巳時生 : 오전 9시~오전 11시)

뱀의 지혜가 있어서 무엇이든 만드는 것에 재주가 있다. 머리가 좋고 통찰력이 있다. 가까이 왔는가 싶다가 당신도 모르게 사라져 버린다.

♣ 오시생 (午時生 : 오전 11시~오후 1시)

끈기가 없어서 순식간에 마음을 바꾼다. 항상 자기 기준으로 행동하는 사람이며 반칙은 하지 않지만 어떻게 해서라도 경기에서 이기려 한다.

♣ 미시생 (未時生 : 오후 1시~오후 3시)

몽상적이고 낭만적이며 계략이 뛰어나다. 은근히 기회주의적인 성향이 있으며 모른 척하기도 잘한다. 쾌활하고 순종적인 성격이다.

♣ 신시생 (申時生 : 오후 3시~오후 5시)

사랑스러운 요정 같은 사람이다. 지나치게 빈틈이 없고 쾌활하고 지극히 낙천적이다. 해내지 못하는 일이 없다.

♣ 유시생 (酉時生 : 오후 5시~오후 7시)

높은 야망을 지닌 특이하고 모험심이 강한 사람이다. 원숭이띠의 능력으로 닭띠의 몽상을 실현할 수 있을 것이다.

♣ 술시생 (戌時生 : 오후 7시~오후 9시)

정서적으로 평온하고 소박한 사람이다. 차가운 풍자가일 것 같으나 항상 유머 감각이 있고 계산적이지 않아 인기가 아주 좋다.

♣ **해시생** (亥時生 : 오후 9시~오후 11시)

운동을 좋아하고 고집은 별로 세지 않다. 돼지의 기질이 있어 다루기 쉽고 솔직하다. 목적 달성을 위해서 열심히 노력하는 유형이다.

9

🎴 원숭이띠 해에 대하여 🎴

이 해에는 만사가 실행 가능하다. 민첩한 원숭이는 모든 방면으로 시도하기 전에는 아무것도 포기하지 않는다. 불가능하다고 여겨지던 일조차 이루어지며 즉흥적인, 즉 발명과 같은 일들이 풍부하게 이루어진다. 정치 · 외교 · 재정과 같은 사업이 모두 한바탕의 경기처럼 바쁘게 돌아간다. 모든 사람에게 일을 시도할 수 있는 기회가 주어지는 다소 즐겁고 신나는 한 해가 될 것이다.

원숭이띠는 그의 실수를 웃어넘기고 그 다음 일에서 용감함을 더욱 발휘하는 사람으로 직접적인 대결이 없는 해이다. 우리는 모두 더 나은 거래를 하게 된다. 왼손이 하는 일을 오른손이 모르므로 일이 잘 풀리는 사람을 추적하기는 어렵다.

하지만 한 가지는 확실하다. 이 해는 아주 진보적인 해가 될 것이다. 모두 열기를 내뿜으며 앞으로 나아갈 것이며 설령 우리가 어떤 일에 최대한 전념하지 않을지라도 원숭이띠의 학문과 진보에 대한 타고난 재능의 거센 물결 덕분에 만사가 잘 이루어진다.

이 해를 지배하는 행운의 꼬마 도깨비인 원숭이는 위험하지만 성실하게 모험하고 성찰하고 개척하도록 촉구한다. 만약 당신이 재빨리 끌어당긴다면 거대한 배당금을 받을 수 있을 것이다.

이 해는 분명히 약한 마음과 재치가 부족한 사람들을 위한 해가 아니다. 원숭이의 기운은 양보하지도 않고 아무에게도 보답을 요구하지 않는다. 만약 '후퇴'가 있다면 원숭이띠 해는 재빨리 '후퇴'를 종식시켜 버릴 것이다. 원숭이의 낙천적이고 빈틈 없는 영향력으로 사업은 하늘로 치솟을 것이다. 원숭이의 풍부한 기략은 모든 사람을 놀라게 하고 혼란스럽게 할 것이다.

미국이 불(火)의 원숭이띠의 해인 1776년에 탄생했다는 것은 주목할 만한 재미있는 사실이다. 미국이 그렇게 짧은 기간 내에 다른 나라를 지배하는 제국주의 국가로 성장하게 된 것은 바로 이 때문인지도 모른다.

원숭이띠 해는 여러 가지 새롭고 특이한 방식으로 일이 이루어진다. 이 해의 격언은 이렇다. '아니요(못해요)라는 말은 하지 말라!

10

✿ 해에 따른 원숭이띠의 운세 ✿

♣ 쥐띠 해

원숭이띠에게 행운이 따르고 번창하는 해이다. 생각지 못한 곳에서 돈이 들어오고 승진하거나 돈 빌리는데 아주 좋은 해이다. 문제들이 쉽게 해소되고 중요한 사람의 부름을 받는다. 새로운 가족 구성원이 생길 것이다.

원숭이띠

♣ 소띠 해

대체로 잔잔한 해이다. 금전적 이익이나 즐거운 일들이 제한되고 재산의 손실이 예상된다. 가정은 평화로우나 자주 이동해야 하고 만성 질병으로 고통받을 수 있다. 개인적 발전은 기대에 미치지 못한다. 야망을 줄여야 할 때이다.

♣ 호랑이띠 해

원숭이띠에게 매우 불안정한 해이다. 적들의 공격으로 상처받기 쉽고 도망가거나 이동하며 다른 사람 때문에 일을 하고도 비싼 이자로 돈을 빌려야 할지 모른다. 자신의 약한 위치가 이용당할 수 있다. 항상 참고 낮은 위치에 머물러야 한다. 내적인 것을 견고히 다지며 새로운 사업에 착수하는 것을 삼가야 할 때이다.

♣ 토끼띠 해

좋은 해이다. 원숭이띠의 운이 다시 풀리고 생각지 못했던 사람들이나 장소로부터 도움을 받는다. 일에서나 가정에서 평화로움이 다시 찾아온다. 수입은 보통이지만 사업은 제자리로 돌아온다. 새로운 기회에 도전하고 환경을 바꾸어야 할 때이다.

♣ 용띠 해

지식이나 기술적 형태의 이득이 있다. 이러한 것들은 눈에 띌만큼 확실하거나 즉시 실현되는 것은 아니다. 근심거리와 해결되지 않은 다른 문제들이 마음을 어둡게 하고 자신의 계획을 추진하기 위해서 저금한 돈을 써

야 할지 모른다. 경계하며 배우는 자세여야 할 해이다. 요행을 바라서는
안 된다.

♣ 뱀띠 해

대체로 운이 좋은 해여서 친구들로부터 도움을 받거나 윗사람의 지지를
받는다. 가정에 약간의 불화가 있으나 행운이 담겨 있다. 말을 조심해야
하고 어떤 일도 대결은 피해야 한다.

♣ 말띠 해

걱정과 좌절에 부딪치지만 원숭이띠에게 좋은 해이다. 문제를 일으키지
않고 기대감을 약간 낮춘다면 어려움은 저절로 해소될 수 있다. 상대방을
이길 수 없을 때는 타협하는 것이 좋다. 보수적이고 묵묵히 사려 깊게 행
동해야 성공한다.

♣ 양띠 해

여러 가지 일에 관계되어 바쁜 해이다. 쉽게 돈을 벌지만 예기치 못한
지출로 인해 수입은 감소될 것이다. 그러나 새롭고 유익한 동료들을 만나
게 되고 평소보다 더 많은 즐거운 일과 여행이 있을 것이다. 건강에 약간
문제가 있고 가정에 불행이 예견된다. 체계화된 정보와 지식을 훔치려는
사람들이 있으니 비밀은 지켜야 되는 해이다.

♣ 원숭이띠 해

원숭이띠에게 더없이 좋은 해이다. 자신의 사업을 시작하고 성공과 행
복이 있으며 남으로부터 인정을 받을 것이다. 놀랍게 발전하는 해이다. 부

하들이나 채무자 혹은 자신의 사업에 자금을 대준 사람들 때문에 불편한 일이 생긴다. 지나치게 일을 많이 하면 건강에 문제가 생길 수 있다.

♣ 닭띠 해

열심히 노력하는 원숭이띠에게 평범하지만 안정적인 때이다. 필요하다면 여유 자금을 마련할 수 있고 계획을 밀고 나가는데 도움되는 만남들이 있다. 그러나 가정생활을 등한시하고 능력 이상의 일을 떠맡아서 지쳐버리고 더 나아가 범죄와 관련될 수 있다. 경쟁자들을 과소평가해서는 안 되는 해이다.

♣ 개띠 해

계획이 실패하고 약속들이 깨지는 힘든 한 해이다. 투자하면 손실이 있으므로 누구에게도 돈을 빌려주어서는 안 된다. 누가 진정한 친구인지 알게 되는 해이다. 실망을 경험하고 나서야 어디가 어떻게 잘못되었는지 깨닫게 된다.

♣ 돼지띠 해

활동은 많이 하나 시도에 그치는 해이다. 사업에는 분쟁이 있고 경제적, 법적 문제들이 생기며 여러 가지 합병증에 걸릴 우려가 있다. 문제들이 해소될 수 있으나 양보를 많이 해야 할 것이다. 가장 절친한 친구라 할지라도 믿어서는 안 되는 해이다. 합작투자하면 소득이 없고 위험스럽기까지 할 것이다.

11

🎴 원숭이에 대한 이야기 🎴

원숭이는 기물을 좋아하며 판단력이 풍부하고 기교에 뛰어나다. 뿐만 아니라 어질고 의리가 있으며 몸체는 짐승이지만 마음은 사람이다.

(1) 모성애

중국의 옛 이야기에 '창자가 끊어지는 슬픔'이란 말이 있다. 진나라의 환온이 촉나라를 징벌하러 가는 길에 삼협을 지나게 되었는데 수행원 한 사람이 어디서 새끼 원숭이 한 마리를 안고 왔다. 배를 타고 가는데 강뚝 에서 원숭이 울음소리가 들렸다. 새끼를 잃은 어미 원숭이였다. 천 리 남 짓 뱃길을 달려 강뚝에 배를 대는데 어디서 나타났는지 어미 원숭이가 배 에 뛰어올랐다. 험한 산을 마다하지 않고 따라 온 것이다. 그러나 원숭이 는 금방 쓰러져 다시는 일어나지 못했다. 사람들이 배를 갈라보았더니 창 자가 가닥가닥 끊어져 있었다. 얼마나 슬픔에 사무쳤으면 내장까지 동강 났으랴.

(2) 원숭이가 준 귀한 약

한 젊은이가 개나리봇짐을 지고 정처없이 길을 떠났다. 한 산기슭에 이 르니 몇 마리 원숭이들이 한 마리의 병든 원숭이를 둘러싸고 슬픔에 잠겨 있었다. 젊은이는 봇짐을 헤쳐 동그란 약 한 알을 꺼내 병든 원숭이한테 먹 였다. 잠시 후 그렇게 뒹굴며 몹시 아파하던 원숭이는 좀 나은 듯하였다.

젊은이는 흐뭇한 마음으로 길을 재촉했다. 그런데 병든 원숭이가 살금 살금 젊은이 뒤를 따라왔다. 원숭이는 젊은이한테 반가운 표정을 지으며 손짓하더니 붉은 헝겊을 등에다 붙혀주고 급히 달아났다.

저녁이 되었다. 젊은이는 허술한 절간을 찾아 잠자리를 정했다. 막 잠이 들려고 할 때 미끈미끈하면서도 긴 것이 젊은이의 다리와 팔 위를 기어올 랐다 내려갔다 하는 것이었다. 가만히 살펴보던 젊은이는 소스라치게 놀 랐다. 그것은 보기에도 흉칙한 구렁이었다.

이윽고 구렁이는 젊은이가 아무런 반항도 하지 않자 슬그머니 물러나기 시작하였다. 구렁이가 젊은이를 해치지 못한 이유는 젊은이의 등에 붙여 져 있는 붉은 헝겊 때문이었다. 원래 이 붉은 헝겊은 어떤 위험을 당하거 나 생명이 위태롭게 되었을 때 어느 것도 덤비지 못하게 하는 신기한 힘을 가지고 있었던 것이다.

(3) 원숭이의 실수

미숙한 지혜를 가지고 실수를 저지르는 것을 원숭이 지혜라고 한다. 어 느 날 짐승들의 모임이 열렸다. 원숭이는 깡충깡충 멋지게 춤을 춰 인기를 모았기에 임금이 되었다.

'쳇! 제가 뭘 잘났다고 왕이 된담?'

그 자리에 함께 있던 여우는 샘이 나고 분통이 터져 씩씩거리다가 어떻 게 해서든지 원숭이를 혼내주려고 속으로 별렀다.

어느 날 여우는 사람이 놓아둔 덫을 발견하고 원숭이를 그 덫이 있는 곳 까지 데려와서 넙죽 큰 절을 올리면서 아첨했다.

"임금님께 좋은 선물을 드리겠습니다. 저기를 보세요. 저 맛있는 고기 를 임금님께 바치려고 저는 손도 대지 않았습니다. 제가 망을 보고 있을 테니까 어서 들어가 맛있게 잡수세요."

원숭이는 고맙고 흐뭇해서 덫이 놓인 구덩이로 훌쩍 뛰어들었다.

"아이쿠, 아파라. 네 이놈, 나를 덫에 걸리게 꾀었구나."

원숭이가 소리치자 여우는 깔깔 웃으며 놀려댔다.

"어리석은 원숭이야, 그렇게 바보이면서도 동물들의 왕이 되겠다구? 어림없는 수작이야. 고기나 먹고 실컷 아프다가 사람들의 노리개나 되어라."

자만으로 실수한 뒤의 후회는 죽은 뒤에 의사를 찾는 격이다.

(4) 원숭이 왕

원숭이 왕이 갠지즈 강 상류의 깊숙한 곳에서 많은 원숭이들을 데리고 살았다. 강변에는 한 그루의 망고나무가 있었는데 해마다 많은 열매가 열렸다. 원숭이 왕은 망고의 열매가 강물에 떨어지지 않도록 주의를 주었다. 너무도 맛이 좋은 열매이기 때문에 혹시 사람들이 살고 있는 곳까지 떠내려간다면 반드시 원숭이들한테 불행한 일이 닥칠 것이라고 예측했기 때문이었다.

그러던 어느 날 아무 까닭없이 망고 열매가 강물에 떨어져 궁전에까지 떠내려갔다. 임금은 망고를 먹어보고 이때까지 먹어본 적이 없는 맛좋은 과일이라 더 많이 먹고 싶어졌다. 그래서 여러 개의 뗏목을 엮어 신하들을 데리고 갠지즈 강을 거슬러올라가다가 끝내 망고나무를 발견하였다. 왕은 그곳에 천막을 치고 그날 밤을 쉬기로 했다.

그런데 밤중에 문득 눈을 떠보니 원숭이떼가 나무 위에 올라가 맛있는 망고를 따먹고 있었다. 왕은 곧 신하들을 깨워 활로 원숭이들을 모두 잡으라고 명령했다. 원숭이들은 도망칠래야 도망칠 수 없어 그저 오돌오돌 떨고만 있었다. 이때 원숭이 왕은 원숭이들을 진정시킨 다음 높은 나뭇가지

원숭이띠

가운데서 강 쪽으로 뻗어 있는 가지를 타고 강기슭에 뛰어 내렸다. 그리고 는 다른 원숭이들에게 강기슭에 있는 긴 덩굴을 타고 강을 건너 달아나게 했다.

그런데 그 원숭이들 가운데는 심술꾸러기가 한 마리 있었다. 그 놈은 마 지막으로 강을 건너면서 일부러 원숭이 왕의 잔등을 힘껏 밟고 가버렸다. 그 바람에 원숭이 왕은 덩굴을 놓친 채 오도가도 못하고 기진맥진하여 죽 기를 기다렸다.

왕은 원숭이들의 그 모든 행동을 지켜보고 있었다. 원숭이 왕의 행동에 감동을 받은 왕은 날이 밝자 뗏목을 띄워 원숭이 왕을 구해주고 나서 모든 일의 자초지종을 물었다. 원숭이 왕은 왕으로서의 자기 의무를 다하기 위 해 자신을 희생해 가면서 가족들을 구출해 준 것을 이야기하며 이렇게 덧 붙였다.

"자기 나라 백성들이 행복하게 살도록 하는 것이 참된 왕의 직무입니 다."

그리고 나서 곧바로 숨을 거두었다.

열 번째 간지
닭띠

오만하고 의무감이 강하다. 규칙을 염수하고 색채 감각이 뛰어나다.
오만한 심리의 작용으로 뒤에서 손가락질받는 것을 달가워하지 않기 때문에 어떤
규칙이든 염수하고 하찮은 일이라도 빈틈이 없기를 바란다.
언제나 떳떳한 모습이고 내내 사람들에게 칭찬받는 것이 희망사항이다.

1

❀ 닭띠의 전체적인 성격과 운세 ❀

닭띠들은 치장을 좋아하여 남녀 모두 옷에 관심이 많고 유행에 민감하다. 그렇기 때문에 개성이 독특하다. 정장보다는 소탈하거나 특이한 옷을 좋아한다. 기성복을 살지라도 조그만 특이함이라도 발견하려 애쓰며 조금이라도 남다른 것이 있어야 흡족해 한다.

이들은 남들과 다르게 보이려는 마음이 매우 강하다. 생활용품을 비롯하여 말투나 생각마저도 타인과 달라야 한다고 생각한다.

이같은 심적 작용으로 인해 뒤에서 손가락질받는 것을 달가워하지 않기 때문에 어떤 규칙이든 엄수하고 하찮은 일이라도 빈틈이 없기를 바란다. 언제나 떳떳한 모습이고 내내 사람들에게 칭찬받는 것이 희망사항이다.

성질이 매우 급한데 이 역시 남한테 지지 않고 굴욕당하지 않으려는 심리에서 비롯된 것이다. 그 모습은 마치 수탉이 위엄스레 마당을 오락가락하면서 꼬꼬거리는 것과 같다.

닭띠들은 생각이 민첩하고 말도 잘 하는데 간혹 갑자기 혀가 굳어서 말을 잘 못하고 더듬는 경우도 없지 않다. 배우, 작가, 프로듀서 모두 다 적당한 직업이다. 이는 닭띠들이 오만하면서도 근면하고 생각이 기민하기 때문이다. 이런 성격으로 인해서 빈둥거리는 사람을 매우 미워한다. 타인과의 접촉에서 오점만 잡아내려 하고 늘 불만이며 끊임없이 불평한다. 닭띠인 사람을 겉으로 보면 신경질적으로 보이는 것도 모두 이 때문이다.

닭띠는 지나치게 자기 만족적이고 멀리 앞을 내다보지 못한다고도 하는데 부정할 바는 못 된다. 자신을 너무 과신하고 영예욕이 강하고 타인의 의견을 받아들이지 않는 경향이 있기 때문이다.

닭띠인 사람과 잘 어울리려면 아무튼 치켜세워주기만 하면 된다. 닭띠들은 일반적으로 타인으로부터 받들어 올려지면 곧 하늘로 날아오르려는 성품을 갖고 있다.

2

🌸 닭띠에게 적합한 직업 🌸

평생운을 보면 대체로 물질적으로 모자람이 없으며 사업이나 재물이 뜻대로 이루어지니 행복한 인생을 보낸다.

물론 재운은 틔었으나 씀씀이가 헤프고 버는대로 써버리는 유형이니 주머니는 별로 넉넉하지 못하다.

사업에서는 매우 조심스럽고 조그마한 빈틈도 없어 별로 치명적인 실패는 없다. 은행원, 도서관 사서나 비서직이 알맞다. 이밖에 영화, 드라마, 연극 등의 제작자나 작가 등이 오만한 심리를 충족시키기에 적당한 직업이다.

닭띠 여성은 남성적인 차림을 즐긴다. 색감이 풍부하고 치장할 줄 알며 외모가 아름다울 뿐만 아니라 말재주가 좋아 이성에게는 아주 매력적이다. 무슨 일이나 열심히 하고 규칙을 지키며 강렬한 여성적인 의무감을 갖추고 있다. 사업과 가사를 잘 꾸려 틀림없이 현모양처가 될 수 있다. 자신에게 엄격한 만큼 게으르고 흐트러진 남편을 용서하지 않는다.

오만한 성격으로 비교적 만혼(晩婚)하는 편이다. 간혹 오만함을 버리고 젊어서 일찍 결혼했더라도 일단은 남편이 가계를 유지할 능력이 없거나 무위도식한다면 대뜸 천성적인 오만함이 머리를 쳐들어 아무 주저없이 헤어져버리는 경우를 심심찮게 볼 수 있다.

3
닭띠에게 적합한 결혼 상대

닭띠 여성의 경우 일상에서 침묵을 지킬 줄 모르는 성격은 쉽게 판단되지 않을 수 있지만 전형적인 순정파이고 플라톤적 사랑(정신적 사랑)에 심취하는 유형이다.

하지만 그들의 천성적인 성격으로 인해 성에 있어서는 결코 남성을 즐겁게 해주지 못하는 유형이다. 남성은 그녀의 외적인 매력에 끌려 지나친 기대를 걸었다가 나중에는 실망의 아픔을 당하고 만다. 닭띠 여성이 이혼률이 높은 것도 이에 무관하지 않다.

대체적으로 오만한 닭띠 여성은 확실히 이성(異性)이 쉽게 받아들일 수 있는 상대가 아니다. 만약 상대가 순전히 '유희' 상대로 그녀에게 접근한다면 즉시 거절당할 것이다. 상대적으로 말하면 닭띠 여성은 여성으로서의 의무감과 책임감을 가지고 있기 때문에 남성한테는 결혼 상대로서 적합하다. 그렇지만 닭띠 여성의 입장에서 판단해 보면 결혼 상대는 절대로 소홀할 수 없고 가정을 절대적으로 책임질 수 있는 남성이 아니라면 받아들일 수가 없다.

위의 관점에 근거하여 일생을 함께 할 수 있는 반려자를 찾아보자.

♣ 소띠

소띠 남성은 규칙적인 사회질서를 중히 여기며 성격이 닭띠와 비슷하고 가정을 잘 돌본다. 소띠는 넓은 포용력이 있어서 투정이 많고 잔소리가 심해도 그냥 받아넘긴다. 소띠와 하나가 된다면 남편은 사업을 착실히 하고 아내는 가정을 알뜰히 꾸려 남들의 본보기 가정이 될 가능성이 충분하다.

그러나 평소 성질 급한 당신이 늘 불평만 하고 핀잔만 일삼는다면 그 둘의 관계를 장담하기는 어렵다. 당신은 여러모로 남편을 존경해야 한다.

♣ 범띠

닭띠의 이상적인 남성은 늠름하고 위엄스러워야 한다. 그렇게 가늠하면 아마도 범띠 남성이 가장 연분이 좋은 상대일 것이다.

그러나 범띠와의 결합은 특수한 조건이 갖추어졌을 때에만 영구적일 수 있다. 달리 말하면 당신이 일생을 걸 사업을 확신했을 때에만 그 결합은 비로소 영원할 수 있다.

범띠들은 가정에 별 관심을 가지지 않기에 만약 당신 나름대로의 생활을 가지고 있지 않는다면 오래지 않아 고독을 맛보게 될 것이다. 당신의 잔소리가 길어지면 남편은 아예 당신을 포기해 버릴 것이다. 당신이 자기의 독자적인 세계를 가지고 그 판단의 정확성을 잃지만 않는다면 당신은 범띠 남편의 위엄과 포용력에 힘입어 행복한 인생을 보낼 수 있을 것이다.

4

❀ 닭띠에게 적합한 연애 상대 ❀

결혼 상대로는 적합하지 않아도 이성이나 친구로 사귀기에 적당한 상대
는 누구일까?

닭띠는 아름다움을 추구하고 우아하며 타인들에게 주목받는 것을 좋아
하기 때문에 이성 친구를 선택할 때도 역시 이 기준에 부합되어야 한다.
그러므로 절대 제멋대로인 남성을 선택하지는 않을 것이다. 그러니 성격
적으로 강하고 영준하며 대범한 뱀띠 남자, 사치를 즐기는 말띠 남자, 혹
은 포부가 웅대하고 환상이 큰 용띠 남자가 괜찮을 것이다.

쥐나 원숭이띠 이성은 보살핌이 살뜰하여 얼핏 보기엔 연분이 괜찮을
것 같지만 결혼 상대든 연애 상대든 좋지 않다. 남성적인 기질이 결여된
이성에게는 곁눈도 주지 않는 경향이 당신에게는 있다.

결혼 상대와 연애 상대의 차이점은 '남성적인 위엄'에 가정을 소중히
여기는 마음의 유무에 따른다. 그러므로 이 '남성적 위엄'이 결여된 쥐띠
나 원숭이띠 남성을 그대는 만족해 할 수 없고 연애 상대로조차 선택하지
않을 것이다. 아주 짧은 만남에서 이른바 '우연한 만남'으로 사귈 수 있는
상대로는 그대처럼 자기를 가꿀 줄 아는 닭띠 남성도 괜찮을 것이다. 유희
를 추구하는 사귐이라면 충분한 쾌락을 가질 수 있는 상대가 되지만 결혼
은 삼가야 할 것이다.

5

❀ 닭띠가 피해야 할 상대 ❀

닭띠인 그대는 '남자는 남자다워야 한다' 고 확신하고 있으니 야심이 많고 위풍당당한 이른바 남성적 기개로 충만한 사람이다.

그러므로 지나치게 소심하고 주방을 기웃거리는 남성은 그대와 좋은 연분이 될 수 없다. 이를테면 속알머리가 짧은 닭띠 남성, 지나치게 조심스럽고 그래서 무능한 듯한 쥐띠 남성이 이에 속한다. 또 팔방미인이고 그래서 어느 정도 성실하지 못한 원숭이띠 남성, 정서가 불안정하고 초조함과 우울함이 극단적으로 병존하는 개띠 남성도 좋지 않다.

당신은 언제나 그들을 얕잡아 본다. 한 번 상상해 보라. 아내가 남편을 우습게 여기는 가정만큼 비극적인 것은 없다. 이런 가정에서 성장한 아이는 틀림없이 부모를 얕잡아 보게 된다. 그대가 남편을 얕잡아 본 결과는 장래 그대가 그대의 자식한테 괄시당하는 과보를 받게 된다는 것이다.

그대가 확실하게 자기를 제어할 수 있다고 생각한다면 물론 달리 해석되겠지만, 그러나 오만한 닭띠 여성은 아무래도 자기를 억제하고 희생을 달갑게 여길 수 없으니 서로의 생각이 조금만 틀려도 큰 싸움으로 확대될 가능성이 크다.

그러므로 처음부터 연분이 없는 상대와 접촉을 멀리하는 것이 가장 좋은 방법이다. 그럴 때에 그대가 행복을 추구할 수 있는 기회가 훨씬 많을 것이다.

결혼, 연애 상대 – 닭띠 여성

12간지	쥐	소	범	토끼	용	뱀
결혼 상대	✖	◉	◉	◎	◎	△
연애 상대	◎	△	◎	◎	◉	◉
12간지	말	양	원숭이	닭	개	돼지
결혼 상대	◎	△	✖	✖	✖	◎
연애 상대	◉	△	◎	◎	◎	△

결혼, 연애 상대 – 닭띠 남성

12간지	쥐	소	범	토끼	용	뱀
결혼 상대	△	◉	◉	✖	△	◎
연애 상대	◎	◎	△	◎	◎	◉
12간지	말	양	원숭이	닭	개	돼지
결혼 상대	△	◎	✖	✖	△	✖
연애 상대	◎	◎	◎	◎	◉	◉

아주 좋음 ◉   좋음 ◎   주의할 것 △   피하는 것이 좋음 ✖

6

❀ 혈액형에 따른 닭띠의 운세 ❀

♣ A형

혈액형이 A형이며 닭띠인 사람은 자신에게 엄격하고 추호의 흐트러짐도 없다. 일하는 데 있어서 대충대충 하지 않고 성급하게 처리하지 않으며 누이 좋고 매부 좋은 식으로 두리뭉실하지 않으니 상사의 칭찬과 동료들의 존경을 받는다.

다른 사람을 잘 도와주고 벗에게 어려움이 있으면 힘껏 나선다. 그의 친구들을 보면 대부분 명랑하고 대범하며 작은 일에 구애받지 않는 사람들이다.

이들은 말재주가 좋고 활달하며 영리하다. 때와 장소에 맞게 자기를 표출하고 개인의 득실을 크게 따지지 않는다. 사물에 대한 판단이 정확하고 신속하다. 창조적인 건의를 잘하나 실천이 따르지 못하기에 결과적으로는 아무리 좋은 견해라도 그저 그렇다.

강직하고 굴복을 모른다. 자기의 약점을 전혀 인정하지 않는다. 개성이 강하고 진취적이며 언제나 끝을 보고야 만다.

애증과 좋고 나쁨에 대한 태도가 분명하다. 적(敵)은 뼈에 사무치도록 미워하고 친구에게는 언제나 너그럽다.

그럼에도 내심은 매우 고독하고 어떤 경우라도 자기의 속마음을 내보이지 않는다. 자아봉쇄적인 세계에서 탈출만 한다면 밖의 세상은 매우 광활하고 기회도 때때로 찾아올 것이니 삶의 길에 햇빛이 찬란할 것이다.

♣ B형

혈액형이 B형이며 닭띠인 사람은 '홀로서기'로 타인의 지시를 달가워하지 않는다. 늘 오만한 자태이고 자존심이 남달리 강하다. 감정 기복이 커서 때로는 모든 것을 외면하고 때로는 지극히 동정심을 보이면서 약한 자를 배려하여 불평을 토로한다.

반발력이 강해서 타인과 쉽게 충돌하고 때로는 모든 것을 아랑곳하지 않고 결사적이다. 자기를 표출하기를 좋아하고 주장이 강하다. 늘 남을 질책하고 남의 질책을 받기도 한다.

일에 참되고 추호의 소홀함이 없다. 어물어물 책임을 모면하려 하지 않고 대충하지도 않는다. 남이 일을 대충하는 것을 보면 그 자리에서 질책한다.

천부적인 판단력과 뛰어난 행동력, 그리고 번잡한 사물을 처리하는 능력을 소유하고 있으나 일생이 뜻대로 되지 않는다. 호전적이어서 적이 많고 일생에 해를 받을 수 있다. 지나치게 성급하고 인내력과 의지가 부족하여 성공을 저해한다. 그것은 물론 '홀로서기' 본성 때문이기도 하다.

약점을 미봉하기에 힘쓰고 엄숙하면서도 실제적이고 온당하면서도 강하고 굴할 줄 모르며 인내력을 가지고 타인을 생각한다면 앞길은 밝을 것이다.

♣ AB형

혈액형이 AB형이며 닭띠인 사람은 마음이 곧고 바른소리를 잘 하여 사람들로부터 호감을 얻는다. 선량한 마음으로 성실하게 타인을 대하고 진심으로 남을 돕는다.

언어 전달력이 뛰어나 도리를 알기 쉽게 깨우쳐주고 심금을 울리어 사람들을 감동시킨다. 이러한 방법으로 자기의 뜻을 따르게 하고 행동을 함께 하게 만든다.

조직력과 호소력이 뛰어나기 때문에 단체의 수령이나 핵심 인물이 될 수 있다. 말재주가 좋고 화제가 풍부하여 정치, 경제, 음악, 미술, 항간의 이야기로부터 국제 뉴스에 이르기까지 막힘이 없고 듣는 사람으로 하여금 싫증을 느끼지 않게 한다.

일을 진실되게 하고 조리정연하다. 무슨 일을 하든 몇 주일 전부터 정성 들여 계획하고 그대로 거침없이 밀고 나간다. 때로 계획이 현실상황과 빗나가면 기회를 잡아 임기응변한다. 무슨 일에서나 남보다 뒤지려 하지 않고 승부욕이 매우 강하다. 정력이 왕성하고 흥미를 가진 일에는 싫증을 느끼지 않는다. 이를테면 사교 범위가 넓고 부지런히 움직이면서도 피로를 모른다.

총명하고 영리하며 벗이 많아 길운이 거듭된다. 그러나 기회를 포착하고 잘 이용하지 못하면 흔히 중도 하차하고 만다. 인내력과 의지 그리고 고심하는 정신을 키워야 한다.

♣ O형

혈액형이 O형이며 닭띠인 사람은 총명하고 재치가 있다. 일에 부딪치면 이치에 통하며 처리가 교묘하다. 평소 생각이 치밀하고 일처리가 정리(情理)에 맞다. 타인을 늘 생각하나 성격이 강직하고 승부욕이 강하여 때때로 다른 사람과 다투는 일이 있다. 일에 참되고 추호의 소홀함이 없다. 겉치레를 좋아하지 않고 두리뭉실하지 않다. 타인이 얼렁뚱땅하는 것을 보면 인정사정 없이 질책하기도 한다.

명석한 판단력과 뛰어난 지도력을 소유하고 있으나 세상을 비웃고 인생이 오락적이다. 관직은 멀리하나 곁에서 차분히 살피고 계략을 잘 꾸며 준다.

한가로이 보내나 정의감에 넘쳐 정의를 위한 일이라면 칼산에라도 오르고 불바다에라도 뛰어든다. 호화롭고 사치를 즐기고 어떤 모임에서나 타인의 주목을 받기를 바란다. 자질이 뛰어나다.

일생에 기회가 많고 인생길이 아름답고 찬란하다. 그러나 탁상공론이 많고 실천력이 약하며 창조성이 없기 때문에 좋은 기회를 잘 놓친다. 그럼에도 배포 있게 '사람마다 뜻이 따로 있다' 고 말한다.

다만 자아감각이 좋고 유쾌하면 만족한다. 편안하고 자유롭고 느긋함을 천하(天下) 최상의 쾌락으로 여긴다.

7

❀ 별자리에 따른 닭띠의 운세 ❀

♣ 양자리 (3월 21일~4월 20일)

양자리 닭띠인 사람은 모든 닭띠들이 그렇듯이 모든 일에 열심이며 활력이 넘친다. 어떤 일이든 한번쯤 경험하려 하며 일단 거기에서 흥미와 중요한 경험을 얻었다면 다시 한 번 부딪쳐보기를 주저하지 않는다. 통쾌하고 외향적이며 천부적으로 총명하고 다재다능하고 호기심이 많다.

양자리 닭띠들 중에서는 좀처럼 게으른 사람을 찾아볼 수 없다. 오랫동안 할일없이 침대에 누워 잠이나 청한다면 분발력이 넘치는 그는 허탈감에 빠지게 될 것이다.

이색적인 풍물이나 풍속은 그를 유혹할 것이다. 멀리 탐험을 떠나는데 동행이 없다면 양자리 닭띠에게 전화를 걸어보라. 그는 즉시 응할 것이다. 그들은 무리와 어울리기를 좋아한다. 누구든 곁에 같이 있어 줄 것을 원하고 때때로 벗들을 불러 식사를 함께 하거나 작은 파티를 연다. 실내장식을 즐기며 자기가 직접 꾸민 집이어야 만족을 느낀다. 옷차림은 그들한테 매우 중요하다. 자기의 몸맵시에 관심이 많고 어느 정도 사치를 추구하지만 눈에 띌 정도는 아니다.

성실하게 직언(直言)을 하고 거짓을 모른다. 그러니 사악한 세상에 생존하면서 종종 곤경에 빠진다. 세상살기 가장 좋은 방법은 사악함에 동조하지 않아도 어느 정도는 보조를 맞출 줄 알아야 하는데 이 양자리 닭띠는 위험이 발등에 떨어졌어도 의연히 사실에 충실한다. 곧 닥치게 되는 곤경에 특별히 신경을 쓰지 않으니 이런 솔직한 성격은 혼란을 초래하게 된다 (그럼에도 대부분의 경우는 좋은 습관으로 인정받는다).

그러나 양자리에 닭띠들은 기습당하거나 장애에 부딪치고 환경이 불투명해지면 모든 것을 포기하고 멀리 물러섰다가 다시 접근할 줄 안다. 절대로 혼란이 영원히 자기를 괴롭히게 내버려두지 않는다.

♣ 황소자리 (4월 21일~5월 21일)

황소자리 닭띠들은 예지(叡智)와 권위가 있고 매우 침착하다. 황소는 확고한 결심을 주고 닭의 속성은 열성과 맹목적인 신심을 준다. 정치적 사무만을 가르키는 것이 아니고 무슨 일에서나 남다른 황소자리 닭띠들의 특성을 말한다.

천성적으로 권력을 소유하였기 때문에 약자에 대해 동정과 연민을 쉽게 느낀다. 그들은 언제나 관료의 부당한 처분에 대항하는 소외되거나 버려진 자들 편에 서 있고 나름대로 복잡한 세상을 살아갈 능력이 주어져 있지 못하다고 생각되는 사람을 도와주려 한다. 언제든 나약한 사람을 받쳐주고 상처받은 사람을 구원해 주며 또 장애인을 대신해 고용의 기회를 쟁취한다. 자신의 주머니를 털어서라도 좌절당한 사람을 도와 이 혼란스런 세상을 살아가게 하려는 경향은 자칫하면 자신을 희생자로 만들 수 있다. 처음에는 연민이나 선량한 마음으로부터 시작된 배려였으나 나중에는 열정적으로 그 일에 빠져든다. 그러므로 의식적으로 심리를 조절하지 않는다면 부지불식간 건강하지 못한 정감관계에 떨어질 수 있다.

인품은 토속적인 특질을 가지고 있다. 토양처럼 그윽함, 믿음성 있는 듬직함, 감각기관을 중시하면서도 성실하고 대범하다. 황소자리 닭띠들은 자연(自然)적인 어지러움 속에서도 질서를 지켜내는 것으로 이름 있다. 다소 과식하는 편이다. 황소자리 닭띠 중에서 몸집이 호리호리한 사람을 찾는 것은 매우 힘든다. 그들은 자신의 욕구에 따라 행동하는 특징을 가지고 있다. 그러나 그들은 자각성이 매우 강하므로 역시 어떻게 음식을 조절하고 요구할 것인지를 안다.

황소자리 닭띠들은 매우 총명하고 바탕이 든든하다. 제멋대로 오만하고 화려하게 사치를 즐기는 사람은 구해낼 약이 없는 보수(保守)적인 사람이다.

♣ 쌍둥이자리 (5월 22일~6월 21일)

겉으로 보이기 좋아하는 쌍둥이자리에 허풍떨기를 좋아하는 닭띠가 합해졌으므로 언제나 화려한 옷차림으로 자신감을 표출한다. 마치 무대 뒤의 옷장에서 방금 옷을 갈아입고 나온 듯 옷차림에 신경을 쓴다.

쌍둥이자리 닭띠들은 배우, 교직원, 의사 등 자신이 겉으로 드러나는 사업에서는 언제나 경쟁자를 이길 수 있다. 이는 천부적인 재능이다. 확실하게 어떤 서술 능력이 있으나 최상의 무기는 건강체이다. 어떠한 사정, 심지어는 질병, 좌절, 비애 내지 절망적인 역경에서도 절대로 의기소침하지 않는다.

쌍둥이자리 닭띠들은 늘 상사(上司)의 폼을 잡고 자기의 방식이 가장 효과적으로 일을 마무리할 수 있다고 생각한다. 느긋하게 타인을 움직이는 수단이 있다. 생활은 하나의 커다란 기반(棋盤)과 같다고 생각하고 그 기반에서 그와 사업을 함께 하거나 그가 사랑하는 사람은 모두 그의 움직임을 따라야 한다. 이것으로 자기가 확실한 승리자임을 확인하는 것이다. 그러나 만약 둘레 밖에서 자기의 배역을 알고 받아들인다면 그런 유희에 동참해서도 별로 불쾌해 하지는 않는다.

쌍둥이자리 닭띠들은 흔히 사람을 끄는 능력을 지니고 있다. 그들의 고귀한 몸가짐과 모습은 사교장에서 사람들의 주목을 끈다. 너그러운 인품으로 타인을 도와 곤경에서 구하지만 반드시 조건이 허락하는 한에서이다. 연약한 편이나 결코 담이 작고 주저하는 것을 말하는 것은 아니다. 모든 닭띠들과 마찬가지로 쌍둥이자리 닭띠도 역시 자칫하면 생활의 희생자가 될 수 있다. 그들의 모든 생활은 마치 빠르고 요동하고 사람을 놀래키고 자극적인 썰매타기와 흡사하다.

♣ 게자리 (6월 22일~7월 22일)

게자리의 온화함을 소유하고 있으나 닭띠의 대항적이고 마찰을 즐기는 성격을 다분히 갖고 있다. 그에게서 어떤 너그러운 용서를 받기는 매우 어렵다. 소문을 내지 않는 권위 추종자이니 사람들한테 밝은 모습을 보이면서도 매번 보복적인 결정으로 사람을 경악시킨다. 애초에는 그의 명랑함에 빨려들 수 있으나 깊이 사귈수록 뜨거운 불 앞에 선 듯한 느낌이다.

외향적인 성격은 그에게 타인을 돕게 하며 특히 새로 사귀는 사람한테 지원의 손을 내밀어 준다. 그러나 경계할 바는 게자리 닭띠인 사람은 쉽게 노하고 거친 성격이니 선의 중에도 어둡고 음험한 것이 있다.

게자리 닭띠들은 크게 잘 웃고 가정의 재미있는 일을 곧잘 이야기하여 즐거움을 준다. 사업을 열심히 하고 타인의 요청이 없더라도 주동적으로 새로운 안건을 제공한다. 성취욕이 강하고 토대를 튼튼히 하며 작은 일에는 마음 쓰지 않는다. 한가한 농담으로 시간을 허비하지 않고 음식을 낭비하는 것을 싫어한다.

그러나 직업이나 정감상에서 지나치게 조이면 쉽게 파열될 수 있으니 이것이 곧 게자리 닭띠들이 일상에서 부딪치게 되는 문제이다. 큰 게의 집게로 목표물을 꽉 집어 획득하나 어느 날인가는 또 닭띠의 개성이 드러나 우쭐대다가 '퍽!' 하고 실패의 고배를 마시게 된다. 하지만 잠깐의 휴식이 필요할 뿐 게자리 닭띠인 사람은 그래도 역시 다시 발을 튼튼히 붙이고 서서 큰 게의 집게로 목표를 겨냥한다.

게자리에 닭띠들은 결코 불행한 별자리가 아니다. 아주 정서적이지만 그러나 역시 다산적이고 효율적이다. 그들한테는 그 특유의 흥미로운 풍격이 있으니 특히 익숙한 환경에서 잘 드러난다. 말이 예리하며 남을 깔보는 사람들의 허물을 곧잘 꼬집는다. 타인을 사랑할 줄 알고 혜택도 준다. 그러나 자기가 결정한 것이면 어떤 경우라도 바꾸지 않는다.

♣ 사자자리 (7월 23일~8월 22일)

사자자리 닭띠들의 상당수는 재력을 필요로 한다. 주머니가 비면 곧 정서적으로 하락하고 성미가 조폭해진다. 약물(藥物)을 선택해 먹을 줄 알고

🐓

어떤 기만술을 써서라도 돈을 모은다.

강인한 외모는 다만 그들 역량의 일부분이고 그들은 평온을 잃고 파도치는 생활의 괴로움을 몹시 받는다. 늘 끝없는 몽상 속을 날다가 갑자기 어떤 충격을 받고 땅에 곤두박질한다. 그러나 역시 기적이 나타나 그들을 다시 일으키고 몸가짐을 새롭게 하고 원래의 그곳에서 새로운 출로를 더듬는다. 사자자리 닭띠들은 탄성(彈性)이 있고 굴함 없이 강하다.

때로는 자기 만족에 심취한다. 그들은 자아도취에 빠지거나 남들이 자신의 우수한 능력을 인정하지 않는다고 불평한다. 사자자리 닭띠들이 이런 두 가지 면에서 헤어나오지 못할 때 사람들은 그와 도저히 어울릴 수 없게 된다.

옷뿐이 아니라 어느 것이든 화려한 것이면 사자자리 닭띠들의 흥미를 불러일으킬 수 있다. 그들은 초라한 모습으로는 절대 문을 나서지 않으며 편안하고 자연스러운 복장에 스카프나 핀 혹은 머리장식 등으로 독특한 것을 사용한다.

사자자리 닭띠는 많은 벗을 사귄다. 그를 좋아하는 사람들은 그가 기뻐할 때든 아니면 실의에 빠졌을 때든 언제나 그의 주위에 몰려든다. 그의 일생은 실의가 많고 쾌락이 적다. 그러니 그와 사귀기를 원하는 벗들이란 모두 신속하게 우정을 다지는 사람들이다.

사자자리 닭띠는 재미있고 유희를 즐긴다. 총명하고 천분이 있으며 언제든 새롭게 시작할 수 있다. 새로운 타산이나 몽상은 그들 생활의 기본이다. 그러면서도 위험에 대한 공포를 갖고 있으니 이는 당연하다. 변화부단한 그의 생활에는 시시각각으로 위험이 도사리고 있기 때문이다. 자아 절제가 필요하고 환난 속에서 그를 도울 수 있는 지기를 사귀는 것이 바람직하다.

♣ 처녀자리 (8월 23일~9월 22일)

처녀자리 닭띠는 결심과 용기의 화신인 듯 그들에게는 무궁무진한 의지가 있다. 그들은 사회적 지위에 상당히 관심이 많고 젊어서 어렵게 지냈다면 중년 이후부터는 재물을 추구한다. 만약 그의 생활에 지위가 없다면 그는 그것을 쟁취하기 위해 고군분투할 것이다. 자기에게 맞다고 생각되는 일에 대해 다시는 의심하지 않는다. 만약 타인이 자신을 대수롭지 않게 생각하면 그는 상당히 불안을 느낀다.

처녀자리 닭띠는 모든 지식 탐구에 열정적이다. 아주 짧은 시간 내에 새로운 지식을 배우고 용하게 요점을 파악한다. 그에게는 선천적으로 교활함이 있어 어떤 환경이든지 재빨리 적응하고 기회를 포착하며 모략에 능하다.

처녀자리 닭띠는 지극한 개인주의자로 절대로 집에 틀어박혀 부모나 집에 만족하지 못하며 자신의 발전을 희생하려 하지 않는다. 그의 관심사는 어디까지나 자아추구이다. 그는 지나치게 이타주의(利他主義)도 아니고 역시 자유주의에 기울지도 않고 다만 그 자신을 채찍질할 뿐이다.

그러면서도 우정을 위해서라면 어떤 일이든 타인을 돕는다. 타인에게 사랑받기를 바라며 백방으로 그 사랑을 가꾸고 지켜려고 노력한다. 부드럽고 친절하며 타인과 천성적으로 잘 어울린다. 여행을 즐기고 여행에서 보고 듣고 느낀 것을 보는 사람마다 이야기한다. 음악과 극장을 즐기고 역시 훌륭한 비평가로서 어떤 의논이든지 타인에게 훌륭한 의견을 내놓는다.

그의 성격에서 가장 이채로운 것은 내재적인 자율감(自律感)이다. 자아에 충실하고 지극히 용감하다. 전혀 두려움을 모르는 것은 아니나 그러나 다수는 지혜롭게 처리한다.

♣ 천칭자리 (9월 23일~10월 22일)

천칭자리 닭띠는 의기소침하고 타락하거나 더없이 행복한 양극 사이를 옮겨다닌다. 다행히 천칭자리의 타고난 균형으로 닭띠의 오만하고 자부하는 차가움에 정감을 주며 고집스러운 보수성을 느슨히 풀어주어 잠시나마 상상 속을 거닐게 한다. 천칭자리 닭띠는 온화하거나 한편으로는 냉정한 사람이라고 할 수 있다.

닭띠의 정력을 천칭자리 속성에 주입할 때 그 실하고 투명함은 자잘하고 필요없는 이야기에조차 어느 정도 빛이 반짝이게 한다. 천칭자리는 일종의 자유로운 기분을 주는데 이는 오만하고 타인을 지배하기 좋아하는 닭띠에게는 부족한 점이다. 그만큼 천칭자리 닭띠는 온화한 태도로 스스럼없이 남을 대하기에 동료들의 사랑을 받는다.

때로는 '난 다 알고 있다'는 인상을 풍겨 사람들의 미움을 사거나 허풍을 떤다고 질책받는다. 사업에 충실하며 탁월한 재주로 이름을 날리려 한다. 무슨 일이든 되풀이하는 것을 좋아하지 않고 차라리 새로운 방법을 모색한다거나 하고 있는 사업에서 재능을 발휘하기를 바란다. 사람을 놀라게 하는 많은 재능을 가지고 있다.

대체로 천칭자리 닭띠는 시나 음악 창작에 천부적인 재능이 있어 예술가로 살아갈 수 있다. 타인과 의견충돌이 자주 일어나고 어찌 보면 철학적인 논쟁에서 쾌락을 느끼는 듯싶다.

♣ 전갈자리 (10월 23일~11월 22일)

이상주의적인 전갈과 닭의 속성은 좌절을 잘 극복하게 만든다. 생활은 흔히 정상 궤도에 올랐다가 다시 곤두박질하지만 놀랍게도 아픔이나 이혼 등의 실패에서 용케도 다시 일어선다. 겉으로는 약한 것 같지만 내면은 매우 강직하고 실하다.

될 수 있으면 유순하면서도 여유작작하기를 원하지만 그 포장을 벗겨보면 보기드문 보수주의자이다. 꾸밈이 없고 흔히 별다른 생각 없이 자신의 욕망이나 요구를 말한다. 말하기를 좋아하고 불만도 잘 표현한다. 때로는 타인에게 피해를 당했다고 생각하며 화를 내는 목소리가 남보다 높다.

꽤 천부적이면서도 노처녀의 성정을 소유하고 있으니 모든 물건이든 고정된 자리가 있어야 하고 무엇이든 놓여 있던 자리에 놓여 있어야 한다. 까다로울 정도로 트집을 잡고 생각이 민첩하다.

전갈자리 닭띠는 자신을 격려할 줄 알며 언제나 웃음띤 얼굴로 어려운 역경을 헤쳐나간다. 혹은 좌절을 당했더라도 침착하게 정서를 정리하고 타인의 비난에 쉽게 허물어지지 않는다. 강렬한 자아주의의 화신이며 여러모로 남다른 것이 많지만 아무튼 크게 흔들림 없이 사회에 적응할 줄 안다.

♣ 사수자리 (11월 23일~12월 21일)

사수자리 닭띠는 성정이 긴장되고 솔직하며 간절하고 쉽게 감동한다. 가는 곳마다 사람들에게 깊은 인상을 남긴다.

사수자리 닭띠는 젊어서는 자신의 이상이나 신념에 흥분하고 구식(舊式) 전도사의 행동을 본뜬다. 아프리카나 인도로 여행하여 가난한 사람을 돕거나 혹은 실의에 빠진 사람들을 돕는다. 그러나 어떤 일이든지 진실되게 자신처럼 하지 않는 것에 비애를 느낀다.

그리하여 사수자리 닭띠는 늘 가슴에 스며드는 어떤 이상 속에서 헤어나오지 못하지만 그렇다고 그것을 실현하는 것도 아니다. 어느 정도 열성이 부족한 사람한테는 이런 환멸은 의기소침하게 하거나 자괴감에 빠지게 하지만 사수자리 닭띠는 다만 며칠 내에 다시 원기를 회복하고 새롭게 준비하여 또 한번 새로운 출발을 시작한다. 말 그대로 진정한 입지자(立志者)는 끝까지 거꾸러지지 않는다.

사수자리 닭띠들은 훌륭한 인격을 갖추고 있으나 때로는 아주 조폭하고 무례하기까지 한다. 심심찮게 일상적인 대화 속에서 갑자기 가슴을 찌르는 말들을 쉽게 뱉어낸다. 피할 수 없는 역경과 도전에 부딪혔을 때조차도 더없이 생기 왕성하다. 굽히더라도 완전함을 추구하고 가족이나 벗에 대한 관심이 지극하다. 사실은 자신이 무슨 일을 하든 가정을 책임지고 자유의 영혼을 책임감의 그늘 속에 감춰둔다.

♣ 염소자리 (12월 22일~1월 19일)

염소자리 닭띠는 어느 정도 고귀하며 완전무결하게 보인다. 굴하지 않는 신념과 잘못을 솔직하게 인정할 줄 안다. 염소의 조심성과 닭띠의 보수적인 면이 조화롭게 공존하여 큰 충돌은 없고 절제가 많다. 정직과 자주성으로 필요하면 혼자 지내나 그래도 남들과 같이 지내기를 원한다.

뛰어난 매너에 기회포착 능력까지 있어 더욱 매력적이다. 타인의 눈길을 지나칠 정도로 의식하고 노력으로써 자기의 행위를 품평하는 사람들에게 호감을 얻는다. 관심이 많고 좀 경박한 꾸밈새에도 불안을 느끼지 않는다.

염소자리 닭띠는 타고난 여행가이고 예민한 생각과 남다른 호기심으로 언제나 낯선 곳에서 새로운 경험을 찾는다. 다른 유형의 사람들과 사귀고 이색적인 풍속과 문화에 접근하는데 큰 흥미를 느낀다.

염소자리 닭띠는 고집이 강하다. 누구도 극단적 현실주의자인 그가 어느 날엔가는 자살의 길을 걷게 된다는 것을 믿지는 못할 것이다. 자기가 누구보다도 많이 안다고 확신하고 그만큼 다른 사람들의 건의를 거절한다.

염소자리 닭띠는 늘 할일 없음이 불만이고 규칙적인 제약은 그의 적이다. 내용이 근사한 등록서를 작성하거나 줄을 서서 기다리는 것을 참지 못한다. 대체로 이곳저곳 다니기를 즐기고 그러나 어차피 해야 하는 수속절차마저 미룬다.

♣ 물병자리 (1월 20일~2월 18일)

물병자리 닭띠는 성공도 많이 하지만 실패도 늘 있다. 닭띠는 어떤 별자리에 들든지 일생에 길운과 액운이 엇갈리어 나타난다. 그러나 물병자리는 매우 우호적이고 선량하며 닭띠는 인내력을 갖추고 있으니 이런 특징은 길운이 트이기 전에 낭패를 보지 않도록 해준다.

길운에 지나치게 현혹하지 않고 생활에서 유일한 것은 변화라고 인정한다. 물병자리 닭띠는 자기의 지혜를 여러 가지 계획(그것이 정감상, 예술상의 것이든 혹은 그냥 상업적인 것이든)에 적용시킬 줄 안다. 즐거움의 순간성을 알고 영원한 쾌락을 믿지 않는다.

겉모양을 중요시하는 닭띠의 특징은 물병자리와 상극이다. 그럼에도 닭띠는 개성이 아주 강하여 성공을 향한 추구를 포기하지 않고 감정적이지 않다. 물병자리 닭띠는 말주변이 좋고 그것을 잘 이용할 줄 안다.

사상이 투명하고 민감하기에 자기의 결점이나 잘못을 잘 안다. 그러나 만약 사실을 명확히 파악하지 못하면 쉽게 긴장하거나 격동한다. 그러면서도 사실을 중시하는 것은 물병자리 닭띠의 천부적인 재능은 아니다. 사실을 덮어 자신을 보호한다. 그는 사실에 아름다운 외투를 입히거나 어두운 영상을 투영하거나 심지어는 투명하게 존재하는 사실일지라도 자신과는 무관하다고 생각한다.

물병자리 닭띠는 어느 정도 보수적이고 전통적이다. 언제나 사회와 풍속을 지킨다. 교활한 술수와 책략에 능하지만 특정한 누구의 사상이나 특히 자기의 주의에 몰두하기는 바라지 않는다.

♣ 물고기자리 (2월 19일~3월 20일)

물고기자리 닭띠의 가장 뚜렷한 특징은 남달리 뛰어난 적응력이다. 언제든 몸담고 있는 환경에 스스럼없이 어울린다. 무엇이든 변화되기를 바라며 신속하게 자신을 조절하여 적응할 줄 안다. 닭띠는 모험가이고 물고기자리는 여행을 즐기니 이곳저곳 다니는 것을 좋아한다. 논쟁과 불합리에서 탈출을 꾀하고 보상 없는 사랑에 눈물을 흘린다.

물고기자리 닭띠는 은근히 타인의 환심을 살 수 있는 능력을 의심하고 자기의 매력에 자신 없어 하며 자신의 외모에 대해 근심을 한다. 그러면서도 겉으로는 결코 이런 두려움을 표현하지 않는다.

마주 대하고 보면 물고기자리 닭띠는 오만하고 의지가 굳으며 과단성이 있는 듯하다. 언제나 자신의 완전한 것만 포장해 보이고 그것을 자랑한다. 가장 큰 결점이 바로 자신하는 것이고 그가 범할 수 있는 최대의 죄악은 거짓으로 꾸미는 것이다. 그러나 그 자신 역시 마음속으로는 그런 오만불손한 태도를 좋아하지 않는다.

물고기자리 닭띠는 매우 총명하다. 내면적으로 엄숙하면서도 겉으로는 미친 듯하고 어리석음을 파는 아이러니한 행위에서 그 총명함이 나타난다. 만약 그가 세상에 자기의 진실한 모습을 그대로 펼쳐보이도록 결정했다면 그는 세상과 평화적으로 어울릴 수 있을 것이다. 사랑스럽고 총명하고 창작력과 신비로운 품성이 넘칠 것이다. 돈을 위하여 인기를 끄는 책을 펴낼 수 있고, 어떤 모터싸이클 모임에 참가하거나 혹은 공중낙하를 체험할 수 있을 것이다.

'그러나 나는 결코 그렇게 하지 않을 것이다' 물고기자리 닭띠는 말한다. '나는 부지런히 사업하는 사람이고 홀로 작은 강아지를 데리고 산책하는 것을 즐길 것이다.' 물론 이렇게 생활할 수도 있겠지만 그대는 자신을 제대로 알고 그것을 실천해야 한다.

물고기자리 닭띠는 재능과 매력이 있고 환경 적응력도 뛰어나니 타인에 의탁하여 쾌락을 추구할 것이 아니라 자신 스스로 생활을 찾아야 한다.

8

❀ 태어난 시에 따른 닭띠의 운세 ❀

♣ 자시생 (子時生 : 오후 11시~오전 1시)

상큼한 매력과 호기심을 주는 존재이다. 쥐의 기질로 더욱 쾌활하고 친근감이 있다. 논쟁적이지만 좀더 유쾌한 방식으로 행한다.

♣ 축시생 (丑時生 : 오전 1시~오전 3시)

소의 기질은 두 발을 굳건히 땅에 딛고 변덕스러운 병아리를 끌어내기 위해 침착하게 행동한다. 그러나 닭과 소는 둘다 권력을 갈망하고 절대적인 권력이 주어지면 거칠게 휘두른다. 파리 한 마리 죽이려고 절구를 사용하는 사람이다.

♣ 인시생 (寅時生 : 오전 3시~오전 5시)

천성적으로 남의 마음을 끌지만 앞뒤가 맞지 않는 사람이다. 같은 숨결로 뜨겁게도 차갑게도 입김을 불 수 있는 사람이다. 닭띠의 분석적인 기질이 호랑이띠의 무감각 속에 잠겨버린다. 그리하여 결과는 정상적이지 않으며 그것은 잘못된 자기 신뢰에서 비롯된다.

♣ 묘시생 (卯時生 : 오전 5시~오전 7시)

언제나 자신이 먹을 벌레를 구해내는 조용하고 유능한 새와 같다. 문제는 별로 일으키지 않지만 허세를 부리는 데는 전문가이다.

♣ 진시생 (辰時生 : 오전 7시~오전 9시)

자신이 가진 권력의 극히 작은 부분이라도 남에게 빼앗기는 것을 허용하지 않는 사람이다. 용의 기운 때문에 자기 확신이 극에 달해 괴팍스러우며 두려움을 모른다. 교묘한 솜씨로 반대편을 제거해 버린다.

♣ 사시생 (巳時生 : 오전 9시~오전 11시)

지혜롭고 강인한 사람이다. 뱀의 성질은 그를 초연하고 비밀스럽게 만든다. 이 닭띠는 자신의 일에 몹시 신경쓰고 속으로만 생각을 품고 있다.

♣ 오시생 (午時生 : 오전 11시~오후 1시)

예민한 반사능력을 지닌 재치 있고 현실적인 닭띠이다. 말과 닭은 둘다 활달하고 화려한 취미를 지니고 있다. 그러나 말의 성질은 닭띠에게 실현 불가능한 일로 시간 낭비하지 말라고 가르친다. 그리하여 추구하는 일에서는 언제나 더 높은 보상금이 돌아간다.

♣ 미시생 (未時生 : 오후 1시~오후 3시)

사랑스럽고 조금 덜 독단적이며 부끄러움을 탄다. 양의 수줍음이 닭띠의 무모함들을 유화시킨다. 두 성질이 아주 좋은 작용을 한다.

♣ 신시생 (申時生 : 오후 3시~오후 5시)

교활하고 쾌활한 성격의 닭띠이다. 목적 의식이 투철하며 타협에 능숙하다. 항상 행운이 따르며 성공적이고 담력이 있는 사람이다.

♣ 유시생 (酉時生 : 오후 5시~오후 7시)

매우 까다롭고 유능하며 아무도 할 수 없는 비평을 하는 사람이다. 매우 뛰어나며 괴짜이고 특이한 사람이 되기 쉽다. 비할 수 없이 우수하다.

♣ 술시생 (戌時生 : 오후 7시~오후 9시)

계산적이고 변덕스러우나 공정한 사람이다. 개띠의 기질로 건방짐이 덜하고 고집이 덜 세다. 개와 닭은 똑같은 이상적인 정신과 날카로운 언변을 지녔으므로 이 둘이 결합하여 찬란한 빛을 발한다.

♣ 해시생 (亥時生 : 오후 9시~오후 11시)

당신이 좋아하든 말든간에 당신을 돕겠다고 우기는 자기 만족적인 닭띠이다. 외면상으로 재기발랄하며 사교적인 멋쟁이이다. 그러나 이기적인 것은 아니며 부정직한 것은 생각도 못하는 사람이다.

9

❀ 닭띠 해에 대하여 ❀

원숭이띠 해의 낙관론이 닭띠 해로 이어진다. 이 해에는 과도한 확신으로 터무니없는 계획을 세우기 쉽다. 화려한 닭은 밝고 즐거운 날을 가져오지만 또한 에너지를 분산시키기 쉬우므로 현실적이고 확실한 길로 가도록 해야 한다. 제발 올해에는 계획을 너무 많이 세우지 말라!

큰 일을 하려면 많은 노력을 해야 하는 해이다. 투기적인 모험을 삼가라. 실망과 갈등이 따를 것이다. 닭은 자신의 권위를 과시하기 좋아해서 그의 지배적인 태도로 많은 갈등이 일어난다. 그러나 닭은 훌륭한 관리자이며 양심적인 정의의 관찰자여서 대체로 평화로운 해가 된다. 닭의 극적인 성격이 여러 가지 사소한 분쟁을 일으킬 수 있으므로 닭띠 해에는 만사가 균형 잡히지 않고 불안정하다.

작은 것을 얻기 위해 최대한 노력을 해야 하는 때이다. 지나치게 법석대지 말라. 나무 한 그루 한 그루를 세세히 관찰하되 전체를 봐야 한다. 주의하라. 목표를 너무 높이 잡지 말라. 좌절하기 쉽다.

정치적으로는 강경노선이 고수된다. 외교는 의미 없는 헛소리를 하는 궤변론자들에 의해 지배된다. 국가간에는 서로 위력을 과시한다. 그러나 진짜 대결은 없을지 모른다. 모두가 다른 사람들이 말하는 것을 듣고 그것에 관심을 기울이는데 지나치게 사로잡혀 있다. 닭의 자아의식의 영향으로 우리는 아주 사소한 것에도 화를 낸다. 우리가 생각하고 계획한 찬란한 영상들에 대해 몹시 과시하는 경향이 있다. 모든 방향에서 불화와 투쟁이 일어나는 것은 닭의 싸우기 좋아하는 성향 때문이며 그러한 불화가 올바른 내용으로 수용되었을 때는 누구에게도 화를 미치지 않을 것이다.

단순한 일들을 복잡하게 만드는 닭의 교묘한 솜씨에도 불구하고 낙관적인 한 해가 될 것이다. 한 가지 분명한 것은 닭띠는 빈손으로 나타나는 일이 거의 없다. 결코 배가 고픈 일이 없는 충족한 새와 같은 한 해가 된다. 새로운 일을 하기 전에 두 눈을 똑바로 뜨고 입은 꼭 다물고 사물의 실제와 형상들을 관찰하라. 심한 역경을 피해가야만 한다. 신경은 약간 날카롭지만 주머니는 항상 두둑할 것이다.

10

✿ 해에 따른 닭띠의 운세 ✿

♣ 쥐띠 해

힘든 해이다. 금전이 부족하고 타인이 자신의 돈을 낭비하므로 열심히 저금해야만 한다. 친구들은 큰 도움이 되지 않으며 도움을 청해도 거절당한다. 혼자서 자기의 문제를 해결하려고 애쓰기 때문에 집안에 골칫거리와 건강의 불편이 예상된다. 신중함과 많은 절제가 필요한 해이다.

♣ 소띠 해

회복되는 해이다. 잃어버린 힘을 보상하고 역경을 극복하거나 외부의 도움을 받을 수 있는 해이다. 가정에 희소식이 있고 여행할 일이 있다. 피를 많이 흘릴 수 있으니 날카로운 물건에 다치지 않도록 조심해야 한다. 또한 수술을 받을 수 있다.

♣ 호랑이띠 해

사건이 많은 해이다. 금전적으로 행운이 있고 사업투자에서는 매우 풍부한 결실이 맺어질 것이다. 가정에 약간의 근심이 있으나 일반적인 계획들은 순서에 따라 실행된다. 하지만 만사가 자기의 능력에 비해 너무 빨리 돌아갈 수 있으니 주의를 기울여야 하는 해이다. 너무 낙천적으로 생각해서는 안 된다.

♣ 토끼띠 해

바깥 일에 신중하면 좋은 해가 될 것이다. 이 해에 투자하는 것은 위험하니 요행을 바라서는 안 된다. 금전의 손실이 예상된다. 계산을 잘못하기 쉽고 예기치 못한 경비로 인해 이익이 잠식될지도 모른다. 이 해에는 독립적인 행동 대신 다른 사람들과 힘을 합치는 것이 좋다.

♣ 용띠 해

매우 유익하고 번창하는 해이다. 성공의 햇살이 비치므로 지도적 위치를 차지하거나 자신의 운명을 형성할 힘을 얻게 된다. 가정과 건강은 별탈 없으나 욕구불만으로 긴장하고 피곤하게 될 수 있다. 가정에 출생이나 결혼이 있다.

♣ 뱀띠 해

닭띠에게 여전히 행운이 따르는 해이다. 어느 정도의 발전이 예상되고 행운이 있어 현재의 좋은 위치를 계속 유지할 수 있다. 감탄할 정도로 지출을 줄여도 큰 돈은 모으지 못한다. 또한 일시적인 사고나 악의에 찬 소문이 나돌기 쉽다. 그리고 필요치 않은 장거리 여행은 삼가야 한다.

♣ 말띠 해

시련의 해이다. 이 해에는 장애를 많이 만날 것이므로 조급하게 많은 것을 기대해서는 안 된다. 뒤에 나쁘게 변할 수 있는 것들의 일시적인 모습에 현혹되지 않는다면 그런대로 나아갈 수 있다. 적들과 내키지 않는 타협을 해야만 할 것이므로 정치적으로 행동하고 외교술을 사용해야 할 때이다. 작업환경은 싸움이 일어나기 쉽고 불행한 일이 있다. 가정에는 좋은 소식이 예상된다.

♣ 양띠 해

닭띠에게는 안전하고 보호받는 좋은 해이다. 격동이 없고 나날이 기쁨을 향유하며 잃어버린 영지를 회복하고 직업에서 어떤 진전이 예상된다. 문젯거리는 여전히 많지만 직접적으로 영향을 주지는 않는다. 생활은 더욱 고요하며 안정된다. 긴장이 완화되고 훌륭한 직업을 얻을 수 있다.

♣ 원숭이띠 해

복잡한 해이다. 재정적인 문제에 부딪히고 사업이나 직업에서 실패하며 가정에는 사적인 고통이 있다. 판단할 때 실수할 우려가 있으므로 외부 정보에 의존해서는 안 되며 철저히 자신의 정보에 기초를 두어야 한다. 만사 돌아가는 일이 실제보다 더 나아보일 수 있다.

닭 띠

♣ 닭띠 해

닭띠에게는 금의환향을 하는 해이다. 문제들을 비교적 쉽게 풀 수 있으며 자신의 생각을 지지해 줄 영향력 있고 힘있는 사람들을 만난다. 여전히 분쟁에 휘말릴 수 있으나 뜻하지 않은 사고나 재난 속에서도 해를 입지 않고 빠져나올 것이다.

♣ 개띠 해

잃어버린 권력과 지위를 회복할 수 있으므로 행운의 해이다. 여행이나 많은 즐거움이 예상된다. 얻는 것도 보통이고 잃는 것도 미미하다. 마음먹은 계획들이 쉽게 실현되지만 개인적인 삶은 눈에 띄지 않는 불행이나 마음앓이로 어두워질 것이다.

♣ 돼지띠 해

예상치 못한 어려움들에 의해 야기된 걱정거리들이 그를 괴롭히는 소란스러운 해이다. 가정에 고통이 있고 직업에 일시적인 정체가 있다. 믿었던 친구가 거짓 충고를 하거나 자신의 재산 능력 이상으로 과용하도록 부추길지도 모른다. 좋은 소식은 가볍게 듣고 계획을 세울 때는 신중해야 한다.

11

❀ 닭에 대한 이야기 ❀

'닭머리의 볏은 문덕(文德)이요, 날카로운 발톱은 무덕(武德)이다. 상대
방과 용감히 싸우는 것은 용(勇)이고, 먹을 것을 놓고 부르짖는 것은 인
(仁)이며, 여명과 함께 어김없이 때를 알려주는 것은 신(信)이다.'

닭의 다섯 가지 덕을 두고 한 노나라의 전용의 말이다.

(1) 닭소리를 미끼 삼은 여우

닭이 개와 함께 먼길을 걷게 되었다. 해가 저물자 어디서 자야 될지 걱
정이 생겼다. 아무데서나 자다가 사나운 짐승이라도 만나면 큰일이었기
때문이다. 주위를 둘러보니 마침 구멍이 뚫린 큰 고목나무가 서 있었다.
그 구멍은 매우 넓어서 충분히 들어가 잘 수 있을 것 같았다.

"됐어, 오늘밤은 여기에서 자고 가자."

그리하여 개는 구멍 안으로 들어가고 닭은 구멍 위에 있는 나뭇가지에
올라앉아 자기로 하였다. 먼길을 걸어서 피곤해진 개와 닭은 곧 잠이 들었
다. 한참 달게 자고 난 닭이 하늘을 보니 새벽이었다. 닭은 새벽이면 꼭 홰
를 친다.

"꼬끼요, 새벽이다. 다들 잠을 깨거라."

그러나 개는 일어날 생각을 않고 나무구멍 안에서 쿨쿨 자고 있었다. 숲
속에 사는 여우는 닭소리를 듣고 눈이 휘둥그레졌다. 전에는 한번도 들어
본 적이 없는 소리였기에 이상하게 여기면서 곧 닭을 찾아나섰다.

이른 아침부터 맛나는 닭고기를 먹게 되나보다 생각한 여우가 부리나케

달려와 보니 닭이 높은 나뭇가지 위에 앉아서 잡을 수가 없었다. 닭을 꾀여 내려오게 해야겠다고 생각한 여우는 일부러 상냥한 목소리로 말했다.

"아, 이것 닭님이 아니시오? 아주 아름다운 노랫소리가 먼 데까지 들려오더구만요. 닭님은 참 고운 목소리를 가지셨는데 어디 이리 내려와서 다시 한번 불러보시구려. 아름다운 노랫소리를 가까운 데서 한번 듣고 싶어요."

그러나 여우의 꾀에 넘어갈 닭이 아니었다. 닭은 잠자고 있는 개의 도움을 받아야겠다고 생각하고는 이렇게 말했다.

"여우님이 제 목소리를 아름답다고 하는데 노래쯤 불러드리는 건 어렵지 않아요. 그런데 이 나무에서 내려가려면 문지기가 일어나야 한답니다. 문지기는 지금 이 나무 아래에서 자고 있으니 큰소리로 깨워주세요."

"문지기가 있다구요? 그럼 깨울 테니 꼭 내려와서 노래를 불러주세요. 그만한 청이야 못 들어 드리겠어요?"

이젠 영락없이 닭고기를 먹게 되었다고 생각한 여우는 흐뭇하여 나무 구멍을 향해 소리쳤다.

"문지기야. 어서 문을 열어라. 닭님이 노래하러 내려오시겠단다."

나무 구멍 속에서 여우의 잔꾀부리는 소리를 듣고 있던 개는 벌떡 일어났다.

"이놈의 여우야, 누굴 잡아먹으려고 예까지 왔느냐? 어디 목덜미를 콱 물어놔야 정신을 차리겠느냐?"

개의 말에 깜짝 놀란 여우는 혼비백산하여 줄행랑을 놓고 말았다.

(2) 해를 불러낸 수탉

뽕나무를 무척 소중히 여기는 사냥꾼이 있었다. 하루는 사냥을 나갔다가 돌아와보니 뽕나무가 말라죽어 있었다. 이건 틀림없이 해와 달이 밤낮으로 뽕나무를 못 살게 군 때문이라고 여긴 사냥꾼은 복수하리라 결심하였다.

이튿날 사냥꾼이 낮에는 해에게, 밤에는 달에게 활을 쏘아 명중하자 해와 달은 얼굴을 감추고 말았다. 이렇게 되자 세상은 뒤숭숭해지기 시작하였다. 사람뿐만 아니라 짐승들과 새들도 고통스러워했다. 매일 같이 깜깜하기만 하니 날로 살아가기가 어렵게 되었다. 마을 사람들은 사냥꾼을 원망했지만 이미 소용없는 일이었다. 하루는 마을 사람들이 한자리에 모여 의논한 끝에 암소를 시키고 호랑이를 시켜 해님을 불러보았지만 소용이 없었다. 그 사이 어느덧 고통스러운 3년이 지났다. 그때 한 마리의 수탉이 나섰다. 수탉은 하늘을 향해 길게 목을 빼들고 소리쳤다.

"꼬꼬댁 꼬꼬……. 해님, 해님. 어서 얼굴을 보여주세요."

그러자 수탉의 삼촌되는 해님은 얼른 얼굴을 내밀었다.

기쁜 것은 사람들뿐만 아니라 세상에 나오고 싶어하던 해님도 마찬가지였다. 해님은 수탉에게 감사하여 빨간 볏을 하나 던져주었다. 그런데 너무 서두르다가 그만 실수하여 거꾸로 꽂고 말았다. 그리하여 수탉의 머리에는 지금과 같이 빗살이 위로 향한 빨간 볏이 달리게 되었다고 한다.

(3) 닭과 악어는 형제

암탉 한 마리가 먹이를 구하려고 매일 냇가에 나갔다. 하루는 악어가 가까이 다가와서 닭을 잡아먹으려 하였다.

"애, 우린 형제야. 나쁜 짓 하지 말아."

닭의 말에 악어는 놀라서 '왜 나를 형제라고 부를까?' 하고 이상하게 생각하면서 돌아가는 도중에 도마뱀을 만났다.

"닭이 나를 보고 형제라고 부르는데 그 이유를 모르겠어."

악어의 물음에 도마뱀이 말했다.

"그 이유를 모른다니 참 수치스러운 일이야. 오리가 물에서 살면서 알을 낳지 않느냐? 자라도 알을 낳고 닭도 우리와 같이 알을 낳으니 어찌 형제가 아니겠느냐?"

도마뱀의 해석을 듣고서야 악어는 비로소 영문을 알게 되었다. 지금까지도 아프리카 서쪽에서는 악어가 닭을 잡아먹지 않는다는 이야기가 전해지고 있다.

열한 번째 간지
개띠

도의와 인정에 각별하며 솔직하고 충성스럽다.

격정이 넘치고 훌륭한 스승, 좋은 벗이 될 수 있으니 앞길이 트인다.

죽어도 변치않을 우정을 품고 목숨조차 서슴없이 내바칠 수 있는 충성심이 있다.

1

🐾 개띠의 전체적인 성격과 운세 🐾

걸핏하면 성을 내고 누구도 두려워하지 않는다. 옛것을 고집하고 쉽게 흥분하니 감격의 눈물이요, 분노에 조폭하나 다만 자기가 존경하는 선배나 은사의 말이라면 무조건 따르고 깍듯이 대한다. 다시 말하면 정서가 불안정하고 감정 기복이 심하며 인정이나 의리를 중히 여긴다. 모두가 다 그런 것은 아니지만 개띠 대부분이 이런 기질을 가지고 있다.

개란 동물은 언제부터 지구에 살게 되었는가? 확실하지는 않지만 대체로 인류와 거의 동시에 출현한 것으로 추정한다. 그런데 사람과 개의 접촉은 만 년 이상의 역사를 기록하고 있으니 사람이 개를 키운 것은 대체로 신석기시대로 확인된다. 사람이 개를 길러 집을 지키게 하고 수렵에 사용한 후로 개는 사람을 따르면 언제든지 먹을 것을 획득할 수 있게 되었다. 주인을 알고 충성하여 주인의 지극한 사랑을 받으면서 다정한 친구와 공동생활을 하게 되었다.

개띠는 개의 이런 특성을 소유하고 있으니 자기가 존대하는 이한테는 목숨조차 서슴없이 내바칠 수 있는 충성심이 있다. 사랑하는 사람의 소망이라면 하늘의 달이라도 따오려 하고 마음을 함께 하는 벗에게는 죽어도 변치 않을 우정을 품고 조금도 미안함이 없도록 한다. 이는 개띠의 최대 특징이다. '고양이는 집을 따르고 개는 주인을 따른다' 는 속담이 시사하듯이 개띠는 무엇보다도 선택 기준을 가세(家世)나 재부가 아니고 상대방의 마음 바로 그것이다. 이렇게 개띠는 이른바 '의리를 중히 여기는' 유형이고 그만큼 사람이 단순하면서도 솔직하다.

활발하고 일에 열심이며 직관력(直觀力)도 예민하고 총명하다. 마치 사

개 띠

냥개가 곰이나 산돼지와 용감히 맞서듯 주인을 위해서는 목숨이라도 서슴없이 바친다. 십이지(十二支) 중에 개가 사람한테 제일 친근한 것처럼 개띠인 사람도 비할 바 없이 유머감각이 뛰어나다. 개띠 중에 내향적인 사람이라도 평소에는 조용하고 말수가 적지만 일단 기분이 좋으면 사람들과 쉽게 어울리는 한편 도저히 참을 수 없는 경우에는 글이 칼날 같고 풍자와 '욕설'도 서슴없다.

대체로 과묵한 사람은 별로 없고 대부분 곧은 성격이며 떠들썩한 것을 좋아하는 것이 특징이다. 개는 주인 외에 낯선 사람을 보면 짖는데 이는 감정 기복이 심하기 때문이다. 대체로 개띠가 날카롭고 야박한 것은 역시 이와 비슷한 원인 때문이다.

개띠인 사람은 자기가 남보다 앞서려 하기보다는 훌륭한 지도자와 좋은 친구를 만나야 크게 성공할 수 있다.

드라마에서 오직 주인공역을 해야만 성공하는 것이 아니듯 인간 사회 역시 모든 사람의 위에 군림해야만 성공한 것은 아니다. 간혹 타인의 위에 있다 해도 역시 곁에 힘을 주는 사람이 있어야 하고 아래에도 받혀주는 사람이 있어야 한다. 영화계에서 주연보다는 조연이 훨씬 이름을 날리는 경우가 적지 않으니 이는 배역을 자신이 적절하게 연기했기 때문이다. 인생도 이와 마찬가지다.

개띠의 뒤에는 항상 고문이나 막료가 있다. 바꾸어 말하면 이런 사람들이 있기에 비로소 남보다 뛰어날 수 있는 것이다. 다른 것은 그만두고라도 개띠는 대체로 이론적인데 다만 이론에 머물고 그것을 행동에 옮기는 실행력, 결단력이 부족하다. 곁에서 누구라도 이끌어주는 이가 없다면 어떤 이론이든 공허한 소리가 되고 만다. 개띠가 자신의 재능을 묻어버리는 것은 대체로 이에 원인이 있다.

2

✿ 개띠에게 적합한 직업 ✿

일생의 운세를 보면 젊어서는 타인의 가르침하에 사업에서 자신의 실력 이상을 발휘하고 모든 것이 순조롭다. 그러나 중년에 들어서부터 하강세를 보이면서 변통성이 없고 실행력과 결단력이 부족하여 한 자리에 머물고 마는 것이 보통이다. 만약 집단 속에 계속 머물 수 있다면 그 단체에 속해 있는 것이 상책이다. 앞에서 언급했다시피 배역도 역시 주연보다 높은 평가를 받을 수 있으니 도저히 주연이 될 수 없더라도 비관할 이유가 없다.

그래도 기어이 독립할 것 같으면 관용과 독립할 수 있는 기개를 키워야 한다. 가능한 현명한 지도자를 찾고 투철하게 배우고 익혀야 함은 더 말할 것도 없다.

희생적이고 봉사적인 직업이나 타인한테 기쁨을 주고 직업을 선택하는 것이 바람직하다.

3

✿ 개띠에게 적합한 결혼 상대 ✿

개띠들은 남녀를 불문하고 한 사람을 사랑하면 끝까지 사랑한다. 그러나 좋고 싫음이 분명하여 여성의 경우 '사랑'을 확인하기 전에 일단 상대방이 자신의 배우자가 아니라고 판단되면 아무 미련 없이 바로 이별한다.

또 개띠 여성은 대체로 까불고 제멋대로 행동하는 성격이며 애정에 민감하고 그 표현이 직접적이다. 순진하고 타인을 사랑하는 마음이 많기에 대체로 일찍 결혼하는 편이다.

그러나 결혼 후에도 도무지 집에 조용히 있지 못하여 적지 않은 사람들이 결혼 후 직장을 찾는다. 물론 출생한 시간대에 따라 다소 차이는 있을 수 있다.

개띠 남성 또한 감정의 기복이 크고 어느 정도 히스테리적인 면도 있으나 일단 한 사람을 사랑하면 흔들림 없이 끝까지 사랑한다. 일반적인 교제라도 절대 오락적으로 생각하지 않는다. 그들은 결혼을 전제로 한 교제가 실제적이라고 할 수 있다.

♣ 쥐띠

누구보다도 쥐띠 남성이 가장 적임자이다. 개띠는 희로애락의 감정이 아주 강하므로 그대와 함께 근심을 나누고 기쁨을 즐기기란 실로 피곤한 일이다. 상당히 조심스럽게 매사를 대하고 얼굴을 보고 마음속의 '날씨'를 알며 치밀한 생각과 임기응변의 대처능력이 있어야 그렇지 못하면 도저히 유쾌한 분위기를 만들 수 없다. 그런 조건을 모두 구비한 사람이 바로 쥐띠이다. 그러나 이런 그대가 쥐띠 남성을 멸시하려는 방향으로 나갈 수 있다. 사실 상대방은 남자이고 그대의 남편이기에 마땅히 여러모로 그를 존중해야 한다.

♣ 소띠, 범띠, 용띠

그대가 히스테릭하게 소리치는 것은 마음속에 늘 초조함과 불안감을 가지고 있기 때문이다. 바꾸어 말하면 누구에겐가 그대의 근심을 기댈 수 있는 사람이 있으면 그대의 불안은 가라앉을 수 있다. 소띠, 범띠, 용띠들은 모두 넓은 포용력의 소유자로 작은 일에 구애받지 않는다. 그들은 넓은 도량으로 만약 그대가 사회의 공익을 위해 일한다면 흔쾌히 받아줄 것이다.

특히 범띠와 용띠들은 사랑을 속삭일 때 지나치게 자기 중심적이어서 적합한 상대가 아닌 듯하지만 결혼하고 보면 그대의 행동을 부드러운 눈길로 살펴보아 주니 아주 이상적인 연분이라고 할 수 있다. 소띠들은 비록 행동이 느리지만 가정을 돌보고 자녀를 사랑함에 조금도 나무랄 데가 없다.

4

✿ 개띠에게 적합한 연애 상대 ✿

개띠인 그대는 결혼을 전제로 이성교제를 하기에 단순히 즐기는 상대는 아니다. 그러니 연분이 있는 남성도 역시 이런 부류에 속하는 사람이다. 이를테면 조금도 흐트러짐이 없는 닭띠나 선량하고 순종적인 양띠가 그렇다. 그러나 닭띠는 입을 닫지 못하니 깊이 사귈수록 그대는 그의 잔소리에 거부 반응을 보일 수밖에 없고 그리하여 그와의 관계는 자연히 불편해질 수 있다.

양띠는 성정이 너무 순종적이어서 깊이 사귈수록 혐오를 느낄 것이다. 양띠는 어느 정도로는 이상주의자이니 일이 조금이라도 뜻대로 되지 않거나 역경에 빠지기만 하면 그대로 비관하고 의기 소침해진다. 결국 사나이의 기개가 없는 것이니 남자 친구로는 괜찮을지 모르나 결혼 상대로는 추천할 바가 못 된다.

5

✿ 개띠가 피해야 할 상대 ✿

한마디로 말하면 그대와 결혼 연분이 없는 상대는 바로 그대와 같은 개띠 남성이다. 이런 궁합은 둘다 감정 기복이 격하고 정서가 불안정하기에 일단 유쾌하지 못할 때에는 밥이 잘 되지 못했다거나 변기가 물이 새는 등 자질구레한 일로도 서로 소리치고 욕하는 '전쟁'으로 바뀌어 휴전 없이 결판을 내는 수도 있다.

그러나 이보다 더욱 근본적인 것은 남녀를 불문하고 개띠는 의심이 많다. 충성심이 강한데 반하여 티끌만한 작은 일을 두고도 서로를 의심하면서 일을 아예 사경으로 끌고 간다. 아내는 남편의 호주머니에서 술집이나 다방 이름이 새겨진 라이터를 발견해도 대뜸 남편의 행위에 극도의 질투심을 불태운다. 이에 반하여 개띠 남편도 대체로 이와 같다.

이렇게 보면 이들의 궁합은 부부간에 서로를 신임하지 못하고 서로 기댈 수 없는 관계를 내포하고 있는 것이다.

더 말할 것 없이 애정이란 서로 신뢰를 바탕으로 싹이 튼다. 아무튼 두 사람 사이에 애정의 토대가 되는 신뢰관계가 상실되니 연분 같은 것은 근본적으로 운운할 필요조차 없다. 그대가 여성으로서 도저히 질투심을 억제하지 못한다면 개띠 남성과의 결혼을 삼가는 것이 훨씬 바람직하다.

다음으로 연분이 깊지 못한 것은 뱀띠 남성이다. 뱀띠 남성도 역시 개띠 남성처럼 의심이 심하다. 이와 동시에 그대는 직관적으로도 뱀띠가 본성적으로 교활하다는 것을 알 수 있다. 그런데 그대 또한 마찬가지로 침묵을 지키지 못하고 히스테리컬하게 꼬치꼬치 따질 것이니 그 결과는 불을 보듯 뻔하다.

결혼, 연애 상대 – 개띠 여성

12간지	쥐	소	범	토끼	용	뱀
결혼 상대	◉	◉	◉	△	◉	✖
연애 상대	◎	◎	△	◎	△	◎
12간지	말	양	원숭이	닭	개	돼지
결혼 상대	◎	◎	◎	△	✖	◎
연애 상대	◎	◉	△	◉	△	◎

결혼, 연애 상대 – 개띠 남성

12간지	쥐	소	범	토끼	용	뱀
결혼 상대	◉	◎	◎	◉	✖	◎
연애 상대	△	◎	◎	◎	◎	◎
12간지	말	양	원숭이	닭	개	돼지
결혼 상대	△	✖	◎	✖	✖	◎
연애 상대	◉	◉	△	◎	△	△

아주 좋음 ◉   좋음 ◎   주의할 것 △   피하는 것이 좋음 ✖

6

🎴 혈액형에 따른 개띠의 운세 🎴

♣ A형

혈액형이 A형이며 개띠인 사람은 성실하고 믿음직하며 인의(人意)를 잘 풀어낸다. 타인과 잘 사귀고 벗에게 열정적이며 어려움이 있으면 서슴없이 나서서 돕는다. 벗에게 도움을 받으면 반드시 갚는다.

천성적으로 정의로움이 있고 애증(愛憎)이 분명하다. 불공정한 일에 맞서 상대방을 질책하고 정의를 지킨다. 대쪽 같은 성격은 더없이 귀하다.

성격이 솔직하고 무슨 일이나 숨기지 않으며 전혀 계교를 부리지 않고 벗을 궁지에 몰지 않는다. 위인이 정직하여 아첨을 하지 않고 허풍을 떨지 않는다.

솔직하여 무의식중 많은 '적'을 두게 되니 일단 사업에서 조그마한 실수가 생겨도 여러 곳에서 공격을 받는다. 매사 자신을 억제하고 너무 지나치게 정의를 주장하여 타인을 매도하지 말아야 타인이 기회를 잡아 드세게 반격하는 것을 예방할 수 있다.

인생이 어렵고 곡절이 많다. 미움을 산 사람이 많은 탓으로 동맹자나 지지자를 얻기 어렵고 기회도 매우 적다. 자신의 꺾이지 않는 노력과 고심과 부지런함에도 불구하고 역시 길은 멀고 고난이 첩첩하다.

그래도 나중에 크게 되니 젊어서 뼈를 깎는 노력에 앞길은 밝아지고 다시 중년에 이어지는 노력에 틀림없이 좋은 날을 맞을 것이다.

♣ B형

혈액형이 B형이며 개띠인 사람은 온건하게 자기의 갈 길을 걷는다. 심성이 곧으니 절대 중도하차하지 않는다.

시비가 분명하고 정의로우며 악을 원수처럼 미워한다. 벗한테 열정적이고 어려움이 있을 때 서슴없이 나서서 도우며 은혜를 입으면 반드시 갚는다.

성격이 솔직하고 투명하며 남을 해치려 하지 않고 벗을 배반하지 않는다. 정직하고 아첨을 모르며 허풍을 떨지 않는다. 남달리 뛰어난 재주를 소유하고 있어 자기의 능력으로 생활한다.

성격이 곧으니 생각이 흩어짐이 없고 진실한 벗을 절대 배반하지 않는다. 좀체로 꺾이지 않는 성격이니 자기의 인생 목표를 실현하기 위해서는 어떤 위험이나 어려움에 부딪치더라도 주저없이 밀고 나간다. 그만큼 또 성격이 고집스러운 데가 있으니 심정이 좋지 않을 때는 누구의 권고와 위안에도 마이동풍이다.

좀 제멋대로 하는 습성이 있지만 남을 해치지는 않으며 마음이 선량하여 특히 어려움을 당하거나 가난하게 사는 사람을 동정한다. 타인이 자기를 아무리 융통성이 없고 생기가 없다고 해도 그냥 나름대로의 방식으로 생활한다.

일생을 평범하게 보내니 이렇다 할 곡절이나 어려움이 없고 역시 별로 큰 성장이나 변화도 없이 다만 사회의 하층에서 담담하면서도 충실한 생활을 보낸다.

개 띠

♣ AB형

혈액형이 AB형이며 개띠인 사람은 표정이 냉담하고 고집스럽다. 담소를 즐기지 않고 언제나 차가운 눈길이다. 타인을 대함에 우호적이지 못하며 늘 표정이 돌변해 그의 괴기(怪氣)는 사람을 두렵게 한다. 그러나 마음은 한없이 선량하고 부드럽다. 일에 흐트러짐이 없고 타인이 일을 어물어물 해치우는 것마저 용서하지 않는다. 마음에 애수(哀愁)가 많고 감상적이며 어렵게 사는 사람을 동정하고 힘껏 돕는다.

부지런하고 실제적이며 노력가다. 책임감이 강하고 일이 깔끔하며 질서정연하다. 원칙대로 하고 개척정신과 창조정신이 없다.

일상에 너무 조심스럽고 과단성과 지혜로움이 부족하다. 그러니 일생에 별로 큰 성장이 없고 평범하다. 혹시 좋은 기회가 있더라도 포착하지 못하고 우유부단하면서 중대한 결정을 감히 하지 못하고 만다. 좋은 기회를 그대로 놓치고 만다. 자제력이 지나쳐 변화없이 규칙적으로 하루하루, 한해한해를 보낸다.

생활은 평범할지라도 평범하지 않은 마음을 소유하고 있다. 오랫동안 접촉하다 보면 아주 친절하고 인정이 있음을 알 수 있다. 의롭고 대범하며 솔직하고 성실하다. 부모와 자녀에 대하여 강한 정을 갖고 있으니 이런 감정은 누구도 비할 바가 없다.

♣ O형

혈액형이 O형이며 개띠인 사람은 의리가 깊고 인정을 앞세우니 때로는 자기가 손해를 보더라도 남에게 폐를 끼치려 하지 않는다. 언행이 바르고 벗한테 조금의 사심도 없으니 벗에게 어려움이 있으면 힘껏 도우며 심지어는 불 속이라도 뛰어든다. 일에서는 조금도 흐트러짐이 없다. 악을 원수처럼 미워하고 악인이나 그릇된 행위에 주저없이 맞서서 목숨이라도 내바친다.

머리가 영활하고 영도력을 소유하고 있다. 학업 성적이 뛰어나고 사업에서도 실적이 뛰어나 스승이나 상급자에게 사랑을 받는다. 그러나 때로는 동기나 선생, 혹은 상급자의 마음을 사기 위해 자기를 속이고 아첨하기도 한다.

사람들과의 교제가 원만하여 때때로 벗을 불러 모임을 마련한다. 쉽게 타인을 믿고 벗의 권고나 주장에 따르다 보면 자기를 잃는다. 독립적인 인격이 완성되지 못했다. 그러나 청렴하고 정직하며 작은 손실에 개의치 않는다.

7

❈ 별자리에 따른 개띠의 운세 ❈

♣ 양자리 (3월 21일~4월 20일)

양자리 개띠는 마음이 선량하고 사업에 열심이나 어느 정도 야심이 있다. 때로는 마음이 불안하나 조금도 남을 해치려는 마음이 없다. 순결하고 사악함이 없다. 양자리는 군인 기질을 가진 탐험가이며 수호천사이다. 타인도 역시 그것을 인정한다.

개띠는 항상 긴장하고 의심이 많으나 일단 선(善)한 양자리와 결합되면 적절한 균형감각을 나타낸다.

천성적으로 매우 활동적이므로 늘 일을 찾아하거나 외출한다. 집안에서 한가롭게 과자를 먹는다거나 값싼 소설을 읽는 일은 없다. 안일함을 크게 따지지 않으나 타인에게 자신이 얼마나 잘못 대접받고 있는가를 귀뜸해 줄 필요가 있다고 생각한다. 다시 말하면 양자리 개띠는 자기는 동등한 대우를 받지 못한다고 불평한다. 이러한 자기 연민으로 인해 언제든 반대파와 쉽게 타협하며 어울린다. 평화롭고 안일함을 좋아하지 않고 늘 어렵고 복잡한 상황에 맞서려고 한다. 무슨 일이든 생기기를 바라고 억울함에 구원을 얻는 태도로 적과 사귀는 기회가 있기를 바란다.

양자리 개띠는 타인에게서 선한 마음을 발견하려 한다. 그가 보는 것은 언제나 모든 사람 혹은 모든 일의 좋은 면인데 이상하리만치 그는 자기가 원하려는 것을 찾아내고야 만다.

언제나 다른 사람한테 무엇이 옳은지를 알려주려 한다.

♣ 황소자리 (4월 21일~5월 21일)

황소자리 개띠는 일처리 능력이 뛰어나지만 지나친 심리적 불안 때문에 고민한다. 이는 종종 불만을 조성하여 늘 이것저것 원망하고 매사 트집을 잡게 만든다. 황소자리 개띠는 지나칠 정도로 정의감에 사로잡혀 있다.

어린애와 같이 천진하고 사악함이 없는 외모는 이상적인 동반자로 인정받는다. 여러 종류의 사업에 흥미를 가지며 역시 그것들을 맡을 수 있는 능력을 갖고 있다. 사람들에게 환대를 받을 수 있는 천부적인 기질이 있고 또 중대한 책임을 맡는 것을 그 자신이 원한다. 그러나 그는 사람들의 존경을 받으려는 생각은 있으나 자신감이 없고 어려서부터 자기를 긍정적으로 바라본 적이 없다. 흔히 이런 불안감으로 인해 소년시절에는 생활의 안전지대에 몸을 숨긴다. 심지어 성인이 되어서도 생활 무대의 가운데로 나설 준비가 되어 있지 못하다. 그보다 더 심하면 퇴직을 당하면서도 피신처를 찾아 방황하고 생활의 축이 무엇인지를 모른다.

천성적으로 다심(多心)스럽고 지극한 완벽주의자이다. 언제나 일을 매끄럽게 매듭지을 것을 주장하여 티끌만한 결점도 없는 듯한 태도를 취한다. 그렇지 않을 경우 그 자신이든 타인이든 사정을 보지 않고 질책한다.

이런 사람이 크게 성공한다면 기뻐하고 자랑하는데 이는 스스로 뼈를 깎는 노력으로 이룬 것이라고 생각하기 때문이다. 어떤 사람은 기만과 음험한 방법으로 성공하였음을 알고 있으나 그는 절대 그렇게 생각하지 않는다. 자신은 '호인(好人)'이고 언제나 '정확히 일'을 하는 사람이라고 자부한다. 지칠 줄 모르고 열심히 일하여 명성을 얻게 되면 거리낌없이 '나는 당연히 성공할 자격이 있다. 나는 남보다 더 열심히 일했으니 사람들이 나의 천재성을 알아줄 때도 된 것이다.'

그러나 황소자리 개띠는 여유 있는 생활을 하지 못한다. 그의 지나치게 과묵한 태도는 사람들의 눈에 잘 뜨이지 않고 열심히 일하지만 오히려 오해받기 쉽다. 그들은 대체로 조심스럽고 책임을 다한다. 그러나 지나치게 민감한데다가 질투와 소유욕이 합쳐져 쉽게 화를 내고 성정이 조악할 수 있다.

♣ 쌍둥이자리 (5월 22일~6월 21일)

쌍둥이자리 개띠는 눈썹을 찡그리거나 사납게 떠들며 달려드는 사람이 아니다. 쌍둥이자리의 사교 능력이 성격적으로 불안정한 개의 속성에 적절한 조절 기능을 준다. 여러 가지 재능이 있고 활력을 소유하고 있다. 무엇보다 주의해야 할 것은 충실하게 규칙을 지키는 일이다. 만약 쌍둥이자리 개띠가 잘못된 방법으로 권위에 도전하여 가냘픈 노력으로 상황을 탈피하려 하거나 혹은 조악한 방법으로 성공한다면 곧 재난이 뒤따른다.

이타주의(利他主義)는 개띠의 특징이다. 개띠는 늘 타인을 위하여 어떤 분쟁에 개입하거나 토벌적인 행동에 참가한다. 개띠는 자애로운 마음으로 선을 행하는데 거기에 쌍둥이자리의 가벼운 수의성(隨意性)이 결합될 때 쌍둥이자리의 천부적인 화술과 즐거움을 취할 줄 아는 능력이 따뜻하고 실제적이며 근심이 많고 열심히 일하는 개띠의 성격과 조화를 이루니 이런 조화야말로 하늘이 내려준 것이라 하겠다.

활동은 쌍둥이자리 개띠에게 아주 중요하다. 사실 그는 좀처럼 집에서 여가를 즐기지 않는다. 오히려 누군가와 함께 영화를 관람하고 가까운 벗들과 만찬을 함께 할 것이다. 이 모든 모임이 끝나면 한밤중이라도 함께 강변을 산책할 것이다. 달빛 아래 조용히 앉아 있으면 그는 옆사람의 귓가에 대고 쉴새없이 재미있는 이야기를 하거나 이것저것 여러 가지 의견을 떠들어댈 것이다.

쌍둥이자리 개띠는 좋은 여행 친구가 될 것이다. 가는 곳마다 깊은 관심을 가지고 필요한 기념품을 산다. 온도계를 갖고 가는 것도 잊지 않으며 팁을 아끼지 않는다.

아무튼 그는 폭력이나 거친 행위에도 두려움을 느낀다. 전장(戰場)에서는 직책을 다 하고 잘 싸우는 군인이 될지도 모르지만 일상생활에서는 어떤 권력이나 횡포에 접근하는 것을 꺼린다. 예술, 아름다운 것, 동물, 자연, 전통적인 회화, 음악 및 문학에 큰 매력을 느낀다.

♣ 게자리 (6월 22일~7월 22일)

그림자처럼 따르는 '정감'은 게자리의 징표이다. 성격이 민감한 게자리의 정감은 그토록 지극하고 변함이 없다. 게자리 개띠는 한줄한줄의 정맥 혈관 마다에 레이더가 장치된 듯 일마다 그에게 영향을 미치고 그 영향 또한 자못 심각하다. 글자 한 자, 스치는 눈길, 지나가는 말도 그대로 그의 신경을 건드릴 수 있으니 게자리 개띠는 천성적인 예술가이다.

외부의 자극에 지극한 민감성을 보이지만 자기의 생활을 질서정연하게 한다. 그는 엄숙하면서도 명분 있는 태도로 일을 처리한다. 늘 복잡하고 어려운 계획에 관계하여 가장 어렵고 힘든 문제에 관심을 두고 조용하고 부드러운 방식으로 문제를 풀어나간다.

복잡하고 아무리 어려운 일도 인내심 있고 착실한 게자리 개띠에게는 아무 문제가 되지 않는다. 그는 물 속의 바늘이라도 찾아내고야 마는 성미라서 어떤 일이든 처리 방법을 생각해 내지 않고서는 절대 그만두지 않는다. 장식이나 창작에 흥미가 있어서 집, 책, 회화나 음악은 모두 그의 탐구 항목이 될 수 있다.

그의 단점은 사사건건 마음을 쓰고 화를 낸다는 것이다. 무엇이든 조심스럽게 대응한다. 그러나 지나치게 이런 자세를 취하면 사람들이 그를 편집광이라 부른다.

항상 경계심을 늦추지 않아 인간관계에서 매우 합리적이고 공정하다. 일단 누군가를 믿으면 모든 능력을 다하여 도와주고 옳고 그름에 예민하다.

의로운 희생형이므로 자기가 사랑하고 관심을 가진 사람에게는 큰 힘이 되어준다. 어떤 일에 있어서 타인과 손을 잡으면 그것이 사업(드뭄)이든 예술(많음)이든 전혀 사사로이 이익을 따지지 않는다. 다만 아름다운 것이 완성되기를 희망한다. 지나치게 '미'를 추구하다 보면 때로는 그 목표가 이기적인 듯이 표현된다.

♣ 사자자리 (7월 23일~8월 22일)

사자자리 개띠는 벗이나 자기가 사랑하는 사람을 지나치게 편애하는데 가령 벗이 그의 눈앞에서 경악스러운 사건을 일으켰다 해도 사자자리 개띠는 그 일을 부인한다. 친구를 위해 변명거리를 찾고 벌금을 대신 내고 변호사를 찾아준다. 온갖 노력으로 친구가 풀려나오게 되면 또 그를 위해 안식처를 마련해 주고 함께 고독을 나눈다. 이처럼 무한한 사랑을 베푼다.

어떤 일이 발생하든지 사자자리 개띠는 실망하는 일이 극히 적다. 생활 자체를 지옥이라 생각하고 어디에나 이런저런 불합리와 박해가 도사리고 있으니 그것이 바로 그들이 몰아내야 할 것이라고 생각한다. 그런만큼 사자자리 개띠는 비관적이지만 이런 비관이 결코 그들의 생활에 대한 믿음을 무너뜨리지는 못한다.

사자자리 개띠는 서로 다르면서도 힘들고 어려운 사업에 오랫동안 투신한다. 성공이 쉽게 이루어지고 승진이 빨리 찾아오리라고는 아예 생각도 하지 않는다. 일은 평생 동안 해야 하는 것으로 간주하고 왕성한 정력으로 열심히 한다. 그는 결코 몽상가가 아니다. 단지 실업가이다.

사자자리 개띠는 굼뜨기로 소문이 자자하다. 조급하게 서두르는 것을 싫어하고 언제나 타인이 자기의 시간을 가늠할 수 있는 환경에서 일하기를 즐긴다. 일에 세심하고 조심스럽다. 다만 성공을 위한 성공을 바라지 않고 가령 생활에서 어떤 성공을 보았다면 그것이 자기의 땀으로 이루어진 것이기를 희망한다.

사자자리 개띠는 다른 사자자리와는 달리 잘못을 범한데 대한 반응이 그렇게 강하지 않다. 박수갈채나 보수를 바라지 않으며 타인의 사랑과 존경 외에는 어떤 물건도 바라지 않는다. 혹은 사랑과 존경마저 없더라도 변함없이 충성과 공평과 용인을 보여준다.

♣ 처녀자리 (8월 23일~9월 22일)

처녀자리 개띠에게는 인자함과 흉악함이 함께 존재한다. 거칠게 분노할 때에조차 눈가에 달콤한 감각을 흘리는 것을 잊지 않는다. 매끄러운 겉모습으로 자신의 취약함을 감춘다.

처녀자리 개띠는 믿을 수 있는 사람이다. 정직함을 믿고 좋은 직업에 종사하며 나쁜 일을 하지 않고 투기적으로 술책을 부리는 일이 거의 없다. 사람들은 종종 처녀자리 개띠한테서 도움을 바란다. 그들은 늘 타인을 돕기를 즐기고 자기의 책임이라고까지 생각한다.

아주 계산적이고 부지런히 일한 끝에는 종종 부를 얻는다. 위험을 느낄 수 있고 사악함에 저항할 힘이 있다. 재물이나 돈에 대해 계산이 분명하지만 역시 마음이 아주 후하다. 자기를 조절할 줄 알고 아낌없이 타인을 돕는다.

처녀자리 개띠는 고독형이 아니다. 자기가 신임하고 좋아하는 벗과 함께 있는 즐거움을 향수할 줄 알고 자기가 화목한 단체의 중심이란 감각에 즐거움을 느낀다.

처녀자리 개띠는 보수적이고 절대로 값을 치르지 않는 오찬을 바라지 않는다. 열심히 일해야 한다고 생각하기에 타인이 사회로부터 무상의 대우를 바라는 것을 무시하고 그만큼 그의 후덕한 마음도 근면을 모르는 사람한테까지는 미치지 않는다.

천성적으로 걱정이 많은 개띠와 분석할 줄 아는 처녀자리의 결합은 처녀자리 개띠로 하여금 초조함을 초래시킨다. 매사에 화를 내고 작은 일도 시시콜콜 계산한다. 이처럼 이만 나고 발톱은 없는 듯한 행위는 그를 도저히 성장할 수 없는 상황에 몰아넣게 된다. 이때 가장 필요한 것은 바로 친구가 이런 어려운 상황에서 그를 구원해 주는 것이다.

개 띠

♣ 천칭자리 (9월 23일~10월 22일)

천칭자리 개띠는 이타주의자이고 이상주의자이며 심미주의자이다. 작은 일에 근심이 태산 같고 늘 타인을 나무란다.

천칭자리 개띠는 존엄이 있고 총명하며 슬기롭다. 인도주의를 신봉하고 언제나 최상의 방식으로 겸허하게 타인을 대한다. 당신은 그에게서 동정심을 얻을 것이고 그는 당신을 돕고 고무될 것이며 당신의 용기에 갈채를 보낼 것이다. 그는 간단치 않은 벗이고 더없이 훌륭한 동료이다.

천칭자리는 어떤 문제든지 해결해 나갈 수 있다. 절대 타인과 맞서지 않고 언제나 양쪽의 관점을 두루 고려한다. 개띠도 이와 비슷하다. 자기의 이익과 절대적으로 맞서거나 또 도저히 물러설 수 없는 경우가 아니면 결코 타인과 충돌하는 것을 바라지 않는다. 그러므로 천칭자리와 개띠의 결합은 평화롭고 조용하며 인자한 마음을 가진 사람을 형성한다. 자기가 피해를 입기 전에는 결코 한 마리의 벼룩이라도 해치려 하지 않는다.

천칭자리 개띠는 늘 불평을 늘어놓고 순탄하지 못한 생활과 여러 가지 공정하지 못한 대우를 나무란다. 작은 일도 시시콜콜 따지고 늘 남한테 소리를 지른다. 그의 질책은 받아들이기 어려우나 그가 있기에 사람들로 하여금 자기의 능력을 최대한 발휘하도록 할 수 있다.

언제나 타협하는 방식으로 여러 가지 얽힘을 푼다. 천성적으로 선량하고 타인을 돕기를 즐기니 벗들도 그가 남을 돕는 것을 당연하게 생각한다. 그러나 일단 그가 도저히 무거운 짐을 감당하지 못할 때는 누구도 신경쓰지 않으며 그의 하소연은 더욱 들으려 하지 않는다. 사람들은 그의 희생적인 행위에 길들여져 도움을 바라는 그의 목소리에는 귀기울이지 않는다.

천칭자리 개띠는 손재주가 아주 좋다. 여러 가지 모형을 만들고 가구를 짤 줄 알며 과일나무를 심는 방법도 잘 안다. 자애로운 마음을 소유하고 가정을 사랑한다. 그러면서도 우쭐거리기도 하며 늘 결단성이 없고 정서적이다.

♣ 전갈자리 (10월 23일~11월 22일)

전갈자리 개띠는 지극히 헌신적이다. 발전적이고 강력하게 자기 의견을 발표하며 말하기를 매우 즐긴다.

전갈자리 개띠는 아주 각박하고 풍자하기를 좋아한다. 그러면서도 또 남을 친절하게 대하고 지극히 우호적으로 타인에 관심을 갖는다. 누구든 그의 화를 돋구면 그는 모든 것을 상관하지 않고 반격에 나선다. 그가 말하는 도중에는 한 글자 한 구절로도 사람을 상하게 하므로 천칭자리 개띠는 구설(口舌)과 지혜로 생활의 길목을 헤쳐나간다.

전갈자리 개띠는 명철한 분석력을 소유하고 있다. 젊어서는 세계를 바꾸려는 야심을 품고 있다. 정확한 판단력을 소유하고 있기에 거의 타협의 가능성이 없다. 천성적으로 친절하지 않고 외향적이지 않으며 가련하게 꼬리를 내리는 개가 아니다. 그러나 서른을 넘기면 자기의 천성에 순종하여 비평이나 풍자하는 천성이 그대로 드러낸다. 자기의 개성에 순종하는 표현은 그에게 유리하다. 나이는 그에게 새로운 안목을 심어주어 재미있고 지혜로운 풍자 전문가가 되게 한다.

전갈자리 개띠의 신랄하고 날카로운 비평에는 인간성을 파악하는 빛이 반짝이고 진정한 선의(善意)가 흐른다. 결코 악의가 없고 인간성을 좋아한다. 그것이 바로 인간성의 본질을 파악하고 아름다운 것을 위해 자신을 헌신할 수 있는 원인이다.

♣ 사수자리 (11월 23일~12월 21일)

개띠 사수자리는 모든 사수자리의 특징을 두루 가지고 있다. 모험정신이 있고 시야가 넓으며 넘치는 용기와 불 같은 열정이 있다. 역시 개띠의 여러 가지 특징도 모두 소유하고 있으니 그것은 바로 영예와 정직함, 충성과 존경스러움이다. 그러나 이들의 공통된 문제는 입이 가볍다는 것이다. 사수자리들은 설명이 지나치게 구구하고 개띠는 조심스럽게 걸음걸음 방어태세를 갖추면서도 역시 말로 남을 공격한다.

사수자리 개띠는 성정이 급하고 늘 불만이 많다. 그러나 그들의 의견과 정직함을 의심하지 않기에 사람들은 흔히 그의 주장을 긍정적으로 받아들인다. 사수자리 개띠는 또 많은 사람들이 미친 짓이라고 하는 일도 감히 시도해 보려 하고 자기의 견해를 조금도 숨김없이 대중에게 발표하며 도전적인 자세로 임한다. 누가 그에게 한 가지를 질문하면 그는 즉시 반문을 들이댄다. 사교에서도 가장 적당한 단체를 찾아 가입하고 '가장 필요한' 만찬이나 여러 가지 모임에 나타난다.

사수자리 개띠는 지도자의 풍모를 보이며 관점이 뛰어나게 새롭다. 창조적 사유가 솟는 샘처럼 끝없고 사업에서 그것을 충분히 응용한다. 개띠의 내재적인 조심성과 사수자리의 보이기 좋아하고 대담히 시도해 보려는 욕망을 제어할 줄 안다. 저명한 사상가, 작가 내지 언어학자가 적합하다. 여러 가지 관점을 취합하고 남달리 뛰어난 사유와 적절한 어투로 자신의 의사를 전한다.

사수자리 개띠는 타인한테 오해를 받게 되면 그대로 반격을 가한다. 절대 덕으로 원한을 갚는다는 말 따위는 하지 않으며 격한 방식이나 치명적으로 보복하고야 만다. 이들을 평화적으로 사귀고 예의로 대하며 섣불리 희롱하지 말아야 한다. 그렇지 않을 경우 치명적인 반격을 당하게 될 것이다.

♣ 염소자리 (12월 22일~1월 19일)

염소자리 개띠는 추상적이고 알맹이 없는 소리뿐이며 형이상적인 것을 몹시 두려워한다. 그들은 자기에게 필요한 물건이 제자리에 그대로 놓이도록 하는데 많은 시간을 소비한다. 사회에 관심이 많고 그에 순종한다. 권세나 재물을 탐내는 소인은 아니지만 보통 사람들이 방탕하고 황당하게 자기를 망치려는 것을 옆에서 관찰하고 근심하고 질서를 바라며 그것을 보존하기를 희망한다.

염소자리와 개띠의 결합은 보수적이고 언변이 좋은 지극히 매력적인 인간을 만들지만 자신의 속내를 감춰 그 진면목을 볼 수 없게 한다. 그의 성격은 독특하면서도 신비로우며 자아를 추구하면서도 그것을 지혜롭게 감춘다. 신랄한 풍자와 적절한 유머로 허위적이고 꾸며진 것을 파헤치며 진실된 것을 받아들이기를 바라며 또 어떻게 행동해야 하는가를 알고 있다.

염소자리 개띠는 미식가이며 맛깔스런 요리를 만들기도 한다. 그들은 가난을 헤쳐나갈 줄 안다. 물론 돈의 유혹을 물리치지 못하고 아무리 작은 집이라도 궁전처럼 느끼고 생활할 줄 알지만 호화로운 승용차를 운전하든 낡은 짐차를 운전하든 그에게는 별 다른 차이점이 없다. 그러면서도 그들한테는 무지개같이 색채 짙은 것이 있으며 현란하게 눈부신 사건에 끌려들고 요지경 같이 생활이 다채로운 유흥사업에 호기심을 가지고 미혹된다.

♣ 물병자리 (1월 20일~2월 18일)

물병자리 개띠는 타인이 도움을 바라면 서슴없이 구원의 손길을 내민다. 타인의 슬픔과 상처를 자신의 일처럼 가슴 아파하며 자기보다 불행한 사람에게 깊은 관심을 가진다. 그리고 그 사람을 찾아 벗한다. 늘 떠들석하고 성격이 급하며 희망하는 바를 끈질기게 추구한다. 타인의 이익도 범한다. 그만큼 가볍고 잔인하다.

개띠는 세속에 불만을 품고 있으며 질투하는 경향이 있다. 비평하기를 좋아하는데 그만큼 모든 것에 관심이 깊다. 물병자리는 이러한 개띠를 도와 숨 돌릴 기회를 주고 냉정함을 지켜 외부 환경에 의해 초래되는 고통을 멀리하도록 이끌고 철학의 혼탁함을 피하여 자기의 민감성을 정리하게 한다.

물병자리 개띠는 창조력으로 자기의 예민한 신경에 제동을 걸며 꾸준히 사업에 몰두한다. 때론 흐트러진 듯하지만 언제나 정력이 충만하여 지칠 줄 모르고 움직인다. 불안정한 상태이지만 다만 그의 속박을 풀어주는 복잡한 매듭에 이르러서는 의기(意氣)가 폭발한다. 늘 생활의 중압과 불공평에 불만이지만 사실상 누구보다 일찍 거기에서 이익을 얻는다. 유머는 신랄하면서도 풍자적이다.

♣ 물고기자리 (2월 19일~3월 20일)

물고기자리 개띠는 다른 물고기자리와 마찬가지로 연약한 면을 잘 처리해야 한다. 다른 물고기자리와 다른 점은 그 민감함이 긴장하고 쉽게 감동한다는 것이다. 타인에게 면박을 받거나 반박당하는 것을 좋아하지 않는다. 의지가 강하나 쉽게 연약해질 수 있다.

물고기자리 개띠는 여러 가지 재주를 가지고 있다. 좋은 배경이나 훈련이 뒷받침된다면 그가 선택한 영역에서 뛰어난 능력을 발휘할 수 있다. 그러나 중요한 것은 역시 안전감이다. 그는 조용히 침묵만을 지키는 것을 좋아하지 않으며 자기가 몸담고 있는 영역에서 힘을 다 하여 성장을 꾀한다. 그러나 그 진정한 목표는 역시 안전감과 피신처이고 자신의 초조함을 해소하기 위한 것이다.

강한 책임감이 있으니 책임감은 마음이 부드럽고 믿음이 짙은 그에게 가장 중요한 것이다. 때론 의무를 다하기 위하여 자기를 지나치게 몰아부쳐 스트레스를 당해내지 못한다. 지나친 피로와 우려와 번민이 가져오는 의기소침함과 무기력에 주의해야 한다.

물고기자리 개띠는 심약한 거인이다. 그 늠름한 외모로는 그의 섬세한 감정을 읽을 수 없으며 또 어둠이 내린 잠자리에서는 말할 수 없는 슬픔과 상처 때문에 그가 눈물을 흘리리라고는 생각하지 못한다. 이렇듯 그는 타인들에게 잘못 인식된다.

물고기자리 개띠는 언제나 부드럽고 유쾌한 얼굴로 타인을 대한다. 다만 위험에 봉착했을 때라야만 소리를 지르지만 사실은 전혀 위험이 존재하지 않는다. 사심이 없고 사정을 속이지 않으나 늘 근심이다.

8

❀ 태어난 시에 따른 개띠의 운세 ❀

♣ 자시생 (子時生 : 오후 11시~오전 1시)

충실하나 그다지 배푸는 편이 아니다. 그는 설교하고 있을 때조차 금전에 눈독을 들인다. 그는 자신의 돈에 대해 사려깊고 주의깊다.

♣ 축시생 (丑時生 : 오전 1시~오전 3시)

퉁명스럽지만 의심할 바 없는 성실성을 가지고 있다. 흠없는 평판을 가질지 모르나 너무 보수적이고 여러 면에서 완고하다. 신념이 강한 수호자이다.

♣ 인시생 (寅時生 : 오전 3시~오전 5시)

활기찬 행동력과 용기가 있다. 그러나 호랑이는 개를 더욱 조급하고 비판적이게 한다. 전체적으로 이 둘의 결합은 보다 자극을 쉽게 받고 열정적인 개를 만들 것이다.

♣ 묘시생 (卯時生 : 오전 5시~오전 7시)

화목을 중히 여기는 유형이다. 어느 한쪽 편을 들기 전에 찬성과 거부의 양면을 신중하게 따져본다. 명랑한 편이고 송곳니를 노출시키지는 않을 것이다.

♣ 진시생 (辰時生 : 오전 7시~오전 9시)

기적을 만드는 사람이나 놀라운 선교자가 되고자 하는 매우 이상적인 유형의 개띠이다. 스스로 종교적인 면을 받아들인다면 성직자의 기질을 충분히 가지고 있다. 매우 독단적인 결합이다.

♣ 사시생 (巳時生 : 오전 9시~오전 11시)

좀처럼 속을 드러내지 않는 조용하고 사색형의 개띠이다. 능력이 있고 정신력이 뛰어나다. 내부의 뱀은 편법을 써서라도 자신의 목표를 달성하려 할 것이다.

♣ 오시생 (午時生 : 오전 11시~오후 1시)

자극적으로 반응하는 날카롭고 명랑한 개띠이다. 결코 기회를 놓치지 않으며 모든 사람에게 최상의 친구가 된다. 그러나 그것을 증명해 달라고 그에게 부탁하지 말라. 너무 과도한 짐을 지우지 않는다면 그는 유쾌하게 자신의 길을 걸어갈 것이다.

♣ 미시생 (未時生 : 오후 1시~오후 3시)

천성적으로 예술가나 염세주의자이다. 동정론자가 될 기질이 있는 부드럽고 안아주고 싶은 그런 유형의 개띠이다. 그럼에도 불구하고 날카로운 공정성을 잃지 않을 것이다. 하지만 때때로 당신의 허약함을 허용해 주기 위해 한쪽 눈을 감아 줄 수도 있다.

개 띠

♣ 신시생 (申時生 : 오후 3시~오후 5시)

융통성과 기지를 지닌 개띠이다. 재미있고 다재다능하다. 성격과 재주가 놀랍게 얽혀 있다.

♣ 유시생 (酉時生 : 오후 5시~오후 7시)

설교하는 형의 개띠이다. 실천보다는 설교하는 쪽이다. 자신의 목표를 달성하는데 매우 분석적이며 유능하다. 하지만 그것을 얻는데 조금 시간이 걸린다.

♣ 술시생 (戌時生 : 오후 7시~오후 9시)

방어적이며 매우 경계심이 많은 유형이다. 끊임없이 싸워나가야 할 대상을 찾으며 구원해야 할 이단자를 찾는다. 탁 트이고 정직한 성격이나 혁명가적 기질이 있다.

♣ 해시생 (亥時生 : 오후 9시~오후 11시)

퉁명스럽고 감각적이며 감정적으로 격한 개띠이다. 자신에게는 관대한 반면에 남에게는 엄격한 면이 있다.

9

✿ 개띠 해에 대하여 ✿

역설적으로 개띠 해는 행복과 불화가 동시에 오는 해이다. 개가 가져오는 내향적인 길조는 가정생활의 화목과 나라에 대한 애국심, 그리고 자신이 하고자 하는 일에서 흔들리지 않는 성실로 나타난다.

하지만 개의 강한 의지력과 정의에 대한 굽히지 않는 감각은 취약한 부분을 보완해 가면서 커다란 갈등에 직면하도록 이끈다. 논쟁적인 문제들이 나타나고 인습을 벗어난 효율적인 변화들이 생기는 해이다. 평등과 자유는 개의 고상한 영향력에 의해 옹호된다.

재물을 자선사업에 쓰거나 무언가 가치 있는 작업에 도와주는 등 우리의 생각은 보다 이상적인 방향으로 나갈 것이다. 전지전능한 돈의 추구에서 벗어나 좀더 사고하는 삶을 살아가는 해이다. 가치관을 재정리하고 미덕을 빛나게 하고 독재와 탄압에 대항하며 살아갈 수 있는 가장 좋은 시기이다.

개의 우울한 표정에도 불구하고 평화를 수호하는데 있어서는 누구도 따라갈 수 없을 만큼 열심이므로 개띠 해는 정을 가져온다. 그러나 금(金)의 개띠 해(경술년)는 전쟁과 재난을 가져오는 시기이므로 다른 개띠에 비하여 힘든 시기이다. 말할 필요도 없이 개의 굳은 의지와 열심히 사는 성격은 모든 종류의 충돌과 변동 그리고 폭동 등을 일으키게 된다. 그러나 개의 선한 마음과 너그러운 아량으로 모든 일이 부드럽게 마무리될 수 있을 것이다. 개띠의 사심 없음은 평소보다 더 마음이 넓어지도록 해줄 것이다.

이 해는 개띠 해가 계속적으로 마음에 걱정을 불러일으켜 제발 근심 없이 쉴 수 있도록 바라는 해가 될 것이다. 그러나 이 시기를 조용하게 보낼 수 있게 되는 것도 늘 경계를 멈추지 않는 개의 조심성 때문이다.

약간의 불편이 있을지 모르지만 갑자기 놀라는 일은 없을 것인데 개가 완전히 경계를 서주고 있으므로 우리는 우리의 일을 걱정 없이 할 수가 있다.

개띠 해는 우리의 마음에 성실성을 불어넣어 굳은 믿음을 가지고 행동할 수 있게 해줄 것이다. 우리가 올바른 길을 가고 있는 한 걱정할 것은 하나도 없다.

10

❀ 해에 따른 개띠의 운세 ❀

♣ 쥐띠 해

운이 매우 좋은 해이다. 사업에 성공하거나 약간의 투자에 많은 이익이 있을 것이다. 건강 상태는 양호하지만 가정이나 아이들에게 약간의 문제가 있다. 이 해에는 돈을 꾸거나 빌려주지 말아야 한다.

♣ 소띠 해

개띠에게는 불안한 해이다. 성급한 결정으로 곤란을 겪게 되며 난처한 양보를 하게 될지도 모른다. 친구나 동료들이 오해하거나 쉽게 공격하기도 할 것이다. 그의 좋은 의도가 곡해되므로 그는 무슨 수를 써서라도 대결을 피해야 한다. 힘을 상실하고 돈을 낭비하게 되는 것이 이 해의 운수이다.

♣ 호랑이띠 해

비교적 좋은 해이다. 가정이나 직장에서 심각한 문제는 생기지 않는다. 연애에서 약간의 문제가 생기지만 영원히 상처를 주는 것은 아니다. 법정 싸움으로 곤란을 받게 될 수도 있다. 친구나 가족이 그의 시간을 너무 많이 빼앗을 것이다.

♣ 토끼띠 해

개띠의 야망을 펼치는 좋은 해이다. 이 해에 자신의 사업을 시작하거나 동업할 수 있다. 자신의 지위를 향상시킬 수 있으며 다른 사람들의 이익을 위해 일을 개편할 수 있다. 문젯거리는 간단히 해결된다.

♣ 용띠 해

이전에 쌓아올렸던 것을 유지하기 어려운 해이다. 자신의 지위를 유지하는데 많은 노력을 해야 하고 끊임없이 경쟁상대와 싸워 이겨야만 할 것이다. 사람들도 그의 약점을 잡아내며 그는 전염병이나 접촉성 질병에 걸리기 쉽다. 자세를 낮추어 감추고 있거나 독자적으로 행동하기보다는 다른 사람들과 서로 도와야 할 시기이다.

♣ 뱀띠 해

매우 좋은 해이다. 노력에 대한 정당한 대가를 받을 것이다. 사업의 투자에 행운이 따르며 좋은 사람들의 지지를 받을 것이다. 그의 가족은 보다 나은 생활을 즐길 수 있는 해이다. 또한 그에게 주어진 좋은 조언으로부터 많은 이익을 얻을 것이다.

♣ 말띠 해

개띠에게는 확장과 진보의 해이다. 승진과 금전 획득이 있고 권력과 행운의 정상에 서게 될 것이다. 가정에 약간의 불행한 소식이 있거나 작은 손실이 있다. 이 해에는 여행을 하거나 재미있는 일을 많이 할 것이다. 자신의 생각을 최대한 활용해야 할 시기이다.

♣ 양띠 해

개띠에게는 보통의 해이다. 걱정과 불만이 있게 된다. 입조심하고 안정을 유지하라. 그렇지 않으면 손실과 어려움이 생긴다. 신중하고 조심해야 할 시기이다.

♣ 원숭이띠 해

순조로운 해이다. 흥분되는 해이나 기대한 만큼의 결실은 없다. 가정에는 좋은 소식과 경사가 있지만 이주나 변화, 과도한 지출도 예상된다. 새로운 친구나 중요한 사람이 축하해 줄 것이다.

♣ 닭띠 해

개띠에게는 착잡한 해이다. 건강, 연애, 공공기관, 윗사람과의 문제가 생긴다. 친구들은 비협조적이고 오해를 하며 갚아야 할 돈을 갚지 못하는 문제도 생긴다. 일시적인 지위 손실과 신용 손실로 고통을 겪게 될 것이다.

♣ 개띠 해

그 동안 쌓아올린 것이 보호, 유지되는 해이다. 건강이나 여러 가지 일에 별 문제가 없고 지식을 쌓거나 공부와 명상에 많은 시간을 투자해 잃었던 신뢰를 회복할 수 있다. 직업상에 약간의 성취가 있을 것이다. 큰 이득이나 투자에 대한 보답은 없다.

♣ 돼지띠 해

평온한 해이다. 심사숙고 끝에 약간 얻는 것이 있으며 가망 없었던 것에서 이익을 얻을 수 있다. 일의 연기나 추가 지출로 기대한 것만큼의 결과는 없다. 새로운 영향력 있는 친구나 연줄을 맺어 사귀어야 할 시기이다.

11

❀ 개에 대한 이야기 ❀

(1) 한 잔 술

도둑이 캄캄한 어둠을 틈타 담장을 뛰어넘으려는데 앞마당에 사나운 개 한 마리가 앉아 있었다. 도둑은 품 안에서 먹음직한 고기 한 덩어리를 꺼내어 개에게 던져주며 말했다.

"여보게 친구, 나의 호의이니 술 한 잔 받듯이 기분 좋게 들게나."

"당신이 밤손님이 아니라면 한 잔 술에 나도 눈물이 날 지경으로 감지

덕지할 것이지만, 이건 날 어떻게 보고 이런단 말이오? 정말 당신 같은 사람들의 겉다르고 속다른 간사한 짓거리 때문에 나야말로 고기 한 덩어리에 눈물이 난다는 거요. 내 뜻을 알아들었으면 어서 썩 꺼져버리는 것이 신상에 좋을 것이오."

개의 말에 도둑은 계속 지껄였다.

"여보게 친구, 누이 좋고 매부 좋다고 캄캄한 밤을 틈타 사는 같은 처지에 무슨 이러쿵저러쿵 따질 것 있소? 그저 한 잔 술에 기분도 낼겸 눈 딱 감고 잠시만 봐주게나."

"아니오. 당신은 세상 알기를 우습게 아는구면. 이 밤중에 당신 같은 사람이 왔기에 나같이 험상궂게 생긴 족속도 대가 끊기지 않고 살아갈 수 있소이다. 생각해 보시오. 한 잔 술에 내가 의리를 버린다면 내일 날이 밝을 때 주인은 무슨 명목으로 나를 기르겠으며 난 또 무슨 면목으로 주인을 보겠소? 잔말 말고 썩 물러가시오."

개의 거절에 도둑은 물러가는 수밖에 없었다.

(2) 시집살이 못하면 동네 개마저 업신여긴다

심한 시집살이에 지친 한 부인이 빨래터에서 자신도 모르게 눈물을 주르륵 흘렸다. 시집온 지 8년이 되지만 친정 한번 가지 못하고 밤낮 가리지 않는 시집살이가 몹시 서러웠던 것이다. '에이, 다 팽개치고 친정으로 가자' 하고 마음먹으면서도 '시집살이 못하면 동네 개마저 업신여긴다'고 시집오기 전날 귀가 아프도록 말하던 어머니의 모습이 문득 되살아나 그렇게 하지도 못했다. 부인은 하염없이 눈물을 흘리다가 점심 때가 다 되어서야 빨래를 가지고 집으로 돌아왔다.

"아니, 넌 빨래를 해서 말려 가지고 오냐?"

시어머니의 날카로운 목소리가 귀에 박혔다. 눈물이 앞을 가렸지만 참고 부엌으로 가 점심 준비를 했다. 이 모습을 지켜본 남편은 툇마루에 걸터앉아 담배만 뻑뻑 피웠다. 시어머니가 밖으로 나가자 남편은 얼른 부엌으로 갔다.

"여보, 어머니께서 뭐라셔도 조금만 참구려. 내게 좋은 방법이 있으니 밤에 의논합시다."

남편이 부인의 손을 꼭 쥐고 말했다.

'도대체 무슨 좋은 방법일까?'

부인은 아무리 생각해도 짚이는 데가 없었다. 저녁 설거지를 다하고 방으로 들어오니 남편은 담배를 피우고 있었다.

"여보, 당신 고생이 너무 많구려. 내 생각다 못해 하는 얘기니 잘 듣구려."

남편은 한숨을 길게 내쉬며 말했다.

"우리 어머니를 죽입시다."

"예?"

부인은 깜짝 놀랐다.

"이번만은 내 말을 들어야 하오. 내일 날이 밝는대로 읍에 가서 밤 한 말을 사다가 아침, 점심, 저녁 때마다 열 개씩 삶아서 어머니께서 잡수시기 좋도록 까주구려. 그리고 내 간절한 부탁인데 살아 계신 동안이라도 극진히 모셔드리구려. 밤 한 말을 잡수시기 전에 돌아가실 텐데 그것도 못하겠소? 제발 부탁이오."

남편의 말을 들은 부인은 그 다음날 점심 때부터 끼니마다 밤을 삶아 시어머니한테 공손히 드렸다. 시어머니는 며느리 속셈도 모르고 몹시 좋아했다. 그리고 며느리가 최고라고 동네방네 자랑을 하고 예전처럼 구박도 하지 않고 좋은 게 있으면 며느리부터 주었다. 밤 한 말이 얼마 남지 않자 며느리는 속이 탔다. 그도 그럴 것이 나머지 밤을 다 먹는 날이면 자기를 아껴주는 시어머니가 돌아가시리라고 믿었던 것이다. 생각다 못해 부인은 남편한테 물었다.

"여보, 저⋯⋯. 어머니를 돌아가시지 않게 하는 방법은 없어요?"

"그게 무슨 소리요? 어머니 때문에 당신이 얼마나 고생이 심한데⋯⋯."

"아니에요. 지금 생각해 보니 제가 잘못한 게 많았어요. 그리고 어머니께서 요즘은 얼마나 잘해 주시는지⋯⋯."

"⋯⋯."

남편은 아무말도 없이 부인의 얼굴을 물끄러미 바라보았다.

"여보, 어머님이 불쌍해요. 제발 부탁이니 어머니께서 돌아가시지 않도록 해주세요."

부인은 남편에게 매달리며 애원을 했다.

"좋아, 그럼 그 동안의 약효를 없애야 하니까 이번에도 밤 한 말을 사다가 어머님께 드리도록 하구려. 그런데 이번에는 지난 번보다 더 효성스럽게 드려야 하오."

남편이 천천히 말했다.

"아이 좋아라. 그런 거라면 문제없어요."

부인은 뛸듯이 기뻐했다. 남편도 몹시 기뻤다.

'시집살이 못하면 동네 개마저 업신여긴다' 는 속담은 사랑하는 딸에게 준 값진 혼수 이상의 교훈이다. 시집 식구를 존경하고 성심껏 대하면 하녀처럼 취급받던 며느리도 여왕처럼 대우를 받게 된다는 이야기이다.

(3) 최부자의 개 무덤

한 노파가 죽어서 염라대왕 앞에 끌려나왔다. 남루한 의복에 파뿌리처럼 하얀 머리털과 깡마른 몸집으로 보아 전생에 고생만 하다가 온 길인 듯 노파는 풀이 죽어 있었다. 염라대왕은 공연히 거드름을 피워가며 노파를 앞에 세워놓고 인간 세상에서 벌어졌던 갖가지 일을 노파에게 물었다.

"그래 너는 인간 세상에서 꿀 같은 재미를 많이 보았느냐? 어디 한번 그 멋진 얘기나 들어보자꾸나."

염라대왕이 이렇게 말하면서 탐욕스럽게 한바탕 웃고 나자 노파는 조심스럽게 고개를 쳐들고 조용히 입을 열었다.

"황공하오나 들려드릴만큼 재미있는 얘기가 저에겐 없사옵니다."

"뭐 없다고? 도대체 너는 어디서 무얼 하다가 기어들어온 물건인고?"

염라대왕은 험상궂은 얼굴을 잔뜩 찌푸리며 소리를 질렀다. 노파는 다급히 허리를 굽실거리며 이야기를 시작하였다.

"저는 일찍이 남편을 여의고 어린 딸자식 하나와 아들 하나를 키워 시집 장가를 보내놓고도 집에만 붙어 있었던 신세라 죄송하게도 재미난 이야기가 없사옵니다. 늙어서도 줄곧 집만 지켰으니 저는 방 귀신이나 다름없었습니다."

염라대왕은 방 귀신이라는 말에 발끈 화가 나 흉칙한 몰골에 턱수염을 부들부들 떨며 벼락치듯 고함을 쳤다.

"여봐라! 당장에 이 늙은이를 끌어내라! 집만 지켰다면서 주둥이가 사나우니 개새끼나 되어 제 아들 집이나 지키게 하라!"

염라대왕의 불호령대로 험상궂은 나졸들이 달려들어 노파를 떠밀어내더니 밖으로 끌고나가 개로 만들었다.

이승에 있는 노파의 아들 최씨 집에서는 마침 개 한 마리를 키우고 있었는데 갑자기 배가 불러지더니 새끼 한 마리를 낳았다. 강아지가 어찌나 털색이 곱고 토실토실 살이 쪘는지 최씨 내외는 무척이나 기뻐하였다.

개는 날로 부쩍부쩍 자라고 살이 쪄서 동네 술꾼들이 오가며 침을 흘렸다. 그러던 어느 날 찌는 듯한 삼복 더위에 하루 종일 밭일을 마치고 돌아온 최씨는 그만 개를 잡아먹고 싶은 생각이 들었다. 그래서 당장 개를 때려잡아 냇가로 끌고가리라 마음먹었다. 그런데 이튿날 자고 나니 그만 개가 기척도 없이 어디론가 자취를 감추었다. 최씨는 마을 어딘가에 있을 것 같아 개를 찾아나섰다.

고개 너머에 사는 최씨의 딸은 새벽에 부엌에서 밥을 짓다가 성큼 들어서는 개를 보고 깜짝 놀랐다. 자세히 보니 친정집 개였다. 아버지를 본 듯 반가워서 달려가 쓰다듬어 주니 이상하게도 개는 눈물을 주룩주룩 흘리며 자꾸만 숨겨달라고 애원하는 것만 같았다. 최씨의 딸은 아무래도 이상하다 싶어 개에게 따뜻한 밥을 먹이고 마루 밑에 자리를 만들어 주었다.

그런 일이 있은 후 며칠이 지나자 최씨 집에 스님 한 분이 지나다가 들렸다. 최씨가 스님을 안으로 모시려 하자 스님은 그 자리에 선 채 최씨의 얼굴만 한참이나 뚫어지게 보지 않는가? 스님은 단장을 들어 마당을 몇 번 가볍게 치더니 천천히 걸음을 옮겨 마루에 걸터앉았다.

"댁에 분명히 개 한 마리가 있었지요? 그 개가 며칠 전에 자취를 감췄을 터인데?"

"예예, 그렇습니다. 그런데 그걸 어떻게?"

최씨는 그만 의아하고 궁금하여 스님 곁으로 바싹 다가앉았다. 스님은 한참 동안 눈을 감고 무엇인가 골똘히 생각하는 듯하더니 무겁게 입을 열었다.

"그 개는 바로 당신 어머니가 환생하신 모습이오. 당신의 집을 지켜주려고 오셨거늘 어찌 그 개를 잡아먹으려 했소?"

최씨는 스님의 말에 기겁을 해서 스님의 옷자락을 붙잡고 어쩔 줄 몰라 했다. 그러나 스님은 눈썹 하나 까딱하지 않고 무심하게 얘기를 계속했다.

"그 개는 지금 고개 너머 당신 딸네 집에 숨어 있으니 얼른 모셔다가 효성을 다 하시오. 그렇지 않으면 대대로 가운을 멸하리라."

스님은 말을 마치자마자 떠나버렸다. 망치로 뒤통수를 얻어맞은 듯 넋을 잃고 서 있던 최씨 부부는 개가 숨어 있다는 딸네 집으로 치달았다.

최씨는 마루 밑에 옹크리고 숨어 있는 개를 발견하자 울부짖듯 어머니를 부르며 마루 밑으로 기어들어갔다. 아버지의 입을 통해 자초지종을 듣고 난 딸은 그제서야 하염없이 눈물을 흘렸다. 최씨는 그 길로 개를 업고 딸네 집을 나왔다.

"어머님, 전생에 못다한 효성을 이제부터라도 꼭 해드리겠습니다. 제 허리가 부러지더라도 등에 업고 팔도강산 유람을 해드리겠습니다."

그 후 최씨는 개를 등에 업고 전국 방방곡곡을 돌아다녔다. 최씨는 그만 지칠대로 지쳐서 개를 업은 채 고향 땅이 가까운 곳에서 잠깐 쉬는 동안에 자기도 모르게 잠이 들었다. 최씨가 깨어나 보니 분명 등에 업혔던 개가 없어져 버렸다. 개는 앞발로 흙을 긁어 구덩이를 파고 그 속에 자는 듯이 죽어 있는 것이었다. 최씨는 어머니를 부르며 슬피슬피 울다가 그 자리에 커다란 묘를 정성들여 만들고 어머니의 혼을 모셨다.

그 후로는 최씨의 가세가 번창하여 큰 부자가 되었으니 사람들은 그 무덤을 가리켜 '최부자의 개무덤'이라 부르게 되었다.

경상북도 월성군 내남면의 이조리라는 마을에 아직도 그 무덤이 있으니 오가는 사람마다 이 전설을 들으며 자식을 향한 어머니의 사랑이 지극함을 느끼고 최씨의 그 효성에 감탄을 아끼지 않는다.

亥

AB

열두 번째 간지
돼지띠

순진하고 열정적이며 인심이 후하다. 대범하고 마음이 곧으며 실천적이다.
지나치게 정직함으로 손해를 보나 시운(時運)은 열두 띠에서 으뜸이다.
무슨 일을 하든지 잔꾀를 부리지 않으며 목표를 향해 위험을 감수하고 돌진한다.

1

🐷 돼지띠의 전체적인 성격과 운세 🐷

돼지를 말할 것 같으면 사람들은 냉큼 '저돌맹진(猪突猛進)'이라고 생각하게 되는데 중국에서는 '돌비맹진(突飛猛進)'이라 한다. 아무튼 돼지란 동물은 머뭇거리지 않고 앞으로 돌격하는 직진성(直進性), 사납고 거친 야성과 공격성을 갖고 있다.

돼지띠 역시 돼지의 이러한 특성을 가지고 태어났으니 고집을 부리며 의지가 굳세다. 무슨 일을 하든지 잔꾀를 부리지 않으며 착실히 목표를 향해 위험을 감수하고 돌진한다. 마음 내키는 대로 밀고 나간다. 그러나 부인할 수 없는 것은 때로는 한 가지 일에만 전념하여 다른 일은 돌보지 않는 경향으로 말미암아 부작용을 초래하기도 한다는 것이다. 즉 타협과 융통성이 부족하다.

그러나 이것이 돼지띠들이 가지고 있는 성격의 모든 것이라고 생각하면 크게 잘못된 것이다. 돼지의 본성은 다른 데에 있다.

어느 강연에서 청중들에게 돼지를 어떻게 생각하느냐 물었더니 80% 이상이 돼지는 제멋대로이고 공격적이며 거칠고 야성적이라고 대답했다. 이런 생각이 사람들한테 확고하게 고정되어 있는 것이 사실이다. 물론 틀린 생각은 아니다. 그러나 여기에 한정된다면 돼지에 대해 겨우 반밖에 알지 못한다고 말할 수밖에 없다. 더 확실히 말하면 돼지는 화가 날 때에만 이런 성격을 드러낸다.

평상시의 돼지는 아주 천연덕스럽고 작은 일에는 성낼 줄 모르며 아무 근심 없이 태평스럽다. 의외로 놀라우리만큼 깨끗한 것을 좋아하여 털이

더러워지면 물에 몸을 담그거나 풀밭에서 뒹군다. 혹은 나무에 비벼서 늘 깨끗하고 윤택이 흐르도록 한다.

돼지띠 사람들 역시 본성이 낙관적이고 선량하며 대체로 몸 단장이 깨끗한 신사 숙녀이다. 목표를 향해 매진할 때는 열정적이고 생활에서는 차분하고 인정미와 포용력을 보여준다. 혹 당신의 주위에도 이런 사람이 있을 것이다. 순진하고 열정적인데 비해 어느 정도는 총명하지 못하고, 매우 선량한데 비하여 지나치게 고지식하며, 천성이 낙관적인데 비하여 늘 타인에게 이용당하는 사람이 있을 것이다.

방관자의 주관적인 판단에 의하면 때로는 그것이 장점일 수 있고 때로는 단점일 수 있다. 이 장단점에 있어서 현격한 차이가 나는 것이 돼지띠의 가장 큰 특징이다.

앞서 말한 바와 같이 돼지띠는 대체로 낙관적이고 선량하며 많은 친구가 있고 자기 감정을 소중히 여긴다. 일단 좋은 벗이 되면 무슨 일이든 받아주고 도와준다. 무엇보다 좋은 점은 절대 친구에게 미안한 일을 하지 않으며 가까운 사람들이나 친구를 위해서는 자기의 목숨까지도 서슴없이 버린다는 것이다.

돼지띠는 언제나 자신감 있게 타인을 만나며 언제 어디서나 후덕하고 대범한 자태를 흐트리지 않는다. 책임감이 매우 강하고 한 가지 결심을 하면 실패가 확인되었다 하더라도 무작정 덤벼든다. 그렇게 보면 손해를 보는 듯하지만 하느님은 그것을 미봉할 수 있도록 돼지띠에게 열두 띠 중에서 제일 가는 재운을 주었다.

머뭇거리지 않고 앞으로 돌격하는 성질이 있으므로 상승운을 잘 이용하면 젊어서 두각을 나타내고 부를 축적하는 것도 그리 드문 일이 아니다.

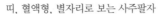
그러나 어려움에 부딪쳤을 때도 방향을 바꿀 줄 몰라 그만큼 손해도 크게
보고 자신이 여지껏 축적한 것에 치명적인 타격을 받을 수도 있다. 이러한
좌절을 당하지 않으려면 상황이 좋을 때 잘 관찰하여 비가 오기 전에 우산
을 마련하는 것이 좋다.

2

❀ 돼지띠에게 적합한 직업 ❀

돼지띠들은 무슨 일을 하든 풍운아다. 여러 가지 분야에서 풍운아들을
찾아보면 그 중 돼지띠가 가장 많다. 돼지띠들은 직업적으로 살펴보면 정
치나 문화계가 실업계보다 재운이 트일 수 있으며 건축업, 음악가, 서비스
업 등도 적당하다.

돼지띠 여성을 한 마디로 표현하기는 어렵지만 대체로 자질이 뛰어나
다. 명랑하고 활발하며 지혜롭고 타인을 잘 도와주므로 이성은 물론 동성
들에게도 사랑받는다. 가정에서나 사회에서나 아름답고 즐거운 인생을
살아간다. 다만 가무를 즐기는 편이니 이 점에 신경쓸 필요가 있다.

돼지띠 여성은 항상 미소를 머금고 마음이 후덕하며 대범하다. 성격이
쾌활하고 솔직하며 부드럽고 친절하다. 당신의 주위에 이런 느낌을 주는
사람이 있다면 그녀는 바로 전형적인 돼지띠 여성일 것이다. 겉으로는 비
할 데 없이 활달한 성격이지만 내면은 은근히 견강함을 내비치는 여성이
바로 돼지띠 여성이다.

3

❀ 돼지띠에게 적합한 결혼 상대 ❀

돼지띠 남성은 가정을 소중히 여기므로 행복하고 즐거운 가정을 이룰 수 있다. 비록 애정 표현을 잘 하지는 않지만 사랑의 태도는 용감하다. 성(性)에 있어서도 대체로 강한 편이고 애정생활에서는 기교를 많이 추구한다. 돼지띠 여성은 다른 여성보다 상대적으로 다산(多産)의 경향이 있다.

이것이 돼지띠의 종합적인 성격과 운세라면 다음은 대체로 어떤 사람이 이 돼지띠와 궁합이 맞는지를 알아보자.

돼지띠는 아주 천진난만하고 명랑한데 비해 쉽게 사기를 당하거나 이용 당한다. 이런 점으로 미루어 보아 어느 정도는 명석하지 못한 면이 있는 것이 사실이다. 돼지띠들이 선량하고 타인을 잘 도와주므로 이성에게 사랑을 받는 것은 자연스러운 일이지만 돼지띠 여성의 경우 남성의 감언이설에 쉽게 넘어가 가볍게 자신을 허락할 수 있다. 천진난만한 천성이 부작용을 일으켜 성적으로 가볍다는 인상을 지울 수가 없다. 그러기에 일생을 기탁할 반려자를 선택할 때는 꼭 제대로 된 남성인지 확인하는데 주력해야 한다.

♣ 돼지띠

돼지띠 남성과의 연분을 '상경여빈(相敬如賓)'이라고 할 것이다. 다시 말하면 두 사람은 예절을 중히 여기고 서로 존경하며 다툼이 적을 것이다. 이들의 만남은 틀림없이 한 치도 거짓이 없는 가정을 이룰 것이다.

그러나 결점도 존재하는 법, 서로 운세가 일치하니 상승기에는 별 문제가 없겠지만 일단 하락기에 들어서면 누구도 막을 수 없다. 이러한 궁합은 남녀가 출생한 계절이나 시간이 서로 반대될 때 그 연분은 더욱 좋다.

♣ 소띠

소띠들은 가정을 사랑하고 사업에 있어서는 옛것을 따라 사리에 맞게 처리한다. 미사여구로 아첨하지 못하고 거짓을 모르며 시간 속의 험난함을 이겨낸다. 소띠의 결점은 좀 느린 편이고 상대적으로 너무 솔직하다는 것이다. 다시 말하면 두 사람의 결합은 기본 성격에 차이가 있으니 상대방의 입장이나 직책을 서로 이해하고 신뢰를 키우는 것이 필요하다. 함께 영화를 관람하거나 물건을 사러 가는 것도 바람직한 노력이다.

♣ 토끼띠

토끼띠는 재능이 뛰어나고 조심스럽게 자기의 '세계'를 지키며 전통적인 것을 숭상하고 다투는 것을 과민하게 싫어한다. 천진난만하고 명랑하며 활달한 돼지띠와 평화롭고 따스하며 사랑이 넘치는 가정을 꾸밀 수 있다.

이외에도 쥐띠 남성은 가무에 관심이 많은 돼지띠의 약점을 가라앉혀 줄 수 있으니 결혼 상대로는 연분이 상당히 좋은 편이다.

4

❀ 돼지띠에게 적합한 연애 상대 ❀

　결혼 상대로는 이상적이지 않지만 결혼을 전제로 하지 않는 만남이나 이성 친구로 어떤 사람이 합당한지 알아보자.

　무엇보다 먼저 고려할 것은 돼지띠는 쉽게 애정 표현을 하는 사람이 아니기에 상대방은 그 반대되는 사람이 좋다. 즉 돼지띠를 지극히 사랑하는 마음이 있거나 혹은 상당히 끈질기게 매달리는 사람이어야 한다.

　이 경우 누구보다도 뱀띠인 사람이 좋고 그 다음으로는 원숭이띠이다. 그러나 이들은 모두 성실하지 못하여 그럴 듯한 말로써 재물이나 여색을 취하려는 것이 목적일 수 있다. 돼지띠인 그대가 만약 그것을 유희로 받아들인다면 기만당해도 별로 문제될 것이 없을 것이다. 뱀띠와 원숭이띠들은 유희에 뛰어난 기교를 보여줄 것이며 성(性)에 있어서도 높은 수준이므로 틀림없이 최상의 희열을 맛볼 수 있을 것이다.

　이외에 닭띠들은 무슨 일에서나 조금도 흐트러짐이 없고 유쾌하며 화려한 분위기를 꾸밀 줄 알기에 단기간 내에 사귄다면 충분히 쾌락을 느낄 수 있을 것이다. 그러나 닭띠는 잔소리가 많기 때문에 오래 사귀기는 힘들 것이다.

5

🎴 돼지띠가 피해야 할 상대 🎴

단시간 동안 사귀는 연분 중에 원숭이띠나 뱀띠는 돼지띠와 좋은 연분이 아니다. 연분이 없을 뿐더러 그들과 사귀었다가 그냥 당하는 경우가 많다. 돼지띠 여성이 이 세상에 좋은 남자는 한 명도 없다고 한탄하는 것은 거의 두 띠의 남성한테 당했기 때문이다. 돼지띠 여성은 얌전한 유형이므로 그녀들을 기만하기는 매우 쉽다고 생각한다. 그러므로 만약 원숭이띠나 뱀띠와 사귈 때는 지나치게 친근하게 대하지 말아야 한다.

그러나 이러한 단점에도 불구하고 그들은 분위기를 잘 이끌 줄 알기 때문에 단기간의 연애는 상당한 쾌락을 가져다줄 것이다. 만약 충동적으로 결혼한다면 위험이 따를 것이다.

그러나 가장 위험한 것은 돼지띠인 그대에게 십만 원, 이십만 원 정도의 적은 돈을 빌려쓰는 남성이다. 그대는 천성이 낙관적이고 대범하여 남을 잘 도와주는 좀 어리숙한 편이고 상대방의 요구에 별 생각 없이 긍정적으로 대답해 버린다. 적은 돈을 빌려쓰는 남성은 속이려는 의도가 없더라도 아주 시끄럽게 굴고 누에가 뽕잎을 야금야금 갉아먹듯이 그대의 천성적인 재운을 말려 버릴 수 있다. 그 대표적인 남성이 바로 양띠이다.

돼지띠 여성은 꽤 남성적 기질을 가지고 있다. 그리하여 양띠 남성, 즉 실행력이나 결단력이 약하고 언제나 주춤거리는 그 양띠 남성에 대해 대체로 불만이 많다. 이와 비슷한 닭띠 남성도 그대와 연분이 좋지 않다. 닭띠들은 인화가 안 되고 실속이 없다.

돼지띠

결혼, 연애 상대 - 돼지띠 여성

12간지	쥐	소	범	토끼	용	뱀
결혼 상대	◎	◉	◎	◉	◎	✖
연애 상대	△	◎	◎	◎	◎	◉
12간지	말	양	원숭이	닭	개	돼지
결혼 상대	△	✖	✖	✖	△	◉
연애 상대	◎	△	◉	◉	△	◎

결혼, 연애 상대 - 돼지띠 남성

12간지	쥐	소	범	토끼	용	뱀
결혼 상대	◉	◎	△	◉	✖	△
연애 상대	◎	△	◎	◎	◎	◎
12간지	말	양	원숭이	닭	개	돼지
결혼 상대	✖	◉	◎	◎	◎	◉
연애 상대	◎	◎	◉	△	◎	◎

아주 좋음 ◉   좋음 ◎   주의할 것 △   피하는 것이 좋음 ✖

6

❀ 혈액형에 따른 돼지띠의 운세 ❀

♣ A형

혈액형이 A형이며 돼지띠인 사람의 가장 대표적인 특징은 어리숙할 정도로 사랑스러운 것이다. 일을 할 때 핵심을 놓치고 중요하지도 않은 문제를 붙잡고 헤맨다. 즉, 소 잃고 외양간 고친다. 그러나 그 진지한 노력을 비난할 수도 없다. 굳은 인내력을 소유하고 있으니 일을 잘못하면 백 번을 다시 하더라도 굴하지 않으며 마음에 흡족할 때까지 한 가지 일을 거듭하는 것을 두려워하지 않는다.

마음이 선량하고 어린이 같은 순진함이 있어 늘 다른 사람의 말에 귀가 솔깃하고 타인의 말이 진실하지 못하더라도 의심하지 않는다. 그리하여 속임을 당하고 타인의 희롱에 웃음거리가 된다.

말주변이 없고 어리숙하며 또 원만하지 못하고 어느 정도 고집이 있다. 이처럼 순하고 정직한 사람을 친구로 사귀고 사업적으로 도와준다면 그는 충실하고 믿음직하여 처세에 민감하고 말재주가 좋은 사람보다도 훨씬 더 성실하고 실질적일 것이다. 사람이 겸허하고 책임감이 강하다. 어떤 일이든 조금의 빈틈도 없으므로 윗사람의 신임과 동료들의 환대를 받는다. 그러면서도 임금이나 보너스를 요구하는 것보다는 행동으로 모범이 된다. 즉, 해마다 자기 몫을 다 해낸다.

이 A형 돼지띠는 친구에게 지극히 충실하기 때문에 비록 사교적인 성격은 아닐지라도 필요할 때마다 그를 도와주고 고무해 주는, 생사를 같이 할 수 있는 벗이 있다. 나이가 들면서 점점 성숙되고 침착해지며 경험도 많아지니 일생의 운세는 그래도 늦게 필 것이고 노년에 생활이 더욱 화려할 것이다.

♣ B형

혈액형이 B형이며 돼지띠인 사람은 솔직하고 맺고 끊는 것이 확실하며 담이 크다. 활력이 무궁무진하고 야성미가 넘친다. 작은 일에 얽매이지 않으며 불평하거나 주춤거리는 것을 좋아하지 않는다. 대범하고 마음이 곧고 입이 빠르다.

스스럼없이 타인을 대하고 자만하지 않으며 약한 자를 얕보지 않는다. 때로는 타인한테 당하지만 가슴에 한을 품지 않으며 작은 일은 쉽게 잊어버린다. 어떤 일이든 두리뭉실하게 대하고 타인의 심리를 가늠하지 않는다. 말을 통쾌하게 하나 그만큼 정리가 되지 못하고 어느 정도는 속되다. 지극히 진취적이고 마음에 화려한 이상을 계획하고 있다. 그러나 일단 행동에 옮기면 어느 정도 맹목적이고 계산이 치밀하지 못하며 절차가 정연하지 못하다. 무엇이든 자기식대로 주저없이 밀고 나가므로 계획했던 목표를 완성했더라도 성공하기까지는 매우 험난할 것이다. 방관자는 그를 '미쳤다'고 말할 정도다.

모략을 꾸밀 줄 모르고 사업에서 여러 번 손실을 입는다. 가볍고 급하며 침착하지 못하다. 이러한 약점을 보완한다면 더 많은 사람들의 신임을 얻게 되고 사업도 밝게 펼쳐질 것이다. 대장감 같은 외모에 총명함과 지혜로움이 더한다면 틀림없이 크게 성공하고 길이 이름을 남기게 될 것이다.

♣ AB형

혈액형이 AB형이며 돼지띠인 사람은 성격이 외유내강이다. 일상에서는 언제나 웃음이 떠날 줄 모르고 부드러우며 점잖은 모습이나 마음속은 강직하고 대담하다. 무슨 일에나 자기 나름의 주관이 있고 절대 타인에 의해 좌지우지되지 않으며 바람에 따라 흔들리는 돛처럼 시세를 따르지 않는다.

타인을 부드럽게 대하기에 벗들이 구름처럼 모여든다. 그러나 그가 벗을 선택하는 기준은 성실하고 거짓이 없어야 한다는 것이다. 공정하여 약자에게 약하고 강자에게 강하다. 성격이 좀 완고한 편이고 무릇 미워하는 사람은 쳐다보지도 않을 뿐더러 누가 무슨 말을 해도 마이동풍이다. 이처럼 조화할 줄 모르고 응변력이 없기에 흔히 손해를 보게 되나 그는 그것을 뻔히 알면서도 굽히려 하지 않는다.

무슨 일이나 참다우며 조금의 흐트러짐도 없기에 타인을 감동시킨다. 책임감이 강하고 여러 사람을 위해 최선을 다하며 사회에 헌신한다. 천성적으로 좋은 기회를 만나고 거기에 또 강한 의지와 과감한 정신, 착실한 마음가짐은 모두 성공의 첫째 조건이지만 기회를 포착하고도 덧없이 흘려보내고 말 수도 있다.

지나치게 고집을 부리는 것은 고쳐야 한다. 벗의 충실한 권고를 받아들이지 않으면 처참한 손실을 보게 된다. 다만 너그러운 대화를 많이 하고 여럿의 지혜를 받아들일 줄 알아야 한 단체의 우두머리가 될 수 있다.

♣ O형

혈액형이 O형이며 돼지띠인 사람은 거칠고 저돌적이다. 작은 일에 발목 잡히지 않고 타인의 의견에 연연해 하지 아니하며 자기식대로 모든 정력을 쏟아부어 자기가 지향하는 이상에 매진한다.

사상은 단순하고 마음은 선량하며 남을 의심할 줄 모른다. 그 때문에 늘 기만당하거나 희롱당하지만 마음에 새기지 않으며 쉽게 잊어버린다. 마음이 넓으니 타인의 배반을 너그러이 용서하고 절대 보복하지 않는다. 시비가 생기면 마주 앉아 밝히고 차후에는 그런 일이 아예 발생하지도 않은 듯한 태도를 취한다. 정력이 넘치고 도전적이며 중임을 서슴없이 짊어진다. 독립적으로 길을 개척하려 하며 타인의 힘을 빌거나 공모하여 목표를 실현하는 것을 바라지 않는다. 아무리 앞길이 어렵더라도 조금도 두려워하지 않는다.

사람을 화합하게 하고 창조적으로 결합하는 자질이 있으므로 현명한 지도자가 될 수 있다. 그러나 일에 있어서 중심을 잡지 못하며 조급하고 경솔한 약점을 잘 극복해야 한다. 작은 일에 발목 잡히지 않는다고 하여 무심히 지나쳐 버리지 말아야 한다. 인내력과 의지를 키우고 지극히 계산적이어야 비로소 사업에서 결실을 볼 수 있다.

7

❀ 별자리에 따른 돼지띠의 운세 ❀

♣ 양자리 (3월 21일~4월 20일)

양자리 돼지띠는 편안하고 그윽한 자연의 기상과 순박한 진취정신을 발한다. 양자리인 사람의 생활은 결코 순풍에 돛단 배가 아니나 그의 가족, 벗 내지 동료는 그의 후덕한 마음과 사랑 속에서 많은 것을 얻는다. 양자리 돼지띠는 자애로움의 화신이니 크고 작은 일을 가리지 않고 벗을 성심껏 돕는다.

사람마다 그를 신임하고 좋아함이 과연 놀라울 정도이나 이는 그 자신의 능력, 조직력과 타인을 돕기를 즐기는 성격이 그 이유이므로 그야말로 그는 가장 훌륭하고 가장 성실한 이타주의자이다.

사람들은 양자리 돼지띠를 좋아하며 대체로 그에게 질투를 느끼지만 그의 직위나 사랑을 빼앗으려는 생각이 없다. 다만 양자리 돼지띠는 자기를 의식하고 자기를 좋아하며 얼마간의 햇빛이라도 자기한테 뿌려주기를 바랄 뿐이다.

양자리 돼지띠가 소유하고 있는 것은 매력이 아닌 마력이다. 그들은 천성적으로 그것을 소유하였으며 영원히 보존해 나간다. 이들의 최대 결점은 충격이 큰 좌절이나 타인의 음모로 굴욕을 당했을 때 나타난다. 그들은 결코 참을 수는 없으나 무력한 분노를 느끼고 이로 인하여 지극히 맹목적이고 초조하며 불안한 격노 속에서 세월을 보내지만 결국 헤어나지 못한다. 그 자신이 이 매듭을 풀지 못한다고 해도 결국은 그 자신만이 풀어야하므로 이럴 때는 마음을 가라앉히고 휴식하는 것이 가장 좋다. 여행이나 산책, 진정제를 복용할 수도 있다. 아무튼 적당히 자신을 조절하지 않으면 마침내 분노의 희생양이 될 수 있다.

♣ 황소자리 (4월 21일~5월 21일)

우리는 '아름다운 인물'들 중에서 황소자리 돼지띠를 심심치 않게 발견할 수 있다. 비록 황소자리 돼지띠가 상류사회의 유혹으로 직위나 재물을 탐낸다 할지라도 의연하게 자기 나름의 방식대로 일을 처리하며 타인과 합작해도 반드시 자기가 대장이어야 한다.

황소자리 돼지띠는 여러 가지 유형의 사업에 종사할 수 있다. 작은 일에 구애받지 않는 성격이니 어떤 복잡한 일도 그에게는 문제되지 않는다. 바늘을 다루거나 칼을 들거나 인쇄와 같은 일은 모두 황소자리 돼지띠에게 적합하다.

황소자리는 꽤 무게 있는 별자리이고 마음이 지극히 후덕하고 남을 사랑하며 현실적으로 신중하게 사업을 한다.

황소자리 돼지띠는 화려하고 평화롭고 조용한 소년시절이 없을 수 있으나 성장하면 어릴 때 갖지 못한 것을 보상받으려 하고 자기의 걱정스런 생활을 정리한다. 열심히 자기와 함께 생활할 사람을 선택하며 상대방을 보호하고 그가 화려한 환경에서 생활하도록 마련해 주며 충실하고 헌신적으로 그를 사랑한다.

황소자리 돼지띠는 황소자리의 논리와 질서가 돼지띠의 조심스러운 성격과 합하였기에 상당히 믿음직하고 확실하다. 다른 사람과 물질을 함께 향수하고 큰 계획을 실현하려 하지만 역시 자기의 말이 준칙이다. 계약을 지키면서도 늘 자기를 의심하고 어떤 원인으로 하여 실행하지 못할까 봐 근심한다.

사람을 거칠게 대하는 것을 좋아하지 않으나 누군가가 자신을 지나치게 몰아부치면 그와 똑같은 방법으로 그 사람을 대한다. 벗과 함께 있는 것을 즐기며 늘 열정적으로 벗들을 초대한다. 그러나 사업하거나 명상에 잠길 때면 보통 사람은 도저히 범접할 수 없다.

♣ 쌍둥이자리 (5월 22일~6월 21일)

쌍둥이자리 돼지띠는 다재다능하고 매우 조심스럽다.

돼지띠들은 항상 재물을 추구하고 또 생활 속에서 어떻게 아름다움을 지켜갈 것인지를 알고 있으나 게으르고 흐트러지고 또 완고함도 있다. 그러나 지혜롭고 영민한 쌍둥이자리는 경쾌함과 무엇이든 즉시 행동에 옮기는 행동파이다.

때때로 쌍둥이자리 돼지띠는 마치 일벌들이 없을 때 여왕벌이 이쪽저쪽 꽃밭 속을 쉴새없이 날아다니는 것처럼 끊임없이 돌아다니는 것을 볼 수 있다. 모든 힘을 다 하여 사사건건 흡족하게 매듭지으려고 노력한다. 그런 뒤에 또 긴 소파에 드러누워 과자를 먹으며 모든 것을 포기한 듯 한가롭게 기지재를 켠다. 이것이 쌍둥이자리의 전혀 다른 두 가지 모습이다. 돼지띠가 아무리 안정을 추구해도 그는 어떤 상황에서든 적어도 두 가지 방향으로 자유롭게 자리를 바꾸려는 의지에서 벗어날 수 없다.

그러면서도 바로 이런 습성이 쌍둥이자리 돼지띠로 하여금 신속히 문제를 해결하는 능력을 갖게 한다. 사유가 민첩한 쌍둥이자리는 신변의 전체적인 상황을 정리하고 판단한 후 돼지띠의 약점을 극복하고 짧은 시간 내에 매듭을 풀어나갈 대책을 생각해 낸다.

쌍둥이자리 돼지띠는 '큰 인물'이다. 맨주먹으로 창업하더라도 성공을 위해 타인의 협조를 바라지 않는다. 이쪽 문을 두드려 열리지 않으면 곧 다른 문을 두드린다. 그리하여 마침내 출구를 찾아내고야 만다.

쌍둥이자리 돼지띠도 역시 사람이니 약점이 있다. 돼지띠들은 타인에게 좀체로 '아니오(NO)' 라는 말을 하지 않는다. 정감적인 분위기에서는 더욱 그러하다. 그러나 쉽게 부정하지 않기 때문에 타인도 그에게 '아니' 라는 말을 하는 경우가 매우 드물다. 언제나 긍정적이며 명랑한 웃음을 띤 얼굴로 수시로 머리를 끄덕여 찬성을 표하려고 준비하는 사람이 바로 쌍둥이자리 돼지띠이다.

장사나 돈에 꾀가 많고 상당한 매력을 가지고 있기에 좀체로 그가 계약 중에 딴짓을 했음을 알아내지 못하며 발견했을 때는 이미 다 매듭지어진 상태가 되고 만다.

♣ 게자리 (6월 22일~7월 22일)

게자리 돼지띠는 이중 성격이다. 때때로 여러 가지 사치하고 방탕한 행동에 끌리고 다른 한편으로는 스스로 엄격한 규칙을 만들어 조금도 즐거움을 느끼지 않는다. 좀처럼 여행을 떠나지 않으며 늘 집에 틀어박혀 독서를 하거나 연구를 한다. 화려한 의복을 사거나 불필요한 것을 사는 일이 없다. 다만 열심히 벌고 저금한다. '감각적인' 일에 몰두하는 것은 타인의 일이라고 생각한다. 이처럼 스파르타식 생활자세는 자신의 방종함과 반대되는 것이다. 그러므로 반드시 이 둘 사이에서 균형잡는 법을 배워야 한다.

게자리 돼지띠의 단점은 인상이 차갑다는 것이다. 양미간을 모으고 주저하지 않는 표정, 노한 눈길, 꽉 다문 입술은 사람을 두려움에 떨게 한다. 그러나 사실 이런 표정은 꾸며대는 것일 뿐이다. 게자리 돼지띠는 인자하고 선량하며 늘 자기를 희생한다. 겉으로는 짐짓 엄한 얼굴이지만 마음속으로는 언제나 웃고 있다.

누가 뭐라 해도 끝까지 자기의 신념을 굽히지 않는 것과 고집은 게자리 돼지띠의 대표적인 성격이다. 그는 자기의 이상과 방식을 확신하고 끝까지 지켜나가려 다짐한다. 종교를 광적으로 믿으며 정치적 견해도 명확하고 투명하다. 그처럼 신념을 지키며 생활하는 사람은 없다.

♣ 사자자리 (7월 23일~8월 22일)

사자자리 돼지띠는 늘 타인을 웃음짓게 만든다. 가령 가장 비참한 상황이라 할지라도 어떤 방법을 써서라도 당신을 웃게 만든다. 그는 천성적으로 익살스럽고 재미있는 사람이다.

사자자리 돼지띠는 유머와 풍자적인 말을 즐길 뿐만 아니라 음식물, 성, 휴식, 사업, 애정, 담소, 사치품 등도 매우 좋아한다. 아름답고 화려한 환경을 필요로 하기 때문에 이런 즐거움을 얻으려는 것이다. 최고급 상점에서 식료품 사는 것을 즐기며 옷도 유명한 브랜드의 것을 입는다.

사자자리 돼지띠는 마음이 후덕하고 늘 벗에게 선물한다. 지나친 대범함으로 어느 정도 낭비도 있다. 유일하게 이런 천성에 제동을 걸 수 있는 것은 그의 가정, 그리고 사랑하는 사람과의 행복이다. 그대가 사자자리 돼지띠인 사람과 동반할 때 그는 당신이 이 세상에 유일하게 존재하고 있는 사람인 듯이 느끼게 하며 또 그의 행복은 완전히 당신에게 달려 있다.

사자자리 돼지띠들은 흔히 자기의 매력을 이용하여 일에 성공하며 일을 하기에 적당한 사람이나 일을 정하면 열심히 그 일을 해 나간다. 열심히 노력하고 역시 능력이 있으며 유머감각이 뛰어나다. 만약 그가 사람들 앞에서 성공의 기쁨을 나타낸다면 그것은 틀림없이 자기의 신중함과 놀라운 능력의 결과이다.

사자자리 돼지띠는 용기가 넘칠 뿐만 아니라 언제나 겸허한 태도이다.

어찌보면 아무런 찬양이나 박수 갈채도 필요하지 않는 듯 꾸미지만 마음 속으로는 역시 타인의 존경과 선망을 바란다. 그는 마음이 순수하고 성실 한 돼지일 수 있으나 과시하기를 좋아하는 사자의 본성을 마음속에 감추 고 있다.

♣ 처녀자리 (8월 23일~9월 22일)

처녀자리 돼지띠는 본래 사악함이 존재하지 않는다. 그는 결코 그렇 게 저급하고 비열하며 사악한 영혼이 우리의 신변 곳곳에서 배회하고 있다고 인정하지 않는다. 그는 성선설(性善說)을 믿어 의심하지 않으며 모든 사람, 동물 내지 생명체는 대체로 선량하고 자랑스러운 것이라고 인정한다.

처녀자리 돼지띠는 마음이 한없이 선량하고 순수하니 인간에 대한 신뢰 가 절대적이고 그만큼 어떤 사람이 나쁜 사람인지조차 분별하지 못하며 심지어는 범인마저 피해자라고 생각한다. 결과적으로는 늘 사기꾼의 노 리개가 되고 만다.

수공예에 솜씨가 있으니 손으로 만드는 일은 훌륭히 해낸다. 예술은 처 녀자리 돼지띠의 천성적인 기질이다.

초면에 사람들은 그를 보고 대뜸 시인을 떠올릴 것이다. 그 눈길과 옷차 림에서 사람들은 시인의 어떤 기질을 볼 수 있다. 그러나 눈에 익숙해짐에 따라 그 꾸밈없는 옷차림은 결국 사치와 화려함에 대한 요구를 다 감추지 못하고 있다. 그의 눈에는 검은테 안경이 씌워진 예술가이고 어느 정도 위 축되고 허약하고 긴장되고 심지어는 부끄러움을 나타내 보이지만 그는 보통사람 연봉의 절반을 털어 주방을 새로 꾸미기도 한다. 재물이 없다면 몹시 상심할 것이다. 예술은 물론 좋은 것이나 황금은 이리를 문 밖에 밀 어낼 수 있는 것이다.

처녀자리 돼지띠는 탐오, 타락을 미워하면서도 탐오로 얻어지는 이익에 군침을 흘린다. 편안한 생활을 하고 싶다고 말하면서 유명해지고 싶어한다. 어찌보면 다만 본질적인 것에 관심을 가지고 있는 듯하나 역시 사치하고 화려함을 추구한다. 그가 아무렇지도 않은 듯이 나타날 때 무엇인가를 획득하려고 생각을 굴리고 있음을 알아야 한다.

♣ 천칭자리 (9월 23일~10월 22일)

사랑의 감정은 천칭자리 돼지띠의 가장 대표적인 표현이다. 그는 지나치리만큼 상대에게 충성하고 심지어 상대가 잘못을 저지르더라도 충성심에는 변화가 없다. 그에게 있어서 그와 반려자의 관계보다 더욱 중요한 것은 존재하지 않으며 그의 모든 활동은 이를 중심으로 진행된다. 집, 돈, 아이, 벗도 모두 그 뒤로 물러설 수밖에 없다. 결혼(혹은 연애)이야말로 그의 생명의 햇빛으로서 그것은 그의 생활 속의 희열이나 슬픔을 통솔한다.

천칭자리 돼지띠의 목표는 사람들의 사랑을 받는 것이며 늘 아름답고 화려한 몽상에 깊이 빠져 있다. 일상의 자질구레한 일이라도 시간이 지나면 정서와 향수로 바뀔 것이다.

천칭자리 돼지띠는 늘 몽상적으로 일을 대하므로 일단 천편일률적인 일들에는 한계를 느끼게 된다. 열심히 사회와 경쟁하려 하지 않기 때문에 그의 몽상은 때로 실현되지 못한다. 천칭자리 돼지띠는 창작 욕구가 높다. 그가 추구하는 목표는 아주 위대하지만 중도 하차하는 수가 있다. 이때 불쑥 솟구치는 것이 분노와 고집이다. 너무도 많은 꿈이 깨어지고 너무도 많은 희망이 그대로 사라지면서 그에게 남아 있는 것이라곤 원한뿐이다. 가장 바람직한 것은 그를 알아줄 수 있는 배우자를 만나 안정을 찾는 것이다.

♣ 전갈자리 (10월 23일~11월 22일)

전갈자리 돼지띠는 남달리 특출한 용모를 가지고 있다. 그들의 유혹적인 모습은 다른 별자리 돼지띠들마저 부럽게 한다.

전갈자리 돼지띠는 자기를 가꿀 줄 알며 겉모습을 아름답게 꾸미는 방법도 잘 알고 있다. 그러나 그들은 말이 많고 재촉하기를 좋아한다. 자기가 요구하는 것이 무엇인지를 알고 전혀 주저하지 않고 노력과 계략으로 마침내 그것을 얻는다.

크게 웃고 떠드는 것을 좋아한다. 정력이 왕성하고 야심도 꽤 있다. 가난을 숙명으로 받아들이지 않으며 자기의 의견이나 능력이 사업에 반영되도록 여러 가지 방법을 궁리한다.

전갈자리 돼지띠의 모든 행위는 그것이 어떤 동기를 지녔든 상관 없이 자아중심적이다. 결코 악하지는 않지만 거기에는 항상 계산이 깔려 있다.

전갈자리 돼지띠는 사람을 매우 유쾌하게 하며 참 매력적인 사람이다. 의지가 매우 강하고 사랑하는 마음이 있으며 이익을 얻기 위해서는 얼마든지 타협을 한다. 실패를 잘 받아들이지 못하며 거의 실패하지 않는다. 마음이 좁고 보수적이기는 하나 그와 접촉하는 것도 재미있다. 그는 사람들과의 관계를 어떻게 정립하는지 잘 알고 있다.

♣ 사수자리 (11월 23일~12월 21일)

사수자리 돼지띠는 관찰가로서 자기 주위에서 벌어지는 모든 일에 대하여 남김없이 알고 있다. 모든 것을 알뜰하게 정리하고 말투나 얼굴 표정의 변화를 자세히 기록한다. 순간적인 오류나 가벼운 결점을 확인하고 그것에서 색다른 재미를 느낀다. 이런 관찰력을 바탕으로 사람들을 대한다.

사수자리 돼지띠는 보편적인 예술가로서 너무 추상적이거나 지나치게 복잡하지 않다. 그들의 목표는 사회를 풍자하는 것이고 자기 스스로 그것을 즐긴다.

그들은 타인에 대해 흥미를 느낀다. 사람들은 자기 이야기를 잘 털어놓는데 사수자리 돼지띠인 사람은 가장 훌륭한 청중이다. 그들은 어느 대목에서 머리를 끄덕여 동감을 표시해야 하는지를 알며 또 분쟁이 있을 때는 아주 멋지고 완벽한 건의를 제공한다. 타인의 결점을 용인하므로 사람들은 저마다 그에게 속내를 털어놓으려 한다.

그러나 사수자리 돼지띠들은 상당히 완고하고 도덕의 속박에 갇혀 변통성을 잃기도 하며 때로는 그것이 그한테 많은 어려움을 가져올 수 있다. 물론 그의 뛰어난 유머감각은 그를 틀에 갇히게 만들지는 않는다. 그러나 타인의 의견이나 주장에 대한 항거는 적어도 사람들의 노여움을 살수 있다.

♣ 염소자리 (12월 22일~1월 19일)

염소자리와 돼지띠의 성격이 합해져서 무궁한 영감을 낳는다. 자신은 반드시 유명해지고 부유해질 수 있다고 믿는다. 이 개인적인 욕망이 다른 것들과 충돌을 일으키지는 않는다.

이 염소자리 돼지띠들은 순수한 욕망을 품고 있으며 자기 자신을 얕잡아 보는 이는 한 명도 없다. 돼지띠는 규정을 엄격히 지키며 언제나 일처리가 정확하다. 자기 일에 꾸준히 몰두하고 열심히 연구하며 글을 읽는다. 가정과 사업을 고루 돌보며 책임감이 있는 시민이다. 염소자리 역시 참된 시민이니 규정을 지키며 사업과 연구에 열심이다.

염소자리 돼지띠들은 극단적으로 자아희생적이기 때문에 빗나가는 경우가 매우 적으며 늘 타인이 황당하고 올바르지 못하면서도 벌을 받지 않는 것에 곤혹스러워한다. 이들은 법에 충실하여 암거래나 허위와 거짓에 분노를 느낀다.

고집이 세고 낡은 것에 미련이 많아서 어쩌면 지나치게 허례허식이 심한 듯하다. 상당히 민감하여 예술에 매력을 느낀다. 무엇보다 예절을 중히 여기며 대중 앞에 나설 때는 본보기가 될 수 있는 모습으로 나타나는 것을 좋아한다. 의지가 매우 강하여 어떤 어려움에도 머리 숙이지 않는다. 언제나 자신감이 충만하고 명석하다. 개척과 의욕이 강하며 또 확실하게 밀고 나간다.

♣ 물병자리 (1월 20일~2월 18일)

물병자리 돼지띠는 용감하고 전진적이며 도가 지나치면 열광적으로 분노의 감정을 폭발시킨다.

물병자리는 폭넓은 이해력을 소유하고 있으며 맑은 정신을 가졌기에 무슨 일이든 직접적인 대항은 피하려 한다. 그러나 천성적으로 다툼을 좋아하는 돼지띠의 성격이 더해지면서 물병자리 돼지띠로 하여금 지극히 도전적이게 만들며 또 돼지띠의 특수한 역량과 충동은 그의 야심에 길을 열어준다. 물병자리 돼지띠는 의지가 강하고 명성을 얻기 위해 노력한다.

물병자리 돼지띠는 뛰어난 외모와 많은 친구를 가지고 있다. 어쩌면 좀 어리숙한 것도 같으나 그의 어리석음을 놀리는 사람은 문득 자기도 그 놀림의 대상이라는 것을 깨닫게 된다. 물병자리 돼지띠는 관중을 끌 수 있으며 또 사람들이 좋아할 수 있는 성격을 소유하고 있기에 어느 정도 성공을 할 수 있다. 천부적인 승리자이나 실패하지 않도록 신경도 써야 한다. 잘 못되면 아주 철저하게 처참한 실패자가 될 수도 있기 때문이다.

물병자리 돼지띠는 우두머리나 통치자로서의 치명적인 결점이 있다. 그것은 영광과 박수 갈채를 좋아하고 끊임없이 성공을 추구하나 군중에게 절제 없이 연설을 지껄여대는 것을 참지 못한다. 그래서 시간이 가면 사람들에게 외면당하기 쉽다.

그러나 물병자리 돼지띠의 지나친 자부심은 냉정한 물병자리의 구원을 받는다. 지나치게 패도(覇道)하나 역시 부드럽고 친근하며 유쾌하다(물론 성을 내지 않을 때이다). 지혜로운 자로부터 건의를 받을 줄 안다. 천성적으로 다변성이 있으니 꼭 외부의 영향에 흔들리지 않고 확실한 길로 들어서야 한다.

지극히 강한 매력을 소유하고 있고 어떻게 하면 군중의 이목과 환심을 끌 수 있는지 그 방법을 잘 알고 있다. 일에 있어서는 모든 방법을 동원하여 철저하게 해낸다. 그것은 다만 이익을 획득하기 위해서이다. 언제나 겉으로 나타내는 것보다는 훨씬 정력적이다.

♣ 물고기자리 (2월 19일~3월 20일)

물고기자리 돼지띠의 심각한 감수성은 거의 그 자신에게 부담으로 작용된다. 그만큼 남달리 감수성이 강하다. 부드러우면서도 야심이 끝없다. 사치를 좋아하고 전통을 존중한다. 그한테 가장 큰 장애는 현대 세계이며 그는 낡은 틀을 고수하는 보수주의자이다. 지름길을 선택하지 않으며 교활함을 싫어한다. 이러한 '결점' 때문에 남보다 사업에 더 힘을 뺀다. 그의 생각이나 판단은 그의 조용한 감정처럼 크게 변화가 없고 강하면서도 세밀하다. 옳다고 생각되는 것이면 조금도 흔들림 없고 심지어 잘못되었더라도 쉬이 흔들리지 않는다. 그냥 구실을 만들거나 신사적인 방식으로 물러나면서 자존심을 지킨다.

물론 타인이 완고하면서도 고도로 예민한 그를 놀려주고 역이용하여 그

를 화나게 할 수도 있으나 쉽게 노여움을 드러내지 않는 그는 결코 노발대
발하지 않고 속으로만 가슴을 끓일 뿐이다.

물고기자리 돼지띠는 무엇보다 문화와 세속에 깊은 흥미를 가지고 역사
를 즐기며 조부모의 이야기나 여러 가지 전설, 기문들에 관심을 가진다.

성인이 된 후에는 늘 집에 있으면서 자기와 배경이 비슷한 사람과 결혼
한다. 절대 말썽을 일으키지 않는다. 담이 작고 지나치게 소심해서가 아니
라 체면을 중시하기 때문이다. 차라리 안전하게 지내기만 바라며 어떤 위
험이나 상처든지 회피한다.

그만큼 현실세계는 그에게 중압감으로 다가와 언제나 힘겹게 생활한다.
늘 애수에 잠기고 감상적이며 매사에 한 걸음 물러선다. 그의 부모는 타인
에게 크게 실망을 주지만 그는 부모를 몹시 숭배한다. 그의 애인은 완벽하
지는 않으나 그는 아주 열광적으로 그를 사랑한다. 자식이 성장하여 집을
떠나도 그는 무언가를 잃어버린 듯한 심정이 된다.

8

❀ 태어난 시에 따른 돼지띠의 운세 ❀

♣ 자시생 (子時生 : 오후 11시~오전 1시)

내부의 쥐가 있어서 투자와 평가에 매우 능숙하다. 그는 콧대가 높거나 인정이 메마른 것을 싫어한다. 쥐띠와 돼지띠는 둘다 매우 사교적이어서 교양 있는 친구들로부터 조심스럽게 최대의 것을 얻어낼 줄 안다.

♣ 축시생 (丑時生 : 오전 1시~오전 3시)

정확한 습성과 완고한 견해를 지닌 강한 기질의 돼지띠이다. 소의 기질은 그가 관능성을 발휘하지 않도록 주의한다.

♣ 인시생 (寅時生 : 오전 3시~오전 5시)

대담무쌍하고 마음이 넓으며 신체 건강한 돼지띠이다. 훌륭한 일꾼이며 조직가이다. 호랑이띠와 돼지띠는 둘다 기본적으로 감정에 이끌리기 쉬우므로 다른 사람들에게서 쉽게 영향을 받는다.

♣ 묘시생 (卯時生 : 오전 5시~오전 7시)

자신이 해야만 하는 의무 이상은 절대 하지 않는 타입이지만 감각이 날카로운 돼지띠이다. 파티를 잘 연다. 하지만 자신의 몫을 챙기는 것을 절대 잊지 않는다. 스스로 이야기하는 것만큼 친절하지는 않다.

돼지띠

♣ 진시생 (辰時生 : 오전 7시~오전 9시)

사랑하는 사람들에게 온갖 헌신을 하는 강하고 책임감 있는 돼지띠이다. 용띠와 돼지띠는 둘다 강하면서도 순진하다. 성공과 실패가 반반이다.

♣ 사시생 (巳時生 : 오전 9시~오전 11시)

좀더 끈기 있게 자신의 목표를 추구하는 명상적이고 비밀스러운 돼지띠이다. 뱀의 기질은 돼지의 망설임을 풀어주고 그가 원하는 것을 취하도록 한다. 정의를 바라보는 시각이 비뚤어져 있다.

♣ 오시생 (午時生 : 오전 11시~오후 1시)

혈기 있는 돼지띠이다. 말띠의 기질은 돼지띠를 사적인 이익과 보수를 바라도록 하면서 더욱 이기적이고 분별력이 없게 유도한다.

♣ 미시생 (未時生 : 오후 1시~오후 3시)

동정심이 많고 감상적인 돼지띠이다. 아주 공손하며 애정 표현을 잘한다. 다른 사람을 위해 열심히 일하며 몹시 관대하다. 영향력 있는 지원자들 뿐만 아니라 주위 사람들의 마음도 끌어당긴다.

♣ 신시생 (申時生 : 오후 3시~오후 5시)

편안한 길로 인도되지 않는다. 자신의 친절함 이면에 탐욕을 숨기고 있다. 원숭이띠의 성질이 사기꾼을 알아볼 수 있게 하고 돼지띠를 순진함에서 보호할 수 있게 한다.

♣ 유시생 (酉時生 : 오후 5시~오후 7시)

비정통적이고 비현실적이나 선의가 있는 돼지띠이다. 무료로 열심히 일하며 보답 없는 일을 하려고 고집부린다. 닭의 성격으로 마치 돈키호테와 같은 기질이 있고 돼지의 성격 때문에 자신의 진실한 가치를 망각하기 쉽다.

♣ 술시생 (戌時生 : 오후 7시~오후 9시)

개띠의 건전한 판단으로 인도를 받는 솔직하고 논리적이며 조금 덜 관능적인 돼지띠이다. 속임수를 결코 용서하지 않는다. 만약 그를 속이면 친구들을 데리고 쫓아다닐 것이다. 그에게는 억센 친구들이 많다는 것을 명심하라.

♣ 해시생 (亥時生 : 오후 9시~오후 11시)

다듬지 않은 다이아몬드와 같다. 자신을 깎아서 빛내줄 전문가의 손길을 조용히 기다리고 있다. 그의 훌륭한 자질들은 아무도 손대지 않은 것으로써 단지 발전되기를 기다린다. 제발 좀더 면밀히 살펴보도록 하라.

9

✿ 돼지띠 해에 대하여 ✿

모든 사람에게 유익한 해이다. 사업을 하기에 아주 좋으며 일반적으로 산업이 크게 발전한다. 사람들은 대체로 더욱 자유롭고 편안하며 돼지의 고분고분함으로 인해 풍족함을 느끼게 된다. 이렇게 우호적인 길조에도 불구하고 기회가 왔을 때 돼지처럼 머뭇거리고 고개를 저으며 우리 자신의 능력을 손상시킨다.

돼지띠 해는 풍족한 해이다. 관능적인 돼지띠는 달콤한 생활을 좋아한다. 만약 인생이 살만한 가치가 있다면 철저히 누려야 한다는 것이 돼지띠의 좌우명이다. 돼지띠는 애정이 풍부하리 만큼 재능이 넘쳐흐른다. 그는 의협심이 강하고 돈을 쓸데없이 소비하는 것을 좋아한다. 이 해에 낭비를 한다거나 철저한 사전조사 없이 큰 투자를 한다면 바람직하지 않다. 또한 생각 없이 충동적으로 행한 관대한 행위들을 후회할 지도 모른다.

행운을 지닌 돼지띠 해는 만족과 안정을 가져온다. 당신은 많은 돈과 성공 없이도 행복을 느낄 수 있다. 뛰어넘어야 할 장애물도 없으니 평온한 돼지띠는 행복감을 발산한다. 그러나 돼지는 항상 사기꾼에게 걸려들기 쉬우므로 돈 문제에는 특히 신중하라. 이 해에는 보통 때보다 훨씬 즐거운 일들이 많고 온갖 종류의 자선 행위와 사회 역할에 참여하게 된다.

돼지띠 해에는 참을성 있고 포용력 있는 분위기이기 때문에 친구 사귀기가 쉽다. 이 해에는 기회가 주어지면 어느 것에나 지나치게 빠져드는 경향이 있으므로 극단에 치우치지 않도록 주의하라. 지나치게 신중하게 바라만 보고 있는 사람들에겐 힘겨운 해이고 싸움에서 패배할 지도 모르는 일이다.

10

🎴 해에 따른 돼지띠의 운세 🎴

♣ 쥐띠 해

불확실성의 해이다. 직장이나 가정에서 일이 잘 풀리지 않으며 자신이 얻었다고 상상했던 것을 놓칠지도 모른다. 어려움들을 가까스로 극복하지만 걱정거리들이 무겁게 짓눌러 발전과 성공의 기회에도 불리하게 작용한다.

♣ 소띠 해

행운의 해이다. 밝은 앞날이 확실히 보이고 숨겨진 자질들을 발휘하며 자신의 사업을 시작한다. 도박에서 상당히 수지가 맞는다. 별 문제가 없으나 연애나 가정사에 복잡한 일이 있을 수 있다.

♣ 호랑이띠 해

거친 시련의 해이다. 돼지띠는 홀로 맞서야만 하는 어려움에 부딪친다. 돈을 빌리기도 힘들고 자신의 돈을 돌려받기도 어려운 해이다. 예기치 못한 지출이 있을지 모르고 벌금·소송료, 기타 세금을 물어야만 할 수도 있다. 이 해에는 친구를 함부로 믿지 말고 중요한 일은 자신이 직접 관리해야 한다.

♣ 토끼띠 해

알맞은 결과물들이 주어지는 좋은 해이다. 장애물이 여전히 튀어나오지만 큰 혼란은 없다. 금전적인 이득이 있고 자신의 지위를 공고히 할 수 있다. 가정생활은 고요하고 행복하다. 많은 오락과 사회활동이 예상된다.

♣ 용띠 해

원만한 해이다. 세력 있는 사람들의 지원을 받을 것이고 윗사람을 기쁘게 해줄 수 있다. 함께 일하는 사람들의 인정과 존경을 받는다. 가정생활은 원만하나 건강상의 문제나 재산의 손실이 예상된다.

♣ 뱀띠 해

돼지띠에게는 들떠 있고 불편한 해이다. 투기와 투자에 적극적으로 몰두할 것이다. 또한 약간의 슬픈 소식이 들리고 이성과 문제가 있다. 과도한 소비와 방탕은 좌절로 이끌 것이다.

♣ 말띠 해

투기를 피하고 새로운 친구들에게 돈을 맡기지 않는다면 좋은 해가 될 것이다. 이전에 막혀 있던 이익들이 사방으로 쏟아지고 과거의 문제들은 축복으로 변하여 나타난다. 가정과 직업에 행운이 따르고 번창하는 해이다.

♣ 양띠 해

대체로 좋은 해이다. 재정적으로는 그대로거나 손실이 있다. 심각한 질병이나 큰 혼란은 없을 것이다. 지식이나 더욱 전문적인 훈련 그리고 직업적인 발전의 형태로 이득이 주어진다. 미래를 계획하고 새로운 기회들을 개척하려 애써야 할 때이다.

♣ 원숭이띠 해

무난하고 만족스러운 해이다. 그러나 금전이나 지원이 부족하여 고통을 겪을 수 있으며 다양한 가정적, 개인적 문제들로 머리가 복잡하다. 결과가 좋다고 할 수는 없으나 돈을 빌리거나 다른 사람들과 힘을 합칠 수 있고 어려움도 헤쳐 나갈 수 있다.

♣ 닭띠 해

바쁘지만 보통 운이 따르는 해이다. 가정사는 고요하나 발전이 저하되고 방해받는다. 장애물들을 극복하기 위해 상당한 시간과 노력을 들여야 하며 복잡하게 연루된 협상을 할 때는 참아야 한다.

♣ 개띠 해

돼지띠의 야망을 좌절시키는 해이다. 너무 많은 것을 기대하면 실망할 것이다. 여러 면에서 어려움이 발생하는데 그것은 자신의 과거의 게으름과 잘못된 계산 그리고 판단의 오류로 인한 것이다. 확신을 가질 때는 조심하고 건설적인 비평을 해야 한다.

♣ 돼지띠 해

이익과 약간의 진보가 예상되므로 돼지띠의 생활이 안정된다. 여전히 직장에서나 가정에서 약간의 마찰을 겪지만 심각한 방해는 없을 것이다. 만성 질병이나 전염이 있을 수 있으니 주의해야 한다. 겨울철에는 새로운 친구들과 기회를 맞을 수 있다.

11

🦋 돼지에 대한 이야기 🦋

(1) 희생으로 인간의 부(富)에 공헌

옛날에 집주인이 집에서 기르는 가축(개, 소, 닭, 돼지)들을 한자리에 불러놓고 차례차례 물어보았다.

"개야, 너는 주인을 위하여 무엇을 했느냐?"

"저는 주인의 재산을 도둑맞지 않도록 항상 문 앞을 지키고 있습니다."

"응, 그럼 너는 재산을 지키기 위해 문 앞에서 먹고 자거라."

"소야, 너는 주인을 위해 무엇을 했느냐?"

"저는 힘든 농사일을 도맡아 하며 무거운 짐을 운반하는 걸 도와주고 있습니다."

"응, 넌 주인을 위해 힘든 일을 도맡아 하니 밥 많이 먹고 외양간에서 푹 쉬도록 하여라."

"닭아, 넌 주인을 위해 무엇을 했느냐?"

"저는 주인께서 더욱 부지런히 일해서 부자가 되게끔 아침 일찍 정해진 시간에 목청 높이 소리내어 주인을 깨워드립니다."

"응, 그럼 사랑채 옆에서 소리내는 것이 더 잘 들리겠으니 사랑방 옆에 닭장을 만들어 주마."

"돼지야, 넌 주인을 위해 무엇을 하였느냐?"

개, 소, 닭의 대답을 듣고 보니 모두 주인을 위해 좋은 일을 했는데 자기는 주인이 애써 갖다준 밥을 먹기만 하고 아무런 도움도 주지 않아 미안한 감이 든 돼지는 비장한 결심을 하였다.

"저는 주인을 위해 도와준 것은 하나도 없고 오히려 신세만 졌습니다. 저는 앞으로 주인님을 행복하게 하는데 정성을 올리기 위해 목숨을 바쳐 제물이 되겠습니다. 주인님, 저를 제물로 받아주십시오."

그때로부터 관혼상제를 지내는 정성 담긴 제삿상에 돼지가 오르기 시작했다는 옛말이 있다.

(2) 돼지와 여우

송곳니는 멧돼지의 가장 중요한 무기이다.

'먹이를 잡으려면 내 무기인 송곳니를 잘 갈아야 하겠다.'

이렇게 생각한 멧돼지가 산 속에서 큰나무에 대고 이빨을 싹싹 갈고 있었다. 이때 바람 쐬러 나왔던 여우가 멧돼지가 기를 쓰고 이빨 가는 것을 보고는 고개를 갸우뚱거리며 물었다.

"여보게, 사냥꾼이 쫓아오는 것도 아니고 사자나 호랑이 같이 무서운 짐승이 습격해 오는 것도 아닌데 이렇게 좋은 봄날을 즐기지도 않고 그토록 열심히 이빨만 갈고 있나?"

멧돼지는 여우를 돌아보지도 않고 계속하여 이빨을 갈면서 대꾸했다.

"이 생각 짧은 친구야, 소 잃고 외양간 고칠 수야 없잖나? 내가 할일이 없어서 이빨을 갈고 있는 줄 아나? 위험이라는 것은 언제 닥칠지 모르지 않나? 만약 위험이 닥쳐왔을 때 이빨을 갈 시간이 없으면 어떻게 하겠나? 그러니 미리 무기를 손질해 두었다가 급할 때 곧 쓰자는 것이야. 알겠지?"

멧돼지의 말을 들은 여우는 말없이 고개만 끄덕이고 사라졌다.

(3) 꿀꿀 돼지

신이 세상을 창조한 뒤 여러 동물들을 불러 무엇을 먹고 살 것인지를 물었다. 먼저 소를 불러 물으니 소는 풀이라도 배불리 먹으며 살겠다고 대답했다. 다음 개에게 물으니 사람이 먹다 남은 찌꺼기라도 먹겠다고 대답했다. 그 다음 돼지에게 물으니 언젠가 한번 훔쳐 먹어본 꿀맛이 좋아 꿀을 먹겠다고 했다. 이에 화가 난 신이 돼지한테 말했다.

"이놈, 사람도 먹고 싶을 때 마음대로 못 먹는 귀중한 꿀을 먹어? 넌 분수도 모르는 놈이니 지저분한 것만 먹고 살아라."

그래서 돼지는 훔쳐 먹어보았던 꿀이 먹고 싶어 지금도 날마다 꿀을 달라고 꿀꿀거리며 살고 있다고 한다.

(4) 조상의 갑옷

왕 돼지가 숱한 졸개 돼지들을 거느리고 험한 산길을 가던 중 호랑이를 만났다.

'호랑이와 싸워봤자 죽을 것이고 그렇다고 도망가면 부하들에게 면목이 없으니 어떻게 하면 좋을까?'

이런저런 걱정 끝에 왕 돼지는 한 가지 수를 생각했다.

"호랑이야, 네가 나와 싸우기를 원한다면 싸우고 그렇지 않으면 길을 비켜달라."

"너한테 절대 길을 비켜줄 수 없으니 어디 한번 결판내 보자."

"그럼 잠깐만 기다려. 우리 조상 대대로 물려받은 갑옷을 갖고 온 다음 싸우자."

조상의 갑옷을 가져온다 해도 자기의 상대가 되지 못할 것이라고 여긴 호랑이는 마음대로 하라고 말했다. 이윽고 변소에 가서 더러운 똥을 가득 바른 왕 돼지가 호랑이 앞에 나섰다.

"네가 싸우기를 원한다면 덤벼봐. 그렇지 않으면 길을 비켜라."

"나는 항상 이가 아파서 작은 벌레조차 먹지 못하는데 하물며 너같이 더러운 냄새가 나는 놈과 가까이 하기도 싫다. 길을 비켜주겠으니 어서 떠나가라."

이에 득의양양해진 왕 돼지는 호랑이가 비켜준 길을 지나가면서 물었다.

"호랑이야, 너도 다리가 네 개, 나도 다리가 네 개인데 뭣 때문에 싸우지도 않고 길을 비켜주느냐?"

"짐승 중에서 가장 유치한 돼지야, 어서 눈 앞에서 없어져라. 똥냄새에 견딜 수 없고 또 내 몸도 더럽히고 싶지 않다. 네가 이기기를 그렇게 바란다면 너한테 승리를 주마."